# Gewürze – Sinnlicher Genuss. Lebendige Geschichte.

Begleitbuch zur Sonderausstellung
Herausgegeben von Frank Holl
Ausstellungszentrum Lokschuppen Rosenheim

# Gewürze - Sinnlicher Genuss. Lebendige Geschichte.

Begleitbuch zur Sonderausstellung im
Ausstellungszentrum Lokschuppen Rosenheim
25. März – 10. Oktober 2010

**Das Projekt wurde ermöglicht durch:**

EvS Ernst von Siemens Kunststiftung
Sparkasse Rosenheim-Bad Aibling

**Für Unterstützung danken wir:**

stadtwerke rosenheim
Wirtschaftlicher Verband Rosenheim
Freundeskreis Lokschuppen Rosenheim e.V.
National Geographic Deutschland
BR Bayern 1
OVB Medienhaus

**Kooperationspartner:**
Staatliches Museum für Völkerkunde München
Internationales Maritimes Museum Hamburg
Landesmuseum für Natur und Mensch Oldenburg
Deutsches Apothekenmuseum Heidelberg

Bibliografische Information der Deutschen Nationalbibliothek
Die Deutsche Nationalbibliothek verzeichnet diese Publikation in der Deutschen Nationalbibliografie; detaillierte Informationen sind im Internet über http://dnb.d-nb.de abrufbar

ISBN 978-3-00-030589-4


Gestaltung Cover: wao communiqueation
Gestaltung Innenteil: Gruppe Gut
Druck: Legatoria Editoriale Giovanni Olivotto

**www.lokschuppen.de**
**www.gewürze-ausstellung.de**

# Ausstellungsorganisation

**Veranstalter**
VERANSTALTUNGS+KONGRESS GmbH ROSENHEIM

**Wissenschaftlicher Kurator**
Dr. Frank Holl

**Ausstellungsgestaltung**
Gruppe Gut Gestaltung, Bozen

**Corporate Design**
wao communiqueation

**Lektorat**
Katja Mutschelknaus
Ulrike Ehmann

**Veranstaltungsvorbereitung und -organisation**
AUSSTELLUNGSZENTRUM LOKSCHUPPEN ROSENHEIM
Peter Lutz (Geschäftsführer)
Dr. Peter Miesbeck (Projektleitung)
Sarah Smyka (Marketing, Werbung)
Elisabeth Scheueregger M.A. (Projektassistenz, Registrar)
Stefanie Kießling Dipl.Kult.wiss. (Ausstellungsführungen, Museumspädagogik)
Petra Wanninger (Sekretariat / Systemadministration / Call-Center)
Caroline Brunnthaler Dipl. Betriebwirtin (FH) (Systemadministration / Supervisor Call-Center)
Ingeborg Eberle, Brigitte Pillath (Kaufmännische Verwaltung)
Walter Feuerer (Technische Leitung)
Peter Brückner, Benedikt Hopf, Anton Zacherl (Ausstellungsbau)
Bernd Kühnhauser, Max Hertelt (Druck Werbebanner)

**Partner**
Alfons Schuhbeck (Gewürze-Shop, Catering, Rezepte, Events)
Mulo Francel, Evelyn Huber & Quadro Nuevo (Musik „songs of spices")
Dr. Manuela Mahn (Gewürzexpertin)
PR-Agentur Rosi Raab (Öffentlichkeitsarbeit)
Angelika Schwarz (Fotos)
Matthias Held, Dipl. - Ing. (Bauleitung)
Oliver Schach, Ernst Bielefeld (Objektmontage)
Architekturbüro Grossmann (Planung Gewürzebasar)
LEICHT structural engineering and specialist consulting GmbH (Statik Gewürzbasar)
Aigner Böttcher Design (Design BigPrint Fassade)
Teleplan Ingenieurbüro GmbH, Rosenheim (Planung Elektroinstallation)
Cornelia Gerstenberger (Museumsshop)

**Leihgaben stellen dankenswerterweise zur Verfügung:**
Adalbert - Raps Bibliothek zur Gewürzgeschichte mit Gewürzmuseum, Plassenburg Kulmbach
Ägyptisch-Orientalische Sammlung des Kunsthistorischen Museums Wien
Archiv der Ludwig-Maximilians-Universität München
Bayerische Staatsbibliothek München
Bayerisches Nationalmuseum München
Botanisches Museum Berlin-Dahlem, Freie Universität Berlin
Deutsches Apotheken-Museum Heidelberg
Gemälde- und Skulpturensammlung Nürnberg
Germanisches Nationalmuseum Nürnberg
Heimathaus des Rupertiwinkels Tittmoning
Internationales Maritimes Museum Hamburg
Jüdisches Museum München
Lea & Perrins - H. J. Heinz GmbH Düsseldorf
Maggi Museum Singen
Maritiem Museum Rotterdam
Maritime Museum Hong Kong
Martin von Wagner Museum der Universität Würzburg
Münchner Stadtmuseum
Musée Peugeot Sochaux
Musée National d'Histoire et d'Art Luxembourg
Museum August Kestner Hannover
Museum für Kunst und Gewerbe Hamburg
Museum Volkenkunde Leiden
Museum Wustrow im Hannoverschen Wendland
Nationaal Archief Den Haag
Niedersächsisches Institut für Historische Küstenforschung Wilhelmshaven
Pinacoteca Communale Spoleto
Privatsammlung Cecilia Estrada München
Privatsammlung Rudolf Guserl Linz
Privatsammlung Theingi Thè Rosenheim
Rheinisches Landesmuseum Trier
Rijksmuseum Amsterdam
Römisches Museum Augsburg
Staatliche Antikensammlungen und Glyptothek München
Staatliche Münzsammlung München
Staatliche Museen zu Berlin, Ägyptisches Museum und Papyrussammlung
Staatliche Museen zu Berlin, Ethnologisches Museum
Staatliches Museum für Völkerkunde München
Staats- und Stadtbibliothek Augsburg
Stadtarchiv Nürnberg
Tabasco-Archiv, McIlhenny Company, Avery Island, LA
Tropenmuseum Amsterdam
Universitätsbibliothek Heidelberg
Westfries Museum Hoorn

**Für Rat und Hilfe bedanken wir uns ganz besonders bei:**
Steffi Bucher, München
Dr. Ulrike Ehmig, Mainz
Dr. Ute Engelhardt, München
Dr. Thomas Eser, Nürnberg
Cecilia Estrada, München
Dr. Renate Germer, Hamburg
Dr. Florian S. Knauß, München
Dr. Manuela Mahn, Bamberg
Katja Mutschelknaus, München
Marcha Nanninga, München
Holger von Neuhoff, Scheeßel
Prof. Dr. Roderich Ptak, München
Dr. Claudia Sachße, Heidelberg
Dr. Lorenz Seelig, München
K. L. Tam, Hong Kong
Dr. Elisabeth Vaupel, München
Dr. Lothar und Gudrun Zögner, Berlin

# Inhalt

# Grußworte

Christoph Kolumbus schrieb am 4. November 1492, wenige Wochen nach seiner Landung in Amerika, in sein Bordbuch: „Heute habe ich mein Schiff wieder ins Wasser setzen lassen und rüste mich zur Weiterfahrt, um im Namen des Allmächtigen gegen Südwesten, auf der Suche nach Gold, Gewürzen und neuen Ländern abzusegeln."

Nicht nur Kolumbus war auf der Suche nach Gewürzen. Pfeffer, Muskat, Gewürznelken und Zimt waren damals so wertvoll und begehrt, dass sie die ganze Welt bewegten. Denn mit dem Gewürzhandel ließ sich früher ein Vermögen machen. Auch die Entdeckungsfahrten von Bartolomeu Diaz, Vasco da Gama und Fernando Magellan wurden vor allem deshalb möglich, weil die europäischen Herrscher auf der Suche nach neuen Handelswegen für seltene Gewürze waren.

Diese Ausstellung erzählt von den Abenteuern und Entdeckungen rund um die Geschichte der Gewürze – vom alten Ägypten bis in unsere Zeit. Sie porträtiert Länder, Kulturen, Personen und natürlich auch die einzelnen Gewürze und deren Besonderheiten. Ohne Übertreibung darf ich sagen, dass es wohl nie eine Ausstellung gegeben hat, die auf eine so vielfältige Weise alle Sinne anspricht. Lassen Sie sich verzaubern von den Düften, Klängen, Bildern und Aromen! Wir laden Sie ein zu einer unvergesslichen Entdeckungsreise.

Ein Projekt wie dieses wäre ohne die Unterstützung von vielen Dutzend hilfreicher Personen und Institutionen nicht realisierbar gewesen. Es ist unmöglich, sie alle hier zu nennen. Trotzdem möchte ich einigen wenigen an dieser Stelle ganz besonders danken. Als wissenschaftlicher Ausstellungskurator sorgte Dr. Frank Holl dafür, dass in dieser Ausstellung Geschichte lebendig wird. Zum kulinarischen und sinnlichen Vergnügen an den Gewürzen trug der Sternekoch und Gewürzexperte Alfons Schuhbeck bei. Für Gestaltung und Layout gilt mein Dank der Gruppe Gut aus Bozen, dem Architekturbüro Grossmann sowie der Werbeagentur Ortner. Die Projektleitung und Durchführung hat in bewährter Weise das Team der Veranstaltungs- und Kongress GmbH Rosenheim übernommen.

Dem Staatlichen Museum für Völkerkunde München, dem Internationalen Maritimen Museum Hamburg und dem Landesmuseum Natur und Mensch in Oldenburg danke ich für eine enge, partnerschaftliche Zusammenarbeit. Auch den zahlreichen Leihgebern im In- und Ausland, die uns wertvolle Exponate zur Verfügung stellten, danke ich für ihr Vertrauen. In besonderem Maße haben das Deutsche Apothekenmuseum in Heidelberg, das Maritime Museum in Rotterdam und das Germanische Nationalmuseum in Nürnberg die Ausstellung bereichert.

Mein herzlicher Dank für die Förderung des Projekts gilt der Ernst von Siemens Kunststiftung, der Sparkasse Rosenheim-Bad Aibling, den Stadtwerken Rosenheim, dem Wirtschaftlichen Verband der Stadt und des Landkreises Rosenheim, dem Freundeskreis Lokschuppen Rosenheim e.V. sowie Edeka Südbayern. Ich danke den Medienpartnern National Geographic Deutschland, Bayern 1 und dem OVB Medienhaus für die unterstützende Berichterstattung, wie auch dem Museumspädagogischen Zentrum München sowie Inwent – Internationale Weiterbildung und Entwicklung GmbH für die Zusammenarbeit auf dem Gebiet der Lehrerfortbildung.

Ich wünsche der Ausstellung, die auf anschauliche und im wahrsten Sinne des Wortes würzige Weise die Landesgartenschau 2010 thematisch ergänzt und bereichert, den verdienten Erfolg. Mögen zahlreiche Besucher genussvolle Stunden im Ausstellungszentrum Lokschuppen und in der Stadt Rosenheim erleben.

Gabriele Bauer
Oberbürgermeisterin der
Stadt Rosenheim

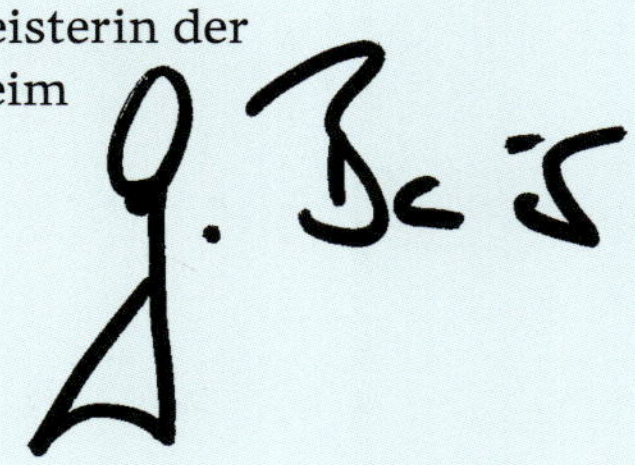

# Willkommen in der Welt der Gewürze

Meine erste große Liebe als Koch war und ist die herzhafte bayerische Küche. Die zweite große Liebe meines kulinarischen Lebens wurde die faszinierende Vielfalt der Gewürze. Diese Leidenschaft begann während meiner Lehr- und Wanderjahre, als ich im kulinarischen Eldorado Paris und im kulturellen Schmelztiegel London den Aromenreichtum aus allen Erdteilen kennen lernen durfte. Ich war hin- und hergerissen – und blieb es bis heute.
Mich beeindruckte beispielsweise, wie die Inder mit ayurvedischen Rezepten Wohlgeschmack und Wohlbefinden in Einklang zu bringen vermögen, oder wie die Chinesen Kochen und Medizin miteinander verbinden, indem sie Yang-Gewürze wie Ingwer und Chili mit Yin-Kräutern wie Minze und Petersilie ausbalancieren. Ich lernte, dass Kreuzkümmel in heißen Gegenden die Speisen bekömmlicher macht und dass arabische und jüdische Heilkundige das Wissen um die erstaunlich vielfältige Wirksamkeit der Ingwerwurzel populär machten. Und ich fand heraus, dass das Aroma von Knoblauch durch die Kombination mit Vanille milder und angenehmer wird.
Die Welt der Gewürze ist voller betörender Geschichten. Einige der schönsten erzählt Ihnen dieses Buch. Und all das, was es Ihnen verspricht, können Sie auf dieser Rosenheimer Ausstellung als Erlebnis für die Sinne direkt erschnuppern und schmecken.
Lassen Sie sich von den Aromen aus Tausendundeiner Gewürzwelt bezaubern. Ihr Duft ist wie ein Gruß aus einem fernen Paradies. Gewürze tragen nicht nur zum kulinarischen Genuss bei, sondern auch zu unserem Wohlbefinden. Richtig angewendet, machen sie nicht nur unser Essen bekömmlicher, sondern dienen unserer Gesundheit. Gewürze sind ebenso sehr Wellness für unsere Geschmackssinne wie Fitness für unseren Körper.
Dass Ihnen die Welt der Gewürze stets eine Quelle der Freude ist, das wünscht Ihnen

Ihr
Alfons Schuhbeck

A
7
12
11
13
14
4
8
5

**Lorbeer.** Abbildung in ‚Köhler's Medizinal-Pflanzen in naturgetreuen Abbildungen' (1887). Bayerische Staatsbibliothek München.

SCHUHBECK
MUSEUMSHOP

**Erleuchtet:**
Skizze des Bazars am Ende der Ausstellung. Die Großlampions nehmen die Form der Lampions über den Gewürztischen wieder auf.

# Mit dem fliegenden Teppich dorthin, wo der Pfeffer wächst

Uli Prugger, Alfons Demetz

**SCHEHERAZADE WEIß, WAS** ihr blüht. Sobald die Nacht vorüber ist, will der König sie umbringen wie all seine anderen Frauen vor ihr. Also erzählt sie ihm eine fantastische Geschichte über Räuber und Wunderlampen, über Sindbad den Seefahrer, über Schiffe voll mit Edelsteinen, Safran und Pfeffer. Als der Tag anbricht, schweigt sie plötzlich. Begierig zu hören, wie die Geschichte weitergeht, lässt der König von seinen Mordplänen ab und bestellt die junge Schöne für die folgende Nacht erneut zu sich. Wieder verstummt sie im Morgengrauen. Tausendundeine Nacht lang geht das so dahin, bis er der Klugheit dieser Frau erliegt.

Wir haben zwar keinen narzisstischen König im Nacken. Wohl aber neugierige Besucher, die informiert und unterhalten, vor allem aber bezaubert werden wollen. Also ließen wir uns beim Gestalten der Gewürze-Ausstellung in Rosenheim von der Poetik in Scheherazades Geschichten inspirieren: von ihren leuchtenden Farben, vom Duft orientalischer Märkte, von der eigenartigen Sehnsucht nach exotischer Ferne, die letztlich in uns allen steckt. Die Gewürzeausstellung sollte ein arabeskes Abenteuer für alle Sinne werden, das die Besucher in den Bann schlägt, sie bezaubert und verführt. Und so erwartet sie schon im Freien die stimmungsvolle Szenerie eines Hafens. An einer stilisierten Mole vor dem Lokschuppen liegen zwei Schiffe vertäut, dargestellt in ihrem Relief. Vielleicht sind sie eben erst angekommen, schwer beladen mit „Düften des Paradieses", wie Gewürze in der blumigen Sprache der Araber heißen. Oder sie sind, die Segel schon im Wind, startbereit zur nächsten abenteuerlichen Reise.

Die Schiffe können als Gleichnis für die Besucher gesehen werden, die ebenfalls ankommen, um im selben Moment aufzubrechen in die fantastische Welt der Gewürze, des Schmeckens und Riechens und der sagenhaften Reichtümer, für die Seefahrer und Kaufleute fremde Länder eroberten. Zur Orientierung finden die Besucher auf ihrer Reise markante Zeichen. Segel in verschiedenen Formen weisen ihnen den Weg. In Transportkisten können sie Wissenswertes sowie interessante Objekte entdecken. Farben so warm und bunt wie die der Gewürze beschwören das Flair des Südens herauf. Und unterwegs berichten legendäre Gestalten von großen und kleinen Geschichten ihrer Zeit, ohne die es auch die Geschichte der Gewürze nicht gäbe.

**1001 Nacht:**
Der fliegende Teppich am Beginn der Ausstellung mit 67 Gewürzzylindern.

**Bunte Vielfalt:**
Die Farbwand, einer der drei wichtigen visuellen Bausteine im Ausstellungskonzept. Sie symbolisiert die Vielfalt der Gewürze und ihre Herkunft aus fernen Ländern.

Eine von Tausendundeiner Nacht inspirierte Ausstellung braucht natürlich einen fliegenden Teppich. Gleich am Eingang scheint er förmlich im Raum zu schweben, obwohl er viel zu tragen hat. Seine Kelim-artige Oberfläche zeigt eine Karte der Erde. 67 Glaszylinder stehen, mit getrockneten Gewürzpflanzen gefüllt, auf jenen Regionen, wo das jeweilige Gewürz seinen Ursprung hat. Diese Mischung aus augenfälliger Inszenierung und unaufdringlicher Didaktik zieht sich durch die gesamte Ausstellung. Die zum Halbkreis gebogene, 105 Meter lange Rückwand des Lokschuppens hat für die Ausstellung ein spezielles Farbmuster erhalten. Beginnend beim fliegenden Teppich trägt sie verschieden breite, senkrechte Streifen in Chili-Rot und Pfeffer-Schwarz, Vanille-Gelb und Muskat-Braun. 19 Farben sind es insgesamt. Sie deuten die bunte Vielfalt des „grünen Goldes" an, wie spanische Eroberer die Gewürze nannten. Sie erinnern aber auch an das Blau des Meeres, an das Grün von Plantagen oder an die erdigen Farbtöne exotischer Landschaften. Einige dieser Farben wiederholen sich im Inneren der Vitrinen, die sich in stilisierten Transportkisten befinden. Sie treten mit der Farbwand einen dezenten Dialog.

Die Container aus einfachen Holzplatten stehen für die unterschiedlichsten Behälter, in denen man Gewürze für die Fahrt übers Meer verpackte. Sie sind ein Symbol für Handel und Kommerz, welche die Jagd nach den Düften des Paradieses vorantrieben – und Städten wie Venedig ihren sagenhaften Reichtum bescherten. Um die Idee von Handel und Hafen weiterzuspinnen, kleben die Texte der Ausstellung auf grobem Papier an den Kisten, so als hätte der Hafenmeister sie vor dem Verladen noch schnell aufgekleistert. Die Ausstellung hat einen chronologischen Aufbau. In ihrem ersten Teil handelt sie von den frühen Entdeckungsfahrten der Ägypter ins Rote Meer, auf der Suche nach Weihrauch und Koriander; von den Griechen und dann von den Römern, die von ägyptischem Boden aus das arabische Monopol auf

SAFRAN

indische Gewürze brachen; vom europäischen Mittelalter, das Gewürze vor allem als Arznei verwendete; von der Reise Marco Polos nach China, mit der der ferne Osten ins Weltbild der Europäer rückte.

In diesem ersten Abschnitt ist der Parcours stärker gegliedert, um das Aufeinanderfolgen verschiedener Epochen zu unterstreichen. Segel teilen die Räume, belassen der Ausstellung aber doch einen offenen, lichten Charakter. Wo möglich, sind Segelschnitt und Schriftcharakter der jeweiligen Zeit angepasst. Hier treffen die Besucher bereits auf eine Vielzahl von Elementen, die eine lebendige Inszenierung ausmachen. Zum Beispiel auf die vergrößerte Reproduktion mesopotamischer Tontafeln in Keilschrift, auf der sich natürlich eine Übersetzung befindet. Oder auf das über drei Meter lange Modell einer Wüste samt Oase und Karawane und die Reproduktion einer mittelalterlichen Apotheke. Kurze Videos etwa über die Safranernte in Griechenland oder eine Erkundungsfahrt auf dem Nil runden die Informationen ab. Und dann sind da die Protagonisten – legendäre Figuren wie die ägyptische Königin Hatschepsut, die die Entdeckungsfahrten ins Rote Meer in Auftrag gab. Oder Hildegard von Bingen, die das Wissen ihrer Zeit über pflanzliche Wirkstoffe zusammentrug. Oder der namenlose Pestdoktor mit seiner schnabelförmigen Maske, in die man Gewürze legte, in der Meinung, das mache gegen die Pest immun. Insgesamt 19 dieser überlebensgroßen Figuren stehen in der Ausstellung. Ihre Einzelteile aus bedrucktem Zinkblech sind versetzt montiert und gebogen, was ihnen Fülle verleiht. Vier von ihnen können sogar sprechen. Die Protagonisten schaffen zu Texten, Objekten, Filmen und Tönen eine weitere Erzählebene, sie charakterisieren ihre Zeit und bringen eine persönliche Dimension ins Geschehen.

Auf halbem Weg durch den Lokschuppen steht ein zweistöckiger Einbau, dessen obere Etage nur über Treppen zu erreichen ist. Zunächst schien es schwierig, das Treppauf, Treppab sinnvoll in den Parcours zu integrieren. Doch dann wurde daraus eines der Highlights der Ausstellung. Zunächst waren in der ebenerdigen Etage dieses Einbaus Indien und das China nach der Reise Marco Polos unterzubringen. Im China-Raum steht nun der beeindruckende Größenvergleich zwischen einer der winzigen Nussschalen, mit denen Kolumbus die Meere befuhr – und einem der chinesischen Schiffe jener Zeit, die sich daneben riesig ausmachen. Für das Stockwerk darüber bot sich schließlich die Idee einer multimedialen Show an. Jetzt wirkt der Einbau so, als sei er eigens dafür in den Lokschuppen gesetzt worden – für eine besucherfreundliche Pause. Auf einer großen Leinwand Wasser, soweit das Auge reicht. An der Decke dunkler Stoff mit kleinen, wie Sterne funkelnden Dioden. Holz knarzt, der Horizont schwankt, man wähnt sich auf einer Karavelle mitten im Meer. Auch die Bänke, auf denen die Besucher Platz nehmen, imitieren mit ihrem abgerundeten Unterbau den Seegang.

Plötzlich beginnt einer der vier hier aufgestellten Protagonisten zu reden. Christoph Kolumbus erzählt, wie er nach Westen fuhr – im Glauben, dort auf Indien zu stoßen. Nach ihm führen Vasco da Gama und Bartolomeu Diaz ein Streitgespräch darüber, wem von ihnen die Ehre gebührt, den Seeweg nach Indien um die Südspitze Afrikas herum gefunden zu haben. Magellan schließlich berichtet von seiner Passage an der Südspitze Amerikas vorbei. Im projizierten Himmel über dem Meer erscheint jeweils eine Karte mit der Route ihrer Schiffe. In Vitrinen liegen die Navigationsinstrumente jener Zeit, der Jakobsstab und das portugiesische Astrolabium. Eine Kopie von Martin Behaims berühmtem Erdapfel zeigt die Welt um 1492, noch ohne Pazifik und den amerikanischen Kontinent. Kameras zoomen auf interessante Details. Dass die Seefahrt mit diesen Instrumenten riskant war, zeigen Schiffsreste, die neben der Treppe aus dem Sand ragen – eine Einladung an Kinder zum Ausbuddeln. Nachdem nun die Kugelform der Erde bewiesen war, setzte ein regelrechter Wettlauf um die Gewürze ein. Dieser zweite Teil der Ausstellung ist noch offener gestaltet, ein einziger großer Raum, um das Chronologische aufzulösen.

**Die Gewürztische:** Acht sinnlich-gastronomische Stationen als Pendants zum kulturgeschichtlichen Genuss. Golden scheinende Lampion-Säulen als Probierstationen-Pausen.

**19 Protagonisten:** Diese dreidimensionalen Blechfiguren in Lebensgröße begleiten die Besucher durch die Epochen der Gewürzgeschichte. Hier Marco Polo, Bartolomeu Diaz, Vasco da Gama und Jan Pieterszoon Coen.

## Tausendundzwei Nächte

In einem ersten Konzept waren hier auch zwei wertvolle Ölbilder vorgesehen. Als die Leihgaben nicht zu bekommen waren, entstand die Idee für eine interaktive Installation. Wer an einem großen Steuerrad dreht, beginnt eine Zeitreise durch die Geschichte der Kolonisation von 1488 bis 1914. Jede Viertelumdrehung projiziert eine von insgesamt 20 Karten auf ein großes Segel, lässt in 50-Jahr-Schritten Portugal wachsen und wieder verschwinden, Spanien die Welt erobern und wieder verlieren und das kleine Holland zu erstaunlicher Größe anwachsen, bevor Engländer und Franzosen die wertvollsten Gebiete unter sich aufteilen. Wir geben es zu: Nachträglich sind wir über den Ausfall der Ölbilder nicht traurig.

Was aber wäre eine Ausstellung über Gewürze ohne richtige Gewürze? Deshalb zieht sich durch den Parcours auch eine sensorielle Schiene. Auf insgesamt acht ovalen Tischen, die in ihrem goldigen Glanz wie Serviertabletts wirken, finden sich jeweils zwei für die Zeit typische Gewürze. In Mörsern kann man sie befühlen, man kann sie schmecken und riechen. Kulturgeschichte mit Kulinarischem zu kombinieren wurde in dieser Form noch nie gewagt. Die Ausstellung ist damit tatsächlich ein Erlebnis für alle Sinne. Über den Gewürztischen hängen zweieinhalb Meter hohe zylinderförmige Lampions. Außen tragen sie botanische Zeichnungen der jeweiligen Gewürzpflanze. Auf der Innenseite befinden sich Texte zu den Gewürzen.

An einem stilisierten Kolonialwarenladen vorbei landen die Besucher gegen Ende ihrer Reise nicht auf einer Gewürzinsel, sondern im Chemielabor. Hier arbeitet Catrin. So nannten wir die letzte der Protagonisten. Catrin und ihre Kollegen können inzwischen jeden Geschmack und jeden Geruch entwickeln, worauf – eine Prise Ironie gefällig? – ein Werbefilm von Maggi verweist. Die Wände von Catrins Labor sind über und über mit statistischen Daten über den Konsum von Gewürzen und ihrem industriellen Ersatz, den Aromastoffen und Geschmacksverstärkern, gestaltet. Dazwischen gibt es mit künstlichen Gewürzgerüchen präparierte Aufkleber zum Rubbeln.

Die Ausstellung endet wie sie begonnen hat: orientalisch. Ein Bazar mit Gewürzen schließt gedanklich an den fliegenden Teppich an. An der Wand ist der 32 Meter lange und 9 Meter hohe Querschnitt eines Handelsschiffes aus der Zeit der großen Entdeckungsfahrten montiert, samt seiner Ladung in Kisten und Fässern. Er erinnert an die Schiffe, die vor dem Lokschuppen auf die nächste große Reise warten. Scheherazade wäre sicher erstaunt zu sehen, was ihre Geschichten bewirken. Vielleicht würde sie in einer tausendundzweiten Nacht von einem fernen Ort im Abendland erzählen, wo eines Tages ein fliegender Teppich mit 67 Glaszylindern …

**Fernweh:** Segel in verschiedenen Formen geben den Rundgang vor. Sie stehen für unendliche Weite, für das Unerforschte und die wichtige Rolle der Seefahrt in der Gewürzgeschichte. Damit wird die Ausstellung luftig, der Wind treibt die Besucher in die Ferne.

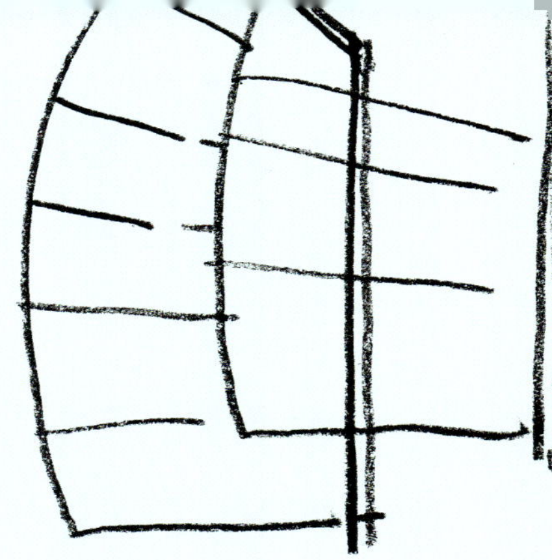

# Segel-formen

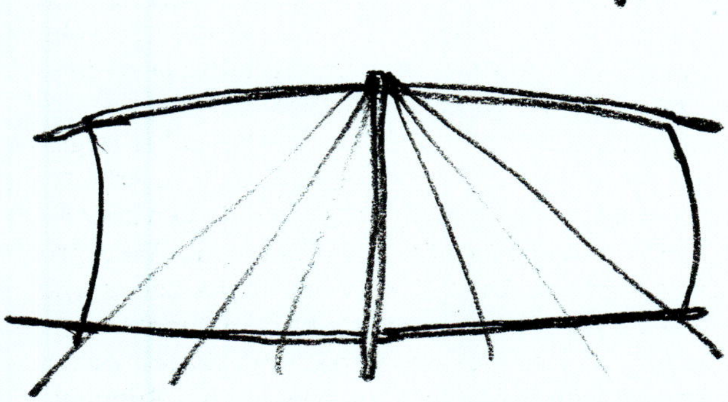

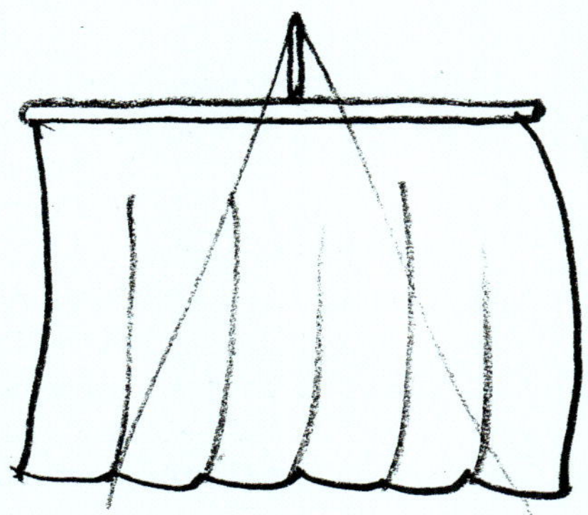

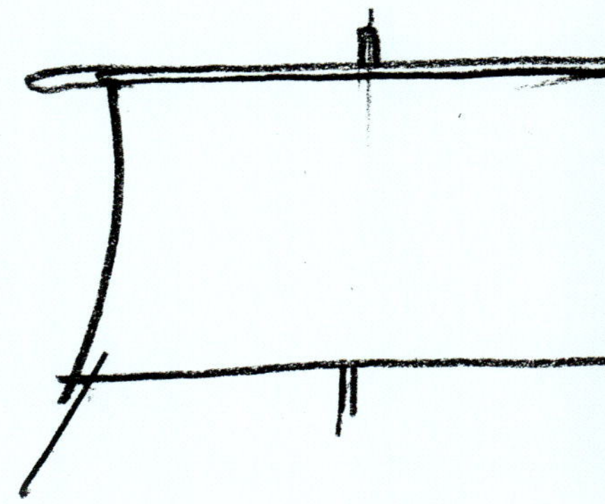

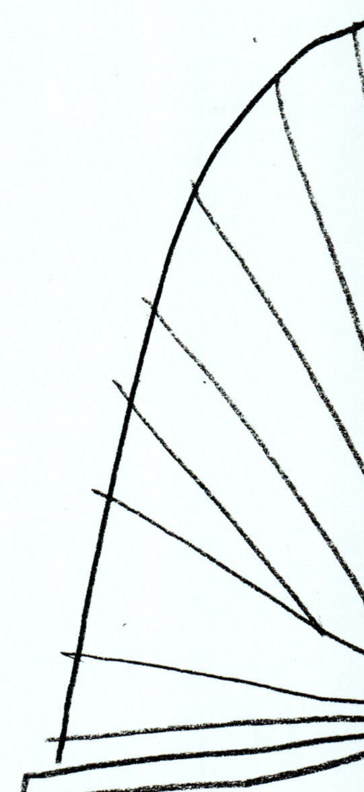

aquesta carauana es partida del impi
de sarra p anar alcatayo :
febur

**Durch die Wüste:** Ein Mittelsmann zwischen Orient und Okzident war der venezianische Händler Marco Polo (ca. 1254 -1324), der laut eigenen Angaben zwischen 1271 und 1295 China und Indien bereist hat. Auf dem katalanischen Weltatlas aus dem Jahr 1375 wurde seine Karawane abgebildet. Bibliothèque Nationale, Paris.

# Einleitung – Eine kleine Kulturgeschichte der Gewürze

Frank Holl

**Vor dem Ziel:** Ostindienfahrer vor einem Hafen, Ölgemälde von Joseph Vernet, 1762. Internationales Maritimes Museum Hamburg.

„**IM ANFANG WAR** das Gewürz." So beginnt Stefan Zweig seinen Roman über Fernando Magellan. Gewürze waren der Anlass für Entdeckungsreisen, für Kriege, Eroberungen, für die Gründung und den Untergang von Kolonialreichen.

Fernando Magellan brachten sie Ruhm und Tod. Auf seiner Expedition, mit der erstmals eine Weltumsegelung gelang, verlor er im Kampf mit Eingeborenen auf den Philippinen sein Leben. Nur 18 von 250 Mitgliedern seiner Mannschaft kehrten zurück nach Spanien. Magellans Ziel war es gewesen, die Welt in Richtung Westen zu umrunden, um so einen neuen Weg zu den Gewürzinseln in Südostasien zu finden. Dort wuchsen Gewürznelken und Muskat. Über komplizierte, teils geheime Handelswege gelangten diese ebenso wie Pfeffer, Zimt, Ingwer und Kardamom nach Europa. Gewürze aus Asien waren selten und teuer. Einem Text auf Martin Behaims Erdapfel, einem Globus, der im Jahr 1492, noch vor der Entdeckung Amerikas, entstand, ist zu entnehmen, dass sich der Preis von Gewürzen auf dem Weg vom Einkaufsort in Indien oder Asien bis zum Endverbraucher in Europa um das Zwölffache erhöhte.[1]

Was sind eigentlich Gewürze? Wie unterscheiden sie sich von Kräutern? Eine exakte Trennungslinie kann man nicht ziehen. Basilikum, Thymian, Rosmarin und Dill beispielsweise sind Gewürze. Zugleich sind sie aber auch Kräuter. Wir folgen in der Ausstellung der allgemein akzeptierten Definition, nach der Gewürze pflanzliche, in der Regel getrocknete Substanzen sind, deren Zweck es ist, den Geschmack des Essens zu verbessern.[2] Während in Europa heimische Gewürzevon der gesamten Bevölkerung konsumiert werden konnten, waren andere, die aus Asien importiert wurden, jahrhundertelang einer privilegierten Schicht vorbehalten.

Drei verschiedene Werte kann man Gewürzen beimessen: Einerseits einen lukullischen Wert; zudem besitzen sie aufgrund ihres hohen Anteils an ätherischen Ölen einen pharmazeutischen Wert; und nicht zuletzt haben sie einen z. T. hohen wirtschaftlichen Wert, der manchmal so beachtlich war, dass er die Weltgeschichte bewegte. Wer denkt, wenn er heute im Supermarkt Muskatnuss für ein paar Euro kauft, an deren einstiges, die Menschen bewegendes Potenzial? Erst im 19. Jahrhundert fielen die Preise für exotische Gewürze. Allein Safran behielt, obwohl in Europa heimisch, aufgrund seiner Seltenheit und der aufwendigen Ernte bis heute seinen hohen Preis.

Seit Urzeiten würzten die Menschen ihre Nahrung mit heimischen Kräutern. Die ältesten schriftlichen Überlieferungen von Gewürzen als Zutaten in Kochrezepten stammen aus Mesopotamien. Es sind drei babylonische Keilschrifttafeln. Die größte hat eine Länge von 25 cm. Gefertigt wurden sie um 1750 v. Chr.[3] Die mehr als 30 dort verzeichneten Rezepte umfassen eine beachtliche Palette an Zutaten: Rindfleisch, Lamm, Ziege, Gazellen, Tauben, Hühner, Fisch und Gemüse. Hauptgewürze sind Kümmel, Koriander und Knoblauch. Auch Wacholderbeeren und Minze werden erwähnt. Viele der genannten Gewürze sind allerdings heute nicht mehr zu identifizieren. Kochrezepte aus dem alten Ägypten sind uns nicht überliefert. Aber in den Gräbern haben Archäologen Gewürze gefunden, und auch auf Reliefs und Papyri sind Gewürze genannt. Dadurch weiß man, dass die Küche des pharaonischen Ägypten Minze, Knoblauch und Wacholderbeeren kannte. Zudem verfeinerte man damals Speisen mit Dill, Kapern, Kreuzkümmel und Bockshornklee.

Von der ersten großen botanischen Expedition der Geschichte erzählt ein Relief im Palast von Deir el-Bahari. Dort wird von der Schiffsexpedition berichtet, die die Pharaonin Hatschepsut um 1470 v. Chr. ausgesandt hatte, um Weihrauch, Myrrhe, vermutlich auch Gewürze sowie andere wertvolle Pflanzen und Tiere aus dem Land Punt nach Ägypten zu bringen. Wo dieses lag, ist bis heute ein Rätsel. Man vermutet es in der Region des heutigen Somalia. Dass im 13. Jahrhundert v. Chr. sogar Beziehungen zu Indien bestanden, beweist der Fund von Pfefferkörnern in der Nase der Mumie von Pharao Ramses II. Sie stammen von der indischen Malabarküste.

**Frühe Kochkunst:** Mesopotamische Keilschrifttafel mit Kochrezepten, ca. 1750 v. Chr. Yale University New Haven.

**Schatzkästlein:** Dose zum Aufbewahren von kostbaren Gewürzen, 16. Jh. Deutsches Apothekenmuseum Heidelberg.

Das pharaonische Ägypten und viele andere Kulturen machten bei Gewürzen keinen Unterschied zwischen deren Nutzen Küche und ihrer Heilkraft. Die wichtigste Quelle für ägyptische Heilmittel ist der sogenannte Papyrus Ebers. Verfasst wurde er um 1550 v. Chr. in Theben. Ein beachtlicher Teil der über 800 Rezepte gegen Krankheiten nennt als Zutaten die als harntreibend wirkenden Wacholderbeeren und den krampflösenden, blähungstreibenden und verdauungsfördernden Kreuzkümmel.[4]

Im frühen zweiten Jahrtausend v. Chr. entstand auf der Insel Santorin ein Fresko, das Safranpflückerinnen zeigt. Vermutlich diente Safran, der auf Kreta und manchen Ägäischen Inseln wuchs, zu jener Zeit nicht als Gewürz, sondern pharmazeutischen Zwecken, zum Färben von Stoffen und als Zutat für Parfüm. Gewürze als Ingredienzen für Parfüme waren bereits im minoischen und mykenischen Griechenland beliebt. So fanden Archäologen in einer auf Zypern ausgegrabenen Parfümmanufaktur, die auf das Jahr 1850 v. Chr. datiert wird, in Keramikgefäßen Reste von Koriander, Lorbeer, Myrte, Lavendel und Rosmarin.[5] Spätestens im 7. Jahrhundert v. Chr. wurde aus Asien Zimt eingeführt.[6] Bei Ausgrabungen in einem der Hera gewidmeten Tempel auf Samos wurden Rückstände davon gefunden, die man auf diese Zeit datierte.[7] Auch Herodot berichtet im 5. vorchristlichen Jahrhundert vom ceylonesischen und vom Cassiazimt aus China.[8] Dem Philosophen Theophrastos von Erasos (um 372–287 v. Chr.) waren im dritten Jahrhundert Gewürze aus Asien, wie Cassia, Zimt und Kardamom, bekannt.[9] Aber er nennt auch heimische Arten wie Majoran und Anis.[10]

## Die erste internationale Küche der Welt

Dass die Griechen zum Würzen ihrer Speisen Kreuzkümmel, Koriander, Oregano, Safran und Sesam bevorzugten, wissen wir aus den Komödien des vierten und dritten Jahrhunderts v. Chr.[11] Pfeffer wird von dem attischen Dichter Antiphanes (408–332 v. Chr.) erwähnt.[12] Theophrastos beschreibt in seiner ‚Naturgeschichte der Gewächse' sowohl den Schwarzen als auch den Langen Pfeffer. Allerdings war Pfeffer selten und zu jener Zeit nur einer kleinen Elite zugänglich.[13] Der Transport von der indischen Malabarküste über Land- und Seewege und viele Zwischenhändler bis ins Mittelmeergebiet war teuer.

Bis zum 1. Jahrhundert n. Chr. dürften sich die römische und griechische Küche nicht wesentlich voneinander unterschieden haben. Auch in Rom dufteten die reichen Damen nach Zimtparfüm, wie Plinius d. Ä. berichtet. Als Ingredienzen für Parfüme verwendete man dort z. B. Kardamom, Kalmus, Zyperngras, Safran, Majoran und Honig.[14]

Ein bei Griechen und Römern gleichermaßen beliebtes Gewürz war Silphion. Es wuchs ausschließlich wild in der Gegend von Kyrene, einer Stadt im heutigen Libyen. Allerdings wurde es aufgrund der großen Nachfrage übererntet und starb um etwa 50 n. Chr. aus. Das letzte Silphion, das man gefunden hat, soll, wie Plinius berichtet, an Kaiser Nero geschickt worden sein.

Die Gewürze aus Asien kamen über das verzweigte Netz der Seidenstraße, das seit der Bronzezeit existierte, in den Westen. Eine wichtige Rolle spielten dabei arabische Zwischenhändler, die die letzte Handelsstation vor dem Eintritt der Gewürze in die mediterrane Welt bildeten. Im 1. Jahrhundert n. Chr. allerdings öffneten sich neue Handelswege, die diese Zwischenhändler umgingen: Ein anonymer Autor beschrieb im ‚Periplus [= Küstenfahrt] des Erythräischen Meeres' den Seeweg nach Indien durch das Rote Meer und den Indischen Ozean. Und er berichtete von einem Seefahrer namens Hippalus, der entdeckt hatte, dass man unter Ausnutzung der Monsunwinde von Küste zu Küste direkt über den Indischen Ozean segeln konnte. Von nun an begannen die Römer, von ihrer Provinz Ägypten aus diesen direkten Weg mit Schiffen nach Indien zu nutzen. Jetzt konnte Pfeffer über den Isthmus von Sues und den Hafen von Alexandria auch in größeren Mengen ins Römische Reich gelangen.

Nicht nur dessen Preis, sondern auch der für andere Waren aus Asien fiel beachtlich. In Rom errichtete man im Jahr 92 n. Chr. Pfefferspeicher, die *horrea piperataria*.[15] Bald kannte man Pfeffer auch in den Nordprovinzen des Römischen Reiches.[16] Zeugnisse sind die archäologischen Funde von Pfefferetiketten aus Blei in Trier, von Pfefferkörnern in Oberaden und von römischen Pfefferstreuern wie demjenigen in Hoxne in England.[17]

Ebenfalls, im 1. Jahrhundert n. Chr. wurde ein Kochbuch verfasst, als dessen Autor der römische Feinschmecker Marcus Gavius Apicius gilt. Pfeffer war, neben der Fischsoße Garum, sein Lieblingsgewürz. In 349 der 468 Rezepte wird er als Zutat empfohlen. Das Buch *De re coquinaria* übte bis in die Frühe Neuzeit einen großen Einfluss auf die Kochkunst in Europa aus. Mit den asiatischen Gewürzen als Zutaten schuf Rom die erste internationale Küche der Welt.[18] Im selben Jahrhundert schrieb auch der griechische Arzt und Pharmakologe Pedanios Dioskurides sein Werk *De materia medica*. Neben 813 Pflanzen erwähnt er unter anderem auch Pfeffer und spricht ihm eine „erwärmende, harntreibende und die Verdauung befördernde [...] Kraft" zu. *De materia medica* wurde zum wichtigsten Verbindungsglied zwischen der Heilkunde der Antike und dem Mittelalter.

War zunächst Alexandria der bedeutendste Umschlagplatz für Gewürze aus Asien, so rückte bald Konstantinopel nach der Neugründung als Residenzstadt durch Kaiser Konstantin im Jahr 330 n. Chr. in eine gleichwertige Stellung auf. Über die neue Handelsmetropole kamen vermutlich erstmals Muskatnuss und Gewürznelken, die nur auf den indonesischen Gewürzinseln wuchsen, nach Europa.[19] Mit dem Niedergang des Römischen Reiches, spätestens aber seit der Eroberung durch die Araber im Jahr 641, verlor Alexandria dann seine Bedeutung. Der florierende Handel zwischen Indien und Rom brach zusammen. Von nun an gelangten asiatische Gewürze wieder über viele verschiedene Zwischenhändler und das verzweigte Netz der Seidenstraße in den Westen. Je nach politischer Lage waren diese Wege manchmal über Jahrhunderte hinweg blockiert.[20] Bis zum ersten Kreuzzug im Jahr 1096 waren die Handelsbeziehungen mit dem Orient so spärlich, dass manche Historiker vom „Eisernen Vorhang des Islams" sprechen.[21]

## Sieben Ochsen für ein Pfund Muskat

Eine Brücke zwischen den antiken und mittelalterlichen medizinischen und botanischen Kenntnissen schlugen vor allem die Benediktiner. Mehr als alle anderen Orden widmeten sie sich antiken und arabischen heilkundlichen Schriften[22] und der Landwirtschaft. Vermutlich aus diesem Grund gab Kaiser Karl der Große dem Benediktinerabt Ansegis von St. Wandrille in der Normandie den Auftrag, eine Liste von Nutzpflanzen und Baumarten zu erstellen, die auf jedem Krongut kultiviert werden sollten. Diese Landgüterverordnung trug den Titel ‚Capitulare de villis et curtis imperii' und wurde wahrscheinlich im Jahr 812 veröffentlicht. Darin und auch im St. Galler Klosterplan werden bestimmte Kräuter und Gewürze zum Anbau empfohlen. Auch der Klosterplan wurde von Benediktinern verfasst. Er entstand zwischen 819 und 826 im Kloster Reichenau. Unter den in beiden Dokumenten genannten Gewürzen finden sich erstaunlicherweise auch bis dato nicht heimische Pflanzen, wie etwa Rosmarin, Bockshornklee, Schwarzkümmel oder Koriander, die nur bedingt winterfest sind.

Auch die Abhandlungen über Pflanzen und Krankheiten, die die Benediktinerin Hildegard von Bingen (1098–1179) im 12. Jahrhundert verfasste, spiegeln die Tradition der Antike wider. Hildegard verband die auf Hippokrates von Kos (ca. 460–ca. 370 v. Chr.) zurückgehende Viersäftelehre, wonach sich alle medizinischen Phänomene auf die Harmonie der Körpersäfte Blut, Schleim, gelbe und schwarze Galle zurückführen lassen, mit dem Wissen ihrer Zeit und der Volksmedizin. In ihren Schriften nennt sie zahlreiche Gewürze, wie Pfeffer, Ingwer, Zimt, Muskat und Nelken, deren

Polus Arcticus
Estrecho de Anian
Circulus Arcticus
AMERICA
Anno Dni 1492 a Christophoro Columbo nomine Regis Castellæ primum detecta.
MEXICANA
NOVA FRANCIA
Groenland
Golfo Mexi
Hispaniola
La Bermuda
Tropicus Cancri
Las dos Hermanas
Los Jardines
Circulus Aequinoctialis
MAR DEL ZVR
OCEANVS PERVVIANVS
Peru
Insulæ Salomonis
Tropicus Capricorni
EL MAR PACIFICO
Hanc continentem Australem nonnulli Magellanicam regionem ab eius inventore nuncupant.
Hæ regiones cuidam Hispano apparuerunt cum disiectis a classe in hoc Australi vagaretur Oceano
TERRA AVSTRALIS MAGALLANICA
Terra del fuego
Circulus Antarcticus
Polus Antarcticus
Christophorus Columbus Genuensis. 1492.
1519
Magellanus
Francofurti ad Moenum formis Theod. de Bry

**Neue Horizonte:**
Die Karte aus Theodor de Brys „America a", Frankfurt a. M., 1600, porträtiert in den vier Ecken die Entdecker Christoph Columbus, Amerigo Vespucci, Fernando Magellan und den Conquistador Francisco Pizarro. Staatliche Museen zu Berlin, Kunstbibliothek.

**Luxusboutique:**
Gewürzhandlung, Ölgemälde von Paolo Antonio Barbieri, um 1637, Pinacoteca Civica Spoleto.

**Riechfläschchen:** ‚Pomander' nannte man Riechkapseln, die im Spätmittelalter in Mode kamen. Wie dieser im 15. Jh. aus Silber und Gold gefertigte, wurden sie mit einer salbenartigen Duftmasse aus Gewürzen gefüllt, aber auch mit Bisam oder Moschus. Bayerisches Nationalmuseum München.

**Schutz gegen Pest:** „Der Doktor Schnabel von Rom", kolorierter Kupferstich von Paul Fuerst nach J. Columbina, 1656. In die schnabelartige Nase der Maske gaben die „Pestdoktoren" Gewürze, von denen sie hofften, sich so gegen Krankheitskeime schützen zu können. akg-images.

Aufgabe es war, das Ungleichgewicht der Körpersäfte auszugleichen.[23] Die gehobene mittelalterliche Küche setzte unterdessen den in Rom begonnenen Trend des maßlosen Würzens fort. Wer es sich leisten konnte, würzte mit unbegreiflichen Mengen an Zimt, Gewürznelken, Pfeffer, Muskat und Lorbeer. Die mittelalterlichen Weine glichen „eher Gewürzlaugen als edlen Rebsäften".[24] Gewürze nichteuropäischer Herkunft waren ein Statussymbol. Könige, Adelige und reiche Bürger beschenkten sich damit wie mit Juwelen.[25]

Eine magische und aphrodisierende Wirkung wurde Gewürzen nicht erst im Mittelalter zugesprochen. Aus dem alten Rom sind libidosteigernde Rezepte überliefert, in denen vor allem Pfeffer eine große Rolle spielte.[26] Bis in das 18. Jahrhundert hinein findet sich in Deutschland der Brauch, dass kinderlose Frauen Muskatnüsse als magische Glücksbringer gegen Sterilität um den Hals trugen.[27]

Im Verlauf der Kreuzzüge vom Ende des 11. bis Ende des 13. Jahrhunderts gewannen die Häfen von Genua und Venedig immer mehr an Bedeutung. Die dortigen Schiffseigner transportierten Nahrungsmittel, Kleidung, Wolle und Metall zu den Soldaten im Heiligen Land und tauschten sie gegen Früchte, Edelsteine und Gewürze ein. Auf diese Weise gelangten in größerem Umfang Gewürze, darunter vor allem Pfeffer, Muskat, Nelken und Kardamom, nach Europa. An den Investitionen in genuesische und venezianische Schiffe beteiligten sich bald auch Händler aus Nürnberg, Augsburg, Bordeaux, Toulouse und Antwerpen sowie Brügge, das zum wichtigsten Handelszentrum im nordwestlichen Europa wurde.[28] Einer Preisliste aus dem Jahr 1393 ist zu entnehmen, dass damals in Deutschland ein Pfund Muskat so viel wert war wie sieben fette Ochsen.[29]

## Aufbruch in eine neue Welt

Mit den Kreuzzügen begann eine neue Geschmackskultur das gesellschaftliche Leben in Mitteleuropa zu prägen. Die Herrenschicht, die bislang nicht selten dieselben rustikalen Manieren an den Tag legte wie ihre Untertanen, fing an, sich in ihrem Lebensstil von diesen abzugrenzen. Dieser Stil war, wie die Gewürze, aus dem Orient importiert worden. Von der arabischen Kultur übernahm man wesentliche Errungenschaften, ja sogar deren Namen wie *Teppich*, *Sofa* und *Baldachin*: „Ohne Pfeffer, Samt und Seide wäre die mittelalterliche Kultur nicht was sie ist", schreibt der Kulturhistoriker Wolfgang Schivelbusch.[30] Die Blütezeit Venedigs vom 12. bis zum 16. Jahrhundert fällt in die Periode des größten Pfefferverbrauchs in Europa. Sogar in der Architektur der Lagunenstadt zeigt sich der orientalische Einfluss.[31]

Ein Mittelsmann zwischen Orient und Okzident war der venezianische Händler Marco Polo (um 1254–1324), der nach eigenen Angaben zwischen 1271 und 1295 China und Indien bereiste und sich 17 Jahre lang beim Mongolenherrscher Kublai Khan aufgehalten hatte. Auch wenn seine Berichte zum Teil angezweifelt werden, hatte sein in vielen Ausgaben erschienenes ‚Buch der Wunder' in Europa ein großes Interesse an den von ihm beschriebenen Ländern geweckt und zu einem regen Austausch zwischen Ost und West beigetragen. Mehrfach berichtete Marco Polo von Gewürzen, unter anderem von Muskat, Nelken, Zimt, Ingwer und Pfeffer. In gewisser Weise öffneten seine Berichte den „Eisernen Vorhang des Islams"[32], der sechs Jahrhunderte lang Europa und Asien getrennt hatte.

Venedig blühte durch den Gewürzhandel. Doch bald überstieg die Nachfrage die Kapazität der Handelswege. Die Preise kletterten ins Unermessliche. Im 15. Jahrhundert erhöhte sich der Pfefferpreis auf dem Weg von Indien nach Venedig um das fast Dreißigfache.[33] Konstantinopel wurde 1453 von den Osmanen erobert. Deren Reich expandierte und machte alte Handelsrouten unsicher. Es war an der Zeit, neue Handelswege zu finden, die schneller und billiger waren. Man machte sich auf die

Suche nach dem Seeweg nach Indien. Christoph Kolumbus, Bartolomeu Diaz, Vasco da Gama und Fernando Magellan waren die Männer der Stunde. Alle waren sie, wie Kolumbus es 1492 in seinem Bordbuch formulierte, „auf der Suche nach Gold, Gewürzen und neuen Ländern“[34].

Die Entdeckung der Neuen Welt durch Kolumbus führte zu einer Revolution des Geschmacks in Europa: Fortan gab es Tabak, Kartoffeln, Tomaten, Kakao, Vanille und Chili auch in der Alten Welt. Vasco da Gama öffnete mit der Entdeckung des Seeweges nach Indien durch die Umsegelung des afrikanischen Kontinents und der Landung nahe Calicut an der Malabarküste im Jahr 1498 ein neues Handelstor zum Orient. Mit einem Schlag wurde das kleine Portugal Handels-, Kolonial- und Weltmacht. Pfeffer kostete jetzt in Venedig fünfmal so viel wie in Lissabon.[35] Das venezianische Handelsmonopol war gebrochen. Während Spanien im Westen Kolonien errichtete, gründete Portugal in Afrika, Indien und Südostasien Handelsniederlassungen, ohne jedoch Amerika aus den Augen zu lassen, wie die Gründung von Brasilien zeigt. In den Verträgen von Tordesillas (1494) und Saragossa (1529) teilten Portugal und Spanien die Welt in zwei Interessenssphären auf. Da jedoch die Gewürzpreise wegen der neuen Route sanken, suchte sich Portugal neue Märkte und Partner. Es fand sie in den Familien der Fugger und Welser in Augsburg. Diese finanzierten neben zahlreichen Handelsfahrten nach Indien auch die Weltumsegelung Magellans. Auch die Fahrt und die Fracht der im Jahr 1533 an der Küste Namibias gesunkenen Nao Bom Jesus, deren Wrack man im Jahr 2008 gefunden hat, wurde mit Geldern der Fugger finanziert.[36]

## Vom Luxusgut zur Industrieware

Bis 1511 hatten die Portugiesen im Indischen Ozean viele Seeschlachten gegen die Moslems gewonnen und so die Kontrolle über die meisten gewürzproduzierenden Regionen im Orient übernommen: die indische Malabarküste, Ceylon, Java, Sumatra und das große malaysische Gewürzhandelszentrum Malakka. Im Jahr 1514 kontrollierten sie auch Ternate und andere Gewürzinseln. Die Niederlande profitierten zunächst indirekt vom portugiesischen Boom: Sie trieben Handel zwischen Lissabon, Antwerpen und Amsterdam. Durch diesen und andere Geschäfte sammelten sie, genau wie England, Kapital an, um zu expandieren. Doch bald meldete auch England seinen Anspruch als Seemacht an. Francis Drake gelang in den Jahren 1577 bis 1580 die zweite Weltumsegelung. Im Jahr 1588 vernichtete er mit seiner Flotte die spanische Armada. 1600 wurde in England die *English East India Company* gegründet. Zwei Jahre später folgten die Niederländer mit der Vereinigten Ostindischen Compagnie (VOC). Das immense Kapital, das investiert worden war, die gut ausgebildeten Mannschaften und schnellen Schiffe sollten sich bald als verheerend für die Portugiesen erweisen. Bereits im Jahr 1621 gelang es den Niederländern, sie vollkommen aus dem Gebiet der Gewürzinseln zu vertreiben. Nun kontrollierten sie das Monopol auf Muskat und Gewürznelken. Um diese knapp und die Preise auf einem hohen Niveau zu halten, zerstörten sie bis 1681 drei Viertel der Muskat- und Nelkenbäume auf den Molukken. Waren schon die Portugiesen grausam gegenüber den Einheimischen vorgegangen, so besserte sich unter der Herrschaft der Niederländer absolut nichts: Die Eingeborenen wurden versklavt, unterdrückt und misshandelt. Gegen Ende des 17. Jahrhunderts hatten die Niederländer auch die Engländer aus dem ostindischen Gebiet vertrieben und kontrollierten nun zudem den Handel mit Cassiazimt, Pfeffer, Ingwer und Kurkuma. Um hohe Preise zu erzielen, scheuten sie nicht davor zurück, ihre eigene Ware sogar in Amsterdam zu zerstören. Im Jahr 1760, so wird berichtet, watete man, nachdem große Mengen Muskat und Zimt verbrannt worden waren, in Amsterdam durch Muskatbutter.[37]

**Einfach dufte:** Nicht nur mit Gewürzen, sondern auch mit Moschus, einem vom Moschushirsch erzeugten Duftstoff, wurden Pomander wie diese vier Zentimeter hohe, aus Gold gefertigte und mit Rubinen, Smaragden und Diamanten besetzte Riechkapsel gefüllt. Rijksmuseums Amsterdam.

**Flair des Festlichen:** Duftende Gewürze, genannt Besamim, wurden in Behältern wie diesen im 18. und 19. Jahrhundert aus Silberfiligran gefertigten Besamim-Türmchen aufbewahrt. Im jüdischen Hawdala-Ritual roch man am Ende des Sabbats daran, um etwas vom besonderen Geschmack dieses Festtages in den Alltag mitzunehmen. Jüdisches Museum München.

Das niederländische Monopol war jedoch nicht von langer Dauer. Zwischen 1768 und 1772 gelang es Pierre Poivre, dem französischen Verwalter der Insel Mauritius, Muskat- und Nelkensetzlinge aus dem Gebiet der Gewürzinseln herauszuschmuggeln und sie auf Mauritius und in anderen französischen Kolonien zu kultivieren.[38] Die Blockade der niederländischen Häfen in Ostindien durch englische Schiffe im Jahr 1780 versetzte der VOC einen weiteren Schlag. Fehler der Verwaltung im Mutterland, Verschuldung, hohe Kosten der Kolonialverwaltung und Korruption taten ein Übriges. Im Jahr 1799 war die VOC bankrott. Ein weiterer Grund für ihren Untergang war der Rückgang der Nachfrage nach Gewürzen: Kaffee, Tee, Schokolade und Tabak – alles Genussmittel, auf die die VOC kein Monopol besaß – kamen mehr und mehr in Mode und wurden für andere europäische Länder zu gewinnbringenden Handelsgütern.[39]

Im 19. Jahrhundert verloren die Gewürze zunehmend an Prestige. Ein wesentlicher Grund dafür war, dass sie den Reiz des Seltenen verloren. Die Chili, auch „Spanischer Pfeffer" genannt, konnte schon 1493, ein Jahr nach der Entdeckung Amerikas, in Europa kultiviert und bald als Paprika in unterschiedlichen Sorten weitergezüchtet werden.[40] Auch in Asien trat sie damals ihren Siegeszug an. Im Gegenzug brachten die Spanier den asiatischen Ingwer nach Amerika. Schon 1547 sollen aus Jamaika 440 Tonnen Ingwer nach Europa exportiert worden sein.[41] Pierre Poivre gelang es Ende des 18. Jahrhunderts, auch diejenigen wertvollen Gewürzpflanzen, für die bislang ein Produktionsmonopol bestanden hatte, umzusiedeln. Im 19. Jahrhundert lieferte Edmond Albius (1829–1880), ein Kind von Sklaven auf der französischen Insel Réunión, einen weiteren wertvollen Beitrag für die Globalisierung der Gewürze. Er erfand die künstliche Bestäubung der Vanille mit Hilfe eines dünnen Stocks und brach so das Vanillemonopol Mexikos.

Das Ende der Gewürzmonopole bedeutete auch das Ende der exorbitanten Preise. Im 19. Jahrhundert begann die massive Globalisierung der Gewürze. Zwar behielt jede Region nach wie vor die Eigenheiten ihrer Küche, der Zugang zu anderen Geschmacksrichtungen wurde jedoch durch das Angebot an exotischen Gewürzen in Kolonialwarenläden für alle Bevölkerungsschichten erleichtert. Mit der Popularisierung der Gewürze ging auch eine Veränderung der Kochkultur einher. Dieser Trend zeichnete sich seit dem ausgehenden 17. und beginnenden 18. Jahrhundert zunächst in der italienischen und französischen gehobenen Küche ab. Man versuchte den einzelnen Zutaten mehr Eigengeschmack zu lassen. Raffinesse und Mäßigung verdrängten das maßlose Überwürzen. Da Gewürze nun für jedermann zugänglich waren, verloren sie als soziales Unterscheidungsmerkmal ihre Bedeutung.[42]

Neben künstlichen Aromastoffen wie dem Vanillin, das erstmals 1875 hergestellt wurde,[43] begann im 19. Jahrhundert auch der Siegeszug der industriell hergestellten Gewürzsoßen: Die Worcestershire Sauce von Lea & Perrins wurde erstmals im Jahr 1838 verkauft, die Tabascosoße kam im Jahr 1868 auf den Markt, und die Maggi-Würze wurde 1886 von Julius Maggi als preiswerter Ersatz für Fleischextrakt erfunden.

Im 20. und 21. Jahrhundert tendierte die Gewürzproduktion immer mehr nach Westen, in Richtung amerikanischer Kontinent: Hervorragender Kardamom wird heute in Guatemala produziert, hochwertige Muskatnuss auf der Antilleninsel Grenada, dem mittlerweile zweitgrößten Muskatnussproduzenten der Welt. Brasilien ist inzwischen zu einem der drei größten Pfefferproduzenten aufgestiegen. Die im 16. Jahrhundert noch nahezu exklusiven Gewürzhandelszentren Indien, Ceylon, Java, China und die Molukken müssen heute ihre Bedeutung mit anderen Regionen der Welt teilen. Die wichtigsten Handelszentren für Gewürze sind derzeit New York, Hamburg, Rotterdam und London in der westlichen, und Singapur, Tokio und Mumbai in der östlichen Hemisphäre. Der Gewürzhandel ist heute dezentralisiert und globalisiert. Welchen Zauber die Gewürze und ihre Geschichte dennoch behalten haben, beweisen die folgenden Beiträge.

1 Vgl. dazu den Beitrag von Thomas Eser in diesem Band.
2 Vgl. z. B. Turner 2005, XXXIII, und Mahn 2001, 10.
3 Vgl. dazu Bottéro 1995.
4 Vgl. zum Vorangehenden ausführlich den Beitrag von Renate Germer in diesem Buch.
5 Vgl. . Belgiorno 2007.
6 Zur Diskussion über eine eventuell frühere Einfuhr s. Dalby 2000, 36.
7 Vgl. dazu Turner 2005, 266.
8 Vgl. Mahn 2001, 54.
9 Vgl. Turner 2005, 237, und Mahn 2001, 39 und 55
10 Vgl. Mahn 2001, 39.
11 Vgl. Turner 2005, 62.
12 Vgl. Dalby 2000, 89, und Turner 2005, 63.
13 Vgl. Dalby 2000, 89, Vaupel, 2002, 32, und Turner 2005, 63.
14 Vgl. Turner 2005, 237, und Mahn 2001, 65.
15 Vgl. Mahn 2001,. 56.
16 Vgl. dazu den Beitrag von Karen Aydin in diesem Buch.
17 Vgl. dazu in diesem Buch die Abbildungen S. 70-73.
18 Plinius der Ältere (23–79 n. Chr.) nennt auch Gewürze aus Ägypten, Kreta, Kyrene und Indien. Vgl. dazu Turner 2005, 72.
19 Vgl. Rosengarten 1973, 52.
20 Vgl. Mahn 2001, 49 f.
21 Vgl. Rosengarten 1973, 53, Mahn 2001, 152.
22 Vgl. Rzihacek-Bedö 2005, 56 ff.
23 Vgl. Mahn 2001, 108 f.
24 Schivelbusch 1990, 15.
25 Vgl. Schivelbusch 1990, 15.
26 Vgl. Mahn 2001, 63 ff.
27 Vgl. Mahn 2001, 112.
28 Vgl. Rosengarten 1973, 60 f.
29 Vgl. Rosengarten 1973, 62.
30 Schivelbusch 1990, 18 f.
31 Vgl. Schivelbusch 1990, 20.
32 Rosengarten 1973, 68.
33 Vgl. Schivelbusch 1990, 21
34 Kolumbus 2006, 6. November 1492.
35 Vgl. Rosengarten 1973, 80.
36 Vgl. dazu den Beitrag von Dieter Noli und Wolfgang Knabe in diesem Buch.
37 Vgl. Rosengarten 1973, 85 ff. und den Beitrag von Swantje Heuten in diesem Buch.
38 Vgl. den Beitrag von Karen Aydin in diesem Buch.
39 Vgl. Mahn 2001, 158.
40 Vgl. Mahn 2001, 135.
41 Vgl. Mahn 2001, 137.
42 Vgl. Mahn 2001, 169 ff.
43 Vgl. dazu den Beitrag von Elisabeth Vaupel in diesem Buch.

HOLLANDORUM GENIUS, INSTITUTA ET NEGOTIA
TIMET ATQUE TIMETUR
BELGIUM FOEDERATUM.
OMNIUM NATIONUM OPES MERCES, ET PROPOLÆ.
PANNI Serici, Lanei Linei varii.
LIBRI optimi peßimi varii.
PISCES varii Haleces Salpæ Siccæ Salitæ.
WEST INDIANISCHE COMPAGNIA.
OST INDIANISCHE COMPAGNIA.
VAN BATAVIA.
VAN NORWAGEN.
NOR DISCHE COMPA GNIA

**Handelsmacht:** Mehr als 100 Jahre lang kontrollierten die Niederländer den Gewürzhandel mit Südostasien. Die niederländischen Häfen wurden zum Haupttor für den europäischen Handel. Kupferstich von Joseph Montalegre nach einer Zeichnung von Johannes Degler, in Hermann Scherers Atlas Novus, 1704. Deutsches Museum München.

# Die gemeinsame Ausbreitung von Gewürzen und Zivilisation

Hansjörg Küster

**Von mild bis scharf:** In Mexiko werden heute mehr als 40 verschiedene Chilisorten angeboten. Die schärfefreie Kulturform der Gemüsepaprika wurde erst im 20. Jh. in Osteuropa entwickelt. Foto: Agustín Estrada, Mexiko-Stadt.

## Bäuerliche Kulturen

**VOR ETWA 10 000** Jahren setzte an mehreren Stellen der Erde die Entwicklung bäuerlicher Kulturen ein. Die Menschen begannen, Kulturpflanzen anzubauen, Nahrungsmittel zu lagern und daraus Grundnahrungsmittel zuzubereiten, in erster Linie Brei und Brot. Auch Haustiere wurden gehalten und vor allem für die Versorgung mit Milch und Milchprodukten genutzt. Nur selten schlachtete man ein Tier, und wenn, dann vor allem in der kalten Jahreszeit, wenn das Futter knapp zu werden drohte und man den Viehbestand aus diesem Grund verkleinern musste. Im Winter konnte man das Fleisch wenigstens für kurze Zeit aufbewahren, ohne dass es verdarb. Schlachtfeste wurden daher gerne zum Anlass genommen, eine größere Menschenmenge mit einer Festspeise zu bewirten.

Die ersten bäuerlichen Kulturen waren keine Zivilisationen. Sie waren weder Bestandteil eines Staates noch in einer anderen Form von bürgerlicher Gemeinschaft organisiert. Sie kannten keine Schrift, und daher gibt es keine schriftliche oder historische Überlieferung aus dieser Zeit. Einzelne Gruppen von Menschen existierten ziemlich unabhängig voneinander. Der Warenaustausch spielte kaum eine Rolle. Jede Gemeinschaft hatte Saatgut und Materialien zur Deckung des täglichen Bedarfs, deren Sortiment begrenzt war. Wenn es an wichtigen Dingen zu mangeln drohte, wenn zum Beispiel die Erträge auf den Feldern nachließen oder es am Wohnplatz der Siedlung zu wenig Holz gab, um Häuser auszubessern oder neue Hütten zu bauen, wurden Siedlungen sowie Feldfluren aufgegeben und an anderer Stelle neu gegründet.

## Die Entstehung von Zivilisationen

Haustiere sowie die beschriebene bäuerliche Lebensweise stammten aus den vorderasiatischen Bergländern. Die ersten Zivilisationen entwickelten sich in benachbarten Gebieten, nämlich an den großen Strömen des Orients. Dort konnten Kulturpflanzen nur dann angebaut werden, wenn man die Felder künstlich bewässerte.

Das ausgeklügelte System der Verteilung von Wasser entlang eines langen Stromes, sei es des Euphrats, des Tigris oder des Nils, verlangte einen erheblichen organisatorischen Aufwand: Man benötigte eine Verwaltung, und man musste schriftliche Nachrichten übermitteln können. Daher nimmt man an, dass sich die ersten Staaten, die ersten Zivilisationen auf der Erde dort entwickelten, wo künstliche Bewässerung organisiert werden musste.[1] Eine Verwaltung konnte nur dann Bestand haben, wenn die zu ihr gehörenden Siedlungen nicht mehr verlagert wurden, wie es zu Zeiten einer rein bäuerlichen, nicht zivilisierten Kultur üblich gewesen war. Die Siedlungen mussten feste Stützpunkte des Handels sein. Die Einführung und Ausbreitung der Zivilisation setzte voraus, dass Mangelsituationen durch Handelsbeziehungen beseitigt werden konnten. Zudem war es jetzt notwendig, eine bessere Vorratshaltung für Produkte des täglichen Bedarfs zu betreiben. Etliche Nahrungsmittel ließen sich gut lagern, vor allem Getreide; man brauchte dafür trockene Speicher, die von den Vorratsschädlingen nicht zu erreichen waren. Problematischer waren die Lagerung und der Transport von Milch und Milchprodukten, auch von Fleisch. Innerhalb der Zivilisationen kam es nun zu neuen Formen der sozialen Differenzierung, die sich auch auf die Nahrung der Menschen auswirkte: Es kam zu einer Trennung zwischen den Alltagsspeisen der armen Leute und den Luxusgerichten der Wohlhabenden.

## Erste Gewürze

Besonders in den Küchen der wohlhabenden Bevölkerung war es wichtig, leicht verderbliche Lebensmittel möglichst lange frisch zu halten. Wenn diese Lebensmittel, zum Beispiel Fleisch oder Milchprodukte, einen gewissen „Hautgout" angenommen hatten, sollte dies unbemerkt bleiben. Man brauchte Ingredienzien, mit denen man den Geschmack von Speisen verändern und gut kalkulierbar so beeinflussen konnte, dass die Gerichte immer wieder gleich gut schmeckten. Dafür verwendete man Gewürze. Würzende Pflanzen mögen schon in früherer Zeit bekannt gewesen sein, aber wir haben keine Indizien dafür, dass sie schon vor der Einführung von zivilisatorischen Strukturen dauerhaft verwendet worden sind.

Die Gewürzpflanzen stammten ursprünglich aus Regionen, die von bäuerlichen Kulturen aufgesucht wurden. Sie breiteten sich vor allem auf Viehweiden aus, wo ihre Inhaltsstoffe die Tiere davon abhalten sollten, diese Pflanzen zu fressen. Mit der Zeit wurden dort diejenigen Gewächse immer seltener, die keine scharfen Inhaltsstoffe, Dornen oder Stacheln aufwiesen, während die auf eine bestimmte Weise damit bewehrten Gewächse an Häufigkeit zunahmen. Dass sie bestimmte Geschmacksnoten besaßen, dürfte Mitgliedern der ländlichen Bevölkerung aufgefallen sein, vielleicht den Hirten, die auf den Weideflächen mit ihren Tieren unterwegs waren. Die Handelswege konnten genutzt werden, um Gewürze über das gesamte Gebiet zu verbreiten, in dem es Zivilisationsstrukturen gab. Man konnte ferner Einfluss darauf nehmen, dass auch außerhalb dieses Gebietes Handelswege bestanden, auf denen Gewürze über weite Strecken hinweg herbeitransportiert werden konnten.Darauf wurde schon deshalb geachtet, weil die Gewürze bald zum Statussymbol aufstiegen. Demjenigen, der die meisten scharfen Gewürze verwendete, gestand man den Ruf zu, die beste Küche zu haben: Seine Gäste merkten es nicht, wenn die Speisen verdorben waren. Bis ins Mittelalter hinein galt diejenige Küche als die beste, in der möglichst viele scharfe Gewürze verwendet wurden.[2] Zu den ältesten Gewürzen, die man im Zweistromland schon vor Jahrtausenden kannte und die auch aus dieser Region stammen dürften, gehören Asant, Dill, Fenchel, Koriander und Kreuzkümmel. Im alten Ägypten verwendete man sehr früh schon Bockshornklee, Kapern und Koriander. Kardamom und Portulak kamen aus Südasien, wurden aber schon vor 4000 oder 5000 Jahren im Zweistromland bekannt. Etwas später gelangten auch Zimt und Pfeffer aus Südasien in den Nahen Osten.[3]

## Der Austausch der Gewürze im Mittelmeergebiet

Von den mediterranen Häfen aus wurden Gewürze in alle Gegenden der antiken Welt verschifft. Einige würzende Kräuter kamen unmittelbar im Hinterland der Häfen vor, andere mussten zuvor über Landwege an die Küsten des Mittelmeeres gebracht werden. Die Gewürze des Orients wurden ebenso dorthin transportiert wie die würzenden Ingredienzien aus Südasien, die für die griechisch-römische Antike eine besondere Bedeutung erlangen sollten: Pfeffer und Zimt. Aus den verschiedenen Regionen des Mittelmeergebietes mit ihren diversen Häfen kamen insgesamt etwa 80 verschiedene Arten von Gewürzen in den Handel. In etwa diese Anzahl von Gewürzen wird in dem Marcus Gavius Apicius zugeschriebenen römischen Kochbuch *De re coquinaria* aus dem vierten nachchristlichen Jahrhundert aufgeführt. Der Pfeffer wird darin am häufigsten genannt. Dies bedeutet allerdings nicht, dass er in den römischen Küchen auch am häufigsten verwendet wurde, sondern dass die vornehme Küche, für die das Apicius-Kochbuch verfasst worden war, vor allem nach diesem exotischen Gewürz verlangte.[4] Aus ganz unterschiedlichen Regionen des Mittelmeerraumes stammten beispielsweise Sellerie, Schlafmohn und Petersilie: Sie tauchen auf allen später verwendeten Listen mit Gewürzarten auf. Allgemein lässt sich feststellen, dass die Zahl der von den Zivilisationen der Welt verwendeten Gewürzarten im Lauf der Jahrtausende zunahm. Was einmal als gut befunden worden war und in die Schriftquellen Aufnahme gefunden hatte, wurde auch in der nachfolgenden Zeit immer wieder beschrieben und verwendet.

**Chanel der Antike:**
Die römischen Glasfläschchen aus dem 1. bis 3. Jh. n. Chr. wurden zur Aufbewahrung von wertvollen Flüssigkeiten verwendet, unter anderem auch für Parfümöle. Diese enthielten z. B. Zimt, Koriander, Lorbeer, Myrte, Lavendel und Rosmarin. Staatliche Antikensammlungen und Glyptothek München.

## Die Verwendung von Gewürzen in Mitteleuropa

Die Handelswege mussten weiter ausgebaut werden, damit alle Menschen innerhalb der Reichweite der Zivilisation an deren Errungenschaften teilhaben konnten; auch die Menschen im Imperium Romanum, die nördlich der Alpen lebten, mussten mit den Gewürzen versorgt werden, die in ihrer mediterranen Heimat bekannt waren. Daher wurden in römischer Zeit zahlreiche Gewürzarten erstmals in größeren Mengen auch nördlich der Alpen verwendet. Dabei waren die durch die schriftlichen

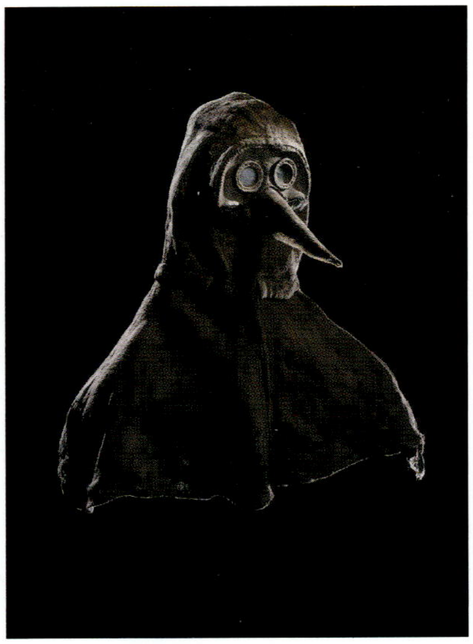

**Rarität:** Eine der wenigen Pestmasken, die sich bis heute erhalten haben, befindet sich in einer Privatsammlung in Linz. Sie wurde um 1600 hergestellt. Gewürze in der Nase der Maske sollten als Schutz vor Krankheitserregern dienen. Foto: Juraj Liptak.

**Start in den Tag:** Das Stilleben „Austernfrühstück" von Pieter Claesz entstand um 1630, zur Zeit der Blüte der niederländischen Ostindien-Kompanie. Links ist ein Pfeffertütchen mit herausgerollten Pfefferkörnern dargestellt. Museumslandschaft Hessen Kassel.

Quellen vermittelten Kenntnisse zu beachten. Im Mittelalter, als man bei der Verwendung von Gewürzen nördlich der Alpen ähnlich verfuhr wie in römischer Zeit, kannte man eine Pflanze, die man Kümmel nannte. In den Schriftquellen aus römischer Zeit war die Rede von einer weiteren Pflanze, die „cuminum" genannt wurde. Diesen Begriff übersetzte man fälschlicherweise mit „Kümmel". Alle Gerichte, die von den Römern mit *cuminum* gewürzt worden waren, veredelte man jetzt nördlich der Alpen mit Kümmel, ohne jedoch zu realisieren, dass die Römer unter *cuminum* Kreuzkümmel verstanden hatten, nicht den mitteleuropäischen Kümmel; Letzteren kannten sie gar nicht. Alle mit Kümmel gewürzten Speisen erhielten eine ganz andere Geschmacksnote als diejenigen, die man zuvor mit *cuminum* verfeinert hatte. Aber an die schriftlichen Regeln des Kochens hatte man sich dennoch gehalten.[5]

## Gewürze in weltweiten Handelsnetzen

Von Mitteleuropa aus wurden die Gewürze weiteren Handelsnetzen zugeleitet, sodass sie überall dorthin gelangen konnten, wohin sich auch die Zivilisation ausbreitete: nach Osteuropa, in den Norden Europas. Aus dem Osten (Meerrettich) kamen genauso weitere Gewürze nach Europa wie über die Kontakte zwischen Südwesteuropa und der arabischen Welt (Borretsch, Estragon). Die Gewürze wurden innerhalb der zivilisierten Welt ausgetauscht, und die Liste mit den allgemein verwendeten Arten wurde immer länger. Ähnlich mögen die Entwicklungen in anderen Handelsnetzen abgelaufen sein, beispielsweise in Südostasien oder in Mittelamerika. Aber darüber sind wir leider noch immer unzureichend informiert. Zahlreiche weitere

**Wo die Nelke wächst:** Gewürznelkenbaum. Abbildung in ‚Köhler's Medizinal-Pflanzen in naturgetreuen Abbildungen' (1887). Bayerische Staatsbibliothek München.

Arten von Gewürzen gelangten im Zeitalter der Entdeckungsreisen nach Europa. Einerseits wurden wichtige Gewürze von den Inseln Hinterindiens erstmals in größeren Mengen importiert; dazu gehörten Gewürznelken und Muskatnuss. Andererseits kamen zahlreiche Pflanzen von Amerika über den Atlantischen Ozean, und im Gegenzug wurden alle Gewürze der Alten in der Neuen Welt heimisch. Die durch die große Nachfrage ausgelöste Suche nach neuen Wegen zu den Gewürzen war vielleicht sogar ein wesentlicher Beweggrund dafür, die Reisen zu unternehmen, die wir heute Entdeckungsreisen nennen. Denn die alten Landwege über die arabische Halbinsel waren im späten Mittelalter und in der Frühen Neuzeit nicht immer offen; mit den dort ansässigen Arabern oder Osmanen gab es zahlreiche kriegerische Auseinandersetzungen. Da diese Landwege unter dem Begriff Gewürzstraßen bekannt waren, ist anzunehmen, dass Gewürze zu den wichtigsten Handelsgütern des Orients gehörten – neben edlen Steinen und Seide. Bei der Suche nach neuen Seewegen nach Indien ging es nicht zuletzt darum, Zugang zu Pfeffer und anderen scharfen Gewürzen zu erlangen, ohne die eine vornehme Küche in einem Zeitalter nicht auskommen konnte, in dem es noch keinen Kühlschrank gab. Wichtige Gewürze, die dann aus Amerika nach Europa kamen, waren unter anderem Paprika, Kakao, Piment und Vanille. Etliche von ihnen führte man als vermeintlich „indische Gewürze“ in Europa ein, oder man übertrug die Namen bekannter Gewürze der Alten auf diejenigen der Neuen Welt. Paprika kam als „Spanischer Pfeffer“ in den Handel (weil das Gewürz von Spanien aus in Europa bekannt gemacht wurde), und Kapuzinerkresse, die vom Geschmack her an Kresse erinnert, botanisch aber nicht mit ihr verwandt ist, stammt zwar aus Amerika, wurde aber zuerst in den Klostergärten der Kapuziner angebaut.

Viele Gewürze wurden innerhalb der Zivilisationen gedanklich mit Gerichten aus bestimmten Regionen fest verknüpft. Diese Regionen waren aber häufig nicht ihre ursprünglichen Herkunftsgebiete. Paprika verbindet man heute zuallererst mit Ungarn (und nicht mit seiner amerikanischen Heimat), Dill betrachtet man, weil er als Fischgewürz verwendet wird, als ein Gewächs des Nordens, nicht aber als ein ursprünglich orientalisches Gewürz. Für ein solches hält man eher den Schlafmohn, doch dieser kommt aus dem westlichen Mittelmeergebiet und wurde im Orient erst dann populär, als es verboten war, Alkohol zu trinken, sodass man zu einem anderen berauschenden Mittel griff. Kapern sind das charakteristische Gewürz für Königsberger Klopse, kommen aber, wie schon gesagt, aus Ägypten. Die Weinraute stammt zwar aus dem Mittelmeergebiet, ist heute aber in Litauen besonders bekannt; denn die dortige katholische Bevölkerung sieht in den Blüten ein Symbol für das christliche Kreuz.

## Frühe Globalisierung

Insgesamt lässt sich sagen: Gewürze sind ein entscheidender Faktor für die Entwicklung der Zivilisationen gewesen, nicht jedoch für die der rein bäuerlichen Kulturen auf der Erde. Sie zählen zu den ersten Welthandelsprodukten, und am Beispiel der Geschichte ihrer Verbreitung im Verlauf der Jahrtausende lässt sich hervorragend studieren, wie Globalisierung funktioniert. Aufgrund von Modeströmungen erhielten einzelne Posten auf den Gewürzlisten an bestimmten Orten plötzlich eine besondere Bedeutung, ohne dass dafür eine historische Grundlage bestanden hätte. Dies führte dann zur Herausbildung neuer Traditionen. Für den Welthandel sind längst andere Produkte erheblich wichtiger als Gewürze. Aber die Handelswege wurden unter anderem deshalb erschlossen, weil man zu einem Austausch von Gewürzen innerhalb der zivilisierten Welt kommen wollte. Dies galt bereits für die mediterranen Handelsnetze der Antike, für die Landverkehrsnetze in Europa, den Ostseeraum, und schließlich auch für den ausgreifenden Welthandel.

1 Wittfogel 1977.
2 Küster 2003, 7 ff.
3 Alle diese sowie die folgenden Angaben nach Küster 2003.
4 Küster 2003, 193 f.
5 Küster 203, 122 f.

**Königliches Antlitz:** Kopf einer Sphinx mit den Gesichtszügen der Hatschepsut aus ihrem Totentempel in Deir-el Bahari, um 1470 v. Chr. Hatschepsut war eine der wenigen Frauen auf dem ägyptischen Pharaonenthron. Sie trägt das Königskopftuch mit Uräus und einen Zeremonialbart am Kinn, Zeichen königlicher Macht und Stärke. Hatschepsut sandte die erste große botanische Expedition der Geschichte aus. Staatliche Museen zu Berlin, Ägyptisches Museum und Papyrussammlung. Foto: Gerhard Kunze, Berlin.

# Gewürze im pharaonischen Ägypten – Wohltat für Leib und Seele

Renate Germer

**Köstliche Düfte entströmten den Speisen, die Diener vor den Pharao und seinen Hofstaat auf kleinen Tischchen niederstellten. Am Spieß gebratene Gänse, gewürzt mit Minze, Wachteln mit Knoblauch, Rindfleischstücke mit Wacholderbeeren, verschiedene Fische des Nils auf frischem Dill oder mit Kapern serviert. Große Mengen Kumin und Koriander mit einer Priese Bockshornklee verfeinerten die Gemüse Linsen und Kichererbsen. Der frische römische Bindesalat, Pflanze des Fruchtbarkeitsgottes Min, war dick mit gehackten Zwiebeln oder Knoblauch bestreut - ein Festessen.**

**DAS HIER GEZEICHNETE** Bild eines pharaonischen Festmahles ist uns leider nicht durch einen Kochbuch-Papyrus mit genauer Anweisung für die Verwendung von Gewürzen überliefert, sondern lässt sich nur mühsam aus vielen kleinen archäologischen Puzzleteilen rekonstruieren. Die religiösen Vorstellungen der Ägypter besagten, dass man nach dem Tode in einer jenseitigen Welt auf gleiche Weise weiterleben konnte wie im Diesseits. Um dies aber zu gewährleisten, musste die materielle Versorgung für das Jenseits gesichert sein. Das geschah in Form von umfangreichen Grabbeigaben und auf magischem Wege durch die Darstellung der gewünschten Produkte auf den Grabwänden, quasi eine doppelte Absicherung. So gehörten Gewürze wie Koriander, Kumin, Wacholderbeeren, Bockshornklee und auch Zwiebeln und Knoblauch zu den Grabbeigaben nicht nur der einfachen Leute, sondern auch der Pharaonen. Neben einem riesigen Goldschatz hatten deshalb die Priester Tutanchamun auch in Körben verpackte Gewürze und Knoblauchbündel mit ins Grab gelegt. Durch diese Grabbeigaben wissen wir, mit welchen Gewürzen die alten Ägypter ihre Speisen verfeinert haben. Voraussetzung für ein Weiterleben im Jenseits war, dass die Priester nach der Balsamierung an der fertig gewickelten Mumie das sogenannte Mundöffnungsritual vollzogen, eine magische Wiederbelebung des Verstorbenen. Ein wichtiger Bestandteil dieses Rituals war das Räuchern von Spezereien. Auch beim täglichen Ritual im Tempel vor dem Götterstandbild, das sie jeden Morgen salbten und neu bekleideten, spielte es eine wichtige Rolle. Verbrannt wurden bei dieser Zeremonie die aromatischen Pflanzenharze Weihrauch und Myrrhe sowie Terebinthenharz. Dafür benutzte man entweder ein spezielles Gerät, den Räucherarm, oder kleine Tongefäße. Der Bedarf Ägyptens an diesen kostbaren Räucherspezereien war enorm. Große Anstrengungen mussten unternommen werden, um sie aus fernen Ländern zu importieren, da die Bäume, deren Harz verbrannt wurde, nicht in Ägypten wuchsen.

Aus den südlich von Ägypten liegenden Gebieten kamen Weihrauch und Myrrhe, Harze der Baumarten *Boswellia* und *Commiphora*. Allerdings haben die Ägypter diese Produkte nicht selbst von den Bäumen eingesammelt, sondern von Einheimischen an den südlichen Grenzposten durch Handel oder als Tributzahlungen erworben. Nur selten wagten es die Pharaonen, Schiffe auszurüsten und auf Expedition in das ferne Land Punt, in dem die Weihrauch- und Myrrhebäume wuchsen, zu schicken. Wo dieses Land genau liegt, weiß man noch immer nicht, vermutlich an der Küste des Roten Meeres, auf dem Gebiet des heutigen Eritrea oder des Golfes von Aden in Somalia. Von ersten Expeditionen nach Punt unter König Sahure (um 2450 v. Chr.) berichten schon die Inschriften auf dem sogenannten Palermostein, einem Analen-Dokument. Der berühmteste Bericht aber ist jener der Königin Hatschepsut, rund 1000 Jahre später verfasst. In Stein gemeißelt an die Wände ihres Totentempels in Deir el-Bahari, verewigte und illustrierte sie dort sehr genau ihre große Schiffsexpedition nach Punt. Expeditionen nach Punt stellten die ägyptischen Verwaltungsbeamten vor riesige logistische Aufgaben. Aus Textquellen und durch neuere Ausgrabungen[1] in Mersa Gawasis an der Küste des Roten Meeres, 23 km südlich des heutigen Safaga gelegen, können wir die Durchführung einer Expedition nach Punt rekonstruieren.

Als Erstes mussten seegängige Schiffe gebaut werden. Dazu holte man Zedernholz aus dem Libanon und beförderte es nach Ägypten, dann den Nil aufwärts etwa bis zu der Stelle, an der sich heute die Stadt Kena befindet. Dort wurden dann die Schiffe gebaut, anschließend wieder in Einzelteile zerlegt und von einer Eselskarawane zur Küste des Roten Meeres gebracht. Der Weg folgte der kürzesten Landverbindung Nil – Rotes Meer und verlief durch das Wadi Qena und das Wadi Gasus bis zum Abfahrtshafen Mersa Gawasis, wo man die Schiffsteile wieder zusammenbaute.

Neueste Ausgrabungen in Höhlen am Rande von Mersa Gawasis belegen die Anwesenheit von Ägyptern gegen Ende des Alten Reiches in der 6. Dynastie (um 2400–2300 v. Chr.), während des Mittleren Reiches (2050–1800 v. Chr.) und zu Beginn des Neuen Reiches in der 18. Dynastie (1550–1295 v. Chr.), der Zeit, in der auch die Königin Hatschepsut regierte. Man fand typische Keramik, kleine Stelen und Ostraka (beschriebene Tonscherben) sowie Reste von Schiffen, beispielsweise Steinanker, Taue und Planken. All diese Objekte beweisen, dass der Ort als Hafen genutzt wurde. Von hier aus segelten dann die Kapitäne entlang der Küste mit ihren gefährlichen Korallenbänken nach Süden. Das Aufsuchen eines nächtlichen Ankerplatzes war immer mit Gefahren verbunden und setzte voraus, dass der Lotse die Küstenlinie genau kannte. Frühestens nach 1600 km konnten die Schiffe das ersehnte Punt mit seinen kostbaren Handelswaren erreichen, und geschah, was im Punt-Relief der Königin Hatschepsut in Deir el-Bahari beschrieben ist:

**Beladen der Schiffe sehr hoch mit den Schätzen des Landes Punt und allen schönen Pflanzen des Gotteslandes und Haufen von Myrrheharz, mit grünen Myrrhebäumen, mit Ebenholz und reinem Elfenbein, mit rotem Gold vom Lande Amu, mit wohlriechenden Hölzern, mit Weihraucharten und Augenschminke, mit Pavianen, Meerkatzen und Windhunden, mit Leopardenfellen, mit Sklaven und ihren Kindern, niemals ist etwas dem Gleiches irgendeinem König gebracht worden seit Ewigkeit.**

Man kann nur vermuten, dass Weihrauch, Myrrhe und afrikanisches Ebenholz nicht die einzigen Pflanzenprodukte aus Punt waren, die nach Ägypten gebracht wurden, aber Belege für Arzneipflanzen oder Gewürze aus dieser Region fehlen in

**Jenseits-Proviant:** Mit Wacholderbeeren gefüllter Deckelkorb aus dem Grab des Architekten Cha in Theben, um 1400 v. Chr. Neben einer umfangreichen Grabausrüstung bestehend aus Mobiliar, Kleidung und Kosmetika hatte man Cha auch Nahrungsmittel und Gewürze für das Jenseits mitgegeben. Grabungsfoto.

**Rauchopfer:** König mit brennenden Räucherschalen. Im täglichen Tempelritual wurden vom König oder den Priestern vor den Götterstandbildern Räucheropfer durchgeführt. Zeichnung nach einem Relief im Totentempel Sethos´ I. in Abydos, um 1280 v. Chr.

den ägyptischen Quellen. Die Punt-Expeditionen der Königin Hatschepsut und ihrer Vorgänger zeigen eine historisch wichtige Tatsache: Große See-Expeditionen unternahmen die Menschen schon in sehr früher Zeit nicht nur des Goldes, sondern auch der genauso kostbaren Pflanzenprodukte wegen, die trotz der gefährlichen Transportwege fast um jeden Preis erworben wurden. Betrachtet man den gewaltigen Aufwand, der für diese Schiffsreisen nötig war, ist es verständlich, dass die Ägypter nur selten nach Punt gesegelt sind und es vorgezogen haben, die dringend benötigten Spezereien aus anderen Ländern im Ostmittelmeerraum zu beziehen, einer Region, die ihnen seit vorgeschichtlicher Zeit durch Handelskontakte vertraut war. Aus dem „fruchtbarer Halbmond" genannten Gebiet des nördlichen Mesopotamiens und Palästinas hatten die Ägypter im 6. Jahrtausend v. Chr. einst den Getreideanbau übernommen und in dessen Gefolge auch die Kultivierung folgender Gewürzpflanzen: Koriander, Dill, Schwarzkümmel, Kumin und Ajowankümmel, Bockshornklee sowie Zwiebel und Knoblauch. Den Funden nach zu urteilen, kamen diese Gewürzpflanzen nach und nach in Ägypten zum Anbau. Was man aus klimatischen Gründen nicht selbst anpflanzen konnte, wurde durch Handel ins Land geholt, dazu gehörten auch die Wacholderbeeren. In großen Mengen importierten die Ägypter Terebinthenharz, das Harz der Terebinthe oder Terpentinpistazie (*Pistacia terebinthus*), das die gleiche Funktion wie Weihrauch und Myrrhe im Ritual erfüllte. Im Wrack eines Handelsschiffes aus dem 14. Jahrhundert v. Chr., das vor gut 3300 Jahren vor der türkischen Küste bei Uluburun gesunken ist, fand man in Tonamphoren mehr als eine Tonne Terebinthenharz. Das Schiff war auf einer Handelsroute gefahren, die Ägypten mit Palästina, Kleinasien und den Inseln Zypern und Kreta verband. Andere Gewürze entdeckte man in dem Wrack nicht, vermutlich waren sie in Körben oder Säcken verpackt gewesen und sind deshalb nicht erhalten geblieben. Syrische Händler fuhren zur gleichen Zeit sogar nilaufwärts bis nach Theben, wie die Darstellung von syrischen Schiffen im Grab des Ken-Amun zeigt:[2] Große Amphoren werden aus den Schiffen entladen, an Land sitzen Ägypter, die ihre Waren, Leinentextilien, Sandalen oder Speisen, anbieten. Thutmosis III., der Nachfolger Hatschepsuts auf dem Pharaonenthron, unternahm mehrere große Feldzüge nach Palästina und bis zum Euphrat, um die Region fest unter ägyptischen Einfluss zu bringen. An einer Wand des Karnak-Tempels in Theben, dem Haupttempel des Gottes Amun, ließ er darstellen, wie lokale Fürsten ihm große Tributzahlungen in Form von Gold leisten. In einer extra errichteten kleinen Seitenkammer dieses Tempels, heute "Botanische Kammer" genannt, ließ er Pflanzen abbilden und mit folgender Inschrift versehen:

**... alle Pflanzen, die geliefert worden sind und alle schönen Blumen im Gottesland, die die Macht seiner Majestät gebracht hat, als seine Majestät gegen das obere Retenu [Syrien - Palästina] zu Felde zog, um die nördlichen fremden Länder zu unterwerfen gemäß dem, dass sein Vater Amun verheißen hatte, alle Länder unter seine Sohlen zu legen [von diesem] Tag bis in unzählige Jahre.**
**So spricht seine Majestät: So wahr ich lebe und Re mich liebt und mein Vater Amun mich belohnt, dies alles ist wahrhaftig geschehen. Keine Unwahrheit ist hineingeschrieben. Es ist nach dem Willen meiner Majestät geworden und wegen der Nützlichkeit ihrer Speisen [Früchte] geschaffen [abgebildet]. Meine Majestät hat dies gemacht, auf dass sie vor meinem Vater Amun seien in seinem Festtempel „Strahlend vor Denkmälern" für immer und ewig.**

Nicht alle Pflanzendarstellungen der Botanischen Kammer können identifiziert werden. Zum Teil hat wohl die Phantasie des Bildhauers nur etwas Exotisches zur Darstellung gebracht. Botanisch genau abgebildet, weil als Vorbilder damals vorhanden, sind der in Palästina heimische Aronstab und die Drachenwurz, die vermutlich als Heilpflanzen dienten. Gewürze und Heilpflanzen sind oftmals nicht scharf voneinander zu trennen; es kommt auf den Kontext ihrer Verwendung sowie auf die

**Edle Hülle:** Vorgeschichtliches Transportgefäß mit Bemalung, um 3200 v. Chr. In stark stilisierter Form sind Schiffe mit zahlreichen Rudern gezeichnet. Am Bug befindet sich ein Palmwedel, in der Mitte des Schiffes zwei Kajüten, eine davon mit einer Standarte. Steinböcke, Flamingos und eine Tänzerin vervollständigen die Dekoration. Staatliche Museen zu Berlin, Ägyptisches Museum und Papyrussammlung.

**Totenspeisung:** Illustration im Totenpapyrus der Hunefer, um 1200 v. Chr. Die Zeichnung zeigt Priester bei der Durchführung des so genannten Mundöffnungsrituals an der aufgerichteten Mumie des Verstorben. Der mit einem Leopardenfell bekleidete Priester räuchert dabei mit einem Räucherarm.

**Hafen-Handel:** Zeichnung eines heute zerstörten Wandreliefs im Grab des Ken-Amun, Theben, um 1400 v. Chr.. Das Grabrelief zeigt die Ankunft syrischer Schiffe in Theben. Die fremden Händler, durch ihre auffallende Tracht gekennzeichnet, tauschen mit Ägyptern ihre Waren aus.

**Das Pharaonische Ägypten.**

Dosierung und die Verabreichungsart an. Aromatische Gewürze haben meist einen hohen Anteil an ätherischen Ölen, auf denen auch ihre pharmazeutische Wirkung beruht. Das Wissen um die Heilkraft einzelner Pflanzen war den altägyptischen Ärzten bestens bekannt, und dieses Wissen ist uns in vielen Sammlungen von Rezepturen der medizinischen Papyri erhalten. Die mit über 800 Rezepturen wichtigste Quelle für Heilmittel bei verschiedenen Erkrankungen ist der Papyrus Ebers[3], benannt nach dem deutschen Ägyptologen Georg Ebers, der den Papyrus im Winter 1872/73 in Theben im Antikenhandel gekauft hat. Der heute in Einzelblätter zerlegte Papyrus war ursprünglich 30 cm hoch und 18,63 m lang. Ein Besitzername ist nicht auf ihm vermerkt, entweder gehörte er einem Privatmann oder er war Teil der Bibliothek eines Lebenshauses. So nannte man die den Tempeln angegliederten Bibliotheken der Priester, in denen auch der akademische Nachwuchs, in diesem Fall die Ärzte, ausgebildet wurde. Geschrieben ist der Papyrus um 1550 v. Chr. in Theben, einige Teile beruhen aber auf sehr viel älteren Texten, die anscheinend immer wieder kopiert worden sind. Die Aufzählung der Rezepturen in dem Papyrus ist nach Fällen geordnet. Die Behandlungen von Augenerkrankungen oder Knochenbrüchen sind nacheinander aufgelistet. Das erste Rezept einer solchen Fallgruppe beginnt mit einer Überschrift, bei weiteren Verordnungen heißt es dann nur noch „Ein anderes". Es folgt die Beschreibung der vorliegenden Störung, danach die Diagnose, und daran schließt sich die Liste der zu verabreichenden Heilmittel mit der Applikationsform an. So heißt es für die harntreibend wirkenden Wacholderbeeren:

**Ein anderes [Heilmittel für das Beseitigen von Harn]: Wurzel der q3d.t-Pflanze 4 ml, Weintrauben 2 ml, Honig 4 ml, Wacholderbeeren 1/2 ml, süßes Bier 110 ml, werde gekocht, werde durchgepresst, werde getrunken an einem Tage (Eb 278).**

Die krampflösende, blähungstreibende und verdauungsfördernde Wirkung des Kumin kam in den Rezepturen zur Behandlung des Bauches zur Anwendung:

**Ein anderes [Heilmittel] für den Bauch , wenn er krank ist: Kumin 1/4 ml, Gänsefett 2 ml, Milch 300 ml, werden gekocht, werden durchgepresst, werde getrunken" (Eb 5).**[4]

Wenn trotz der Einnahme von heilkräftigen Kräutern der Patient verstarb, spielten aromatisch duftende Pflanzenprodukte auch weiterhin eine wichtige Rolle. Sie waren Bestandteil harzhaltiger Salböle, mit denen der Körper im Verlauf der Mumifizierung behandelt wurde. Vor allem in den vom Gehirn entleerten Schädel gossen die Balsamierer erwärmtes, flüssiges Salböl ein, das dann erstarrte. Sehr gut zu erkennen ist das Salböl bei der computertomographischen Untersuchung von Mumien. Die Analyse von Salbölproben ergab, dass sie vor allem Koniferenharze und Bienenwachs enthielten, zusätzlich aber noch mit Selleriesamen und Wacholderbeeren aromatisiert waren.[5] Stark duftende Pflanzenprodukte dienten auch als Füllmaterial von Mumien nach der Organentnahme. Es finden sich Küchenzwiebeln in den Augen, Sägespäne von Nadelhölzern im Bauchraum, und dort auch die Flechte Eichenmoos (*Pseudevernia furfuracea (L.) Zopf*), die noch heute zur Parfümherstellung genutzt wird. Ein besonderer und bisher einzigartiger Fall ist die Mumie des Pharaos Ramses´ II. In seiner Nase fanden sich Pfefferkörner, die aus Indien importiert gewesen sein müssen. Der Handelsweg verlief dabei sicherlich über Palästina und das Gebiet des heutigen Iran, denn auf derselben Route kam der für Schmuckstücke so begehrte Lapislazuli aus Afghanistan nach Ägypten. Weitere Pfefferfunde aus vorrömischer Zeit sind für Ägypten bisher noch nicht belegt. Die Verwendung aromatisch duftender, pflanzlicher Substanzen bei der Balsamierung hatte vor allem religiöse Gründe. Man ging davon aus, dass alle angenehmen, intensiven Düfte die Regeneration des Verstorbenen, also seine Wiederbelebung zu einem jenseitigen Leben, unterstützten. Deshalb nahmen die altägyptischen Kranzbinder auch gerne duftende Blüten oder

**Teure Fracht:** Relief aus dem Totentempel der Königin Hatschepsut in Deir el-Bahari, um 1470 v. Chr. Die in Punt gelandeten ägyptischen Schiffe werden mit in Körben eingepflanzten Myrrhebäumen beladen. Foto: Josef H. Röll.

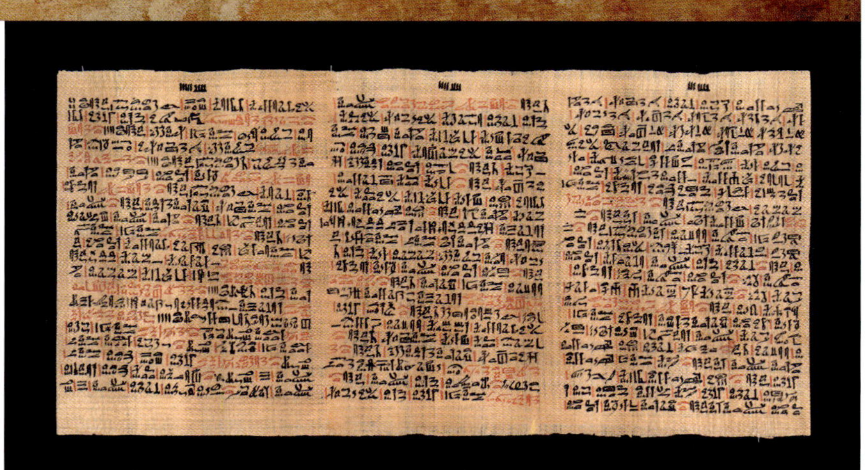

**Medizinkunst:** Anfang des um 1550 v. Chr. in Theben geschriebenen Papyrus Ebers. Dort heißt es: "Es beginnt das Buch vom Bereiten der Arzneien für alle Körperteile eines Patienten ..." Universitätsbibliothek Leipzig.

**In Stein gemeißelt:** Wandrelief aus der Botanischen Kammer im Karnak-Tempel, Theben, um 1450 v. Chr. In einer kleinen Seitenkapelle des Karnak-Tempels ließ Thutmosis III. die von ihm aus Palästina mitgebrachten seltenen Pflanzen und Tiere in Stein verewigen. Foto: Renate Germer, Hamburg.

Blätter als Bestandteile der Girlanden, mit denen man die Mumien zur Bestattung schmückte. Aus diesen Mumiengirlanden sind uns der in Ägypten wild wachsende Sellerie und die Minze sowie der aus Palästina eingeführte Dill belegt. Anhand der verschiedenen archäologischen Quellen lässt sich eine ganze Reihe von Gewürzpflanzen des alten Ägyptens identifizieren und das ganz am Anfang aufgezeichnete Bild eines Festessens mit reichlich gewürzten Speisen rekonstruieren. Die zahlreichen erhaltenen Abrechnungen für Lebensmittellieferungen geben uns allerdings kaum Informationen über den Gewürzhandel, da die meisten altägyptischen Namen dieser Pflanzen unbekannt sind.

**Für das pharaonische Ägypten durch Funde belegte Gewürze:**[6]

Ajowankümmel *Trachyspermum ammi (L.) Sprague*
Bockshornklee *Trigonella foenum graecum L.*
Dill *Anethum graveolens L.*
Kapern *Capparis decidua (Forssk.) Edgew.*
Knoblauch *Allium sativum L.*
Koriander *Coriandrum sativum L.*
Kumin *Cuminum cyminum L.*
Minze *Mentha sp.*
Pfeffer *Piper nigrum L.*
Schwarzkümmel *Nigella sativa L.*
Sellerie *Apium graveolens L.*
Wacholderbeeren *Juniperus cedrus L.*
Zwiebel *Allium cepa L.*

**Thutmosis III:** Oberteil einer Statue Thutmosis' III., um 1470 v. Chr. Thutmosis III. stand in den ersten 22 Jahren seiner Regierungszeit unter der Regentschaft seiner Tante und Stiefmutter Hatschepsut. Aus dieser Zeit stammt diese Statue, von der nur das Oberteil erhalten ist. Als er die Alleinherrschaft erlangte, führte Thutmosis III. mehrere erfolgreiche Feldzüge nach Palästina durch. Von dort brachte er auch seltene Pflanzen mit nach Ägypten. Kunsthistorisches Museum Wien.

**Pfeffernase:** Röntgenbild vom Schädel der Mumie Ramses' II. In der Nase sind die eingeführten Pfefferkörner als kleine Kügelchen zu erkennen. Aus: ‚La Momie de Ramsès II.', Paris 1985; mit freundlicher Genehmigung von Prof. C. Roubet.

**Schädelsalbung:** CT-Bild vom Schädel einer Mumie. In den Schädel der liegenden Mumie hatten die Balsamierer harziges Salböl eingegossen. Es erstarrte zu einer kompakten, festen Masse mit einem geraden Oberflächenspiegel im Hinterhaupt. Archiv Renate Germer.

1 Bard – Fattovich (Hrsg.) 2007.
2 Davies-Faulkner, 1947, Pl. VIII.
3 Scholl 2002.
4 Westendorf 1999, 599, 549.
5 Drenkhahn – Germer (Hrsg.) 1991, 33.
6 Germer 2008.

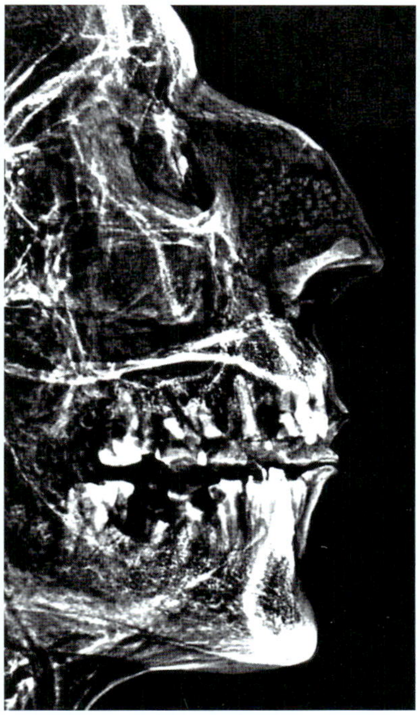

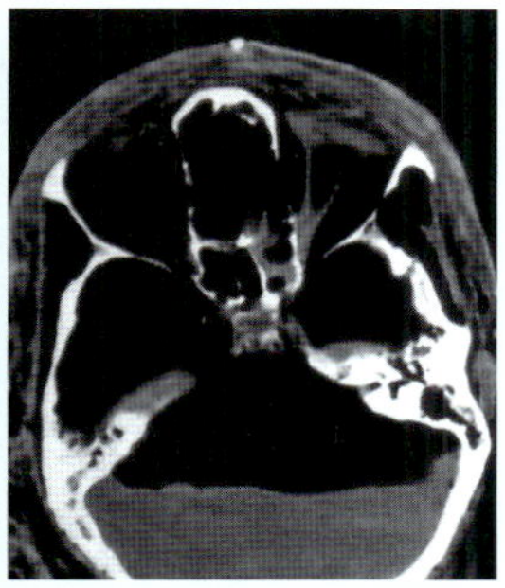

ΕΥΡΕϹΙϹ

**Berühmter Medikus:** Darstellung des Dioskurides, der eine Alraunwurzel an Heuresis – die personifizierte Hüterin der Erfindung – überreicht, frühes 6. Jh. n. Chr. Codex Dioskurides, Österreichische Nationalbibliothek.

**Zwei Seiten der Münze:** Rhodische Didrachme mit dem Gott Helios auf der Avers- und einer Rosenblüte auf der Reversseite, ca. 205–190 v. Chr. Privatsammlung.

# Gewürze, Parfüme und Salben in der griechischen und römischen Antike

Korana Deppmeyer

**In der griechischen** und römischen Antike gab es keine klare Trennung zwischen Gewürzen, die man zur Verfeinerung von Gerichten verwendete und Duftstoffen, die als Parfümöle dienten.

Kräuter und Gewürze wie Majoran oder Zimt wurden als Duftmittel, aber auch als Speisewürze genutzt. Parfüme waren nicht nur wegen ihres Wohlgeruches beliebt, man verfeinerte mit ihnen auch alkoholische Getränke. Die Spanne der in der Antike zur Verfügung stehenden Kräuter und Würzmittel war sehr breit und deckte sich zum großen Teil mit denen, die wir heute nutzen. So war der Pfeffer in all seinen Varianten in der Antike sehr gefragt. Safran kam auch damals schon als teuerstes Gewürz für Speisen und für Arzneien zum Einsatz. Andere beliebte Gewürze waren Kümmel, Schwarzkümmel und das noch in der Antike ausgestorbene Silphion. Über diese wird in anderen Beiträgen dieses Buches berichtet.

„Die Salben müssen eine Erfindung der Perser sein, denn diese triefen davon."

Plinius d. Ä., Naturgeschichte, 77 n. Chr. [1]

Für Ägypten, Mesopotamien und auch Palästina gibt es bereits frühe Nachweise aus dem 2. Jt. v. Chr., die den Gebrauch von Salben und Parfümen belegen.[2] Angeregt durch die Handelskontakte mit den Phöniziern, dem Perserreich oder Ägypten erscheinen die frühesten Nachrichten für den griechischen Raum im 14./13. Jh. v. Chr. auf Schrifttafeln aus Knossos, Mykene, Pylos und Theben. So wird beispielsweise die Verwendung von Olivenöl, Sesam und Färberdistel (Falscher Safran) in Salbenform erwähnt.[3] Seit dem 6. Jh. v. Chr. wurde der Gebrauch von Parfüm üblich, und die Sitte des Parfümierens und Salbens betraf im klassischen Griechenland bald nahezu jeden Lebensbereich. Düfte kamen in Kulten zum Einsatz, beim Besprengen oder Einreiben der Kultbilder wie auch der Altäre, im sepulkralen und profanen Bereich, etwa bei Bestattungen oder beim Sport in der Palästra, nach jeder Waschung des Körpers und schließlich auch bei Symposien, den Trinkgelagen. Schon frühe Verbote des üppigen Parfümgebrauchs durch den athenischen Staatsmann Solon im 6. Jh. v. Chr., die mit deren Eitel- und Nutzlosigkeit begründet wurden, verdeutlichen den wohl unangemessen hohen Verbrauch teurer Salben und Öle.[4] Auch Sokrates soll die Benutzung von parfümierten Ölen angeprangert haben[5], ebenfalls ohne Erfolg.

Die griechische Bezeichnung für Parfüm war *myron*, ein Wort semitischen Ursprungs, abgeleitet von *mor.*[6] Der lateinische Begriff *per fumum*, woraus unser heutiges Parfüm hervorging, bedeutet „durch Rauch" und verweist auf dessen ursprüngliche Anwendung, nämlich das Verbrennen von Räucherwerk wie beispielsweise Weihrauch. Die antiken Parfüme lassen sich mit den unseren kaum vergleichen.Ihre Konsistenz war wesentlich fester, da als Basis und Geruchsträger Olivenöl und nicht Alkohol verwendet wurde. Hierbei bevorzugte man das aus unreifen Oliven gewonnene Öl, da es „frisch, nicht scharf und gut riechend"[7] war. Man gab weitere Zutaten bei, um das Öl zu adstringieren, so z. B. Koriander[8], Kardamom[9], Zyperngras[10], Wacholder[11] und auch den heute weitgehend unbekannten Aspalathos, eine Stechginsterart aus Syrien.[12] Detaillierte Informationen zu den bei der Herstellung von Parfüm verwendeten Ingredienzien lassen sich nach einer zeitlichen Überlieferungslücke gegen Ende des 4. Jh. v. Chr. bei Theophrast, einem Philosophen und Naturforscher sowie Schüler des Aristoteles, wiederfinden. In seinem Werk *De odoribus* (Über die Gerüche) berichtet er, dass neben Olivenöl auch das sehr edle Behenöl verwendet wurde, ein Pflanzenöl, das von einer Nussart, die in Syrien und Ägypten wächst, gewonnen wird. Auch Sesamöl war beliebt, um das Aroma von Rosen zu fixieren. Ebenso wurde das Öl der Bittermandel verwendet, die im kleinasiatischen Kilikien beheimatet ist.[13] Das bereits erwähnte Behenöl bildete die Grundlage für die nach der Stadt Mendes am Nil benannte Salbe ‚Mendesium', die mit dem Öl von Bittermandeln versetzt wurde.[14] Ebenfalls aus Ägypten kam eine kostbare Salbe, der Zimt und Myrrhe beigemischt wurden.[15] Zimt als Duftstoff fand sich auch in vielen anderen Parfümen und Salben. Diese galten

**Olympionike:** Knabe mit Athletenbesteck: Er hält *aryballos* und *strigilis* in der rechten Hand, Ausschnitt eines apulisch, rotfigurigen Volutenkraters, 340–330 v. Chr. Staatliche Antikensammlungen und Glyptothek München.

**Salbungsvoll:** Gläsernes Salbfläschchen aus einem Sarkophag in Köln, in dem sich Reste einer Salbe erhalten haben, frühes 3. Jh. n. Chr. Römisch-Germanisches Museum Köln.

**Kostbarer Alabaster:** Auf dem attisch-weißgrundigen *alabastron* aus dem 6. Jh. v. Chr. ist eine Frau mit Spiegel abgebildet. Es diente zur Aufbewahrung wohlriechender Öle. Staatliche Antikensammlungen und Glyptothek München.

als die begehrtesten und somit auch teuersten, selbst noch in römischer Zeit, wie Plinius berichtet.[16] Überdies sollte die Zugabe von Zimt das Parfüm wieder auffrischen.[17] Schon lange vor ihrem Gebrauch als Küchengewürz spielte die duftende Rinde des Zimtbaums bei der Herstellung von Parfümen eine entscheidende Rolle, und ihre Beliebtheit blieb über Jahrhunderte ungebrochen.[18] Dies wurde durch die nur vage Kenntnis ihrer Herkunft und die gerade deshalb die Phantasie beschäftigenden Mythen, die sich um ihre Ernte und ihren fremdartigen Charakter entspannen, verstärkt.[19] Erst Plinius merkt in seiner Naturgeschichte aus der römischen Kaiserzeit an, dass es sich doch um fabulöse Geschichten handele, die zu dem Zweck verbreitet worden seien, den Preis der seltenen Ware hochzutreiben.[20]

Rosenparfüm, das von den Griechen sehr geschätzt [wurde] und wohl als das populärste aller Parfüme gelten kann, wurde ursprünglich auf der Insel Rhodos hergestellt. Eine rhodische Münzserie bildet sogar die Sorte *Rosa centifolia* ab (Abb. 1). Die aus den Rosen gewonnene Salbe nannte man *rhodinon*. Diese und auch andere Salben wurden vor dem Verkauf eingefärbt. Theophrast berichtet, dass man eine rote Färbung mit der Alkannawurzel erzielte und Majoranöl mit Curcuma gelb eingefärbt wurde.[21] Die Zugabe von Salz war üblich, um die Haltbarkeit der Substanzen zu erhöhen.[22] Eine Herstellungsanleitung für Rosenöl gibt Dioskurides Pedanios[23] aus Anazarbos in Kilikien, der berühmteste Pharmakologe des Altertums, im 1. Jh. n. Chr.: „Das Rosenöl wird so gemacht: 5 Pfund und 8 Unzen zerschnittenes und mit Wasser zerstampftes Bartgras koche unter Umrühren mit 20 Pfund und 5 Unzen Oel. Dann, nachdem du es durchgeseibt hast, wirf in die 20 Pfund und 6 Unzen Oel die Blätter von 1000 trockenen Rosen [oder 1 Pfund Cyperngras, 1 Pfund Alant, 1 Pfund Kalmus, 6 Xestes Oel, 1 ½ Xestes Rosen], und nachdem du die Hände mit wohlriechendem Honig bestrichen hast, rühre es unter öfterem Drücken einen Tag lang; nachdem du es dann die Nacht über hast stehen lassen, presse es aus …“[24] (Abb. 2). Im kleinasiatischen Perge wurde für Parfüm vorwiegend der Duftstoff Styrax verwendet, ein Balsam mit vanilleartigem Geruch, den der Amberbaum lieferte.[25] Die ersten Erwähnungen von Anis in der antiken Welt finden sich unter anderem bei Theophrast, und zwar ebenfalls als Substanz, die für Parfüme benötigt wurde.[26] Auf der Insel Kos stellte man einst Majoran- und Quittenparfüm und auf Rhodos Safranparfüm her.[27] Ganz besonders wertvoll war der Myrrhenbalsam – das daraus gewonnene harzartige *Stakte* wurde als Edelduft gehandelt.[28]

„Die Parfüme sind unter den Grundstoffen des Luxus die allerüberflüssigsten."

Plinius d. Ä. Naturgeschichte, 77 n. Chr [29]

Verwendet wurden die wohlriechenden Salben zunächst vorwiegend von Frauen. Dies verdeutlichen zahlreiche Vasenmalereien der klassischen griechischen Zeit. Doch auch Männer nutzten die Salben, anfangs beim Sport, noch unparfümiert, als pures Öl.[30] oder aber mit dem Zusatz von Majoran.[31] Dieses Öl bewahrte man in sogenannten *aryballoi* auf, kleinen kugeligen Tongefäßen, die an einem Lederriemen am Arm getragen wurden. Viele Vasenbilder dokumentieren dies sehr anschaulich (Abb. 3). Das weibliche Pendant dazu waren die *alabastra*, kleine schlauchförmige Gefäße zur Aufbewahrung der wohlriechenden Öle (Abb. 4a und 4 b). Hierfür gibt es zahlreiche archäologische Belege.[32] Für Athen ist überliefert, dass auf der Agora viele Parfümläden existierten, und dass die Leute gern ihre Zeit dort verbrachten.[33] Parfümfläschchen, in denen man vermutlich die Ware verkaufte, haben sich als sogenannte *unguentaria* (lat. Salbe, Balsam) erhalten. Der griechische Name für diese Gefäße ist nicht bekannt. Es handelt sich um schmale, oft spindelförmige Keramikbehältnisse von unterschiedlicher Größe. Die ältesten von ihnen, die sich in archäologischen Funden erhalten haben, stammen vom Ende des 4. Jh. v. Chr.[34] Möglicherweise füllte man die Düfte nach dem Kauf in entsprechende Salbgefäße um.[35] Man empfahl zu ihrer Aufbewahrung Bleigefäße, denn: „Blei ist kalt und von dichter Konsistenz"[36], wodurch die beste Konservierung gewährleistet werde. Zur Fracht von Schiffen, deren Wracks man gefunden hat und die vorwiegend aus hellenistischer Zeit stammen, gehörten derartige Gefäße – ein deutlicher Indikator für den Handel mit Duftstoffen im Mittelmeerraum.[37]

Zu den berühmten Parfümzentren der antiken Welt zählte die Kykladeninsel Delos. Sie war ein wichtiger Handelsplatz und aufgrund ihrer Zollfreiheit im 2. Jh. v. Chr. Mittelpunkt des Verkehrs zwischen dem Schwarzen Meer und Alexandria.[38] Hier fanden sich zahlreiche marmorne Pressen für das Olivenöl. Es ist inschriftlich überliefert, dass man für den Kult im dortigen Heiligtum des Gottes Apollon Parfüm benötigte.[39] Auch die kampanische Stadt Paestum, die frühere griechische Kolonie Poseidonia, galt in der Antike als Zentrum der Parfümherstellung. Dort wiesen Archäologen einige Parfümläden, zum Teil mit den entsprechenden Ölpressen, nach.[40] In Italien erlangten mehrere Orte wegen ihrer Salben- und Parfümproduktion Berühmtheit, nachdem sich der griechische Einfluss und die griechische Lebensart auch hier etabliert hatten: So weiß Plinius, dass Praeneste, das heutige Palestrina, Neapel und Capua für ihre Rosendüfte bekannt waren.[41] Er schreibt: „Wann die Mode, sich zu parfümieren, zuerst zu den Römern gelangt ist, läßt sich kaum sicher bestimmen. Soviel ist gewiß, ... daß die Censoren P. Licinius Crassus und L. Julius Caesar eine Verordnung erlassen haben, nach welcher niemand ausländische Salben verkaufen sollte."[42] Dieses Verbot wurde im frühen 1. Jh. v. Chr. verhängt und macht deutlich, dass der Handel und wohl auch der übermäßige Verbrauch schon eine Weile existiert haben mussten. Über die teilweise sehr hohen Preise der Salben und Parfüme sind wir ebenfalls durch Plinius informiert. Als besonders anstößig empfand er die nutzlose Verschwendung der Düfte, denn: „Die Balsame verdunsten rasch, und gehen in derselben Stunde, wo sie gebraucht werden, zu Grunde."[43] Er berichtet, dass genaue Angaben zu Preisen nur schwer möglich sind, da sich diese häufig änderten und auch von Ort zu Ort verschieden waren. Zudem wird nicht immer klar, um welche Mengenangaben es sich handelt. Dies macht es auch aus heutiger Sicht kompliziert, einen sicheren Preisvergleich und eine treffende Korrelation der Kosten zu erstellen. Eine Gegenüberstellung ergibt folgendes Bild: Für ca. einen halben Liter Balsam zahlte man 1000 Denare, ein Pfund Zimt und Narde kosteten je 300 Denare.[44] Im Vergleich dazu kostete die gleiche Menge Olivenöl 300-400 mal weniger.[45] Auf Delos existiert eine Inschriftenliste mit Preisen des weitverbreiteten und erschwinglichen Rosenparfüms *rhodinon* für einen Zeitraum von ca. 140 Jahren:[46] zwischen drei und vier Drachmen betrug der durchschnittliche Preis für eine Kotyle (0,27 l).[47]

**Antiker Schönheitssalon:** Das Bildmotiv auf dem attischen, rotfigurigen Stamnos, 440–430 v. Chr, zeigt eine Frau, die in der rechten Hand ein *alabastron* hält und sich mit Parfümöl das gewaschene Haar besprengt. Staatliche Antikensammlungen und Glyptothek München.

Zunächst galten die parfümierten Salben noch als unmännlich. Doch diese Einstellung änderte sich rasch. Sogar die Soldaten des Xenophon sollen bei ihrem Rückzug am Ende des 5. Jh. v. Chr. in Armenien duftende Salböle erbeutet und sich die Haut mit diesen und nicht mehr mit dem einfachen Olivenöl gesalbt haben.[49] Eine immer wichtigere Rolle spielten die Düfte bei den Symposien – den Trinkgelagen. Nach dem Gastmahl wusch und salbte man sich und setzte sich Blumenkränze auf den Kopf, die von den Sklaven des Gastgebers mit Parfümölen besprengt und an die Gäste verteilt wurden. Wie wichtig Düfte bei einem Gelage waren, zeigt eine Auflistung von Hikesios von Smyrna aus hellenistischer Zeit. Er nennt Salben und Parfüme, die zu einem Gelage passen. Sie enthielten Quitte, Myrte, Safran oder auch Bockshornklee.[50] Man salbte sich außerdem den Kopf, da man meinte, so der Trunkenheit am besten vorbeugen zu können. Der Salbe wurde eine kühlende Wirkung zugesprochen.[51] Für uns heute schwer nachvollziehbar war der Genuss von Salbölen im Wein.[52] So wird unter anderem das Beimischen von Rosenöl erwähnt.[53] Diese Sitte wurde später von den Römern übernommen. Plinius allerdings bezeichnete sie als eine Unsitte: „Aber wahrlich! Jetzt tut man sie schon ins Getränk, und schätzt die Bitterkeit so hoch…"[54] Auch das Waschen der Füße in Bassins, die mit parfümiertem Wein versetzt waren, war nicht unüblich. Plutarch berichtet im 2. Jh. n. Chr., dass dies in gehobenen Kreisen anlässlich von Gastmahlen geschah.[55] Allerdings galt es als äußerst dekadent. Athenaios spricht gar davon, dass man Tauben in Parfüm tauchte und sie anschließend fliegen ließ, damit sie Kleider und Decken besprengten.[56]

„Man müsste auch bei den Trinkereien Salben haben, die den Kopf am wenigsten beschweren."

Athenaios, Anfang des 3. Jh. n. Chr.[48]

1 Plin. nat. 13, 3.
2 S. dazu Brun 2000, 277-281; Reger 2005, 253-297.
3 S. Brun 2000, 281.
4 Athen. 689 c-d.
5 Xen. Symp. 2, 3.
6 Vgl. Paszthory 1992, 43; Reger 2005, 254.
7 Diosc. mat. med. 1, 29.
8 Diosc. mat. med. 3, 64 (71).
9 Diosc. mat. med. 1, 5.
10 Diosc. mat. med. 1, 4.
11 Diosc. mat. med. 1, 103. S. dazu auch Brun 2000, 281.
12 Diosc. mat. med. 1, 19; Plin. nat.12, 110. Vgl. Der Kleine Pauly 1,1979, 649 s. v. Aspalathos (H. Gams).
13 Theophr. od. 14-16.
14 Diosc. mat. med. 1, 72; Plin. nat.13, 5, 8.
15 Theophr. od. 28.
16 Plin. nat. 12, 85; 12, 89-94; 13, 15.
17 Plin. nat. 13, 12.
18 Die Chronologie der Schriftquellen scheint zu belegen, dass Gewürze zunächst vermutlich als Zugabe zu Parfümen und auch Weinen genutzt wurden, später dann für Arzneien und zur Verfeinerung von Speisen. S. dazu auch Dalby 1998, 190.
19 Hdt. 3, 107.
20 Plin. nat. 12, 85. Vgl. dazu auch: Detienne 2000, 21-50.
21 Theophr. od. 18. Aus der Wurzelrinde der Art Färber-Alkanna (auch Schminkwurz genannt), aus der Familie der Borretschgewächse, wird der Farbstoff Alkannin gewonnen. S. dazu: Herzhoff 1993, 78.
22 Theophr. od. 25; Plin. nat. 13, 14.
23 Krug 1993, 106 f.
24 Dios. mat. med. 1, 53 (Übersetzung A. Vögtli).
25 Vgl. Paszthory 1992, 49.
26 Theophr. c. plant. 9, 7, 3.
27 Athen. 688-689.
28 Diosc. mat. med. 73; Theophr. od. 38.
29 Plin. nat. 13, 20.
30 Paszthory 1992, 45.
31 Plin. nat. 15, 29.
32 Vgl. z. B. Hommel 1978; Neeft – Strietman 1987; Parko 2001, 55-60; Luchtenberg 2003.
33 Dem. or. Arist. 1, 51-52.
34 Vgl. Reger 2005, 272 ff.; Brun 1998.
35 Vgl. Reger 2005, 275.
36 Theophr. od. 41.
37 Vgl. Parker 1996, 66, 142, 173, 201, 340, 359; Reger 2005, 273.
38 Der Kleine Pauly 1, 1979, 1444-1447 s. v. Delos (E. Meyer).
39 S. dazu: Brun 2000 282 ff. S. ID 366 B, 18-25.
40 Vgl. dazu Brun 2000, 291 ff. – Auch in Pompeji ließen sich entsprechende Parfümerien lokalisieren. S. auch Mattingly 1990, 71-90; Giordano – Casale – García 2007 passim.
41 Plin. nat. 13, 5. s. zum dortigen Verkauf und Handel auch: Händel (1985) 35 f.
42 Plin. nat. 13, 24. (Übersetzung aller Plinius-Zitate von G. C. Wittstein.)
43 Plin. nat. 14, 20.
44 Vgl. Schmidt 1924, 103 ff.
45 Vgl. Weeber 2003, 118.
46 Zwischen 302 und 169 v. Chr.
47 Wenn es auch nicht möglich ist, Genauigkeit über Kaufkraft und Wert des antiken Geldes zu erlangen, v. a. wegen der Inflation, kann man für die antike griechische Drachme folgende Relation erstellen: Die antike Drachme ist eine Gewichts- und Münzeinheit aus Silber. Für eine attische Mine werden im antiken Münzsystem 100 Drachmen angegeben. Eine Mine entspricht 425 Gramm Silber, somit ist der Gegenwert von 4 Drachmen 17 g Silber. Zu antiken Münzen vgl. Schaps 2004; Lanz 2008.
48 Athen. 692.
49 Xen. an. 4, 4,13; Paszthory 1992, 47.
50 Athen. 689c.
51 Athen. 692.
52 Theophr. od. 9-11, 44, 67.
53 Theophr. od. 51.
54 Plin. nat. 13, 25.
55 Plut. Phoc. 20, 2.
56 Athen. 691.

APICIVS COELIVS
DE ARTE
COQVINARIA
cum Notis
M. LISTERI

**Früher Feinschmecker:** Frontispiz der Amsterdamer Ausgabe des Kochbuchs von Marcus Gavius Apicius *Apicii Coelii de opsoniis et condimentis* aus dem Jahr 1709. Gewürzmuseum Kulmbach.

# Gewürze und Gewürzhandel in den Nordwestprovinzen des Römischen Reiches

Karen Aydin

**Beliebtes Gewürz:** Auf der Vorderseite der silbernen Tetradrachme aus der Münzstätte Kyrene, ca. 300-298 v. Chr., ist eine Silphiumstaude abgebildet. Die Rückseite zeigt einen Kopf des Zeus Ammon mit Widderhorn. Staatliche Münzsammlung München.

**Viele Gewürze,** die in der heutigen mitteleuropäischen Küche selbstverständlich sind, wurden in dieser Region erst im Zuge der römischen Eroberung seit dem späten zweiten vorchristlichen Jahrhundert bekannt und heimisch.[1] Die Errichtung der gallischen Provinzen seit dem zweiten vorchristlichen Jahrhundert sowie die Einflussnahme Roms in Germanien seit dem ersten Jahrhundert vor Christus haben sowohl die Entwicklung der Landwirtschaft als auch die Esskultur in diesen Regionen nachhaltig beeinflusst.

Über die gehobene Esskultur in der Hauptstadt sind wir aus den antiken literarischen Quellen gut unterrichtet. Insgesamt sind etwa 1 000 Rezepte überliefert. Unerlässlich für die gehobene römische Küche war die Verwendung einer großen Anzahl von Gewürzen, die – nach heutigen Maßstäben – teilweise auf sehr ungewöhnliche Weise miteinander kombiniert wurden. Die früheste Quelle der klassischen Antike sind die nur fragmentarisch erhaltenen *Hedyphagetica* des Ennius, die wahrscheinlich nach 189 v. Chr. zu datieren sind.[2]

Das bekannteste Kochbuch der römischen Antike ist das Werk *De re coquinaria.* Diese Rezeptsammlung wurde in humanistischer Zeit Marcus Gavius Apicius zugeschrieben, dem berühmten Feinschmecker aus augusteisch-tiberischer Zeit. Die uns überlieferte Fassung stammt aber wohl aus dem 4. Jahrhundert n. Chr.[3] In diesem Kochbuch werden etwa 80 Würzmittel verwendet; mehr als 70 von ihnen sind pflanzlichen Ursprungs. Neben diesen Rezepten liefern die Werke der Schriftsteller Cato, Varro und Columella ergiebiges Material. Das Preisedikt Diokletians aus dem Jahr 301 n. Chr. gibt Informationen über die Preise der Lebensmittel. Wertvoll sind außerdem botanische Schriften, unter anderem von Theophrast (372–288 v. Chr.), einem Schüler des Aristoteles, der bekannte Pflanzen in unterschiedlichen Kategorien zuordnete und beschrieb, sodass er als Vater der Botanik bezeichnet wird.

Medizinische Abhandlungen wie z. B. die des Dioskurides oder die des Celsus enthalten Listen von Speisen für Kranke und Rekonvaleszenten. Zudem sind sie für die Erforschung von Gewürzen von Bedeutung, da zahlreiche Gewürze, die heute ausschließlich oder vorrangig bei der Zubereitung von Lebensmitteln benutzt werden, in ihrer medizinischen Verwendung beschrieben werden. Oft vernachlässigt werden die *Periploi* – Beschreibungen von Küsten, die unter anderem Informationen zu Entfernungen, Häfen und Ankerplätzen, klimatischen Bedingungen sowie ethnographische Exkurse enthalten und die in Form von Handbüchern zu Handelszwecken niedergeschrieben wurden.[4] Kritische Schriften aus christlicher Sicht, z. B. die des Clemens Alexandrinus (gest. ca. 212 n. Chr.) liefern ebenfalls wertvolle Hinweise. Im *Paidagogos* kontrastiert Clemens Alexandrinus die einfache und anspruchslose christliche Lebensführung mit der Vielfalt der teilweise sehr exotischen Speisen und der damit verbundenen komplizierten Kochkunst. Die Gewürze nehmen in diesem Zusammenhang einen besonderen Stellenwert ein. Übermäßiges Essen lasse die Seele abstumpfen, erzeuge Vergesslichkeit und führe zu Ausschweifungen in Form von Unzucht. Wohlgerüche seien eine Verlockung zum Leichtsinn.[5] Kritik an der ausschweifenden Esskultur findet sich nicht erst in den christlichen Quellen: „Ich würze meine Speisen nicht wie jenes Volk, das ganze Wiesen auf den Platten herserviert, als gälte es, Rindvieh zu bewirten."[6] Mit diesen Worten lässt der Komödiendichter Titus Maccius Plautus an der Wende vom dritten zum zweiten Jahrhundert v. Chr. einen Koch über die römische neumodische Sitte klagen, eine Vielzahl von Kräutern und Gewürzen bei der Speisenzubereitung zu verwenden.

Die Erweiterung der Grenzen des Römischen Reiches führte zur Verfügbarkeit neuer, fremdartiger Nahrungs-und Genussmittel, die in zunehmendem Maße aus dem Mittelmeerraum sowie aus dem Nahen und Fernen Osten importiert wurde. „Damals begann man, dem Koch, bei den Alten der wertloseste Sklave der Schätzung und dem Gebrauch nach, einen Wert beizulegen, und was eine Dienstleistung gewesen war, fing an, für eine Kunst gehalten zu werden. Und doch war das, was man damals sah, kaum der Keim der künftigen Üppigkeit."[7] In Rom fand eine kulinarische

Revolution statt, die innerhalb der Oberschicht derart exzessive Ausmaße annahm, dass sie zahlreiche Kritiker auf den Plan rief. Essen und Trinken, der Ablauf von Gastmählern, die Vorlieben einzelner Gastgeber, das alles sind Themen, die um die Zeitenwende im Rahmen der Gesellschaftskritik der Umbruchszeit zwischen Republik und Prinzipat häufig auftauchen und die uns heute Hinweise auf die Gewürze in der Haute Cuisine dieser Zeit geben.[8]

Nicht zuletzt aufgrund dieser hervorragenden Quellenlage ist das Thema „Römische Esskultur" Gegenstand zahlreicher Abhandlungen.[9] Von den exotischen Gewürzen erlangten in der Küche nur Silphium und Pfeffer eine größere Bedeutung. Andere Gewürze wie Ingwer, Kardamom, Narde oder Zimt dienten vor allem der Herstellung von Parfümen, Arzneien oder Gewürzweinen. Zu den faszinierendsten Gewürzen der Antike gehört wohl das bis heute botanisch nicht genau identifizierte Silphium (*Silphion*), auch *laserpitium* oder kurz *laser* genannt, das nicht nur als Nahrungs- und Heilpflanze diente. Das Wort *laser* wird später auch für Asant verwendet. Letzterer galt aber als minderwertiger Ersatz. Nennungen von Silphium in den antiken Quellen nach dem ersten Jahrhundert beziehen sich häufig auf die aus Iran importierte Asafoeditapflanze (*Ferula asafoedita*).[10]

## Vom Süden in den Norden

Den antiken Schrift- und Bildquellen zufolge muss es sich bei Silphium um ein einjähriges Doldenblütengewächs gehandelt haben, das in Kyrene (Libyen) wild wuchs.[11] Kyrenes Reichtum gründete wesentlich auf dem Export dieser Pflanze. Blätter und Wurzeln des Silphiums waren genießbar, hauptsächlich verwendete man aber eine Art Harz, das durch Anritzen der Wurzel oder des Stängels gewonnen und infolge seines stechenden Geruchs und scharfen Geschmacks nur sparsam verwendet wurde. Silphium wurde auch eine aphrodisierende Wirkung zugeschrieben.[12] Plinius und Strabo zufolge wurde der Wert des aus der Pflanze gewonnenen Milchsafts (*opos*) in Silber aufgewogen. Versuche, diese Pflanze in anderen Regionen, z. B. in Ionien oder auf der Peloponnes anzusiedeln, scheiterten.[13] Ab dem ersten vorchristlichen Jahrhundert wurde die Pflanze immer seltener, bis sie schließlich im ersten Jahrhundert n. Chr. ausstarb. Laut Plinius soll das letzte Silphium als fürstliches Geschenk auf dem Tisch des Kaisers Nero gelandet sein.[14] Die antiken Quellen benennen mehrere Faktoren, die zu dem Aussterben der Pflanze geführt haben, darunter übermäßige und unplanmäßige Aberntung und Zerstörung[15] sowie die Tatsache, dass Agrarspekulanten in den letzten Gegenden, in denen Silphium gedieh, Schafe hatten weiden lassen.[16]

Die Ausdehnung des Römischen Reiches hatte nicht nur zur Folge, dass zunehmend exotische Pflanzen – darunter auch Gewürze – in die Hauptstadt importiert wurden. Soldaten, Händler und Handwerker, die sich in den neu errichteten Provinzen niederließen, brachten ihre Esskultur bis in die entlegenen Gebiete des Reiches. Durch das weitgehende Fehlen von schriftlichen Quellen ist die römische Esskultur in den nördlichen Provinzen nur schwer nachvollziehbar. Daher ist eine Zusammenarbeit unterschiedlicher Disziplinen erforderlich. Durch die Fortschritte naturwissenschaftlicher Disziplinen der Archäologie in den letzten Jahrzehnten, wie z. B. der Archäobotanik bzw. Paläobotanik,[17] wurden Methoden zum Nachweis und zur Bestimmung feinster Partikel organischer Stoffe entwickelt. Pflanzenreste finden sich in Gräbern, Töpfen, Abwasserkanälen, Fäkaliengruben, Fußböden, Brunnenverfüllungen und Zisternen.

Bald nach der Errichtung der gallischen und germanischen Provinzen entstanden neben den Kastellen sogenannte *villae rusticae*, Landhäuser bzw. Landgüter, die meist aus einem Hauptgebäude und mehreren, innerhalb eines Hofes gelegenen Wirtschafts- und Nebengebäuden bestanden. Diese *villae rusticae* waren die Hauptsiedlungsform der Römer in den Nordwestprovinzen. Meistens verfügte eine *villa rustica* über einen Obst- sowie einen Gemüse- und Kräutergarten. Zahlreiche Gewächse wurden so in den nördlichen Provinzen schnell heimisch,[18] z. B. Liebstöckel, Majoran, Melisse, Dill, Bohnenkraut, Borretsch, Kerbel, Petersilie und Sellerie.[19] In Neuss (Novaesium) konnten unter günstigen Bedingungen 3000 Samen von sechs verschiedenen Gewürzpflanzen geborgen werden. Das Legionslager wurde im Jahr 70 n. Chr. durch die Bataver niedergebrannt und anschließend von den Römern eingeebnet und neu aufgebaut. Durch den Brand und die Einebnung haben sich zahlreiche organische Reste unter einer etwa 80 cm dicken Planierschicht erhalten, darunter Überbleibsel von Dill, Koriander und Thymian.[20] Andere Gewürzpflanzen, die wegen der klimatischen Bedingungen nicht angebaut werden konnten, wurden importiert. Im Römischen Reich gab es ein gut ausgebautes, weit gespanntes Transportnetz. In Germanien und Rätien konnte durch subfossile Pflanzenreste von Pfeffer, Oliven, Feigen, Kichererbsen, Mandeln, Datteln und Reis nachgewiesen werden, dass zahlreiche Pflanzen aus dem Mittelmeergebiet – aber auch aus dem Fernen Osten – importiert wurden.[21] Der Handelsweg verlief vorrangig über Rhein, Lippe und Ems. So konnten die Güter auch in die rechtsrheinischen Lager transportiert werden.[22]

## Die Römer liebten es pfeffrig

Pfeffer (*Piper nigrum* L.) war ein handelspolitisch äußerst wichtiges Gewürz. Es stammt aus Malabar, einer Region an der Westküste Südindiens im heutigen Bundesstaat Kerala.[23] In der Antike waren sowohl Schwarzer als auch Weißer Pfeffer bekannt. Beide Sorten stammen von derselben Pflanze. Der Unterschied liegt darin, dass beim Schwarzen Pfeffer die Früchte kurz vor der Reife gepflückt und bei mäßiger Hitze getrocknet werden, beim Weißen Pfeffer die Früchte hingegen vollreif geerntet, von ihrer äußeren Hülle befreit und anschließend ebenfalls getrocknet werden.[24] Eine weitere in der Antike bekannte Sorte ist der Lange Pfeffer (*Piper longum*), der von der Dekkan-Halbinsel in Indien stammt.[25]

Bei Hippokrates (460–ca. 370 v. Chr.) findet sich die früheste Erwähnung von Pfeffer.[26] Er wurde den kleinasiatischen Griechen wohl durch die Perser bekannt und von den Phöniziern nach Karthago und Sizilien gebracht.[27] Die botanischen Beschreibungen bei Theophrast (372–288 v. Chr.) sind unpräzise.[28] Zu Beginn wurde der Pfeffer vorrangig als Heilmittel, vorzugsweise bei Augenleiden, verwendet.[29] Der Handel wurde dann in spätrepublikanischer Zeit intensiviert.[30] Die Eroberungen von Sulla, Lucullus und Pompeius in Kleinasien und der Levante hatten dafür gesorgt, dass der Pfeffer bekannter wurde. Importiert wurde er bis zum ersten nachchristlichen Jahrhundert über arabische Zwischenhändler, erst später wurde er von den Römern ohne Zwischenhändler auf dem Seeweg von Indien über Ägypten nach Rom eingeführt. In Indien entstanden große Handelskontore.

Vor einigen Jahren entdeckten niederländische Archäologen im Innenhof des Serapistempels in der Hafenstadt Berenike, die auf der ägyptischen Seite des Roten Meeres gelegen ist, ein Tongefäß mit 7,5 kg Schwarzem Pfeffer aus Indien.[31] Möglicherweise handelt es sich hierbei um eine Opfergabe, da im selben Tempel auch verkohlte Reste von Pfefferkörnern gefunden wurden. Dieser Fund vermittelt einen Eindruck davon, in welchen Mengen und über welche Handelswege Gewürze aus Asien über Ägypten nach Rom gelangten. Zu Beginn der Kaiserzeit trat der Pfeffer seinen Siegeszug in die Küchen des Römischen Reiches an. In *De re coquinaria* nimmt Pfeffer nach *garum* die zweite Stelle auf der Liste der Würzmittel ein. Er wird über 450-mal empfohlen, unter anderem für Süßspeisen.[32]

In den Nordwestprovinzen des Römischen Reiches ist der Import von Pfeffer mehrfach belegt. Erstmals archäologisch nachgewiesen werden konnte der Import im Rhein-Mosel-Land zu Beginn der 1980er-Jahre in Trier durch ein Warenetikett

aus dem zweiten nachchristlichen Jahrhundert. Dieses Bleiplättchen ist 2,9 cm lang, 1,8 cm breit und 0,5 mm dick. Auf der Vorderseite des Etiketts ist die Warenart zu lesen: frischer Pfeffer (*novellum piper*).[33]

Dass es sich um schwarzen Pfeffer handelt, liegt zwar nahe, da er preisgünstig und daher weitverbreitet war. Die Identität des Gewürzes lässt sich aber nicht endgültig belegen. Möglicherweise ist in der zweiten, nicht mehr zu entziffernden Zeile des Plättchens die Sorte vermerkt.[34] Die Menge ist auf der Rückseite verzeichnet. Sie betrug *pondo VIII* – also 8 römische Pfund bzw. ca. 2650 Gramm nach heutigen Maßangaben.[35] Unglücklicherweise ist der Preis – sollte er sich ebenfalls auf dem Plättchen befunden haben – nicht erhalten. Der Preis für Pfeffer könnte Aufschluss über die Bedeutung und die Verfügbarkeit dieses Gewürzes geben. Leider sind, gerade was den Pfeffer in den Nordwestprovinzen betrifft, keine definitiven Aussagen möglich. Plinius, der seiner Verwunderung darüber Ausdruck verleiht, dass der Pfeffer so großen Anklang gefunden hat, obgleich er weder einen angenehmen Geschmack noch ein ansprechendes Äußeres habe, erklärt, dass der Pfeffer nach Gewicht (wie Gold und Silber) gehandelt wird.[36] Daraus kann nicht geschlossen werden, dass Pfeffer so wertvoll gewesen ist wie Gold, was etwa für das europäische Mittelalter überliefert ist. Vielmehr wurde er nur wie Gold oder Silber nach Gewicht gehandelt.[37] Plinius benennt für die Mitte des ersten Jahrhunderts nach Chr. einen Preis für *piper longum* von 15 Denaren (= 60 Sesterze) für ein römisches Pfund (= 327,35 g), 7 Denare (= 28 Sesterze) für ein römisches Pfund Weißen und 4 Denare (= 16 Sesterze) für Schwarzen Pfeffer. 40 g (der Inhalt eines modernen Pfefferstreuers) kosteten also in Italien etwa 2 Sesterze. Der Tagessold eines römischen Legionärs betrug zu diesem Zeitpunkt 2 ½ Sesterze.

**Römischer Glühwein:** Töpfe und Siebe wie diese aus dem 1. Jh. n. Chr. wurden von den Römern zum Abseihen von Gewürzwein verwendet. Apicius beispielsweise empfahl als Zutaten zerstoßene Pfefferkörner und Honig. Rheinisches Landesmuseum Trier.

**Dame mit Pepp:** Römischer Pfefferstreuer aus Silber in Form einer Herrscherin aus dem Schatz von Hoxne in Großbritannien, Ende 4., Anfang 5. Jh. n. Chr., British Museum London.

**Gesunder Sellerie:** Die Römer führten Sellerie in den Provinzen nördlich der Alpen ein. Der griechische Arzt Pedanios Dioskurides erwähnte sie bereits in seiner *Materia Medica* im 1. Jh. n. Chr. Im Codex ‚Wiener Dioskurides' von 512 n. Chr. wurde sie mit vielen hundert anderer Pflanzen abgebildet, denen man eine medizinische Wirkung zusprach. Österreichische Nationalbibliothek Wien.

**Sagenhaftes Silphium:** Schwarzfigurige Arkesilaos-Schale, Vulci, ca. 565-555 v. Chr. Die Darstellung zeigt König Arkesilaos von Kyrene, der das Wiegen und das Verpacken einer weißen Substanz beobachtet, bei der es sich wahrscheinlich um Silphium handelt. Bibliothèque Nationale Paris.

Vergleicht man diese Angaben mit Hinweisen auf die Preise von anderen Lebensmitteln und Gütern, so kann daraus geschlossen werden, dass es sich bei Pfeffer keineswegs um ein Luxusgut handelte,[38] sondern um ein Gewürz für die gewöhnliche bis gehobene Küche.[39] Unbeantwortet muss die Frage nach dem Preis für Pfeffer in den Nordwestprovinzen bleiben, der aufgrund des längeren Transportweges sicherlich höher gewesen sein dürfte. Rückschlüsse auf die Verbreitung und die Verfügbarkeit von Pfeffer in den Nordwestprovinzen erlauben archäobotanische Nachweise. Pfeffer konnte in Oberaden, in der römischen Hafenanlage bei Straubing sowie im römischen *vicus* Hanau-Salisweg nachgewiesen werden.[40] Der älteste Nachweis von Pfeffer stammt aus dem Militärlager Oberaden (Bergkamen). Hier sind acht Pfefferkörner gefunden worden. Der Pfeffer ist durch Kochen oder Lagerung im feuchten Milieu in einzelne Fruchtsegmente zerfallen.[41] Die in Oberaden nachgewiesenen Gewürze und das Kulturobst zeigen, dass die Römer für das Militär einen erheblichen Anteil an Lebens-und Genussmitteln direkt aus Italien importierten.[42]

## Die wundersame Wirkung des Safran

**Pfeffer der Römer:** Dieses römische Warenetikett aus dem 2. Jh. n. Chr. wurde zu Beginn der 1980er-Jahre in Trier gefunden. Auf der Vorderseite ist zu lesen: „frischer Pfeffer" (*novellum piper*). Rheinisches Landesmuseum Trier.

**Sehhilfe:** Okulistenstempel (Augenarzt- oder Augensalbenstempel) aus Schiefer. Auf der Längsseite ist der Name des Pharmazeuten und des Medikaments, in diesem Fall Augensalbe mit Safran, eingeritzt, 2./3. Jh. n. Chr. Rheinisches Landesmuseum Trier.

Pfefferfunde stammen bislang ausschließlich aus urbanen Siedlungen, Städten, Kastellen und Häfen, nicht aber aus ländlichen Siedlungen. Naheliegend wäre der Rückschluss, dass Pfeffer in Letzteren nicht oder weniger verwendet wurde. Zu berücksichtigen ist allerdings, dass die Villenlagen im Vergleich zu den Militäranlagen und den dazugehörigen Zivilsiedlungen bislang archäobotanisch unzureichend untersucht worden sind.[43] Oft handelte es sich um Rettungsgrabungen, bei denen naturwissenschaftliche Untersuchungen eine Ausnahme darstellten. Zudem richtete die Forschung über einen langen Zeitraum ihr Augenmerk vorrangig auf die Hauptgebäude und deren Ausstattung und nicht auf die Nebengebäude. Die Erhaltung von Pflanzen ist darüber hinaus von den jeweiligen Bodenbedingungen abhängig. In den Städten gibt es gehäuft Feuchtbodenbedingungen in Form von Brunnen und Latrinen, in denen Pflanzenreste unterhalb des Grundwasserspiegels erhalten blieben.[44] Die Umstände, unter denen die Pflanzenreste in den Boden gelangten, mögen ebenfalls eine Rolle gespielt haben. Das Lager Oberaden an der Lippe, eine frührömische Station rechts des Rheins, bestand nur kurze Zeit und wurde möglicherweise überstürzt verlassen. Dabei können die Pfefferkörner in den Abfall geraten sein. Bei Straubing handelt es sich um einen römischen Donauhafen. Die Pfefferkörner können beim Umschlag von Handelsgütern verloren gegangen sein.[45] Weil Pfeffer zwar nicht gerade ein Luxusgut, aber ein Gewürz war, das nicht in beliebiger Menge zur Verfügung stand und das zudem in nur kleinen Mengen gehandelt wurde, können keine Funde in ähnlicher Zahl wie bei anderen Gewürzen erwartet werden. Das Fehlen von Befunden kann also nicht zwangsläufig als ein Argument für das Fehlen dieses Gewürzes in bestimmten Regionen oder Zusammenhängen dienen.

Es wurde bereits darauf hingewiesen, dass einige Gewürze, die heute ausschließlich oder vorrangig in der Küche verwendet werden, in der römischen Antike als Heilmittel dienten. Zu diesen Gewürzen gehörte Safran, dessen Gebrauch in den Nordwestprovinzen ebenfalls durch zahlreiche Funde nachgewiesen werden konnte. Beim Safran (*Crocus sativus* L.), der vermutlich von Kreta stammt, wird nur die Narbe (der mittlere Teil der Blüte, das weibliche Organ) verwendet. Man benötigt etwa 150 000 Blüten für ein Kilogramm getrockneten Safran, was etwa der Ernte von ca. 2000 $m^2$ Anbaufläche entspricht.[46]

Erwähnt wird Safran erstmals bei Homer und Hesiod.[47] Safran wurde als Zierpflanze kultiviert und diente als Färbemittel. Sein Hauptverwendungszweck war medizinisch: Safran wurde in der Augenheilkunde und in der Gynäkologie genutzt. Laut Celsus sollte er beispielsweise bei Entzündungen der Gebärmutter helfen. Safran, Wachs, Butter, Gänsefett, gekochte Eidotter und Rosenöl wurden vermischt, auf

A
1
2
3
4
5
6
7
8

weiche Wolle gestrichen und dann als vaginales Suppositorium verwendet. In der Augenheilkunde wurde eine Salbe (*crocodes*) mit dem Zusatz von Safran hergestellt, um Augenentzündungen zu kurieren.[48] Über die Verbreitung in den Nordwestprovinzen sind wir gut unterrichtet, da zahlreiche Okulistenstempel (Augenarzt- oder Augensalbenstempel) aus dem zweiten und dritten Jahrhundert erhalten sind. Die Verbreitung zeigt eine Konzentration im Nordwesten des Römischen Reiches.[49] Diese meist flachen und quadratischen Stempel bestehen aus Speckstein oder Schiefer. Auf ihnen ist der Name des Pharmazeuten eingeritzt. Zusätzlich ist oft das Medikament angegeben: das *crocodes*, seltener auch die Indikation. In der Nähe der Okulistenstempel befanden sich häufig medizinische Instrumente, sodass angenommen werden kann, dass die gallo-römischen Okulisten fahrende Ärzte waren. Sie operierten vermutlich von den größeren Städten wie Reims und Bar-le-Duc aus.[50] 98 Prozent aller Okulistenstempel wurden in den Provinzen Galliens, Germaniens und in Britannien gefunden. Der Grund für diese Verbreitung ist ungeklärt. Künzl erklärt dieses Phänomen mit der Besteuerungspraxis im gallischen Zollbezirk. Eine durchaus plausible und einleuchtende Theorie, die aber nicht belegbar ist: „Wer hätte ferner, ganz abgesehen von der Gefährlichkeit eines unwirtlichen und unbekannten Meeres, Asien, Afrika oder Italien verlassen sollen, um nach Germanien zu ziehen, in das wüste Land mit rauem Himmel, abschreckend für den Anbau und den Anblick, außer wenn man es zum Vaterland hat?“[51]

Für die römischen Soldaten, Händler und Handwerker, die sich im Zuge der Eroberung der gallischen und germanischen Gebiete niederließen, war diese Region eine „zivilisatorische tabula rasa“.[52] Diese Einwanderer brachten ihren Lebensstandard mit in die Provinzen und prägten so auch die Esskultur der dortigen Bevölkerung – ein Phänomen, das Thüry als „kulinarische Romanisierung“ bezeichnet.[53]

Die römische Zivilisation führte zu substanziellen kulturellen und ökologischen Neuerungen. Die archäologischen Funde belegen die Kultivierung von Pflanzen aus dem Mittelmeerraum in den nördlichen Provinzen des Römischen Reiches. Sie bezeugen ebenfalls einen Import aus den östlichen Provinzen über Ägypten und Rom in die gallischen und germanischen Provinzen. Von den aus Niedergermanien bekannten 61 Nutzpflanzen sind mehr als die Hälfte (37) Erstnachweise. Knoblauch, Dill, Kümmel, Petersilie, Koriander, Bohnenkraut, Fenchel und Sellerie wurden heimisch.[54] Koriander und Dill zählten zu den beliebtesten Kräutern.

**Gepfefferte Kost:** Bei Hippokrates (460–ca. 370 v. Chr.) findet sich die früheste Erwähnung von Pfeffer. Zu Beginn der Kaiserzeit, ab ca. 27 v. Chr., trat er dann seinen Siegeszug in die Küchen des Römischen Reiches an. ‚Köhler's Medizinal-Pflanzen in naturgetreuen Abbildungen' (1887).Bayerische Staatsbibliothek München.

1 Einige Gewürze, wie z. B. der Sellerie (*Apium graveolens*), die Melisse (*Melissa officinalis*), der Dill (*Anethum graveolens*) und die Petersilie (*Petroselinum crispum*), treten zwar in der Kupferzeit auf, sind jedoch wohl in der Folgezeit nicht ständig kultiviert worden, da sie zwischen dem Jungneolithikum und der Römerzeit für Mitteleuropa nicht belegt sind. Küster 1995b, 14.

2 Der Kleine Pauly 2, 1979, 270-276, 274 s. v. Ennius (S. Mariotti).

3 Der Kleine Pauly 1, 1979, 994 s. v. C. Caelius (M. Fuhrmann).

4 Z. B. der *Periplus maris Erythraei*, der um 75 n. Chr. die Fahrt nach Indien für die Kaufleute beschreibt. GGM 1,257. Vgl. dazu Diller 1986.

5 Vgl. dazu den Überblick bei Martini – Ziethen 2000, 76-79.

6 Plaut. Pseud. 810.

7 Liv. 36,9, 6.

8 Die wohl berühmteste Quelle zum Tafelluxus ist die *Cena Trimalchionis* aus dem *Satyricon* des Petronius aus der ersten Hälfte des ersten nachchristlichen Jahrhunderts.

9 Ausführliche Informationen zur Esskultur finden sich schon bei Soyer 1853 sowie bei Marquardt 1886. Es kann an dieser Stelle kein ausführlicher Überblick über den Forschungsstand erfolgen. Verwiesen sei daher nur auf folgende Standardwerke, die im Zuge des neu erwachten Interesses an der römischen Esskultur in den letzten Jahrzehnten entstanden sind: André 1988, Thüry – Walter 1997, Junkelmann 2006. Zur Erforschung der Handelswege s. Miller 1969.

10 Thüry – Walter 1997, 49.

11 www.uni-graz.at/~katzer/germ/Silphion.html (21.11.2009).

12 Kandeler 1998, 297-300.

13 Hippokr. de morb. IV.

14 Plin. nat. 19, 15.

15 Strab. geogr. 17,3, 22.

16 Plin. nat. 19, 15.

17 Da in diesem Zusammenhang nicht ausführlich auf die Geschichte, die Fragestellungen und Methoden dieser Disziplin eingegangen werden kann, sei nur auf eine grundlegende Einführung verwiesen: Jacomet – Kreuz 1999.

18 Vgl. ausführlich zu den Erstnachweisen von Nutzpflanzen im Rheinland unter römischer Herrschaft Knörzer 1981. Ausgrabungen in Baden-Baden belegen, dass gleich zu Beginn der Besiedlung Gärten angelegt wurden. Soweit es das Klima zuließ, wurden die römischen Kulturpflanzen zeitnah eingeführt. Schnekenburger 2005, 314-317.

19 Gerlach 2001, 95.

20 Koriander konnte mehrfach nachgewiesen werden. Knörzer 1999, 95; Thüry – Walter 1997, 13.

21 Stika 1996, 137.

22 Kučan 1992, 242.

23 www.uni-graz.at/~katzer/germ/Pipe_nig.html (21.11.2009).

24 Ebd.

25 www.uni-graz.at/~katzer/germ/Pipe_lon.html, (21.11.2009).

26 Pfeffer wird bei Hippokrates als Heilmittel bei Frauenkrankheiten erwähnt, s. Hippokr. morb. mul. 1, 81. Häufig wird die Entdeckung des Pfeffers in Zusammenhang mit den Orientfeldzügen Alexanders des Großen genannt (s. z. B. Gerlach 2001, 45). Sicherlich hat Alexander der Große die Verbreitung des Pfeffers maßgeblich gefördert, bekannt war er aber schon vorher, wie der Beleg bei Hippokrates zeigt.

27 Miller 1969, 82.

28 Theophr. h. plant. 9, 20, 1.

29 Diosc. mat. med. 2,159; Plin. nat. 12, 26 f.

30 Vgl. dazu ausführlich De Romanis 1996. Laut Horaz (Hor. epist. II,1, 270, 13 v. Chr.) war Pfeffer noch nicht allgemein verfügbar.

31 Cappers 1998, 51-55; Cappers 2006.

32 Apic. 7, 13, 1; 5-8.

33 Zur qualitativen Unterscheidung von *piper novellum* (frischem Pfeffer) und piper vetustum s. Isidor von Sevilla (Isid. orig. 18XVIII, 8, 8).

34 Schwinden 1983, 22.

35 Vgl. ausführlich hierzu Schwinden 1983, 20-26.

36 Plin. nat. XII, 29.

37 Schwinden 1983, 23.

38 Wie es z. B. Gerlach 2001, 46 und Stika 1996, 108 annehmen.

39 Schwinden 1983, 23; Thüry – Walter 1997, 66. Vgl. zu den Preisen auch André 1988, 179 f.

40 Legionslager Oberaden: Kučan 1984, 51-56; Stadt Straubing, römische Hafenanlage: Küster 1995a, 137; römischer vicus Hanau-Salisweg: Kreuz 1994/95, 59-91.

41 Kučan 1992, 246.

42 Kučan 1992, 237.

43 Wiethold 2000, 147.

44 Küster 1995b, 4.

45 Küster 1995b, 12.

46 www.uni-graz.at/~katzer/germ/Croc_sat.html (21.11.2009).

47 Hom. Il. 14, 348; Hes. theog. 358.

48 Cels.de med. VI, 6.

49 Vgl. dazu ausführlich: Künzl 2002, 84 ff. sowie Künzl 1986, 217.

50 DNP 2, 1997, 277 s. v. Augenheilkunde (V. Nutton).

51 Tac. Germ. 2, 1.

52 Gerlach 2001, 83.

53 Thüry – Walter 1997, 26.

54 Knörzer 1981, 95.

55 Koriander: In Oberaden waren die Früchte des Korianders besonders zahlreich vertreten (1007 Teilfrüchte). Zahlreiche Korianderfunde wurden bereits früher in Grabungen anderer römischer Lager und Siedlungen gemacht; vgl. Kučan 1992, 247; Knörzer 1981, 138.

**Dolce Vita:** Mosaik aus einer römischen Villa des 2. Jh. n. Chr. südlich des Aventin mit der Darstellung eines ungefegten Fußbodens. Das Kunstwerk schafft eine Stimmung des sorglosen Genusses und symbolisiert Wohlstand und Überfluss. Vatikanische Museen, Rom.

# Garum – die Gewürzsoße der Antike

Korana Deppmeyer

"Flamingo ... schmecke mit Honig, Wein, Liquamen, Essig, Öl und Defritum ab."

Der römische Kochbuchautor Apicius, 1. Jh. n. Chr.[1]

**Die wohl bekannteste** und beliebteste Würze sowohl in der griechischen als auch in der römischen Küche war die Fischsoße *gāros* (griech. Name eines Fisches)[2] oder *garum* (lat.). Erste Hinweise auf *gāros* finden sich in der Mitte des 5. Jh. v. Chr. bei den klassischen griechischen Dichtern Kratinos, Aischylos und Sophokles, wie Athenaios[3] angibt, wenn auch nicht in genauer Beschreibung seiner Herstellung. Archäologen konnten nachweisen, dass Fischfabriken bereits im 7. Jh. v. Chr. existiert haben und – wohl wegen des starken Geruchs – oft abseits der Siedlungen oder Städte lagen.[4] Eine kleine Verarbeitungsstätte entdeckte man in Pompeji. Ihre Überreste bestanden aus fünf großen *dolia* (Vorratsbehälter), die Reste von *garum* und Gräten enthielten.[5]

Die Griechen an der Schwarzmeerküste waren wohl die ersten, die Fischsoße herstellten, und zwar als eine Mischung aus rohem Fisch und Meerestieren. Man ließ sie mit Salz versetzt bis zu drei Monate in der Sonne stehen. Die aus der Fermentation entstandene Flüssigkeit – das *garum* – wurde abgeseiht und als salzige Würze verwendet. Sie dürfte ähnlich geschmeckt haben wie die heutigen asiatischen flüssigen Fischwürzen.[6] Über die Herstellung der beliebten Soße sind wir detailliert durch Plinius[7] und die ‚*Geoponica*' des Cassianus Bassus[8] aus byzantinischer Zeit informiert. Im Kochbuch des Apicius[9] aus der römischen Kaiserzeit wird *garum* fast jedem Gericht beigegeben. Es erscheint 468-mal in den 478 Rezepten, nur knapp übertroffen von dem beliebtesten Gewürz, dem Pfeffer (Abb. 6). Zum Vergleich: Basilikum, Salbei, Majoran, Nelke, Kerbel oder Ysop erscheinen nur jeweils ein Mal[10]. *Garum* war so beliebt, dass es industriell in großen Mengen hergestellt und gehandelt wurde.[11] Neben *garum* existierten im Lateinischen noch weitere Bezeichnungen: *liquamen*[12], ebenfalls von klarer Konsistenz, gewissermaßen identisch mit *garum*, *(h)allex*[13], der feste oder trübe Überrest von *garum*, und schließlich *muria*[14], die Salzlake. Zahlreiche Transportbehältnisse zur Aufbewahrung der Fischerzeugnisse – Amphoren – haben sich erhalten. Oftmals waren die Gefäße beschriftet. Dadurch sind uns Hersteller- und Lieferantennamen sowie die verschiedenen auf dem Markt erhältlichen Fischsoßen bekannt. Oft ist der Name Aulus Umbricius Scaurus überliefert, der als Hauptthersteller für *garum* in Pompeji gelten kann[15], denn fast ein Drittel aller kampanischen Amphoren mit *garum* und *liquamen* trugen diesen Namen. Selbst bis nach Südfrankreich vertrieb man seine Soßen.[16] Sein Laden war mit verschiedenen Mosaiken geschmückt, die jeweils Amphoren zeigen. Eine Beschriftung lautet: *G(ari) f(los) scom(bri) Scauri ex offi[ci]na Scauri*[17] (Scaurus' feinstes Makrelengarum aus der Werkstatt des Scaurus). Eine Amphore aus dem 1. Jh. n. Chr., die aus Spanien nach Mogontiacum (Mainz) geliefert wurde, informiert durch ihre Aufschrift darüber, dass die zwei Jahre alte Makrelenfischsoße aus dem Betrieb des Lucius Valerius Caldonus stammt und von Domesticus kontrolliert worden ist. Bestimmt war dieses *garum* für Publius Pomponius Secundus, einen Legaten des Augustus. Diese Werbesprüche waren wegen der Größe des Marktes und der Händlerkonkurrenz gewiss nötig.[18] Die Qualität der verschiedenen Fischwürzen war freilich unterschiedlich. Die spanische – das schwarze *garum sociorum* aus Makrelen – galt als beste und teuerste.[19] Plinius schreibt, dass nur Parfüm teurer sei als das beste *garum*.[20] Die Fischwürze wurde häufig durch Zugabe von Honig ergänzt, was uns heute sehr merkwürdig vorkommt, denn die Fischwürze samt Honig wurde nicht nur Trüffeln[21], der Gebärmutter von Jungsäuen[22], Gurken[23], Linsen und Erbsen[24], sondern auch den Hoden von Ferkeln[25] und Spiegeleiern beigegeben.[26] *Garum* taucht in den Rezepten des Apicius in

**Geschäftstüchtig:** Oberteil einer Garum-Amphore mit der Aufschrift „Hervorragene Fischsoße des Marcus Valerius Maximus". Römisches Museum Augsburg.

**Würze aus der Flasche:** Garum-Amphore. In diesen Gefäßen transportierte man vom späteren 1. Jh. v. Chr. bis zum frühen 1. Jh. n. Chr. Fischsoßen. Sie wurden vor allem an der hispanischen Westküste hergestellt. Römisches Museum Augsburg.

verschiedenen Mischungen auf: als *hydrogarum*, mit Wasser vermischt; als *oenogarum*, mit Wein; oder auch als *oxygarum*, mit Essig vermischt.[27] Eine Kräutervariante von *garum* ist minutiös von Gargilius Martialis im 3. Jh. n. Chr. überliefert; er empfahl dazu stark duftende Kräuter wie Dill, Koriander, Fenchel, Sellerie, Kopfsaturei (= Kretischer Thymian), Raute, Minze, Wilde Minze, Liebstöckel, Polei, Feldthymian, Oregano, Heilziest und Stachelmohn.[28]

Honig war ein Süßungsmittel wie unser heutiger Zucker, den man in der Antike zwar nicht verwendete, aber durchaus kannte, was ein Vermerk bei Dioskurides verdeutlicht: „Ein Zucker, ... welcher eine Art Honig ist, ... er findet sich in Rohren ...“[29] Von Apicius wird eine lange haltbare, mit Pfeffer gewürzte Honigsuppe für die Reise empfohlen.[30] Ähnlich beliebt wie der Honig zum Kochen war Traubenmost. Die Süße konnte man variieren durch mäßiges oder starkes Einkochen der Flüssigkeit. Es gab verschiedene Bezeichnungen dafür, so finden sich in den Quellen etwa *defritum*[31], *defrutum*[32] oder *sapa*[33]. Für uns heute besonders irritierend ist die Empfehlung, beim Einkochen Bleigefäße zu benutzen, weil das sich aus dem Gefäß lösende Blei zu einem guten Aroma verhelfe und den süßen Geschmack unterstreiche.[34] Wie gesundheitsschädlich das auf diese Weise eingenommene Blei war, wusste damals niemand.

1 Apic. 6, 6.
2 Plin. nat. 31, 95.
3 Athen. 67c.
4 Beispielsweise entlang der südspanischen und nordafrikanischen Küste, vgl. Gerlach 2001, 41. Zu den mauretanischen und hispanischen garum-Anlagen s. Gamer 1987, 19-28.
5 Vgl. Berry 2008, 225.
6 Vgl. Dalby 1998, 314 Anm. 97.
7 Plin. nat. 31, 93-97.
8 Geop. 20, 46. Die *Geoponica* sind eine Sammlung von insgesamt 20 Büchern über die Landwirtschaft, die für den byzantinischen Kaiser Konstantin VII. Porphyrogennetos im 10. Jh. n. Chr. angefertigt wurde.
9 Apic. passim.
10 Vgl. die Zusammenstellung von Urbán 1995; Thüry – Walter 2001, 36, 39.
11 Vgl. dazu Gamer 1987, 19-28; Thüry – Walter 2001, 42-48; Gerlach 2001, 41 f.; Dalby 1998, 114-116; André 1998, 170-172; Schareika 2007, 49-51.
12 Apic. passim.
13 Plin. nat. 31, 95.
14 Colum. 12, 7, 2; 12, 55, 4.
15 Vgl. Berdowski 2003, 42; Berry 2008, 226 f.
16 Vgl. Berry 2008, 225 f.
17 S. Cibi e sapori 2005, Abb. 104 Nr. 132; AE 1992, 278 d.
18 Vgl. dazu Curtis 1984-86, 209-228; Berdowski 2003, 18-55 mit umfangreicher Bibliographie; Ehmig 2007, 215-322.
19 Vgl. Gamer 1987, 19, 26 f.
20 Plin. nat. 31, 94.
21 Apic. 7, 16.
22 Apic. 7, 1.
23 Apic. 3, 6.
24 Apic. 5, 2, 3.
25 Apic. 4, 3.
26 Apic. 7, 19.
27 Vgl. dazu auch Schareika 2007, 49.
28 Garg. Martial. 62 (Geop. 20, 46). S. dazu André 1998, 170 f.
29 Diosc. mat. med. 2, 104.
30 Apic. 1, 2.
31 Apic. 6, 6.
32 Plin. nat. 14, 80; Colum. 12, 21, 1.
33 Plin. nat. 14, 80; Colum. 12, 19, 1.
34 Colum. 12, 19 empfiehlt, *defrutum in vasa plumbea* (Bleigefäße) zu füllen. Blei (II)-acetat, der sogenannte Bleizucker, wurde aufgrund seines süßen Geschmacks bis in das 19. Jh. als Zuckerersatz benutzt. S. dazu Thüry 1996, 36; Thüry – Walter 2001, 41 Anm. 78.

# Careum und Cuminum – Kümmel in der römischen Antike

Günther E. Thüry mit einem Beitrag von Johannes Walter

**Magenfreundlich:** .Pedanios Dioskurides (1. Jh. n. Chr.) nennt den den Samen des Kümmel ein verdauungsförderndes Mittel, das in der Wirkung dem Anis ähnlich sei. Abbildung aus dem ‚Wiener Dioskurides' von 512 n. Chr. Österreichische Nationalbibliothek Wien.

**In den Rezepten** des sogenannten Apiciuskochbuchs – des einzigen Kochbuchs der Antike, das sich mehr oder weniger vollständig bis in unsere Zeit erhalten hat – zählt zu den am häufigsten erwähnten Gewürzzutaten der Kümmel.[1] Er tritt dort unter zwei Bezeichnungen auf. Als *cuminum* oder *ciminum* kommt er nicht weniger als 116-mal vor und belegt damit den achten Platz in einer nach Erwähnungshäufigkeit erstellten Liste der Gewürze dieses Kochbuchs.[2] Die zweite, als *careum* bezeichnete Kümmelart, ist zwar sehr viel seltener, sie bringt es aber immerhin auf 33 Belegstellen und erreicht damit Platz 26 dieser Hitliste.[3]

In den Übersetzungen des Apiciuskochbuchs werden die beiden antiken Bezeichnungen – *cuminum* / *ciminum* wie *careum* – gelegentlich unterschiedslos mit „Kümmel“ wiedergegeben.[4] Ein heutiger, in unseren Breitengraden wirkender Koch wird diesen deutschen Begriff im Sinne des hier heimischen Echten oder Wiesenkümmels (*Carum carvi*) interpretieren. Doch das im antiken Kochbuch häufigere *cuminum* / *ciminum* kann klar mit dem in der heutigen orientalischen und asiatischen Küche beliebten Kreuzkümmel (*Cuminum cyminum*) identifiziert werden.[5] Nur das in den Rezepten seltener vorkommende *careum* ist unser Echter oder Wiesenkümmel.[6] Da die beiden Kümmelarten von unterschiedlichem Geschmack und nicht miteinander verwandt sind, ist das ein auch für die Praxis der Erprobung römischer Rezepte relevanter Unterschied. Der sehr viel intensiver schmeckende, bitter-scharfe Kreuzkümmel sollte daher nicht – wie schon empfohlen wurde – durch den zwar würzigen, aber zarteren Echten Kümmel ersetzt werden.[7] Im Übrigen sei darauf hingewiesen, dass in fünf Rezepten des Apiciuskochbuchs – und in einem weiteren, bei Columella (1. Jahrhundert n. Chr.) erhaltenen Rezept – beide Kümmelarten miteinander kombiniert werden.[8] Eigenartig ist dabei, dass alle diese Texte die beiden Kümmelnamen formelhaft in jeweils gleicher Reihenfolge – nämlich als „*careum*, *cuminum*“ – aufzählen.

Was die geographische Verbreitung der beiden Kümmelarten betrifft, wird der Kreuzkümmel heute im Nahen Osten, in Nordafrika und auch auf Malta kultiviert.[9] Im Altertum kennen ihn bereits die Linear-B-Texte.[10] Aus der späteren Antike besitzen wir Zeugnisse für Kreuzkümmel vor allem aus Kleinasien, Syrien, Äthiopien, Ägypten und überhaupt aus Nordafrika.[11] Im Apiciuskochbuch (dessen Redaktionszeit in die Spätantike fällt) wird die Herkunft des Gewürzes zwei mal durch den Zusatz präzisiert: „sei es aus Äthiopien oder Syrien oder Nordafrika“.[12] Aber auch im Süden Europas wurde damals Kreuzkümmel angebaut, und zwar in Süditalien (in Tarent) und in Spanien.[13] Auf dieses spanische Vorkommen dürfte sich die Nachricht des Poseidonios (um 135 – um 51 v. Chr.) beziehen, dass die Kelten Kreuzkümmel als Gewürz zu gebratenem Fisch verwenden und ihn zudem „in ihr Getränk werfen“.[14] Als kaiserzeitliches Importobjekt hat er schließlich – zumindest fallweise – auch das nördlichere Europa erreicht. Bisher konnte er dort freilich nur im antiken Donauhafen von Straubing (Bayern) nachgewiesen werden.[15]

Über den Echten oder Wiesenkümmel ist umgekehrt unlängst behauptet worden, er komme im heutigen Mittelmeerraum nicht vor und sei im Süden des Römischen Reiches wohl völlig unbekannt gewesen.[16] Weder das eine noch das andere trifft zu. Das Verbreitungsgebiet des Echten oder Wiesenkümmels erstreckt sich unter anderem auf Nord- und Mitteleuropa, Ober- und Mittelitalien, Nordspanien, die nördlichere Balkanhalbinsel, die Türkei und Nordafrika.[17] Für die Antike bezeugt uns Plinius der Ältere im ersten nachchristlichen Jahrhundert sein Vorkommen im heute türkischen Karien und Phrygien[18]; sein Zeitgenosse Dioskurides spricht von der Verwendung der Pflanze als Heil- und Nahrungsmittel im Mittelmeerraum (er bezeichnet sie zu Recht als harntreibend sowie als gut für Magen und Verdauung und berichtet, dass die Wurzel gekocht und als Gemüse verwendet werde)[19]; einige andere Autoren erwähnen ihre medizinischen Qualitäten ebenfalls[20]. Das Apiciuskochbuch zeugt ja von einer gewissen Beliebtheit auch des Echten Kümmels in der spätantiken Küche des Südens. Archäobotanisch ist er bisher allerdings nur aus den Nordprovinzen

**Zweierlei Kümmel:** Kreuzkümmel (*Cuminum cyminum*) und Kümmel (*Carum carvi*). Abbildungen in ‚Köhler's Medizinal-Pflanzen in naturgetreuen Abbildungen' (1887). Bayerische Staatsbibliothek München.

des Römischen Reiches belegt. Die Fundorte sind dort: Aachen; Alphen aan den Rijn (Niederlande); Biesheim (Elsass); Friesheim (Nordrhein-Westfalen); Seebruck (Bayern); Straubing (Bayern); Köln; Rainau-Buch (Baden-Württemberg); Windisch (Schweiz); Xanten und Zurzach (Schweiz).[21] Hinzu kommen aber auch ein bereits paläolithischer Nachweis aus der Eifel und ein latènezeitlicher vom Dürrnberg bei Hallein.[22]

Wie aus dem bisher Erörterten hervorgeht, ist es jedoch der Kreuzkümmel, der in der antiken Literatur die weitaus wichtigere Rolle spielt. Der Name des Kreuzkümmels gehört auch zu denjenigen Gewürzbezeichnungen, von denen sogar Personennamen abgeleitet wurden (nämlich der weibliche *Cimine* und der männliche *Cyminus*[23]). In Gestalt des ebenso im Deutschen üblichen Ausdrucks Kümmelspalter, der einen Menschen entweder als geizig oder als besonders penibel bzw. kleinlich charakterisiert, ist er außerdem in den Schatz der antiken Redensarten eingegangen.[24] Dabei muss übrigens mit dem Spalten des Kümmels nicht einfach ein Versuch der Zerkleinerung der an sich schon kleinen Kümmelsamen gemeint sein. Auf einen möglichen, ganz speziellen Hintergrund dieser Redensart weist mein Freund Johannes Walter vom Fakultätszentrum Botanik der Universität Wien hin, der dazu Folgendes mitteilt : „Bei uns wird im Handel zumeist das kahle Fruchtgut des Kreuzkümmels angeboten. Als Gewürzdroge liegen die Früchte meist gespalten vor, da sie größtenteils reif sind und reife Früchte von Apiaceen [wozu der Kreuzkümmel gehört, d. Verf.] gewöhnlich in zwei Teil-Spaltfrüchte (Merikarpe, Schizokapien) zer-

**Echter Kümmel:** Pflanzen und Samen des Wiesenkümmels (*Carum carvi*).

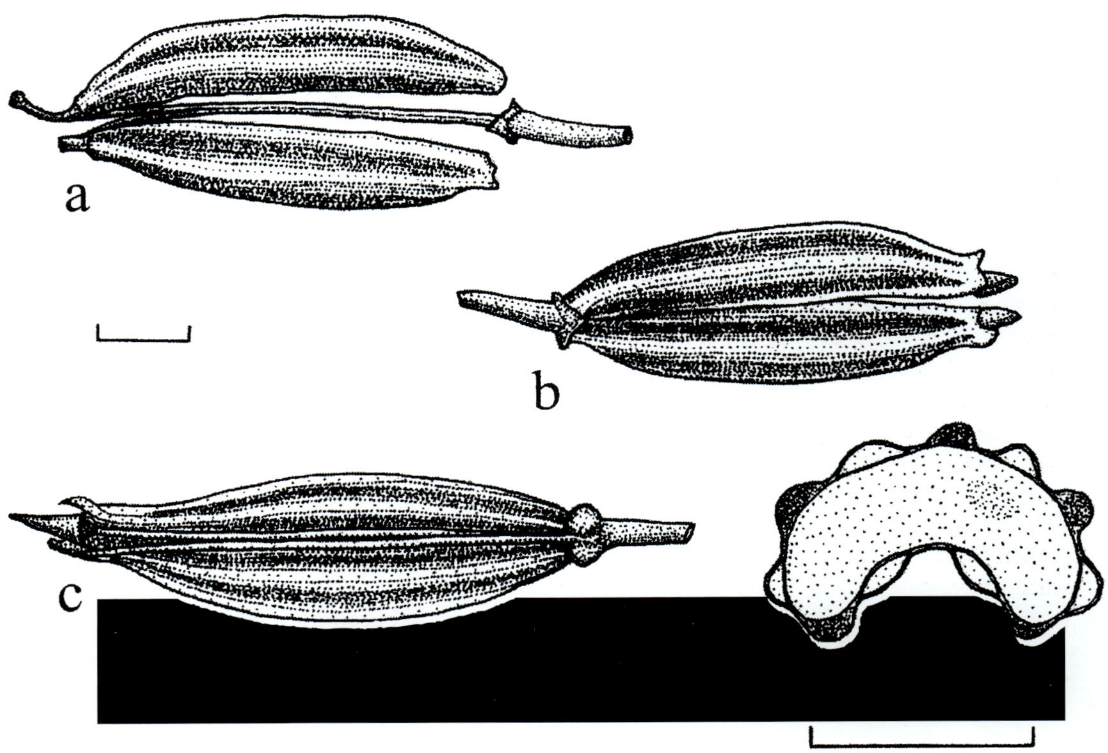

fallen. Allerdings ist diese charakteristische Eigenschaft beim Kreuzkümmel nicht (mehr) voll ausgebildet, es können unvollkommen bis nicht gespaltene reife Früchte vorkommen. Bei Hegi wird angegeben, dass die Frucht nicht leicht spaltet. Beim Gewürzgut liegt zumeist ein hoher Prozentanteil an bereits gespaltenen Teilfrüchten vor, der vermutlich durch die mechanische Beeinträchtigung (Schütteln, Umfüllen, Erschütterungen) sekundär erhöht ist. Möglich wäre auch, dass gewissen Sorten eine unterschiedlich hohe Spalteigenschaft der Früchte eigen ist.

Gerade die geringe Anzahl der nicht mehr gespaltenen Kreuzkümmelfrüchte dürfte der botanische Hintergrund der Kümmelspalterei sein, da es – wörtlich gesehen – nicht nur aufwendig wäre, sämtliche unperfekten, also noch zusammenhaftenden Teilfrüchte manuell zu spalten, sondern auch gerade diese wenigen Exemplare aus der großen Zahl bereits gespaltener Teilfrüchte herauszulesen. Dieser Perfektionismus, jene Kreuzkümmelfrüchte vollständig zu spalten, wäre insofern auch übertrieben, als die ungespaltenen Früchte sich optisch kaum (oder nur durch genaues Hinsehen) von den vollständig gespaltenen Teilfrüchten abheben."

## Eine Frühform der Mixed Pickles

Verwendet wurde Kreuzkümmel auch in der Küche.[25] Für kulinarische Zwecke war – wie heute in Indien – zur Intensivierung des Geschmacks auch ein Rösten der Samen üblich. Im Apiciuskochbuch finden sich für diesen gerösteten Kreuzkümmel (*cuminum assum* oder *cuminum frictum*) sieben Belege.[26] Ebenfalls siebenfach ist in dieser Quelle der Begriff des *cuminatum*, d. h. einer Kreuzkümmelsoße, belegt.[27] Sie wurde demnach zu *Frutti di mare*, zu Gemüse und zu Früchten gegessen. Das Kochbuch enthält dafür ein Rezept mit zwei leicht voneinander abweichenden Varianten.[28]

Nicht ausdrücklich erklärt wird uns hingegen, was sich hinter einem anderen mit dem Wort *cuminum* (= Kreuzkümmel) zusammengesetzten kulinarischen Begriff verbirgt, nämlich hinter dem Begriff des *oxycominum*[29]. Er ist allerdings nicht in Kochrezepten, sondern – in der Pluralform *oxycomina* – im Werk eines Satirikers aus dem ersten nachchristlichen Jahrhundert überliefert: in Petrons berühmter Darstellung des Gastmahls des Trimalchio in seinem Roman *Satyrica*. Wir lesen dort (Petron 66, 7): „Auch wurden auf einer Schüssel *oxycomina* herumgereicht, von denen einige Gäste – übertrieben – sogar je drei Handvoll nahmen." Nach der Wortzusammensetzung aus den griechischen Bestandteilen *oxy-* (zu *óxos* = Essig) und *kýminon* (= Kreuzkümmel) ist zwar kaum zu bezweifeln, dass dieses *oxycominum* ein Kreuzkümmelprodukt sein muss, das mithilfe von Essig hergestellt wurde. Die Forschung dachte an in Essig eingemachten Kümmel oder auch an ein in Essig und Kümmel eingelegtes Produkt nach Art unserer Mixed Pickles.[30] Zu einer Kreuzkümmelkonserve in Essig scheint aber nicht gut zu passen, dass man mit der bloßen Hand davon nahm und dass es dafür so gierige Interessenten gegeben hätte. Auf die Existenz eines Artikels nach Art unserer Mixed Pickles fehlt hingegen jeder sonstige Hinweis.

Die Lösung des Problems ist tatsächlich vielleicht in einer anderen Richtung zu suchen. Zwei Rezepte des Apiciuskochbuchs erwähnen nämlich ein Verfahren, bei dem Kreuzkümmel zuerst in Essig eingelegt, dann getrocknet und erst nach dieser Prozedur als Speisezutat verwendet wurde.[31] Wie sich experimentell leicht nachvollziehen lässt, ist auf diese Weise behandelter Kümmel sehr gut und aromatisch.[32] Es wäre daher denkbar, dass *oxycominum* ein zuerst in Essig eingelegter und dann getrockneter Kreuzkümmel war. Je nachdem, wie der Essig beschaffen war, dürfte das Ergebnis unterschiedlich ausgefallen sein. Dieser Umstand erklärt vielleicht auch, warum bei Petron die Pluralform *oxycomina* steht. Sie würde dann so viel wie „verschiedene Arten von *oxycominum*" bedeuten.

1 Zur Bezeichnung des Werkes als „sogenanntes" Apiciuskochbuch vgl. Thüry – Walter 2001, 19 f

2 116-mal: die Zahl nach Urbán 1995, 79 s. v. ciminum (2 Belege) und 116 ff. s. v. cuminum (114 Belege). – Achter Platz: Thüry – Walter 2001, 37. Zählt man nur die Trockengewürze, rückt *cuminum / ciminum* auf Platz drei vor.

3 Die Belegstellen nach Urbán 1995, 70 f. – Platz 26:Thüry – Walter 2001, 37.

4 Vgl. z. B. Gollmer 1985, passim; Peschke – Feldmann 1995, passim.

5 Allerdings abgesehen davon, dass so auch noch zwei weitere Pflanzen bezeichnet wurden. Vgl. zu *cuminum / ciminum* André 1985, 81; RE Suppl. 8 (1956) 255 s. v. Kümmel (H. Gossen).. – Falsch zur Bedeutung von *cuminum / ciminum* Georges 1879, 1685.

6 Vgl. auch André 1985, 51; RE Suppl. 8 (1956), 255 s. v. Kümmel (H. Gossen).

7 Die Empfehlung zum Ersatz bei Gozzini Giacosa 1986, 203.

8 Apic. 80, 229, 347, 398 und 454 und André; Colum. 12, 51, 2. Vgl. auch die Gewürzliste bei Vinidarius, ‚Apici excerpta' praef. 2; André: *cuminum, ... careum*.

9 Hegi o. J., 1138.

10 Vgl z. B. Fischer 2003, 184.

11 RE Suppl. 8 (1956) 255 f. s. v. Kümmel (H. Gossen); Hehn 1911, 208 f.; Thesaurus Linguae Latinae 4, Leipzig 1906-1909, 1379, Z. 16-28 (E. Lommatzsch). Speziell zu Papyri über ägyptischen und syrischen Kreuzkümmel s. auch Drexhage 1993; zu archäobotanischen Nachweisen vgl. die einschlägigen Einträge der Internetdatenbank www. archaeobotany. de.

12 Apic. 37 André: cuminum vel Ethiopicum aut Siriacum aut Libicum; und 111 André: cuminum aut Aethiopicum aut Siriacum aut Libicum.

13 Tarent: Diosc 3, 61 Berendes. – Spanien: Plin. nat. 19, 161; antidotarium Bruxellense 63, p.379 Rose.

14 Poseidonios bei Athenaios 4, 152a = Poseidonios Fragm. 67 Edelstein –Kidd.

15 Küster 1992a; Küster 1992b, 146 und 151; Küster 1995, 137 ff., 158, 188 f. und 196.

16 Küster 1987, 120.

17 Hegi o. J. 1184. Ergänzend dazu Davis (Hrsg.) 1972, 348 (für die Türkei) und Pignatti (Hrsg.) 1982, 224 (für Ober- und Mittelitalien).

18 Plin. nat. 19, 164.

19 Diosc 3, 59 Berendes.

20 Galenos, 'De alimentorum facultatibus' 2, 67 (p. 54 Kühn) und 'De simplicium medicamentorum tempera-mentis ac facultatibus' 7, 10, 10 (p.13 Kühn); Opsomer 1989, 147 f.

21 Aachen: Knörzer 1967, 43, 55 und 59. – Alphen: Bakels 1991, 291. – Biesheim: www.archaeobotany.de mit Verweis auf Jacomet 2002 (dem Verf. zur Zeit nicht zugänglich). – Friesheim: Knörzer 1971, 469 und 473. – Köln: Knörzer 1987, 289 und 318. – Seebruck: Küster 1995, 206. – Straubing Küster 1995, 146f., 160, 164 und 192. – Rainau: Stika 1996, 59 und 183f. – Windisch: Jacomet 2003, 220 f. – Xanten: Knörzer 1981, 70 f., 102, 118 und 159. – Zurzach: Jacomet – Wagner 1994, 327, 329, 338 und 343. – An den Xantener Nachweis knüpft Gerlach 2001, 95 die unmotivierte Behauptung, es handle sich dort um ein importiertes Gewürz.

22 Eifel: Baales 2002, 280. – Dürrnberg: N. Boenke in Stöllner 2003, 149.

23 Solin 1982, 1093.

24 Einige der Belege in RE Suppl. 8 (1956) 256 s. v. Kümmel (H. Gossen).

25 Offizinell: vgl. RE Suppl. 8 (1956) 255 f. s. v. Kümmel (H. Gossen) und die lange Liste von Belegen bei Opsomer 1989, 236 ff. – Zu Kümmel als Wirkstoff in Abortiva Keller 1988, 84, 86, 88 und 164.

26 Apic. 210, 225, 333, 352, 357, 442 und 447 André.

27 Apic. 31, 78, 124 (zweifache Nennung), 137, 161 und 400 André.

28 Apic. 31 f. André mit einer Dublette in Rezept 400 André.

29 Dazu Tessmer 1984.

30 Tessmer 1984.

31 Apic. 37 und 111 André.

32 Der Verf. hat bei seinen Experimenten Balsamessig verwendet.

3
3
3
3
4
2
1
A
5
6
7

**Echt oder falsch:** Auch der Zimt – hier Blüten und Blätter des Cassia-Zimts aus ‚Köhler's Medizinal-Pflanzen in naturgetreuen Abbildungen' (1887) – wurde im Alten Rom gefälscht. Man streckte ihn mit der Rinde des Styrax- oder auch der des Lorbeerbaumes. Bayerische Staatsbibliothek München.

# Gewürzfälschungen in der Antike

Korana Deppmeyer

**Siegerehrung:** Die faliskische Schnabelkanne aus dem 4. Jh. v. Chr. zeigt Apollo mit einem Lorbeerstab. Im Antiken Griechenland war Lorbeer das Zeichen Apolls und der Sieger. Erst die Römer begannen damit zu kochen. Im Kochbuch des Apicius sind Lorbeerblätter ein viel verwendetes Gewürz. Martin von Wagner Museum, Würzburg

**In den Antiken** Quellen tauchen immer wieder Hinweise darauf auf, wie man Inhaltsstoffe von Düften oder Gewürzen strecken bzw. billige Stoffe möglichst unauffällig beimischen könnte. Besonders bei edlen und teuren Waren war dies durchaus üblich und versprach natürlich auch hohe Gewinne. Die Raffinessen und der Einfallsreichtum waren unbegrenzt: So wurde die edle Myrrhe verfälscht, indem man Gummi[2] oder Mastixkörner[3] beimischte. Mastixharz wurde durch die Zumischung von Weihrauch und Strobilosharz gestreckt.[4] Safran verfälschte man durch Krokomagma[5] oder nach dem Befeuchten mit eingekochtem Most durch die Zugabe von zerriebener Bleiglätte oder Molybdaina[6], um das Gewicht zu erhöhen.[7] Vermeintlich verbraucherfreundlich gaben sich die ebenso häufigen Vermerke, wie man diesen Betrug erkennen konnte. Dioskurides gibt Tipps, wie man das teure Balsam, das ebenso auf mancherlei Weise verfälscht wurde, vom echten unterscheidet: „Die einen mischen nämlich Salböle darunter, wie Terpentin, Cyperngras-, Mastix-, Lilien-, Behenöl, Bittermandelöl, Honig, sehr flüssige Myrten- oder Cyperngrassalbe. Ein solcher wird aber leicht durch die Prüfung erkannt. Wird nämlich der reine Balsam auf Wollzeug getröpfelt, so hinterlässt er nach dem Auswaschen weder einen Fleck noch Schmutz, der verfälschte aber bleibt ...“[8]

„Aus Rotwein mach Weißwein.“

Apicius, römischer Kochbuchautor, 1. Jh. n. Chr.[1]

Zum Langen Pfeffer, der auch in unserer heutigen Küche noch zu den teuersten Pfefferarten gehört, bemerkt Plinius, dass er mit alexandrinischem Senf oder aber mit Wacholderbeeren vermischt wird und dass mancherlei Betrug wegen des Gewichtes betrieben wird.[9] Cassia (chinesischer Zimt), auch als Gewürzrinde bekannt, wurde mit Styrax verfälscht und – wegen der Ähnlichkeit der Rinde – mit den dünnen Reisern des Lorbeerbaumes.[10] Ein besonders breites Fälschungsspektrum ermöglichte die indische Narde, deren Wurzelöl als Duftstoff beliebt war. Man konnte sie, so Plinius, mit neun ähnlichen Arten von Kräutern verwechseln, die sich natürlich als billiger Ersatz für den teuren Echtstoff anboten.[11] Unechte Nardensalbe wurde vorwiegend in Capua verkauft, an der *seplasia*, einer Straße, in der die Geschäfte der Dufthändler und Salbenverkäufer angesiedelt waren.[12] Die Ärzte würden dort in den „Salbenbuden“ Medikamente kaufen, die durch Verfälschung verdorben seien. Außer Capua erwähnt Plinius auch Alexandria als Hochburg des Betruges: Dort verändere man den Weihrauch, und die Werkstätten könnten nicht streng genug bewacht werden, die Arbeiter müssten gar nackt hinausgehen, um nicht stehlen zu können.[13] Im Kochbuch des Apicius findet sich ein Hinweis darauf, wie man aus altem Honig zum Verkauf neuen machen kann. Die Methode ist so schlicht wie nützlich: „Aus schlechtem Honig kannst du guten zum Verkaufen machen, wenn du einen Teil schlechten Honig mit zwei Teilen gutem mischst.“[14] Weniger böswillliger Betrug, wenn auch Vortäuschung falscher Zutaten, ist die Zubereitung von Salzfisch ohne Salzfisch[15], bei dem anstelle des Fisches gewürzte Leber verwendet wurde. Und schließlich ließ sich ganz simpel Rotwein zu Weißwein machen, wie ebenfalls Apicius erklärt: „Gib Paste aus Bohnenmehl oder drei Eiweiß in die Flasche und schüttle sehr lange. Am nächsten Tag wird er weiß sein. Asche von weißem Rebenholz macht dasselbe.“[16]

1 Apic. 1, 6. (Übersetzung. R. Maier)
2 Diosc. mat. med. 1, 77.
3 Plin. nat. 12, 71.
4 Dios. mat. med. 1, 57. Mit Strobilos sind Harze von Koniferen gemeint.
5 Als Krokomagma wird bei Dioskurides 1, 26 der Rückstand aus Safran und feiner Myrrhe angegeben.
6 Molybdainai waren kleine Bleikugeln für die Angeln der Fischer.
7 Diosc. mat. med. 1, 25.
8 Diosc. mat. med. 1, 18.
9 Plin. nat. 12, 28; 12, 29. Vgl. dazu auch Rosenberger 1994, 45 f.
10 Plin. nat. 12, 98.
11 Plin. nat. 13, 16.
12 Plin. nat. 34,108.
13 Plin. nat. 12, 59. Vgl. dazu auch: Händel 1985, 35.
14 Apic. 1, 15.
15 Apic. 9, 13.
16 Apic. 1, 6.

**Auf dem Safranfeld:** Safran wird seit etwa 4 000 Jahren verwendet. Auf dem Fragment eines Freskos, das auf der griechischen Insel Santorin in Akrotiri gefunden wurde und etwa auf die Zeit um 1600 v. Chr. datiert wird, sind Safranpflückerinnen abgebildet.
Foto: Thera Excavations, Athen.

# Der Safran in der mittelalterlichen Heilkunde

Bernhard Schnell

**ALS IM DRITTEN VIERTEL** des 11. Jahrhunderts ein unbekannter Dichter bei seiner Übertragung des alttestamentlichen Buches Genesis ins Deutsche dem adeligen Publikum in den Kärntner Bergen das Paradies beschrieb, stellte er es zunächst gänzlich traditionell als einen vom Duft wohlriechender Kräuter erfüllten himmlischen Garten dar.[1] Dann aber wich er bei der Schilderung des Gartens Eden von seiner Vorlage ab und bot geradezu einen Gewürzkatalog, der einzigartig zu sein scheint:

„Zimt und Zitwerwurzel,
Galgant und Pfeffer,
Balsam und Weihrauch,
auch Thymian wächst dort
und so viel Myrrhe,
wie man nur zu pflücken vermag,
Safran und Ringelblume,
Dill sowie Quendel,
mit dem Fenchel der
liebliche Lavendel,
die stattliche Pfingstrose,
Salbei und Weinraute,
Narde und Balsamminze,
deren Duft breitete
sich weit aus,
Minze und Sellerie,
Kresse und Lattich,
Kaiserwurz und Zimtkassie
haben ebenfalls
einen süſsen Duft."[2]

Was Auswahl und Reihenfolge der 25 Kräuter anbelangt, so gibt es keine schriftlichen Quellen oder sonstigen Dokumente, die Hinweise auf eine mögliche Vorlage liefern könnten. Auffällig ist nur die eindeutige Zweiteilung der Anordnung: Zuerst werden exotische Pflanzen angeführt, dann folgen die einheimischen. Woher der Autor sein Wissen unmittelbar hatte, entzieht sich ebenso unserer Kenntnis. Ob nun der lateinkundige Verfasser der ‚Altdeutschen Genesis' die von ihm angeführten Gewürze aus der Küche (beispielsweise Zimt, Pfeffer, Safran oder Sellerie) kannte, oder ihre Kenntnis der Bibel, vor allem dem Hohelied (u. a. Safran, Narde, Balsam, Rose) und den Evangelien (Myrrhe und Weihrauch als Gaben der Heiligen Drei Könige), verdankte, oder ob er auf einschlägige medizinische Schriften zurückgriff, lässt sich freilich nicht klären. In jedem Fall bezeugt der Katalog, dass das Wissen um die Gewürze noch vor dem Zeitalter der Kreuzzüge den mittelalterlichen Menschen, mindestens den gebildeten Kreisen bzw. der herrschenden Oberschicht, auf vielfältige Weise bekannt, vermutlich sogar vertraut war. Anders als heute war die Verwendung der Gewürze im Mittelalter nicht nur auf die Küche reduziert, sondern sie spielten, wie ich in diesem Beitrag zeigen möchte, auch eine wichtige Rolle in der Heilkunde.

Während in der modernen Medizin die meisten Medikamente künstlich hergestellt werden, bezog man in früheren Jahrhunderten die Arzneimittel ausschließlich aus dem Naturreich. Neben Mineralien und Animalia (Lieferanten sind Mensch und Tier) dominieren die Pflanzen den mittelalterlichen Arzneischatz. Im gesamten medizinischen Schrifttum des Mittelalters, vor allem in den Arznei- und Kräuterbüchern, begegnen sie uns daher: Stets war man auf die Verwendung von Heilpflanzen angewiesen. Für die medizinische Versorgung waren sie von zentraler Bedeutung und wurden sowohl von lateinisch gebildeten Medizinern als auch von Laien benutzt.

## Safran in Arzneibüchern

Die Arzneibücher gehören neben den Kräuterbüchern zur Hauptgattung der mittelalterlichen Medizinliteratur. In der Regel stellen sie ein umfangreiches heilkundliches Kompendium dar und haben zahlreiche Themen aus dem Bereich der theoretischen und praktischen Medizin zum Gegenstand. Texte zur Diagnose und Prognose sind hier ebenso integriert wie solche zur Behandlung und Verhütung von Krankheiten.[3] In der Regel enthalten sie umfangreiche Rezeptsammlungen, in denen zu den einzelnen Krankheiten nach dem anatomischen Schema „vom Kopf bis zum Fuß" Rezepte angeordnet sind.

Einen repräsentativen Querschnitt durch die frühmittelalterlichen Heilmittel weist das ‚Lorscher Arzneibuch' auf, das wohl am Anfang des 9. Jahrhunderts im Benediktinerkloster Lorsch in lateinischer Sprache abgeschrieben bzw. zusammengestellt worden ist.[4] In diesem Arzneibuch, das weit über 500 einzelne Rezepte enthält, wird der Safran sehr häufig eingesetzt. In über 80 Rezepten wird er als Zutat verwendet. Da in nahezu allen Rezepturen der Safran zusammen mit vielen anderen Bestandteilen vorkommt, lässt sich heute kaum noch entscheiden, ob er in den einzelnen Rezepten der entscheidende Wirkstoff war, oder ob er nur etwa wegen seiner Farbe oder aufgrund seiner humoralpathologischen Einstufung beigemischt wurde. In einer Reihe von Rezepten wird überdies die Indikation nur sehr vage angegeben, wie beispielsweise „Heilmittel für viele Krankheiten". Aus der Vielzahl der Rezepte im Lorscher Arzneibuch möchte ich nur zwei herausgreifen, die mir typisch für die Verwendung des Safrans zu sein scheinen und die darüber hinaus einen Einblick in die Gattung der frühmittelalterlichen Rezepte vermitteln mögen. Dabei handelt es sich gleich um das allererste Rezept: „Das erprobte ‚undankbare' Antidot: Es hilft denen, welche die Speise nicht bei sich halten, gegen Schmerzen in der Seite, Seitenstechen, Erbrechen von Blut, gegen jede Art von Husten, Atemnot, Dysenterie, Schlaflosigkeit, gegen Darmschmerzen, Koliken. Wenn du für dieses Heilmittel nicht im Voraus entlohnt wirst, sieh zu, dass du es ihm gibst [...]. Es enthält: 1 Unze Myrrhe, 2 Unzen Safran, 1 Unze Bibergeil, 4 Unzen langer Pfeffer, 1 Unze Pfeffer, 4 Unzen Kostwurz, 4 Unzen Styrax, 1 Unze Zimtkassie, 1 Unze Mutterharz, genügend attischen Honig."[5]

**Safranernte:** ‚Safrankrokus', Miniatur aus der Wiener Handschrift des *Tacuinum sanitatis*, um 1410. In der Bildlegende wird erklärt, wie Safran in das Schema der Elementen- und Viersäftelehre einzuordnen ist. Österreichische Nationalbibliothek Wien.

**Gegen den Rausch:** Laut Dioskurides (1. Jh. n. Chr.) kann Safran harntreibend und adstringierend sein. Er heile Wundrose sowie Augen- und Ohrenflüsse. Er wird Ohren- und Mundsalben beigefügt und wirke auch gegen Trunkenheit. Abbildung des Safran im Codex „Wiener Dioskurides" von 512 n. Chr. Österreichische Nationalbibliothek Wien.

**Harte Strafe:** In der Mitte des 14. Jahrhunderts wurde in Nürnberg die Safran- und Gewürzschau eingeführt. Dort geprüfte Ware galt überall als hochwertig. Safranfälschungen wurden mit dem Tode bestraft. Um 1656 geschaffenes Gemälde, das den Nürnberger Malern Joachim oder Jacob von Sandrart zugeschrieben wird. Gemälde- und Skulpturensammlung der Stadt Nürnberg.

Beim zweiten Rezept wird der Safran „gegen Blut in den Augen“ verwendet: „Laß Safran in altem Wein ziehen, reib ihn, damit er dickflüssig wird, und streich ihn mit einer Feder in die Augen.“[6]

Wenn auch die unmittelbaren Vorlagen dieser beiden Rezepte nicht bekannt sind, so lässt sich doch die Quelle bestimmen, aus der dieses Wissen stammt. Es handelt sich um die ‚Naturalis Historia‘, eine in 37 Bücher gegliederte Enzyklopädie, in der Plinius der Ältere (23–79 n. Chr.) das gesamte naturkundliche Wissen des Altertums zusammenfasste. In sieben Büchern ist er ausführlich auf die Heilpflanzen eingegangen und hat dabei auch die Heilwirkung des Safrans beschrieben.[7] Demnach hilft Safran unter anderem bei Entzündungen, insbesondere der Augen, bei Geschwüren des Magens, der Brust und der Nieren, bei Husten und Seitenstechen, und er kann den Schlaf herbeiführen. Dass darüber hinaus laut Plinius der Safran, vor einem Trinkgelage eingenommen, Trunkenheit verhindere und den Geschlechtstrieb auslöste wurde von den Benediktinern aus Lorsch freilich nicht aufgegriffen. Wohl aus einer anderen Quelle dürften die Rezepte stammen, in denen der Safran bei „schadhaften und hohlen Zähnen“ sowie bei Rachenschmerzen und als fiebersenkendes Mittel zur Anwendung kam.[8]

Wird in diesen auf der Antike gründenden frühen Schriften der Safran reichlich in der Medizin eingesetzt, so ergibt sich aus den deutschen Arzneibüchern bzw. Rezeptsammlungen, die ein paar Jahrhunderte später, im Hochmittelalter, erschienen, ein anderes Bild. In dem um 1200 entstandenen ‚Bartholomäus',[9] dem ersten umfangreichen medizinischen Werk in deutscher Sprache, kommt der Safran kein einziges Mal vor, während andere Gewürze, beispielsweise der Pfeffer, immerhin in zehn Rezepten verwendet werden. Nicht viel anders ist der Befund im ‚Deutschen salernitanischen Arzneibuch', dem zweiten großen Arzneibuch des 13. Jahrhunderts in deutscher Sprache.[10]

Um die Wende vom 13. zum 14. Jahrhundert verfasst der Würzburger Wundarzt Ortolf von Baierland ein medizinisches Lehrbuch, das neben dem ‚Bartholomäus' zum zentralen Werk in der deutschen Medizinliteratur des Mittelalters wird.[11] In seinem ‚Arzneibuch' bereitet er die gelehrte lateinische Hochschulmedizin für ein deutschsprachiges Publikum auf.[12] Sein Bestreben ist es, Theorie und Praxis miteinander zu verbinden und das medizinische Wissen unter dem Gesichtspunkt der Praxisorientiertheit sachlich zu vermitteln. Im Gegensatz zu den vorangegangenen Schriften des 12. und 13. Jahrhunderts hat der Safran bei Ortolf wieder einen festen

Platz als Medikament. Er empfiehlt ihn bei der Behandlung von Zahnfleischfäule, bei Erkrankungen des Magens, bei Stuhlzwang und schließlich als Bestandteil einer Augensalbe.

Aus der Vielzahl der im 15. Jahrhundert entstandenen Arzneibücher bzw. Rezeptsammlungen sei exemplarisch die ‚Wundarznei' Heinrichs von Pfalzpaint genannt. Der aus Eichstätt stammende Heinrich, der bei der Belagerung der Marienburg in den Jahren 1454 bis 1457 als Ordensritter und Arzt tätig war, schrieb 1460 dieses umfangreiche medizinische Lehrbuch.[13] Im Vordergrund seines Werkes steht freilich die Behandlung von kriegstypischen Verletzungen. Berühmt geworden ist Heinrich jedoch durch seine Beschreibung der ersten plastischen Operation im Abendland, einer Nasenersatzplastik. Er kann daher zu Recht als ein Ahnherr der plastischen Chirurgie gelten. Über die in seiner ‚Wundarznei' vorkommenden pflanzlichen Drogen und ihre medizinische Verwendung sind wir bestens unterrichtet.[14] Demnach verwendete auch Heinrich den Safran. Er setzte ihn bei „geronnenem Blut", d. h. bei Hämatomen und, wie schon aus anderen Texten bekannt, als Augensalbe ein.[15] Eine wichtige Rolle spielte der Safran als Bestandteil einer Gewürzmischung, die „Beinpflastern" beigegeben wurde, mit denen er insbesondere Knochenbrüche und krankhafte Knochen- und Hautveränderungen (Gicht und Atrophie) behandelte.[16]

## Safran in Kräuterbüchern[17]

In den beiden grundlegenden Schriften der Antike zu den Heilmitteln, in Dioskurides' *De materia medica* (60–78 n. Chr.) und in der bereits genannten *Naturalis historia* von Plinius, wird der Safran jeweils in einem eigenen Kapitel mit seinem Vorkommen und seiner medizinischen Verwendung vorgestellt. Laut Dioskurides kann Safran ein tödliches Gift, harntreibend und adstringierend sein. Daher wirkt er gegen Wundrose und gegen Augen- und Ohrenflüsse. Ferner wird er Ohren- und Mundsalben beigefügt und wirkt gegen Trunkenheit.[18] Ausführlicher war die Vorstellung des Safrans bei Plinius, wie bereits oben in Stichpunkten ausgeführt wurde. In den frühmittelalterlichen Kräuterbüchern,[19] sei es im *Botanicus* (frühes 9. Jahrhundert), in Walahfrids Strabo *Hortulus* (um 840), in Hrabanus' Maurus *De rerum naturis* (um 842) oder im *Macer* (1. Hälfte 11. Jahrhundert), dem wohl verbreitetsten Kräuterbuch des abendländischen Mittelalters, spielte der Safran hingegen kaum eine Rolle. Einen festen Platz in der Geschichte der Kräuterbücher bekam der Safran erst wieder im 12. Jahrhundert, als in Salerno und Toledo die arabische Medizin rezipiert wurde. Zwei Werke stehen hier im Vordergrund, das *Circa instans* und die Arzneimittellehre im *Canon Avicennas*. Diese beiden zentralen Werke werden in den folgenden Jahrhunderten von zahlreichen Autoren aufgegriffen und bearbeitet.

So auch von dem Münchner Arzt und Literat Johannes Hartlieb, der 1439 in Padua an der damals wohl berühmtesten medizinischen Fakultät des Abendlandes den medizinischen Doktorgrad erwarb und unter anderem ein Kräuterbuch verfasste. Vermutlich schrieb Hartlieb, der von 1440 bis zu seinem Tod 1468 Leibarzt am Hof der Wittelsbacher in München war, dieses Werk zwischen 1440 und 1450.[20] Die Bedeutung des Werkes liegt darin, dass es das einzige durchgehend illustrierte, selbstständige Kräuterbuch in deutscher Sprache vor der Inkunabelzeit ist. Bild und Text bilden eine feste Einheit: Der aufgeschlagene Codex zeigt dem Leser auf der einen Seite den Text und auf der gegenüberliegenden Seite die dazugehörige Abbildung.[21] Hartlieb behandelt knapp 170 Pflanzen, darunter auch eine Reihe von Gewürzen wie Basilikum, Ingwer, Kardamon, Muskat, Zimt und auch den Safran.[22]

**Gewürzkrämer (links):** Gewürze aller Art, vermutlich auch den teuren Safran, verkauften Gewürzkrämer wie der 1453 im Hausbuch der Mendelschen Zwölfbrüderstiftung abgebildete Perchthold Kromer. Stadtbibliothek Nürnberg.

**Apothekenware (oben):** In Apotheken wie dieser wurde neben Gewürzen und Heilkräutern auch der der teure Safran als Heilmittel angeboten. Fresko aus dem Schloss Issogne im italienischen Aosta-Tal, um 1490.

„1 Crocus heißt „Safran". 2 Das ist ein sehr wohlschmeckendes Kraut. Seine Blüte heißt auf Lateinisch „crocus". Sie ist in gleicher Weise „heiß" und „trocken". 3 Der Safran hat die Wirkung, zu kräftigen und zu stärken und darum wirkt er gegen Schwäche des Magens und gegen die Ohnmacht des Menschen, die auf Mittellatein „sincopis" heißt. Er ist auch gut gegen die Rötung der Augen, die von dem Blut oder von der Cholera kommt. 4 Man soll den Safran in einem Tontopf erhitzen und ihn dann pulverisieren. Dieses Pulver soll man in einer fetten Brühe auflösen. Diese Medizin wirkt abführend; sie ist auch gut gegen viele Krankheiten, die vorhin genannt wurden. 5 Aber man soll den Safran nicht Menschen geben, die „heiß" und „trocken" sind und die auf Latein „Choleriker" genannt werden, weil er bei vielen von ihnen Übelkeit hervorruft und sie zum Erbrechen bringt. 6 Wer aber die Augen damit behandeln will, der mische das Pulver mit Eiweiß, tauche einen Baumwolllappen darin ein und lege ihn dann auf die Augen. 7 Die Baumwolle heißt auf Mittellatein *pombax*, davon abgeleitet ist das Wort *bombasium*. 8 Wenn man den Safran in Wein trinkt, so macht er betrunken und bringt die Leute zum Lachen, ohne dass sie wissen, warum. Dies kommt daher, dass der Safran das Herz stärkt, sie fröhlich macht und sie in Freuden schweben lässt. 9 Einige Gelehrte sprechen auch davon, dass der Safran der Milz gut sei, ferner dass er den Geschlechtstrieb anregt und den Harn austreibt. 10 Einige berichten auch davon, wenn man ihn mit Flüssigkeit einnimmt, so treibt er die Geburt aus dem Mutterleib, und dass er die Gebärmutter öffnet, wenn sie hart geworden ist und sich zusammengezogen hat.[23]"

Den Schlüssel zum Verständnis des Textes, ja des gesamten mittelalterlichen medizinischen Schrifttums, liefert die damalige medizinische Theorie, die sogenannte Humoralpathologie oder Viersäftelehre.[24] Dieses im 5. Jahrhundert v. Chr. in Griechenland entwickelte Modell, das bis ins 19. Jahrhundert dominierte, besagt, dass die Zusammensetzung der Körpersäfte das Wohl des Menschen bestimmt: Die richtige Mischung, die Harmonie der vier Säfte (*humores*) – Blut (*sanguis*), gelbe (*cholera*) und schwarze Galle (*melancholia*) und Schleim (*phlegma*) – ist die Grundlage für die Gesundheit. Die Störung dieses Gleichgewichtes, etwa wenn ein Saft dominant oder verdorben wird, verursacht Beschwerden und führt zur Krankheit. Das humoralpathologische Beschreibungsmodell, das seinen Ausgang in der empedokleischen Elementenlehre hat, nach der sich alle Materie aus den vier Grundelementen Luft, Feuer, Erde und Wasser zusammensetzt, wurde schließlich auf verschiedene andere Vierergruppen ausgeweitet. So wurden den Säften die Jahreszeiten, die Lebensalter und Herkunftsorgane (Herz, Leber, Milz und Gehirn) zugeordnet. Von entscheidender Bedeutung war die Verknüpfung der Säftelehre mit den vier Elementar- und Primärqualitäten feucht/trocken und warm/kalt. Dadurch konnten die Säfte eindeutig definiert, aber auch verändert werden. Dieses Modell bestimmte schließlich den ge-

**König der Gewürze:**
Safran ist bis heute das mit Abstand teuerste Gewürz. Abbildung in ‚Köhler's Medizinal-Pflanzen in naturgetreuen Abbildungen' (1887). Bayerische Staatsbibliothek München.

samten Makro- und Mikrokosmos. Es war daher auf die Temperamente, Planeten, Tierkreiszeichen wie auch etwa auf die Himmelsrichtungen übertragbar. Durch Analogieschluss der vier Körpersäfte auf die vier Elemente und ihre Primärqualitäten ergab sich folgendes Schema: Demnach ist Blut (*sanguis*) feucht und warm (ihm zugeordnet sind etwa Herz/Frühling/Kindheit), die gelbe Galle (*cholera*) warm und trocken (Leber/Sommer/Jugend), die schwarze Galle (*melancholia*) trocken und kalt (Milz/Herbst/Mannesalter) und schließlich der Schleim (*phlegma*) kalt und feucht (Gehirn/Winter/Alter).

Dieser Lehre zufolge waren auch die aus natürlichen Rohstoffen hergestellten Arzneimittel, wie alle Elemente, mit den vier unterschiedlichen Primärqualitäten warm und kalt bzw. feucht und trocken ausgestattet, wobei jede dieser Primärqualitäten vier verschiedene Intensitätsgrade aufweisen konnte, von „sehr schwach" bis „stark wirkend". Wenn nun die natürliche Säftemischung des Menschen gestört wurde und es daher zu einer Krankheit kam, wurden die Heilpflanzen nach dem Prinzip *contraria contrariis*, je nach ihren Eigenschaften zur Gegensteuerung eingesetzt, um den Mangel bzw. das Übermaß von Qualitäten zu kompensieren. Auf diese Weise wurde wieder die ursprüngliche Harmonie der Säfte, die Heilung erreicht.

Drei Beispiele aus dem Safran-Kapitel von Hartlieb mögen die Anwendung dieses Modells verdeutlichen. Die „Schwäche des Magens" (Nr. 3), eine Umschreibung für mangelhafte Verdauungstätigkeit, wird durch zu große Kälte und Feuchtigkeit hervorgerufen. Hier lässt sich das Gleichgewicht der Säfte wieder erreichen, wenn zur Gegensteuerung ein warmes und trockenes Präparat, wie etwa der Safran, eingenommen wird. Überdies sind Gewürze ohnehin in der Regel appetitanregend und verdauungsfördernd. Der Safran wird ferner bei Herzleiden (Nr. 3 und 8) eingesetzt. Er hilft „gegen die Ohnmacht des Menschen, die auf Mittellatein *sincopis* heißt." Damit ist eine plötzliche Ohnmacht (Synkope) gemeint, die u. a. bei Herzschwäche und Herzrhythmusstörungen eintreten kann. Als Ursache für die Herzschwäche sah man die Abnahme der Wärme in diesem Organ an, das als Zentrum der „eingeborenen Wärme" erachtet wurde. Zur Gegensteuerung wurden daher Heilmittel von warmer und trockener Natur, wie etwa der Safran, eingesetzt, da diese in der Lage seien, den vermeintlichen Wärmeverlust des Herzens wieder auszugleichen. Hingegen soll der Safran bei einem Choleriker, d. h. bei einem Menschen, bei dem die gelbe Galle (lat. *cholera*) dominant ist, nicht eingesetzt werden (Nr. 5). Der Grund dafür ist, dass die gelbe Galle als warm und trocken gilt und damit die gleiche Qualität wie der Safran aufweist. Gemäß dieser Lehre könnte der Safran deshalb nicht die Harmonie der Säfte herbeiführen, sondern das Ungleichgewicht nur verstärken.

Bei der zentralen Bedeutung, die der Humoralpathologie bei der Behandlung von Krankheiten zukam, gehörte die Kenntnis der Qualitäten und Intensitätsgrade zum pharmakologischen Grundwissen des mittelalterlichen Arztes. Ihre Verzeichnung war daher in allen Kräuterbüchern ein unverzichtbarer Bestandteil und wurde in der Regel gleich nach dem Pflanzennamen angeführt: „ Crocus heißt ‚Safran'. [...] ist in gleicher Weise ‚heiß' und ‚trocken'."

Neben dieser charakteristischen Eigenheit ist es vor allem die strikte Ausrichtung auf die medizinische Anwendung der einzelnen Pflanzen, die bei den mittelalterlichen Kräuterbüchern im Zentrum steht. Über die Pflanze selbst, ihr Aussehen, Vorkommen, Standort oder Sammelzeit oder deren verwertbare Teile wird in der Regel nichts mitgeteilt. Die botanische Kenntnis der Pflanze wird schlicht vorausgesetzt. Typisch ist ferner, dass bei den Rezepten, auch dies gilt für alle Kräuterbücher, jegliche Maßangaben fehlen. Die Rezepte sind überdies sehr vage und eigentlich nur Stichwörter, die lediglich für den Kundigen verständlich waren. Als Anleitung zur Selbsttherapie für medizinische Laien waren sie daher untauglich.

**Delikatessenhandlung:** Um 1830 porträtierte ein unbekannter Maler direkt auf den Fensterläden eines Kolonialwarenladens einen Händler vor Fernhandelsschiffen und bildete auch das Angebot des Ladens ab. Im Regal findet sich Ingwer und Safran. Germanisches Nationalmuseum Nürnberg.

# Magische Einflüsse

Aus heutiger Sicht erstaunt freilich dieser Befund einer breit gefächerten Anwendung des Safrans in der mittelalterlichen Heilkunst. Der Safran, so unser modernes naturwissenschaftliches Wissen, enthält ätherische Öle (Safranal, Cineol, Pinen) und als Bitterstoff Picrocrocin, ein Glykosid, das mit zunehmender Lagerung und Trocknung in Safranal und Zucker gespalten wird. Der charakteristische Farbstoff ist Crocin, ein Carotinoid.[25] Aufgrund seiner Wirkstoffe, insbesondere der Bitterstoffe, wird der Safran heute noch als Arzneimittel bei Magenbeschwerden (Stomachikum) eingesetzt. Andere Anwendungen sind nicht belegbar. Wie erklärt sich also der Erfolg des Safrans in der älteren Medizin? Ganz sicher hat dabei das humoralpathologische Denken eine große Rolle gespielt und die Verwendung des Safrans als Arzneimittel beeinflußt. So waren wohl seine Primärqualitäten „warm“ und „trocken“ der Grund dafür, warum er etwa bei Herzschwäche, bei Erkrankung der Leber oder der Milz bzw. bei alten Menschen eingesetzt wurde. Die Verwendung bei Magenbeschwerden könnte ebenso darauf beruhen, allerdings ist hier auch Erfahrungswissen nicht auszuschließen. Was den Einsatz des Safrans bei „blutigen Erkrankungen“, etwa bei der Wundbehandlung, als blutstillendes Mittel, bei Blut im Auge bis hin zu einer Augensalbe, betrifft, so könnten hier eine Erklärung in der uns zwar befremdlichen, indes im Mittelalter höchst verbreiteten Vorstellung der Singularitätsmagie und der Similemagie liegen, die in der medizinischen Diagnose und Therapie eine nicht unbedeutende Rolle spielten und die hier nur noch angedeutet werden können.[26] So war die Vorstellung weitverbreitet, dass besondere Kräfte in seltenen, außerordentlichen oder wertvollen Dingen (Singularitätsmagie) enthalten sind und dass diese daher eine besondere Heilwirkung besitzen. Bei dem überaus hohen Preis des Safrans war es daher nicht verwunderlich, dass man ihn als wirksames Heilmittel einstufte. Die Similemagie hingegen beruht auf der Anschauung, dass eine Heilung durch die magische Kraft des Ähnlichen (Analogie) erreicht werden kann. Beispielsweise glaubte man, dass die Heilwirkung durch die Kräfte des gleichen Organs, durch die Ähnlichkeit der Form oder Gestalt, oder durch die Ähnlichkeit der Farbe zustande kommt. Aus diesem Grund ist der Safran wegen der roten Farbe seiner Narbenschenkel geradezu prädestiniert, Blutungen aller Art zu heilen.

Am Beispiel des Safrans kann man sehen, welche Bedeutung die Gewürze in der gesamten mittelalterlichen Heilkunde besaßen. Das medizinische Schrifttum stützte sich dabei zuerst auf antikes, in einem zweiten Schub auch auf arabisches Wissen, das bis in die Frühe Neuzeit tradiert wurde. Typisch für die medizinische Nutzung der Gewürze ist dabei das breite Spektrum der Anwendungen, wie es in diesem Beitrag für den Safran aufgezeigt werden konnte. An diesem Fallbeispiel lässt sich schließlich auch der große Unterschied zwischen dem damaligen und dem heutigen medizinischen Weltbild ablesen.

1 Eine terminologische Abgrenzung der Begriffe „Kräuter“ und „Gewürze“ ist für das Mittelalter nicht sinnvoll. Bis zum Ende des 15. Jahrhunderts kennt die deutsche Sprache das Wort „Gewürz“ nicht in unserem heutigen Verständnis. Unser heutiges Wort „Gewürz“ ist eine Bildung der Neuzeit, eine mit der Vorsilbe „Ge-“ erzeugte Kollektivbildung zu dem alten Wort „wurz“, gleich „„Pflanze“, wie etwa „Gebirge“ zu „Berg“ oder „Gehölz“ zu „Holz“. Dabei ist ähnlich wie bei „Gewitter“ zu „Wetter“ eine Bedeutungsverengung eingetreten. Bei „Gewürz“ handelt es sich nicht um eine große Ansammlung von Pflanzen, sondern, wie es in der deutschen Lebensmittelgesetzgebung lautet, „um Teile einer bestimmten Pflanzenart, die wegen ihres natürlichen Gehaltes an Geschmacks und Geruchsstoffen als würzende und geschmacksgebende Zutaten zum Verzehr geeignet und bestimmt sind.“

2 Der mittelhochdeutsche Text wurde herausgegeben von P. Dollmayr 1932, Vers 487-504; die Übersetzung stammt von mir.

3 Zur Gattung der Arzneibücher vgl. Keil 1980, 1091.

4 Zu diesem Arzneibuch s. Stoll (Hrsg.) 1992.

5 Stoll (Hrsg.) 1992, 109 Nr. 1.

6 Stoll (Hrsg.) 1992, 279 Nr. 60.

7 Siehe König – Winkler(Hrsg.) 1985, 103 f.

8 König – Winkler (Hrsg.) 1985, 149 Nr. 46 u. ö. und 295 Nr. 63.

9 Zum ‚Bartholomäus' vgl. Keil 1978, 609-615.

10 Der Text wurde von C. Külz und E. Külz-Trosse 1908 herausgegeben. Nur in einem einzigen Rezept (S. 97) wird Safran unter vielen anderen Bestandteilen verwendet und zwar bei der Behandlung der Erkrankungen von Leber und Milz. Ansonsten wird der Safran nur noch einmal angeführt, um die Farbe des Harns zu beschreiben.

11 Hrsg. von Follan 1963.

12 Vgl. Riha 1992.

13 Zu Heinrich von Pfalzpaint s. Schnell 2008.

14 Grundlegend Richter 2004.

15 Der Text ist bislang nur in einer überaus ungenügenden Ausgabe zugänglich und wurde von H. Haeser und A. Middeldorpf 1868 herausgegeben; das Rezept gegen „geronnenes Blut“ 18,25-33; Safran als Augensalbe 151,12-25.

16 Haeser – Middeldorpf (Hrsg.) 1868, 99,27-101,12.

17 Zur Gattung der Kräuterbücher vgl. den konzisen Überblick von Dilg – Keil 1991, 1476-1480; zu den deutschsprachigen Kräuterbüchern vgl. die Übersicht bei Schnell 2005.

18 Vgl. die deutsche Übersetzung von Berendes 1902, 53 f., Kap. 25; diese Übersetzung ist heute leicht über das Internet zugänglich.

19 Für die Literaturangaben verweise ich auf den Abriss der mittelalterlichen Kräuterbücher in Schnell – Crossgrove 2003, 17-50.

20 Zu Leben und Werk des Münchner Arztes vgl. Grubmüller 1981, 480-496.

21 Zu den illustrierten deutschsprachigen Kräuterbüchern des Mittelalters s. Schnell 2009.

22 Der Text einer Handschrift, der Anholt-Moyländ'schen, liegt jetzt als Faksimile-Druck vor und wurde in einem Begleitband vorbildlich transkribiert, übersetzt und kommentiert: Müller u. a. (Hrsg.) 2004.

23 Die Übersetzung des Safran-Kapitels nach der bislang noch nicht veröffentlichten kritischen Ausgabe, die ich zusammen mit Gerold Hayer (Salzburg) vorbereite und die im Manuskript abgeschlossen ist. Im Rahmen dieser Edition werden auch die Quellen des Werkes eingehend behandelt.

24 Einen knappen, informativen Überblick zur Humoralpathologie bieten: Bergdolt – Keil 1991, 211 f. und Goltz 1992, 1119-1126.

25 Vgl. Richter 2004, 318.

26 Zur Singularitäts- und Similemagie in den vergangenen Jahrhunderten s. die Darstellung bei Rothschuh 1978, bes. 18-30, und jüngst Riha 2005, bes. 67 f. (mit weiterer Literatur).

炎帝神農氏

**Göttlicher Landmann:** Shennong 神農, der „Göttliche Landmann", beim Probieren von Kräutern aus dem *Sancai tuhui*, Illustriertes Kompendium der Drei Potenzen (Himmel, Mensch, Erde), 1609 erstmals publiziert, Ausgabe der Bayerischen Staatsbibliothek München aus dem 17. Jh.

# Gewürze im Alten China

Ute Engelhardt

**GEWÜRZE WERDEN IN** China bereits im 3. Jahrhundert v. Chr. in den „Frühlings- und Herbstannalen des Lü Buwei“ (*Lüshi chunqiu* 吕氏春秋, vom Kanzler der Qin-Dynastie, Lü Buwei 吕不韋, zusammengestellt) erwähnt. Im 14. Kapitel mit dem Titel ‚Den Geschmack als Grundlage nehmen‘ (*benwei* 本味) werden sie als „Mittel zum Harmonisieren“ (*he* 和) bezeichnet. Zum Vorgang des Würzens bzw. des Harmonisierens von Speisen heißt es dort:

**„Zum Regulieren und Harmonisieren sollte man Süßes, Saures, Bitteres, Scharfes und Salziges verwenden. Ob man sie früher oder später oder in welchen Mengen hinzufügt – ihr Austarieren ist sehr subtil und jede Zutat hat ihren eigenen Charakter. Die Veränderungen, die im Kochtopf geschehen, sind fein und delikat, essenziell und wunderbar. Sie lassen sich weder mit Worten ausdrücken, noch dem Willen unterwerfen. Es [das Würzen/Kochen] ist so subtil wie das Bogenschießen, oder die Wandlungen von Yin und Yang oder der Wechsel der vier Jahreszeiten. Deshalb bleiben sie [die Speisen] lange erhalten, ohne zu verderben; sie sind gut gegart, ohne zu mürbe zu werden; sie sind süß, ohne klebrig zu werden; sie sind sauer, ohne ätzend zu werden und salzig, ohne versalzen zu sein; sie sind scharf, ohne zu brennen und mild, ohne fad zu sein, leicht ölig, ohne fetttriefend zu sein.“[1]**

Das Würzen oder Harmonisieren der Fünf Geschmacksrichtungen wird hier als die hohe Kunst der Küche dargestellt. Allerdings wird der Bogen in besagtem Kapitel noch weiter gespannt: Yi Yin 伊尹, der erste berühmte Koch Chinas, der aufgrund seiner Kochkünste zum Minister ernannt wurde, erklärt dem Kaiser Tang der Shang-Dynastie (ca. 16.–11. Jahrhundert v. Chr.) die Verbindung zwischen Politik und Kochen. Er formuliert das Harmonisieren der Fünf Geschmacksrichtungen als einen politischen und gesellschaftlichen Leitgedanken, der einerseits als Grundlage für die Gesundheit und Vervollkommnung des Körpers des weisen Herrschers dient, andererseits als Richtlinie für eine gute und gerechte Regierung im Sinne eines Mandats des Himmels: „Wenn man sich selbst vervollkommnet, ist [die Position des] Sohnes des Himmels vollkommen; wenn [die Position des] Sohnes des Himmels vollkommen ist, kommen die vollkommenen Geschmacksrichtungen (*zhiwei* 至味) zur Geltung.“[2] Somit kann das Würzen als Feinabstimmung und die Verwendung von geeigneten Lebensmitteln als Abbild einer Harmonie verstanden werden, die sich nicht nur im Kochtopf, sondern auch im menschlichen Körper und im ganzen Reich widerspiegelt. Dieser Grundgedanke findet sich noch heute im modernen Begriff für Gewürze, die in China als „Mittel zum Abstimmen und Harmonisieren“ *tiaohe pin* 調和品 oder als „Mittel zur geschmacklichen Abstimmung“ *tiaowei pin* 調味品 bezeichnet werden. Allerdings gehören dazu nicht nur Gewürze im engeren Sinn, sondern auch Würzmittel wie Essig, Sojasoße etc..

Der Koch und Minister Yi Yin 伊尹 empfiehlt schon in der Frühzeit als feinste Gewürze bzw. als „Mittel zum Harmonisieren“ (*he* 和): „Ingwer (*jiang* 姜) aus Yangpu (in Sichuan), Cassia-Zimt (*gui* 桂) aus Zhaoyao (in Hunan), gerollten Zimt (*jun* 菌) aus Yueluo (in Südchina) und Fischpaste vom Stör mit Salz aus Daixia (wohl in Nordwestchina).“[3]

**Haute Cuisine:** Vom hohen Stand der chinesischen Kochkunst zeugt diese Küchen-Szene aus einem Grab in Shandong (Östliche Han-Zeit 25–220 n. Chr.) (Linienzeichnung eines Grabreliefs, aus Huang, H.T., Fermentation and Food Science, 2000, 87).

Von der frühen Verbreitung von Ingwer und Würzpasten zeugen auch Zitate von Konfuzius (*Kongzi* 孔子, trad. 551–479 v. Chr.), der zu Lebzeiten als einer von vielen Philosophen erfolglos von einem Fürstenhof zum anderen wanderte und erst seit der Han-Zeit (206 v. Chr.–220 n. Chr.) als der höchste Weise und Lehrer gepriesen wurde. Als authentische Quelle seiner Lehren gilt die kleine Schrift *Lunyu* 論語 (‚Gespräche des Konfuzius'), in der Äußerungen und Gespräche Konfuzius' mit seinen Schülern und anderen Zeitgenossen aufgezeichnet sind. Darin heißt es über Konfuzius' Essgewohnheiten: „Er nahm keine Speise ohne die zugehörige Würzpaste (*jiang* 醬) zu sich. [...] Er entfernte Ingwer nicht aus dem Essen."[4] Es ist anzunehmen, dass er Letzteres wegen der gesundheitsförderlichen Wirkung von Ingwer tat, der im Laufe der Geschichte sowohl als Arzneimittel als auch als Nahrungsmittel eine außerordentlich wichtige Rolle spielte.

Dass in der Han-Zeit (206 v. Chr.–220 n. Chr.) die Küche in China bereits weit entwickelt war, lässt sich aus Grabreliefs mit Küchenszenen und aus verschiedenen Grabfunden ersehen. Der bedeutendste Fundort dieser Art sind die 1973 entdeckten Mawangdui 馬王堆-Gräber bei Changsha in Hunan, die 168 v. Chr. geschlossen wurden. Die Fürstin von Dai wurde im Grab Nr. 1 mit reichen Grabbeigaben bestattet, die ihr den Aufenthalt im Jenseits erleichtern sollten. Dazu gehörten über 150 Nahrungsmittel, die sorgfältig in einem Inventar auf Bambusstreifen verzeichnet waren und den bisher umfangreichsten archäologischen Nahrungsmittelfund in China darstellen.

An Gewürzen wurden Überreste von Ingwer, Cassia-Zimt und zwei Arten von Szechuanpfeffer (*jiao* 椒) (*Zanthoxylum armatum* und *Zanthoxylum planispinum*) sowie Galgant (*Alpinia officinarum*) und Magnolienblüten gefunden.[5]

Auch bei den Bestattungsbräuchen der damaligen Zeit haben offensichtlich Cassia-Zimt, Ingwer und Szechuanpfeffer eine prominente Rolle gespielt, denn in den Händen des Leichnams der Fürstin von Dai befanden sich Seidenbeutel mit diesen drei aromatischen Substanzen. Außerdem war der Sarg in der Grabkammer von Säcken umgeben, die unter anderem mit diesen Gewürzen gefüllt waren. Diese Verwendung aromatisch duftender, pflanzlicher Substanzen hatte vor allem religiöse Gründe. Speziell von Szechuanpfeffer ist bekannt, dass er in der frühen chinesischen Religion verwendet wurde, um gute Geister anzulocken und Dämonen zu vertreiben.[6] In der damaligen Zeit scheint allerdings der medizinische Gebrauch dieser Gewürze überwogen zu haben. Davon zeugen die bedeutenden Manuskriptfunde aus dem Mawangdui 馬王堆 Grab Nr. 3, in dem der Sohn der Fürstin von Dai begraben war. Diese 15 auf Seide oder Bambustäfelchen geschriebenen Texte umfassen das ganze Spektrum der damaligen Heilkunde. Im umfangreichsten Manuskript, den ‚Rezepturen gegen 52 Erkrankungen' (*Wushier bingfang*), dem frühesten erhaltenen Rezepturbuch, sowie in zwei anderen Rezepturtexten zur Lebenspflege (*Yangshengfang* 養生方, ‚Rezepte zur Lebenspflege' und *Zaliaofang* 雜療方, ‚Verschiedene Heilrezepturen') spielen die oben genannten drei Gewürze eine wichtige Rolle.[7] So wird Cassia-Zimt (*gui* 桂) 23-mal als Bestandteil einer Rezeptur genannt, Ingwer (*jiang* 姜) 15-mal, wobei damals schon zwischen frischem und getrocknetem unterschieden wurde, und Szechuanpfeffer (*jiao* 花椒) 8-mal. Zur innerlichen Anwendung wurden sie, z. B. bei Wunden oder Abszessen, zumeist mit Wein eingenommen. Zur äußerlichen Anwendung wurden zwei oder drei dieser Substanzen (oftmals auch mit anderen Arzneimitteln) gemischt und für Räucherungen (z. B. bei Hämorrhoiden bei Frauen) oder auch in Stoff gewickelt für heiße Packungen (z.B. gegen Krätze) verwendet. In den

**Ingwer und Szechuanpfeffer:** Moderne Darstellungen der Gewürze Ingwer und Szechuanpfeffer, die in der Han-Zeit (206 v. Chr.–220 n. Chr.) bei Bestattungen eine wichtige Rolle spielten (aus ‚Farbige Abbildungen der chinesischen Drogenkunde', *Zhongguo bencao caise tujian*, Ingwer = Bd. 1, S. 11; Szechuanpfeffer = Bd. 2, Beijing 1996, S. 106).

**Edles Speisegeschirr:** Lack-Essgeschirr aus dem Mawangdui 馬王堆-Grab Nr. 1 (168 v. Chr.) bei Changsha in Hunan, dem bisher umfangreichsten archäologischen Nahrungsmittelfund in China. (aus Fu Juyou et al. 1992, 58-59).

beiden Schriften zur Lebenspflege werden diese drei zentralen aromatischen Substanzen zu Pillen verarbeitet, die in Seide gewickelt in den Nabel oder in die Vagina einzuführen sind, um die sexuellen Kräfte von Mann und Frau zu stärken. Die ersten genauen Wirkbeschreibungen von Gewürzen finden sich in ‚Shennongs Klassiker der Drogenkunde' *Shennong bencaojing* 神農本草經 aus der späten Han-Zeit (206 v. Chr.–220 n. Chr.), z. T. verschollen und verändert, um 500 von Tao Hongjing 陶弘景 (456–536) kompiliert). Dieses früheste drogenkundliche Werk war ein Vorbild für eine lange Tradition von Arzneimittelbüchern, in der die Wirkung von Einzelmitteln beschrieben wurde und auf die man sich in der chinesischen Medizin noch heute beruft. Shennong 神農, der „Göttliche Landmann", dem dieser Text zugeschrieben wird, war ein legendärer Herrscher und Kulturheroe, der sowohl als Erfinder des Pfluges und damit als Begründer der Landwirtschaft gilt als auch als Patron der Arzneimittelkunde. So ist von ihm überliefert, dass er: „die Geschmacksrichtungen aller Kräuter probierte und die Wasserquellen [untersuchte], ob sie süß oder bitter waren. So ließ er das Volk wissen, was es meiden sollte und was zum Verzehr geeignet war. Zu jener Zeit fand er an einem einzigen Tag 70 giftige [Mittel]"[8]. Das 365 Arznei- und Lebensmittel umfassende drogenkundliche Werk ist in drei Abteilungen gegliedert. Dazu heißt es im Vorwort:

**„Die obere Abteilung der Arzneimittel umfasst 120 Arten. Das sind die Herrscher (*jun* 君). Sie dienen dazu, das Leben / Geschick zu nähren (*yangming* 養命) und entsprechen dem Himmel. Sie sind nicht giftig, man kann sie in größeren Mengen und über längere Zeiträume hinweg einnehmen, ohne Schaden zu erleiden. Wer einen leichten Körper haben, sein Qi mehren, das Altern verlangsamen und sein Leben verlängern will, stütze sich auf (die Mittel) der oberen Abteilung. Die mittlere Abteilung umfasst 120 Arten. Das sind die Minister (*chen* 臣). Sie dienen dazu, die Wesensnatur (*yangxing* 養性) zu nähren. Sie entsprechen dem Menschen und sind teilweise giftig und teilweise nicht. Bei jeder Anwendung erwäge man sorgfältig ihre Eignung. Wer Krankheiten vorbeugen, Schwäche und Auszehrungen ausgleichen möchte, der stütze sich auf (die Mittel) der mittleren Abteilung. Die untere Abteilung umfasst 125 Arten. Sie sind die ‚Assistenten' und ‚Gehilfen' (*zuoshi* 佐使). Sie dienen hauptsächlich zur Heilung von Krankheiten; sie sind der Erde zugeordnet und sehr giftig, und man kann sie nicht über längere Zeiträume hinweg einnehmen. Wer ‚Kälte' oder ‚Hitze' und (anderes) schädigendes Qi (*xieqi* 邪 氣) vertreiben, Verdichtungen aufbrechen und Krankheiten heilen möchte, stütze sich auf (die Mittel) der unteren Abteilung des Werkes."[9]**

Somit besteht die hohe ärztliche Kunst darin, das Leben zu pflegen und zu nähren und erst gar keine Krankheiten aufkommen zu lassen, die einen Zugriff auf die untere Abteilung mit den stark wirkenden Arzneimitteln erforderlich macht. Eine

Reihe der oben genannten Gewürze finden sich in der oberen (zwei Cassia-Zimtarten und Szechuanpfeffer) oder mittleren Abteilung (Ingwer). Die Wirkung des Szechuanpfeffers wird in der oberen Abteilung wie folgt beschrieben:

> **„Szechuanpfeffer (*qinjiao* 秦椒): sein Geschmack ist scharf, warm; er ist vor allem anzuwenden bei 'Wind' und schädigendem Qi (*xieqi* 邪氣) ; er erwärmt die 'Mitte', beseitigt 'Kälte' und Blockaden; er kräftigt die Zähne und bringt die Haare zum Wachsen; er klärt die Augen. Wenn man ihn lange Zeit einnimmt, wird der Körper leicht (und kann sich in die Lüfte erheben); außerdem bekommt man ein strahlendes Antlitz, das Alter wird verzögert, die Jahre werden vermehrt und die geistigen Kräfte durchdrungen. Er wächst an Flüssen und Tälern."[10]**

Auch die Ärzte späterer Zeiten waren bestrebt, die Wirkung aller Lebensmittel zu untersuchen, um ihre Wirkungen auf den menschlichen Körper festzustellen.[11] Dabei ging es ihnen vor allem um die Verlängerung des Lebens, das Erhalten der Haarfarbe und die Stärkung der sexuellen Kräfte. Scharfe und aromatische Substanzen galten hier als besonders wirksam.

Während der Tang-Dynastie (618–907 n. Chr.) erreichte das chinesische Kaiserreich eine ähnlich große Ausdehnung wie unter der Han-Dynastie (206 v.Chr. – 220 n. Chr.), und mehrere Länder Südostasiens standen unter chinesischer Vorherrschaft. Die Tang-Zeit gilt als das Goldene Zeitalter der Kunst und Dichtung, des Buddhismus und des Daoismus sowie des ökonomischen und kulturellen Austausches mit benachbarten Völkern. In dieser Blütezeit kamen mit der Ausweitung des Handels zwischen China und den Ländern Südasiens neue Gewürze nach China. Darunter verschiedene andere „Pfeffer"-Arten, wie der „Barbaren"-Pfeffer (*hujiao* 胡 椒), der dem bei uns gebräuchlichen Pfeffer (*Piper nigrum*) entspricht und in der Tang-Zeit als Würz- und Arzneimittel breite Verwendung fand. Er gehört zu den am besten dokumentierten Handelsgütern. In historischer Zeit kam er hauptsächlich von der Malabarküste und einigen Gebieten der malaiischen Welt. Wie in Europa galt der Pfeffer auch in China als Kostbarkeit.[12]

Auch Gewürznelken (*dingxiang* 丁香), die vermutlich in alter Zeit ausschließlich auf den nördlichen Molukken wuchsen, fanden in der Tang-Zeit vermehrt Eingang nach China. Sie wurden erstmals im 3. Jahrhundert v. Chr. als für Höflinge geeignetes Mittel gegen Mundgeruch genannt und in einer Tang-zeitlichen Drogenkunde erstmals als Arzneimittel gegen Verdauungsbeschwerden und Schmerzen erwähnt. In der Tang-Zeit wurden Gewürznelken vor allem wegen ihres Duftes als Mittel gegen Mundgeruch, aber auch als Parfum und Duftstoff geschätzt, weniger als Gewürz. In der chinesischen Küche werden Nelken heute als Würzmittel für zahlreiche Gerichte verwendet und in pulverisierter Form verschiedenen Gewürzmischungen zugesetzt; vor allem sind sie ein integraler Bestandteil des "Fünf-Düfte-Pulvers" (*wuxiang fen*), das eine der wichtigsten Würzmischungen der chinesischen Küche darstellt; seine Bestandteile sind Gewürznelken, Sternanis, Schwarzer Pfeffer, Zimt und Fenchelsamen.[13] Auch unterschiedliche Kardamomarten kamen aus Indonesien nach China, darunter die Muskatnuss, die in China als „Fleischiger Kardamom" (*roudoukou* 肉 豆 蔻) bezeichnet wurde, in China jedoch weniger als Gewürz, sondern vor allem als Arzneimittel gegen Verdauungsbeschwerden geschätzt wurde, woran sich bis heute wenig geändert hat. Die Ginseng-Wurzel (*renshen* 人參), wegen ihrer

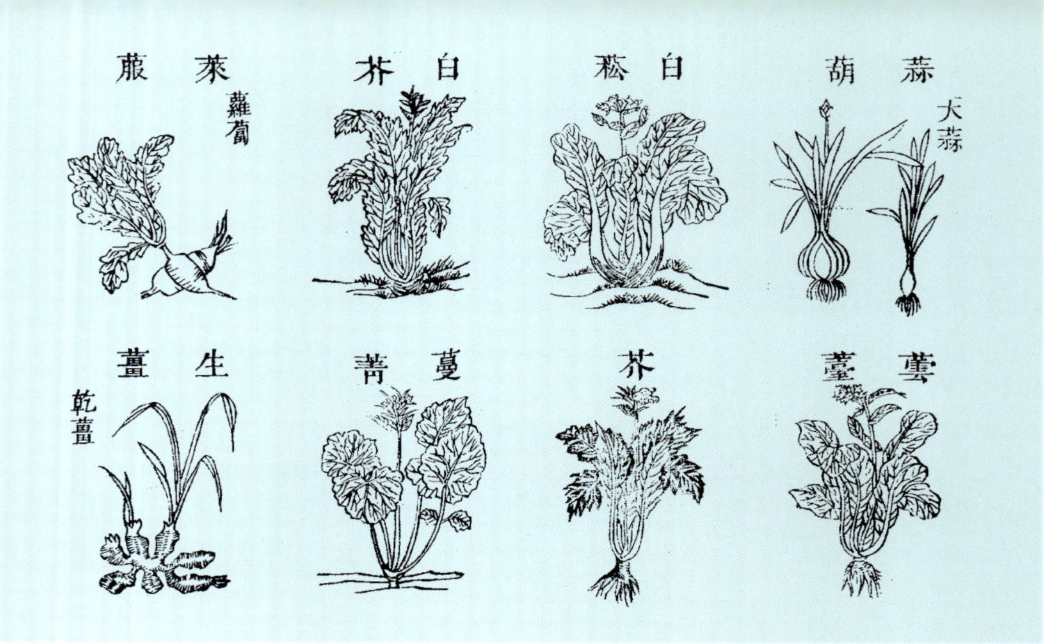

**Ingwer und Knoblauch:** Zwei Seiten aus einer Ausgabe des *Bencao gangmu* aus dem 19. Jh. Auf der linken Seite ist links unten der Ingwer abgebildet, auf der rechten, rechts oben der Knoblauch. Bayerische Staatsbibliothek München.

**Held der Seefahrt:** Der um 1600 entstandene chinesische Holzschnitt zeigt den chinesischen Admiral und Seefahrer Zheng He, der zwischen 1405 und 1433 sieben Expeditionen in den Pazifik und den Indischen Ozean unternahm. British Library, London.

**Geschenk-Giraffe:** Auf dem Bild des Hofmalers Shen Du (1357-1434) aus dem Jahr 1414 überbringt der Seefahrer Zheng He dem Kaiser eine Giraffe. Philadelphia Museum of Art.

**Ingwertopf:** Aus der Zeit der Regierung des Kaisers Kangxi (1661-1722). Museum Volkenkunde Leiden.

**Expeditionsschiff:** Rekonstruktion eines der Schiffe Zheng Hes, wie er sie zwischen 1405 und 1433 auf seinen Expeditionen benutzt hat, auf Grundlage der neuesten Forschungsergebnisse. Modellbauer: Xu Hailin 徐海林. Maritimes Museum Hong Kong.

kräftigenden Wirkung auf den menschlichen Körper als Arzneimittel sehr geschätzt, wurde in der Tang-zeitlichen Küche auch als Gewürz verwendet, aufgrund ihres hohen Preises jedoch nur in gehobenen Kreisen. In der Tang-Zeit wurde Ginseng in großen Mengen aus Korea importiert, fand sich aber auch auf Tributlisten aus Shanxi, Hebei und der Mandschurei.[14]

Jahrhunderte später, während der Mongolenzeit (Yuan-Dynastie (1280–1368)) sollen die legendären Reisen von Marco Polo und dessen Vater nach China stattgefunden haben (1260–1295), die ein positives China-Bild für Europa entwarfen. Marco Polo war ein Juwelenhändler, der China als eine Art Gegenwelt zum damaligen Europa verklärte. Sein Bericht mit dem Titel ‚Das Buch der Wunder', den er nicht selbst geschrieben hatte, sondern später, in Genueser Kriegsgefangenschaft, einem Mitgefangenen erzählte, kursierte in vielen verschiedenen Versionen. Darin berichtet Marco Polo mehrere Male von Galgant und Gelbwurz, am häufigsten jedoch von Ingwer, der in China vielerorts üppig wuchs und von dem man zu seinem Erstaunen „für einen venezianischen Groschen vierzig Pfund (bzw. achtzig Pfund) [...] kaufen konnte".[15] In Quinsai, dem heutigen Hangzhou, zeigte sich Marco Polo nicht nur von der Stadt tief beeindruckt, sondern auch von dem nahe gelegenen Hafen, in dem aus ganz Asien Schiffe mit Gewürzen, Perlen und Edelsteinen einliefen. Zugleich äußerte er seine Verwunderung über die hohe Besteuerung von Gewürzen. Hinsichtlich ihres Gebrauches erwähnte er nur, dass in Hangzhou mit verschiedenen Gewürzen versetzter Reiswein beliebt war, der Traubenwein deutlich vorgezogen wurde.[16] So einflussreich Marco Polos Bericht seinerzeit war – er soll maßgebliche Lektüre von Christoph Columbus gewesen sein, der anhand Marco Polos Aufzeichnungen die Reiselänge nach Indien zu errechnen versuchte, – so umstritten ist er heute in der Forschung: In Marco Polos Bericht werden nämlich solch typisch chinesische Merkmale wie Schrift, Essstäbchen, Chinesische Mauer, gebundene Füße der Frauen etc. nicht erwähnt, sodass seine Echtheit immer wieder angezweifelt wird.[17]

Einen Höhepunkt erlebte der Seehandel und damit auch der Gewürzhandel in China im 15. Jahrhundert unter der Ming-Dynastie (1368–1644). Zwischen 1405 und 1433 führte der chinesische Eunuch Zheng He 鄭和 (1371–1433) im Auftrag des Yongle-Kaisers 永樂 (reg. 1403–1424) sieben große Flotten nach Südostasien, Indien und bis an die ostafrikanische Küste. In diesem Zeitraum von rund 30 Jahren dominierte China die Weltgeschichte der Seefahrt. Der berühmte Admiral Zheng He entstammte einer muslimischen Familie in Yunnan und verfügte vermutlich über Kenntnisse des Arabischen oder Persischen sowie über militärische Erfahrungen. Bei seinen Expeditionen, von denen die meisten rund zwei Jahre dauerten, unterstanden ihm angeblich bis zu 20.000 oder gar 30.000 Mann: Seefahrer, Soldaten, Beamte, Mediziner, Techniker und andere. Bei jeder Expedition kamen jeweils mehrere Dutzend Schiffe zum

Einsatz, so auch die berühmten „Schatzschiffe" (*baochuan* 寶 船), Großraumtransporter, von denen es in späteren Quellen heißt, sie hätten riesige Ausmaße gehabt. Wahrscheinlich handelte es sich nur um drei- oder viermastige Konstruktionen, die jedoch andere Fahrzeuge, welche zu jener Zeit in Ostasien oder auf dem Indischen Ozean verkehrten, in ihren Dimensionen weit übertrafen. Genaueres ist allerdings nicht überliefert und wirklich eindeutige archäologische Belege fehlen bis heute.[18] Kehrte die Flotte schließlich in die kaiserliche Hauptstadt zurück, damals die „südliche Hauptstadt" Nanjing, brachte sie in der Regel mehrere ausländische Gesandtschaften mit, die bei Hofe Geschenke überreichten. Fast alle dieser Gesandtschaften sind in chinesischen Quellen als Tributmissionen verzeichnet und drücken damit deren symbolische Unterordnung unter den Ming-Hof aus. Die genauen Beweggründe für die Entsendung der Flotten bleiben bis in unsere Zeit Ansichtssache. Einer von vielen Faktoren war sicherlich die Suche nach Arzneimitteln, Gewürzen, seltenen Schätzen, Tieren und Kuriositäten für den Kaiserhof und die Bevölkerung. Chinesische Produkte, vor allem Seide, Porzellan und Kupfermünzen, scheinen dabei gegen Gewürze, tropische Hölzer, Metalle und andere Waren getauscht worden zu sein. Das am häufigsten erwähnte Handelsgut, das Zheng He mit seinen Schiffen nach China einführte, waren Pferde. Offensichtlich bestand in der Ming-Zeit ein großer Bedarf an diesen Tieren für das Militär und für den Transport. Unter den anderen, zum Teil exotischen importierten Tieren waren auch Giraffen, die als Symboltiere für Harmonie und Ordnung galten. Auf diese Weise konnte der Kaiser Yongle sein Reich in Harmonie und Frieden wähnen, auch wenn seine eigene Thronbesteigung nicht auf legitime Weise erfolgt war.

An Gewürzen sollen Zheng Hes Schiffe große Mengen von Pfeffer nach China eingeführt haben. Anders als bei vielen anderen Gütern, war der Gebrauch von Pfeffer nicht auf den Kaiserhof beschränkt. Er dürfte in ganz China auf lokalen Märkten erhältlich gewesen sein. Außerdem wurde Pfeffer von staatlicher Seite aufgekauft und gehortet, um die Preise künstlich in die Höhe zu treiben. Es ist auch bekannt, dass in manchen Jahren Beamte ihr Gehalt in Form von Pfeffer erhielten. Demnach könnten Zheng Hes Schiffe wie folgt beladen gewesen sein: Auf den oberen Decks befanden sich hauptsächlich Pferde und andere seltene exotische Tiere wie Giraffen, Zebras, Antilopen und fremdartige Vögel. Auf den unteren Decks waren große Mengen an Pfeffer, Sandelholz, Textilien und andere eher seltene Substanzen für den medizinischen Gebrauch verstaut (wie Kardamom, Anis, Myrrhe und Amber).[19]

Zu guter Letzt sei noch ein bedeutsames medizinisches Werk erwähnt, das für die Gewürze in China eine wichtige Rolle spielt. Es handelt sich um die ‚Systematische Drogenkunde' *Bencao gangmu* 本草綱目, ein großes Kompendium der Naturkunde, das in über 30-jähriger Arbeit von Li Shizhen 李時珍 (1518–1593) verfasst wurde. Es steht in der Tradition des oben beschriebenen ‚Shennongs Klassiker der Drogenkunde' aus der Han-Zeit (206 v. Chr.–220 n. Chr.). Statt 365 beschreibt Li Shizhen jedoch inzwischen an die 2000 Drogen, denen er an die 11. 000 Rezepturen beigefügt hat.[20] Gewürze finden sich vorwiegend in der Abteilung „Gemüse", wo unter den „stark riechenden und scharfen" Mitteln 32 verschiedene Arten (wie getrockneter und frischer Ingwer, Knoblauch, Koriander) aufgeführt werden (Kap. 26). In der Abteilung für Früchte werden unter der Überschrift „Gewürze" (*weilei* 味類) 13 Arten beschrieben (Kap. 32), darunter zwei Arten von Szechuanpfeffer und Pfeffer. Andere Gewürze, etwa Cassia-Zimt, werden unter „Duftende Bäume" (*xiangmu lei*, Kap. 34) genannt.

Kehren wir nun zum Schluss noch einmal zum Ingwer zurück, über den Li Shizhen schreibt: „Frischer Ingwer ist scharf, ohne zu den ‚stark riechenden Mitteln' (*hun* 葷) zu gehören; er vertreibt schädigendes Qi (*xieqi* 邪氣) und beseitigt Übelkeit. Ob man ihn roh oder gekocht verzehrt, ob in Essig, Sojasoße, Reiswein oder Salz eingelegt oder mit Honig kandiert, Ingwer ist immer ein probates Mittel. Weil man ihn als Gemüse oder als Gewürz (wörtlich: als „harmonisierende Zutat" *he* 和), als Frucht oder als Arzneimittel einsetzen kann, verfügt er über vielfältigste Anwendungsmöglichkeiten."[21]

1 *Lüshi chunqiu*, Kap. 14, 7
2 *Lü Shi chunqiu*, Kap. 14, Lo 2005, 396
3 *Lü Shi chunqiu*, Kap. 14
4 Lunyu 10/8
5 Chang (Hrsg.) 1977, 57
6 Harper 1998, 103
7 Harper 1998
8 Huainan zi, Kap.19
9 *Shennong bencaojing*, Kap. 1, Vorwort
10 *Shennong bencaojing*, Kap. 2, Obere Abteilung
11 Engelhardt 2001
12 Ptak 2007, 318
13 Engelhardt – Hempen 2006, 364
14 Chang 1977,110-112
15 Moule – Pelliot 1938, 326
16 Moule – Pelliot 1938, 328
17 s. Wood 1995
18 Salmon – Ptak (Hrsg.) 2005; Ptak 2007
19 Ptak 2008
20 Unschuld 1987, Métailié 2001
21 Bencao gangmu Kap. 26, S. 1622

**Wo der Pfeffer wächst:** Pfefferernte in Indien. Abbildung in der französischen Ausgabe des ‚Buches der Wunder' von Marco Polo, 15. Jh. Bibliothèque Nationale, Paris.

# Der Duft des Curry – Gewürze aus Indien

Wolfgang Stein, Renata von Hoessle

**DIE BEZEICHNUNG CURRY** geht auf das tamilische Wort *kari* zurück, das ganz einfach Soße bedeutet. In Indien versteht man darunter Gemüse oder Fleisch, Gewürzmischungen und Verdickungsmittel, die alle zusammen, wie bei einem Eintopf, gekocht werden. Der *Hobson-Jobson*, ein Lexikon für anglo-indische Begriffe, definiert den Curry als schmackhafte Beilage zu der eher geschmacksarmen Hauptnahrung, Getreide oder Reis. Demnach besteht ein Curry aus Fleisch, Fisch, Obst oder Gemüse, das mit verschiedenen Gewürzen zusammen gekocht wird.

Im Deutschen und anderen europäischen Sprachen bezeichnet Curry auch eine spezielle „indische" Gewürzmischung, erkennbar an ihrem Duft und der gelben Farbe. In Indien nennt man Gewürzmischungen *massalas*. Jedes gute indische Kochbuch gibt Ratschläge für die Herstellung individueller Mischungen.

## Bedeutungsvarianten von Curry

Nicht nur im indischen Raum finden sich verschiedene Currys. *Pilao* heißt ein ähnliches Gericht in Persien, und *kusskussu* wird es in Algerien genannt. In Ägypten gibt es eine vergleichbare Speise, bekannt als *ruzz mufalfal*, gepfefferter Reis.[1] Die tamilischen Brahmanen, die streng vegetarisch leben, verstehen darunter ein Gemüsegericht mit Gewürzen und Kokosnuss. Für tamilische Nichtvegetarier ist *kari* ein Fleischgericht, sie betonen das Wort aber auf der 2. Silbe: *karee* (*karee kolambu* – Fleisch mit Soße). Die kanarische Form *karil* wurde von den Portugiesen übernommen und ist heute noch in Goa in Gebrauch.

Nach anderen Quellen ist „Curry" der Anglizismus von *kari*, eine Bezeichnung für Schwarzen Pfeffer. Auf Urdu wird Curry *salin* genannt, auf Telugu *koora* und auf Persisch *nan-khurish*. In Nordindien, besonders im Punjab, ist *khadi* die Bezeichnung für ein eher flüssiges Gericht. Man bereitet es aus Kichererbsenmehl *(chana ata)* und Joghurt zu und serviert es mit kleinen Klößchen. In Gujarat isst man *khadi*, eine mit Joghurt zubereitete Soße zusammen mit Reis. In Pakistan versteht man unter einem Curry ein Gericht aus Hülsenfrüchten, das aus Thur-Linsen und Kichererbsenmehl zubereitet und mit einer Gemüsemischung garniert wird. Dazu serviert man Reis und gebratene Kartoffeln. Die Bori-Moslems in Mumbai essen gerne *kaari*, ein Currygericht, das mit Lamm oder Hühnchen und zerstoßenen Erdnüssen sowie Kichererbsen zubereitet wird. In Südindien und Bengalen wird Curry meist zusammen mit Reis gereicht, in anderen Teilen Indiens mag man gerne *poori*, *chapati* oder *roti* (Fladenbrotarten aus Hirse oder Weizen) statt oder zusätzlich zum Reis.

## Vom Currygewürz zum Currygericht – Die Geschichte des Curry

Die Verwendung von Curry wird in den vedischen Texten, entstanden zwischen 1500 und 1200 v. Chr., nicht erwähnt. Die älteste, wenn auch nicht allzu genaue Angabe über diese Art der indischen Küche ist vom griechischen Gesandten Megasthenes am Hofe des Herrschers Chandragupta (ca. 350–290 v. Chr.) überliefert. Er schreibt: „Bei den Indern wird während eines Gastmahls vor jedem einzelnen ein Tisch aufgestellt. Auf jeden Tisch bringt man goldenes Geschirr, in dem zunächst gekochter Reis serviert wird. Auf diesen werden anschließend verschiedene Arten von Fleisch mit Soßen nach indischem Gebrauch gegeben."[2] Im ceylonesichen Geschichtswerk *Mahavamsa*, das den Zeitraum von 543 v. Chr. bis 1758 n. Chr. umfasst, heißt es in einer ins 5. Jahrhundert datierten Stelle: „Er speiste Reis mit zerlassener

**Einkaufserlebnis:** Gewürzmarkt in Kalkutta, Indien. Foto: Steffi Bucher, München.

Butter, serviert mit reichhaltigen Beilagen von Currys." Ibn Batuta, ein Forschungsreisender des 14. Jahrhunderts, berichtet ebenfalls von Curry essenden Einwohnern Ceylons. Auf Arabisch nennt er Curry *conchan* (in modernem Arabisch: *idaan*). Auch im *Rajavali*, der „Chronik der Könige", während der Herrschaft Shah Jahans (1592–1666) verfasst, wird der Gebrauch von Currygerichten in Ceylon erwähnt. Seit dem frühen 17. Jahrhundert hatten die Engländer damit begonnen, indische Gewürze nach Europa zu exportieren. Eine der wichtigsten Handelsniederlassungen der Britischen Ostindien-Kompanie wurde ab der Mitte des 18. Jahrhunderts der Ort Madras. Die Engländer stellten aus den zahlreichen Currygewürzen fertige Mischungen zusammen, die dem europäischen Gaumen vor allem hinsichtlich ihrer Schärfe angepasst waren. Bald stand die Bezeichnung „Madras-Curry" für eine besonders hochwertige Curryfertigmischung, und zwar bis heute. Die in Indien lebenden Engländer fanden großen Geschmack an Currygerichten und sorgten deshalb nach ihrer Rückkehr in England für einen florierenden Handel. Im Jahr 1851 wurden 1.465 Tonnen Currygewürzmischungen, hauptsächlich aus Indien stammend, importiert.

**Aromaschutz:** In den großen Gewürzdosen wie dieser indischen aus der zweiten Hälfte des 19. Jahrhunderts bewahrte man in verschiedenen Segmenten die häufig und in größeren Mengen benötigten Gewürze auf. Ein fest schließender Deckel schützte vor Ungeziefer. Auch diese einfachen Alltagsgerätschaften wurden mit feinen Verzierungen geschmückt. Staatliches Museum für Völkerkunde München.

**Von Hand:** Der Mörser ist eines der wichtigsten Küchenutensilien der indischen Hausfrau. Es gibt ihn in den verschiedensten Formen, Materialien und Größen. Die trocken gerösteten Gewürze werden im Mörser fein gemahlen und mit der Currysoße vermischt. Aber auch Knoblauch und Ingwer werden im Mörser zerstoßen. Indien, 20. Jh. Staatliches Museum für Völkerkunde München.

# Curryküche im 19. Jahrhundert

Das Kochen eines Curry war keinen festen Regeln unterworfen. Jeder Koch und jede Hausfrau entschied nach eigenen Geschmacksvorlieben selbst über die Zusammenstellung der Gewürzmischungen. Die einzelnen Zutaten wurden für gewöhnlich täglich frisch auf den Märkten gekauft. Gewürzmühlen und fest verschließbare Gefäße erlaubten es den in Indien lebenden Engländern, ihre Currymischungen in Pulverform in der Küche auf Vorrat zu lagern.

Kochbücher aus dem 19. Jahrhundert, die sich mit indischer Küche befassten, stammten meist aus der Feder eines Engländers und erlaubten deshalb dem Leser fast ausschließlich den Einblick in die Vorlieben der in Indien lebenden englischen Gesellschaft. Schon im 19. Jahrhundert waren die vielseitige indische Küche und ihre Currygerichte eines der Hauptgesprächsthemen, insbesondere für die im Lande lebenden Anglo-Inder. Als Anglo-Inder wurden diejenigen Personen bezeichnet, die indische und englische Vorfahren hatten oder als britische Staatsbürger dauerhaft in Indien lebten. Sie prägten immer mehr anglo-indische Wörter, das heißt aus indischen Sprachen entlehnte und zum Teil mit neuer Bedeutung versehene Begriffe. So entstand der Name für die berühmte Pfeffersuppe Mulligatawny[3] aus *mulooga* (Pfeffer) und *taani* (Wasser).

Im 19. Jahrhundert mischte jeder anglo-indische oder britische Haushalt seine eigenen Curryrezepturen aus den einzelnen Gewürzen zusammen und versuchte dadurch, die eigene Kochkunst bei der Ausrichtung aufwändiger Empfänge zur Geltung zu bringen. Dieses zeitaufwändige Verfahren wurde im Laufe der Zeit verkürzt, und man ging dazu über, fertige Pasten und Pulver für die Currygerichte zu verwenden. Das Wissen um die alten Rezepte und somit um die hohe Kunst des Currykochens ging nach und nach verloren: „Die Rezepte wurden in Silberpapier gewickelt und zusammen mit auf Elfenbein gemalten Miniaturen, Haarlocken, Liebessonetten und anderen wertvollen Geheimnissen der Damenschreibtische aufbewahrt."[4] Die Fertig-Currymischungen befriedigten die Geschmackserwartungen der Feinschmecker

**Edles Kochgeschirr:** Kochtopf aus getriebenem Kupfer und Messing, Pakistan, frühes 20. Jahrhundert. Sammlung Theingi Thè Rosenheim.

**Gewürzgarten:** Ernte in Indien. Der kolorierte Kupferstich von Joannes Doetechum nach einer Zeichnung von Jan Huygen van Linschoten zeigt die Ernte von Nüssen, Pfeffer und Baumblüten. Aus: Itinerario ofte Schipvaert van J. H. van Linschoten naer Oost ofte Portugaels Indien, Amsterdam 1595/96. akg-images.

xit et hinc nomen tristi quod squali do trunco
Auricomum rutilo cum nitet orbe jubar
d secus et nostro quę sensu splendida f umos
Esse, fidem veri lux rediuiua facit
PHooger.

Arbor soli Indię nota, cui per totum annum occidente sole flores, gignuntur multi, et
odoratu suaves, oriente defluunt, unde tristis illi nomen.

Een boom welcke in Indien alleen bekent is, int ondergaen vande Son voort-
brengende veel welrieckende bloemen, welcke alle int opgaen vande selve
weder af vallen, eñ dat het gantsche Iaer door.

86 en 87

**Augenschmaus:** Gewürzmarkt in Kalkutta, Indien. Foto: Dey; flickr.com

**Currytopf:** Gefäß aus Aluminium für die Zubereitung von Currysoßen. Mit Beginn des 20. Jahrhunderts verdrängte das billige und nicht zerbrechliche Aluminium die traditionellen Tongefäße der ärmeren Bevölkerung. Staatliches Museum für Völkerkunde München.

bald nicht mehr, und die Currygerichte begannen daher langsam aus der höheren anglo-indischen Gesellschaftsküche zu verschwinden. Currys wurden fortan im privaten Rahmen, etwa zum Lunch oder kleinen Abendessen, zubereitet, bei offiziellen Anlässen jedoch nicht mehr. Nachdem die fertigen Currypasten oder -pulver mit großem Erfolg nach Europa, vornehmlich nach England, exportiert wurden, fanden sich dort bald neue Curryvariationen, die indische Zutaten durch europäische ersetzten, so zum Beispiel die säuerlich schmeckende Tamarindenpaste durch Brombeergelee und Limettensaft. Auf diese Weise entstanden auch die beliebten Ananas-Curry- oder Apfel-Curry-Variationen. Hier vier Original-Gewürzmischungen aus dem späten 19. Jahrhundert, die höchsten Ansprüchen genügten:

| | *Nr. 1* | *Nr. 2* | *Nr. 3* | *Nr. 4* |
|---|---|---|---|---|
| Koriander | 900 g | 540 g | 135 g | 45 g |
| Kurkuma | 180 g | 90 g | 45 g | 48 g |
| Kreuzkümmel | 45 g | 90 g | 22,5 g | 45 g |
| Bockshornklee | 45 g | 45 g | 22,5 g | 12 g |
| Senfsamen | 45 g | 45 g | 22,5 g | 0 g |
| Ingwer, *getrocknet* | 90 g | 90 g | 22,5 g | 45 g |
| Schwarzer Pfeffer | 90 g | 45 g | 45 g | 45 g |
| Chilis, *getrocknet* | 45 g | 90 g | 45 g | 24 g |
| Mohnsamen | 90 g | 90 g | 45 g | 36 g |
| Knoblauch | 90 g | 45 g | 45 g | 36 g |
| Kardamom | 90 g | 45 g | 45 g | 24 g |
| Zimt | 90 g | 45 g | 45 g | 24 g |

## Curry heute

Heute sind Currygerichte weltweit zur beliebten Speise geworden. Gerichte wie Tandoori Chicken, Egg-Curry oder Lamb-Curry finden sich nicht nur auf den Speisekarten indischer Restaurants, sie werden auch in der internationalen Küche als verlockende Köstlichkeiten angeboten. Nimmt ein Mensch jeden Tag eine Portion Curry zu sich, bleibt die Menge an Gewürzen, die er sich zuführt, vergleichsweise gering. Dennoch hat eine Recherche von Greenpeace über Pestizidrückstände in Gewürzen (2008) eine Welle der Entrüstung ausgelöst. Insbesondere in Dill, Paprikapulver und getrockneter Petersilie, aber auch in Currymischungen fanden sich teilweise gefährliche Mengen des krebserregenden Stoffes Cyproconazol, des die Fortpflanzung beeinträchtigenden Carbendazims und des ins Hormonsystem eingreifenden und das Erbgut verändernden Thiabendazols. Mit illegalen Spritzmitteln belastete Ware gelangt meist durch Importe aus Übersee auf den EU-Lebensmittelmarkt. Da es bei Gewürzen allerdings noch immer keine Kennzeichnungspflicht zu ihrer Herkunft gibt, wissen die Verbraucher meist nicht, woher die Gewürzmischungen, die sie kaufen, überhaupt stammen.[5] Wenn möglich, sollte man aus diesem Grund sein Currrypulver selbst herstellen.

1 Lane 2000, 185
2 Athen, iv. 39. Die Aufzeichnungen des Megasthenes über Indien sind in fragmentarischer Form unter anderem bei dem griechischen Rhetoriker und Grammatiker Athenaios von Naukratis (um 200 n.Chr.) in dessen Hauptwerk *Deipnosophistai* (Gelehrte beim Gastmahl) im 4. Buch erhalten.
3 Diese wird im Sketch „Dinner for one“ auch Miss Sophie von ihrem Butler James serviert.
4 Wyvern 1891, 300
5 http://www.greenpeace.de/fileadmin/gpd/user_upload/themen/umweltgifte/FS_Kraeuter_Gewuerze_2008c_Nov_final.pdf

**Indianische Köchin:** Das Tonfigürchen aus Colima, Mexiko, entstand zwischen 300 v. Chr. und 400 n. Chr. Es stellt eine Frau beim Mahlen dar, mit Reib- und Mahlstein. Staatliche Museen zu Berlin – Stiftung Preußischer Kulturbesitz, Ethnologisches Museum.

# Gewürze im präkolumbischen Mexiko

Maria Gaida, Elke Ruhnau

**Vielfalt:** In Mexiko werden heute mehr als 40 verschiedene Chilisorten angeboten, z. B. wie hier *Chile costeño, Chile chilhuacle, Chile piquin, Chile pasilla oaxaqueño* und *Chile guajillo.* Foto: Agustín Estrada, Mexiko-Stadt.

**Reibungspunkt:** Diese *Molcajete* aus dem zentralmexikanischen Hochland wurde im 13. oder 14. Jahrhundert angefertigt. Sie diente unter anderem zum Mahlen von Chili. Damit in Keramikmörsern überhaupt etwas zerrieben werden konnte, wurden vor dem Brennen in den Gefäßinnenböden tiefe Rillen eingeritzt. Staatliche Museen zu Berlin – Stiftung Preußischer Kulturbesitz, Ethnologisches Museum.

**Als Kolumbus 1492** zur Erkundung des Westwegs nach Asien aufbrach, war es sein Ziel, nicht nur die goldenen Dächer der Paläste der japanischen Kaiser zu sehen, sondern auch an die Gewürze Südostasiens zu gelangen, die in Europa begehrt und sehr kostspielig waren. Die europäische Invasion auf dem neu entdeckten amerikanischen Kontinent, der Kolumbus gewissermaßen den Weg versperrt hatte, begann wenige Jahrzehnte später, 1521, mit der spanischen Eroberung Mexikos. Die Spanier stellten schnell fest, dass Amerika kein Gewürzland war wie Südostasien. Sie lernten jedoch ein Gewürz kennen, das bis dahin in Europa unbekannt war: den Chili. Fast alle Speisen, die Hernán Cortés und seinen Leuten auf ihrem Eroberungszug vorgesetzt wurden, hatten durch Zugabe von Chili einen scharfen Geschmack erhalten. An Gewürzen wurde im vorspanischen Mexiko außer Chili nur Salz verwendet, und zum Süßen Honig oder Agavensirup und Vanille, wobei Chili in erster Linie als Gemüse und Vitaminlieferant betrachtet wurde und erst in zweiter Linie als Gewürz. Auch in der heutigen mexikanischen Küche spielt Chili neben zahlreichen Gewürzen, die erst von den Europäern eingeführt wurden, eine herausragende Rolle. Außer in Desserts fehlt er in kaum einem Gericht. Im Folgenden soll vor allem der Gewinnung von Salz und Honig sowie der Rolle des Chilis in der Küche des präkolumbischen Mexiko nachgegangen werden, vom sogenannten Archaikum[1] bis zur Ankunft der Spanier.

Chili ist eine der ältesten Kulturpflanzen Mexikos. Nur mit der Zucht von Kürbissen hat man noch früher begonnen. Mais und Bohnen, bis heute der Inbegriff lateinamerikanischer Ernährung, kamen erst später hinzu. Im Tehuacán-Tal im Südosten des mexikanischen Bundesstaates Puebla sind Reste von Chilisamen und Fruchtgewebe in Kulturschichten gefunden worden, die in die Zeit von 5000–3500 v. Chr. weisen. Die harten Chilisamen haben meist auf eher unappetitliche Weise

die Zeiten überdauert, in sogenannten Koproliten, fossilen menschlichen Exkrementen. Deutlich erkennbar ist die Art ihrer Verarbeitung. Samenschalen von Chilischoten, die auf einem Reibstein zerrieben wurden, weisen ein lineares Reibmuster auf, diejenigen, die in Mörsern zerkleinert wurden, hingegen kreisförmige Muster. Reste von Kulturchili, der noch älter ist als der im Tehuacán-Tal, haben sich bisher nur in Ocampo im Süden des Bundesstaates Tamaulipas an der Golfküste gefunden. Bevor die Bewohner des Tehuacán-Tals mit der Chilizucht begannen, haben sie wilden Chili gesammelt, denn in den Erdschichten aus der Zeit von 7000–5000 v. Chr. wurden Reste gefunden, die sich Wildformen zuordnen lassen.[2] Auch im Hochtal von Mexiko, in dessen Zentrum heute die Hauptstadt Mexiko liegt, wurde bereits im Archaikum Chili angepflanzt. So hat man z. B. verkohlte Chilisamen in den unterirdischen Vorratsräumen einer Siedlung gefunden, die von 2950–2250 v. Chr. bewohnt war. Reste von Chilis, die im Gebiet der Stadt Teotihuacan gefunden wurden, von der aus Jahrhunderte später, im Klassikum von ca. 150–600 n. Chr., das gesamte Hochtal von Mexiko und die angrenzenden Gebiete regiert wurden, zeigen, dass damals bereits eine Vielzahl an Chilisorten gezogen wurde.[3]

## Lurchragout mit Chili

Zum Zerreiben von Chilischoten und anderen Zutaten für eine scharfe Soße hat man spezielle Mörser verwendet, die Molcajete genannt werden. Das hispanisierte Wort kommt aus der aztekischen Sprache. Dort lautet es *Molcaxitl* und bedeutet Soßenschale, von *molli* (Soße) und *caxitl* (Schale). *Molcajetes* aus Basalt mit Stößeln aus demselben Gestein treten schon in den frühesten Kulturschichten im Tehuacán-Tal auf. Zwischen 1500 und 900 v. Chr. wurden sie dort von Molcajetes aus Ton abgelöst. Damit in Keramikmörsern überhaupt etwas zerrieben werden konnte, wurden vor dem Brennen in den Gefäßinnenböden tiefe Rillen eingeritzt. Die Bewohner der vorklassischen Dörfer im Hochtal von Mexiko hatten diese Reibrillen zu Mustern angeordnet. Während der klassischen Zeit kamen die Molcajetes offenbar aus dem Gebrauch. Im Gebiet von Teotihuacan hat sich kein einziges Exemplar erhalten. Dort wurden die Chilischoten auf Reibsteinen zerkleinert. Im Nachklassikum kamen die Molcajetes erneut auf und wurden zur vorherrschenden Gefäßform.[4]

Über die Zeit der Azteken, die ins späte Nachklassikum (1200-1521) fällt, besitzen wir heute weitreichende Kenntnisse, da zum archäologischen Befund eine Vielzahl von Schriftquellen hinzutreten, die auch über die Chilisorten, die die Azteken kultivierten, und über deren Verwendung in der Küche informieren. So überlieferte im 16. Jahrhundert Francisco Hernández, der Leibarzt von König Philip II. von Spanien, der Botaniker und Pharmakologe war, eine Klassifizierung der Chilisorten mit ihren aztekischen Namen. Die meisten werden heute noch angebaut, und manche, wie der Chili *Chilcoztli* (Gelbchili), tragen sogar noch ihren ursprünglichen indigenen Namen.[5]

Das früheste Zeugnis der Zubereitung von Chilisoßen findet sich im Bericht von Bernal Díaz del Castillo (um 1495–um 1584). Er gehörte zu der Truppe, die mit Hernán Cortés 1519 an der Golfküste Mexikos landete und zwei Jahre später die aztekische Hauptstadt Tenochtitlan einnahm. Díaz del Castillo erwähnt eine Soße aus Chilis, Salz und Tomaten und eine weitere, die eine einheimische Zwiebelart enthielt und von den Indianern *Chilmolli* genannt wurde.[6] Die *Chilmolli* begegnet uns auch später in der *Historia General des las Cosas de Nueva España*, dem großen Geschichtswerk des Franziskanerpaters Bernardino de Sahagún (um 1499–1590)[7] wieder. Im achten Buch[8] überliefert Sahagún Rezepte für Speisen, die am Hofe des aztekischen Herrschers Moteuczoma II. zubereitet wurden. Unter seiner Herrschaft wurde das aztekische Tributimperium von den Spaniern erobert. Dem Herrscher servierte man Delikatessen, bei denen Truthahn, Fische und Schalentiere aus dem See, der Tenochtitlan umgab, aber auch Frösche, Axolotl genannte Lurche, große geflügelte Ameisen und Würmer mit verschiedenen Chilisorten geschmort wurden. Der Küchenchef hatte genaue Vorstellungen, welche Chilisorten am besten zu Truthahn, zu den verschiedenen Fischen, Amphibien und dem Gewürm passten. Eine Soße aus rotem Chili, Tomaten und gemahlenen Kürbiskernen, in der für Moteuczoma II. Truthahn und Fisch geschmort wurden, ist unter dem Namen *Pipián* bis in unsere Zeit in Mexiko populär geblieben. Heute wird für Pipián allerdings meist Huhn und nicht Truthahn verwendet.[9] Eine andere Kreation des Hofküchenchefs, kleine weiße Fische aus dem See in einer Soße aus sauren Pflaumen, Gelbchili und Tomaten, zählt heute zu den Spezialitäten der Pazifikküsten des mexikanischen Bundesstaats Guerrero.[10] Sie wird dort allerdings mit See- und nicht mit Süßwasserfisch zubereitet. Als Getränk wurde Moteuczoma II. Kakao serviert, ein Luxusprodukt, das im Hochtal von Mexiko nicht gedeiht und aus den feucht-heißen Tieflandregionen Mexikos importiert werden musste. Der Herrscher trank seinen Kakao nicht nur mit Honig gesüßt oder mit Vanille aromatisiert, sondern auch gerne mit Chili gewürzt.

Die Alltagskost der einfachen Bevölkerung wie der Adeligen war wesentlich bescheidener. Sie bestand überwiegend aus Maisfladen, Tortillas genannt, weichgekochten Bohnenkernen und Chili, entweder aus ganzen Früchten oder in Soßen verarbeitet. Die Hausfrau aus Tenochtitlan konnte sich die Arbeit erleichtern, indem sie auf dem Markt fertige Chilisoßen kaufte. Davon wird im 10. Buch von Pater Sahagúns ‚Historia' berichtet. Sein indianischer Informant erinnerte sich genau an Soßen aus scharfem oder mildem Chili oder aus Chili mit Rauchgeschmack.[11]

## Meersalz und Honigsüße

Truthahn mit Chili und als Getränk Kakao galten den Indianern nicht nur in der vorspanischen Zeit, sondern auch noch lange nach der Eroberung als Inbegriff eines Festessens. In einer Handschrift, die zwischen 1550 und 1564 in Mexiko entstand ist, dem sogenannten *Codex Sierra*, werden die Zutaten aufgeführt, die die indianische Obrigkeit in ihrem Dorf für Festbanketts anlässlich des Pfingstfestes und des Feiertages Peter und Paul hatten einkaufen lassen. Es waren Zutaten für ein traditionelles Festessen: Truthähne, Chilischoten und Kakao. Europäisch beeinflusst war nur der Kauf von Tischwein. Auch die Einkäufe werden genannt, die für ein Bankett für einen hohen Geistlichen, der das Dorf besuchte, getätigt wurden. Dieses Bankett folgte mit Vorspeise, Fischgang, Fleischgang mit Huhn und einem Dessert aus Bananen, Quitten und Honig sowie Tischwein zwar europäischen Speisegewohnheiten, aber auch hierfür wurden zum Würzen Chilischoten gekauft.[12]

Obwohl in den Rezepten des Küchenchefs von Moteuczoma II. und in den Einkaufslisten für kolonialzeitliche Festbankette Salz mit keinem Wort erwähnt wird, darf man nicht annehmen, dass die Speisen ungesalzen verzehrt wurden. So nennt Bernal Díaz del Castillo ausdrücklich Salz als eine der Zutaten für Chilisoßen.

Das Salz, das in der aztekischen Küche verwendet wurde ist, stammte aus unterschiedlichen Quellen. Aus den Tributprovinzen an der Golf- und der Pazifikküste wurde Meersalz geliefert, das in Salzgärten gewonnen wurde. Dieses Verfahren ist heute noch im Wesentlichen das gleiche wie in präkolumbischer Zeit: Man leitet Meerwasser in künstliche oder natürliche Becken am Ufer ein und lässt das Wasser verdunsten, bis sich kristallines Meersalz bildet. Aber auch im Hochtal von Mexiko wurde Salz gewonnen. In vorspanischer Zeit war das Zentrum des Hochtals von einem Seensystem bedeckt, dessen mittlerer Bereich stark salzhaltiges Wasser führte. Die Böden an seinen Ufern enthielten noch so viel Salz, dass es sich lohnte, es auszuwaschen. Im 10. Buch von Bernardino de Sahagúns ‚Historia' werden die Arbeitsschritte

**Chili-Köchin:** Bemaltes Tongefäß aus der Spät-Nasca-Zeit (5.–7. Jh. n. Chr.) in Form einer Frau. In den Händen hält sie Chili-Schoten. Staatliches Museum für Völkerkunde München.

**Frische Ware:** Korb mit Chilis aus dem Codex Florentino (1547–1569). Bibliothek der Medici in Florenz.

**Genießerfreuden:** Unter der Leitung des Franziskanerpaters Bernardino de Sahagún wurde zwischen 1547 und 1569 mit Hilfe von Azteken das erhaltene Wissen über deren Kultur im sogenannten *Codex Florentino* festgehalten. Hier eine Essensszene. Bibliothek der Medici in Florenz.

**Chili-Reibe:** Vorspanischer Reibstein in Form eines Jaguars aus Nicoya, Costa Rica, ca. 11.–15. Jh. n. Chr. Staatliches Museum für Völkerkunde München.

**Feuertopf (rechts):** Auch in der Küche der vorspanischen Kulturen in Peru hatte Chili eine große Bedeutung. Bereits in der Früh-Nasca-Zeit (1.–3. Jh. n. Chr.) fertigte man Tongefäße, die mit Chilis verziert waren. Staatliches Museum für Völkerkunde München.

**Süßer bissen (unten):** Skorpion aus Vanilleschoten, Papantla, Mexiko; im Jahr 2009 auf traditionelle Weise von Angehörigen der dortigen Kultur der Totonaken gefertigt. Neben Chili und Piment (Allspice) zählt Vanille zu den wichtigsten Gewürzen, die auf dem amerikanischen Kontinent ihren Ursprung haben. Foto: Agustín Estrada, Mexiko-Stadt.

dieser Art der Salzgewinnung so beschrieben, wie man sie auch heute noch beobachten kann.[13] Salzhaltiger Boden wird von der Oberfläche abgetragen und aufgelockert. Dann wird durch die Erde Wasser gefiltert, das das Salz auswäscht. Die so entstandene Sole wird so lange gekocht, bis kristallines Salz ausfällt.[14] Während dies heute in großen gemauerten Becken geschieht, die von unten befeuert werden, kochte der vorspanische Salzproduzent die Sole in Tongefäßen, die er zuweilen selbst herstellte.

Gesüßt wurden in vorspanischer Zeit weniger Speisen als vielmehr Getränke, vor allem Kakao, aber auch *Atole*, ein erfrischendes und nahrhaftes Getränk aus in Wasser aufgelöstem Maisteig. Der dazu verwendete Honig wurde nicht nur durch das Plündern der Nester von wilden Bienen gewonnen, sondern überwiegend durch Bienenhaltung. In einer Handschrift der Maya, die in der nachklassischen (15. Jahrhundert) oder der frühen Kolonialzeit (16. Jahrhundert) auf der Halbinsel Yucatán entstanden ist, wird eine Art der Bienenhaltung und Honiggewinnung behandelt, die dort heute noch von den Maya praktiziert wird. Als Bienenstände für die stachellose amerikanische Honigbiene dienen Stücke von ausgehöhlten Baumstämmen, die an beiden Seiten mit Holzstopfen und Erde oder getrocknetem Schlamm verschlossen werden. An den Seiten befinden sich Einfluglöcher für die Bienen, die keine Honigwaben anlegen, sondern kleine runde Gebilde, sogenannte Honigtöpfe. Eine bestimmte Anzahl solcher Bienenstände wird auf einem Gerüst aus Holzpfählen unter einem Palmstrohdach gelagert. Um eine gute Honigernte zu erzielen, werden die Bienenstände mehrmals im Jahr an die besten Blüteplätze verlegt. Zur Entnahme des Honigs werden die Bienenstände nacheinander geöffnet und die Honigtöpfe entweder einzeln herausgenommen und geleert oder mit einem Stock von den Innenwänden des Bienenstandes gelöst, sodass der Honig aus dem Bienenstand ausgegossen werden kann. Der Honig der amerikanischen Biene ist sehr viel heller und flüssiger als der ihrer europäischen Verwandten und löste sich dadurch in Getränken wie Kakao besonders gut auf.[15]

**Mythischer Kakaobaum:** Transfigurations-Tripod: In die Außenwand dieses frühklassischen Dreifußgefäßes aus der Maya-Kultur (um 150–600 n. Chr.) ist die Wiederauferstehung und Vergöttlichung eines verstorbenen Königssohnes und seiner Eltern eingeritzt. In dieser Szene entstehen aus den Körpern Fruchtbäume; deutlich an seinen Schoten zu erkennen ist der Kakaobaum, der aus dem Körper der mittleren Figur (des Königssohnes) hervorwächst. Staatliche Museen zu Berlin – Stiftung Preußischer Kulturbesitz, Ethnologisches Museum.

**Affenliebe:** Tongefäß mit der Darstellung von Affen mit Kakaoschoten. Die Vorliebe der Affen für den Kakao hat ein klassischer Maya-Künstler (um 150–900 n.Chr.) in einer Gefäßgravur festgehalten, auf der zwei Affen in der geöffneten Hand eine Kakaoschote halten und eine zweite – noch mit Fruchtstand – auf dem Rücken tragen. Staatliche Museen zu Berlin – Stiftung Preußischer Kulturbesitz, Ethnologisches Museum.

## Heiße Schokolade mit Vanille

Wie bereits erwähnt, galt Kakao in den vorspanischen Kulturen Mexikos und Guatemalas als eine besondere Köstlichkeit – nachgewiesenermaßen schon an den Höfen der Maya in der klassischen Zeit (250–900 n. Chr.) wie auch bei den Banketten der nachklassischen Aztekenherrscher. Deren Chronist, Pater Sahagún, zählt hochgeschätzte Schokoladenkreationen auf: „grüne Kakaofrüchte, Honigschokolade, Blumenschokolade, mit grüner Vanille gewürzte Schokolade, leuchtend rote Schokolade, schwarze Schokolade, weiße Schokolade".[16] Der empfindliche und pflegebedürftige Kakaobaum lieferte den Ausgangsstoff für diese Delikatessen. Der schwedische Naturforscher Carl von Linné (1707-1778) versah den Kakaobaum 1753 mit der wissenschaftlichen Bezeichnung *Theobroma cacao*. In der Übersetzung bedeutet der erste Namensteil „Speise der Götter", der zweite Teil ist ein Wort aus der Mayasprache, das sich in der hieroglyphischen Form *ka-ka-w(a)* in den Weihinschriften zahlreicher kunstvoll bemalter Zylindergefäße findet. Weitere Hieroglyphen benennen eine Art Rezeptur, etwa „reifer Kakao" oder „frischer Kakao".[17] Besonders geschätzt war eine hohe Schaumkrone auf dem Getränk. Sie wurde hergestellt, indem man die Flüssigkeit aus einem kleinen zylindrischen Gefäß aus Hüfthöhe in eine am Boden stehende größere Keramik goss. Für diesen Vorgang war die hohe zylindrische Form der Kakaogefäße bestens geeignet. Die Gebete, die die Schaumzubereitung begleiteten, waren vermutlich ähnlich wie die noch heute üblichen Gebete der Lakandonen, der Nachfahren der klassischen Maya.

Kakao war sehr wertvoll, das einfache Volk konnte ihn sich nicht leisten. Die aus den Schoten des Kakaobaumes gewonnenen Bohnen waren ein so angesehenes Produkt, dass sie auch die Funktion eines Zahlungsmittels erfüllten. Eine große Tomate kostete eine Kakaobohne, für drei Kakaobohnen bekam man eine Avocado, ein Truthahn hatte den Gegenwert von 200 Bohnen, wie wir aus den Quellen erfahren. Kakaobohnen blieben auch nach der spanischen Eroberung im abgelegenen Hochland von Guatemala auf den Märkten bis ins 19. Jahrhundert ein Zahlungsmittel.

Das Gewächs, dessen Samen bzw. Bohnen eine derart große Bedeutung zukam, ist schwer zu züchten. Es gedeiht nur in den Tropen, jedoch nicht in allzu großer Höhe, wo die Temperatur unter 16° Celsius sinken kann. Zu trocken darf es auch nicht sein, da der Baum das ganze Jahr über Feuchtigkeit braucht. Außerdem ist er sehr anfällig für Krankheiten. Gerne rauben Tiere die Früchte, um sich an dem weißen Fruchtfleisch zu laben, das die 30-40 mandelförmigen Samen umgibt, während sie diese selbst, offenbar ihres bitteren Geschmacks wegen, verschmähen. Da die Pflanze über keinen Mechanismus verfügt, der es ermöglicht, die Schalen der Schoten zu öffnen und die Samen auszusäen, mussten dies bei gezüchtetem Kakao die Menschen übernehmen, bei wild wachsendem taten es die Affen.[18] Die Vorliebe der Affen für Kakao hat ein Mayakünstler in einer Gefäßgravur festgehalten, auf der zwei Affen in der geöffneten Hand eine Kakaoschote halten und eine zweite – noch mit Fruchtstand – auf dem Rücken tragen.[19]

Wir können davon ausgehen, dass sowohl die Küchenchefs der Maya als auch die der Azteken es verstanden, durch kreatives Ausprobieren das Fruchtfleisch und die Bohnen als Getränk, Brei oder Pulver, vermutlich auch als feste Substanz, zuzubereiten und diese zu verfeinern, indem sie unterschiedliche Gewürze beimengten, insbesondere Chili und Vanille. Auch Mais und andere gemahlene Samenkörner konnten hineingerührt werden, je nachdem, welche Geschmacksrichtung erwünscht war. Das populäre mexikanische Festtagsgericht „*Mole Poblano de Guajolote*" (Truthahn mit Poblanosoße), dessen Soße mit zahlreichen Gewürzen und – als wichtigste Zutaten – mit Chili und Bitterschokolade zubereitet wird, basiert hingegen auf einer Rezeptur, die erst nach der spanischen Eroberung ersonnen wurde.[20]

1 Die vorspanische Geschichte Mexikos wird in vier große Epochen eingeteilt: Archaikum 7000–2500 v. Chr., Vorklassikum 2500 v. Chr. – 150 n. Chr., Klassikum 150-900, Nachklassikum, 900–1521
2 Long-Solís 1986, 11 f.
3 Long-Solís 1986, 12 f.
4 Long-Solís 1986, 17.
5 Long-Solís 1986, 39.
6 Díaz del Castillo 1980, 148, 564.
7 Für sein im 16. Jahrhundert entstandenes und 12 Bände umfassendes Werk stützte sich Sahagún auf die Berichte von Informanten aus der indianischen Oberschicht, die die vorspanische Zeit noch erlebt hatten. Sie hatten an Klosterschulen Spanisch, Latein und Lesen und Schreiben mit dem lateinischen Alphabet gelernt und informierten Sahagún nicht nur mündlich, sondern fertigten auch schriftliche Berichte auf Aztekisch an, eine Sprache, die Sahagún beherrschte. Die Endfassung des Manuskripts auf Aztekisch stammte nicht allein von Sahagún, sondern auch von zahlreichen dieser Informanten.
8 Sahagún 1954, 37-40.
9 Barros – Buenrostro 2002, 32, 85.
10 Barros – Buenrostro 2002, 32, 85.
11 Sahagún 1961, 70.
12 Long-Solís 1986, 24-26.
13 Sahagún 1961, 84.
14 Parsons 2008, 47-50.
15 Mayer 2009, 98 f., Ruhnau 2000, 47.
16 Sahagún 1954, 40.
17 MacLeod 1990.
18 Coe – Coe 1997, 23, 25.
19 Grube – Gaida 2006.
20 www.kochatelier.de/international/mole_poblano_de_guajolote.html (30.11.2009).

**Blick auf die Welt:** Erdapfel des Martin Behaim, Nürnberg 1492–1494. Germanisches Nationalmuseum Nürnberg.

# Gewürze auf dem Behaim-Globus. Venture-Capital-Akquise um 1500

Thomas Eser

**Martin Behaim:** Fiktives Porträt des Seefahrers Martin Behaim (1459–1507). Lithografie aus: Friedrich Wilhelm Ghillany, Geschichte des Seefahrers Ritter Martin Behaim, Nürnberg 1853. Germanisches Nationalmuseum Nürnberg (Bibliothek).

**Einkaufsliste:** Ladeliste zweier venezianischer Handelsgaleeren aus Beirut und Alexandria, Dezember 1446. Germanisches Nationalmuseum Nürnberg (Historisches Archiv).

**BEICHTVÄTERN WIRD EIN** ganz besonderer Einfluss auf ihre Beichtkinder nachgesagt. Vermutlich deshalb adressierte der Florentiner Geograf Paolo Toscanelli sein Bittschreiben an König Alfons V. von Portugal (1432–1481) nicht an den Herrscher, sondern an dessen Beichtvater. Der Kleriker sollte dem König Toscanellis Idee einer portugiesischen Atlantiküberquerung mit besonderem Nachdruck schmackhaft machen.[1] Der 1474 verfasste, lange Brief ist ein wahrer Werbetext für die Erkundung eines neuen, westlichen Seeweges nach Indien. Toscanelli schwärmt dem König von Inseln Ostasiens vor, „welche die größte Fülle von allen Gewürzen und Edelsteinen aufweisen". Alle Insulaner dort seien Kaufleute. Den Hafen Zaitun – das heutige Quanzhou – würden jährlich einhundert ausschließlich mit Pfeffer beladene Schiffe verlassen. Als grafischen Beleg seiner Seewegtheorie legte Toscanelli dem Brief eine Seekarte bei. Mit Ostasien am linken und der europäischen Westküste am rechten Kartenrand veranschaulichte sie die einfache Erreichbarkeit jener gewürzreichen Gefilde. Der König, so entschuldigt sich Toscanelli, müsse mit solch einer Karte vorliebnehmen, „obzwar ich nun weiß, dass man dies an einer Kugel, welche die Erde darstellt, zeigen müsste".

Zwanzig Jahre später entstand zu ähnlichem Zwecke tatsächlich eine solche Globuskugel. Allerdings nicht in Lissabon oder Florenz, sondern in Nürnberg. Seit 1492 arbeiteten dort mehrere Kunsthandwerker am „Erdapfel des Martin Behaim", einem spätmittelalterlichen Modell der Erde, das heute als weltweit ältester erhaltener Erdglobus ein einzigartiges Kulturzeugnis für das Weltbild am Ende des Mittelalters darstellt.[2] Verblüffend ist, dass er genau in jenen Monaten entstand, als Amerika „entdeckt" wurde. Die ältesten Hinweise auf seine Anfertigung stammen vom Mai 1492. Am 12. Oktober desselben Jahres erreichte Christoph Kolumbus die Neue Welt. Naturgemäß fehlt Amerika noch auf dem zur gleichen Zeit in Nürnberg gemalten Behaim-Globus, der anschaulicher als andere Archivalien und Sachüberlieferungen von der europaweiten Obsession berichtet, einen westlichen Seeweg nach Indienzu finden. „Wiewohl die welt ßimpel ißt das man just überal mit schiffen fahren oder gehen mag"[3], heißt es voller Entdeckergewissheit auf der langen Umschrift am Südpol des Globus.

Auftraggeber des Globus war der Rat der Stadt Nürnberg. Als ursprünglicher Bestimmungsort ist die städtische Ratskanzlei überliefert. Initiator seiner Anfertigung und maßgeblicher Autor von Kartenbild und Kartentext war der Nürnberger Patriziersohn Martin Behaim (1459–1507). Später würdigte Alexander von Humboldt den seefahrenden Franken als einen „großen Kosmographen"[4], der vermutlich mit Kolumbus in Verbindung gestanden habe. Nach einer konventionellen Kaufmannsausbildung scherte der junge Behaim Mitte der 1480er-Jahre aus dem typischen Werdegang eines Handelsmannes aus und war fortan im Umfeld der portugiesischen Afrikafahrer in Lissabon anzutreffen. Wie weit ihn eigene oder die Teilnahme an fremden Seefahrten entlang der Westküste Afrikas nach Süden führten, ist umstritten. Sicher ist, dass Behaim im Umgang mit astronomischen und nautischen Messinstrumenten Erfahrung hatte. Gesellschaftlich stieg er in Portugal auf, durfte den Titel eines Ritters führen und heiratete eine Gouverneurstochter.[5] Das Original seines von 1492 bis 1494 gefertigten Globus erweist sich heute als ziemlich ruiniertes Gebilde. Die aus verleimtem Stoff, Pergament und Papier bestehende Kugel ist stark deformiert, Bilder und Beschriftungen oft stark überarbeitet oder verblasst. Wenig authentische Faksimiles haben später zur Berühmtheit, aber auch zu Unsicherheiten über die tatsächliche Beschaffenheit des Globus beigetragen. Gewürze spielen in seinem Beschriftungstext eine besonders große Rolle. Immerhin etwa 20 Gewürz- und Spezereibezeichnungen, von Amber bis Zimt, lassen sich ermitteln.

## Zwei venezianische Schiffsladelisten.

Welch stattliche Mengen solcher Spezereien Mitte des 15. Jahrhunderts auf dem Mittelmeer transportiert wurden, zeigen die Ladelisten zweier Handelsgaleeren. Offensichtlich war ihre Ladung auch für Nürnberger Kaufleute interessant, was ein unscheinbares Zettelchen im Familienarchiv der Kaufmannsdynastie Imhoff dokumentiert.[6] Vermerkt sind dort das Ankunftsdatum der beiden Schiffe in Venedig, die Ausgangshäfen und die Namen der Kapitäne. Eine Galeere aus Beirut lieferte 36 verschiedene Güter in 4350 Ladeeinheiten. Das zweite, kleinere Schiff aus Alexandria transportierte 14 verschiedene Waren in 2521 Einheiten. Eine alltägliche Menge; vorsichtigen Schätzungen zufolge erreichten um das Jahr 1400 jährlich bis zu 1 000 Tonnen Gewürze den Importhafen Venedig.[7] Hier die Ladeliste zweier venezianischer Galeeren vom 22.12.1446 aus Beirut und Alexandria, Ladeeinheit wohl „K“ (venezianisch für Karga?):

*piper* (Pfeffer) ................................ 2781
*zzo* (= *zenzero*, Ingwer) ................. 1621
*chanela* (Zimt) ................................. 435
*garofalli* (Gewürznelken) ................ 165
*nuxi* (Muskatnüsse) .......................... 94
*capharis* (Kampfer) ........................... 43
*mazis* (Muskatblüte) .......................... 35
*inzensij* (Weihrauch) ......................... 32

In kleineren Mengen wurden auch *chorchoma* (Kurkuma), *galgam* (Galgant), Wurmkraut, Sandelholz, Borax, Aloe, Seide, Indigo u. a. Spezereien gehandelt.[8] Doppelt gefaltet war dieser Zettelstreifen einem Brief beigefügt. Ein feiner Nadelstich durchdringt alle vier Segmente als Spur einer ehemaligen Versiegelung. Börsennachrichten sollten möglichst geheim bleiben und waren für Insider unter jenen Fernhändlern bestimmt, deren Familien seit wenigen Generationen den rasanten Aufstieg zur städtischen Oberschicht geschafft hatten.

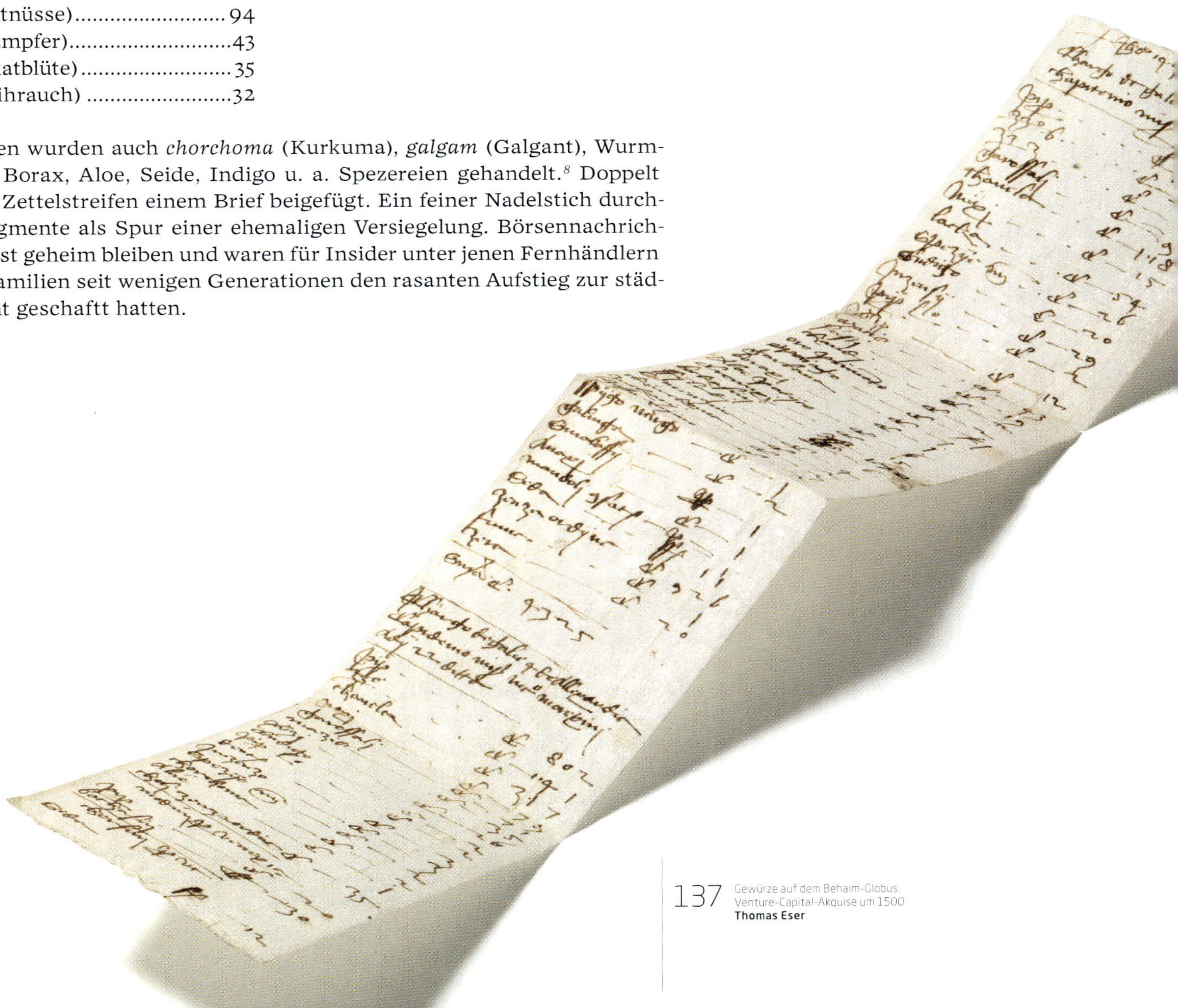

## Gewürzhandel und Hochfinanz

Als „oberdeutsche Hochfinanz" beschreibt die Wirtschaftsgeschichte das Phänomen der enormen ökonomischen, sozialen und politischen Erfolge der Kaufmannseliten in den oberdeutschen Städten des Spätmittelalters. Einer recht kleinen Zahl von Kaufmannsfamilien gelang es, in gewisser Konkurrenz zum mittelalterlichen Ritteradel eine neue Wertewelt des Kapitals aufzubauen.[9] Ihre Boomzeit erlebte diese oberdeutsche Hochfinanz bereits im 14. Jahrhundert. Das verhältnismäßig junge Nürnberg gilt als eines ihrer charakteristischen Zentren.

Das Phänomen ist betont städtisch und keineswegs provinziell. Äußerst mobil, kommt der städtische Fernhandelskaufmann zunächst nur durch persönliche Präsenz an den verschiedenen Handelszentren zu Vermögen. Entsprechend oft tauchen in mailändischen oder Genueser, Florentiner oder venezianischen Quellen des 14. und 15. Jahrhunderts namentlich nicht näher ausgewiesene *Arrigos de Nurimberga* als Händler auf. Und wenn auch alle Versuche scheitern, solche „Heinrichs aus Nürnberg" ohne Familiennamen zu identifizieren, fest steht zumindest: Es gab sehr viele von ihnen! Im Alltagsgeschäft konkurrieren die Handelshäuser zwar miteinander, aus pragmatischen Gründen schließen sie sich jedoch oft zu Handelsgesellschaften zusammen. Nachrichten sind Gold wert, egal, ob gut oder schlecht, egal, ob sie Warenüberfluss oder -verknappung melden. Ziel ist es, den sich ändernden Wert einer Ware möglichst früh zu erkennen. Dabei kauft, verkauft, hortet und verramscht der erfolgreiche Kaufmann prinzipiell alles, was Gewinn verspricht, ist also keineswegs sonderlich spezialisiert. Die jährlichen Gewinne bewegten sich im zweistelligen Bereich, 20 Prozent waren durchaus die Regel.[10] Gewürze, Spezereien und Drogen spielen nicht immer die zentrale, aber die vielleicht beständigste Rolle als Handelsgut.

Gewürze waren im Nürnberger Handelswesen früh als lukrative Ware erkannt worden. Pfeffer besaß einen geradezu symbolischen Wert. Zur rituellen Neubestätigung der Nürnberger Zollfreiheit überbrachten städtische Diplomaten seit dem Hochmittelalter unter anderem den Städten Worms, München und Frankfurt am Main jährlich ein Pfund Pfeffer.[11] Im Nürnberger ‚Handlungsbuch der Holzschuher', dem ältesten erhaltenen deutschen Geschäftsbuch überhaupt, ist um 1300 der Nürnberger Handel mit Pfeffer, Ingwer, Safran und Muskat verzeichnet.[12] 1350 organisiert Heinrich Holzschuher den Nürnberger Pfefferhandel auf der Route Mainz – Köln – Lüttich in großen Chargen.[13] Nicht nur Erwerb und Verkauf, auch der Transport war zu organisieren. Um 1390 rechnet der Nürnberger Kaufmann Ulmann Stromer haarklein die Transport- und Zollkosten für einen Saum – also die Packladung eines Maultieres – Pfeffer vor, der von Genua über den Gotthardpass nach Nürnberg gebracht wurde. Allein für einen Saum beliefen sich die Lieferkosten (ohne Ware!) auf 19 Rheinische Gulden, das war in etwa das Jahreseinkommen eines einfachen Arbeiters.[14]

Nicht nur im Pfeffer-, auch im Safranhandel hantierte man mit großen Summen. Die Safranrechnungen des nach Augsburg übersiedelten Kaufmanns Hans Paumgartner d. Ä. weisen allein für das Jahr 1501 den Kauf von 4 582 Pfund Safran aus Aquila im Einkaufswert von 9 824 Rheinischen Gulden nach.[15] Zum Vergleich: Ein städtischer Spitzenbeamter bezog ein Jahresgehalt von etwa 200 Gulden, ein kleines Stadthaus konnte man für bereits 300 Gulden erwerben. Der um diese Zeit errichtete Nürnberger Welserhof veranschaulicht den großen Wohlstand, der im Gewürzhandel zu erwerben war. Die zunächst im Barchent- und Baumwollhandel aktive Augsburger Kaufmannsfamilie Welser hatte sich etwa seit der Mitte des 15. Jahrhunderts zunehmend auf den Pfeffer- und Safranhandel spezialisiert. Lukas I. Welser steuerte von Augsburg aus den Pfefferhandel zwischen Venedig und Köln. Tonnenweise wurde das Gewürz zum Rhein geschafft. Für einen einzigen Kunden Welsers, den Kölner Händler Johann von Lenderinchusen, sind von 1460 bis 1469 Pfefferlieferungen im Umfang von 3 000 Pfund dokumentiert[16]. Der Augsburger muss gut daran

**Exotische Ziele:** Detail vom Behaim-Globus: Die Inseln Madagaskar und Sansibar. Germanisches Nationalmuseum Nürnberg.

**Ein Bild von Afrika:** Detail vom Behaim-Globus: Westafrika, Aufnahme 1942. Germanisches Nationalmuseum Nürnberg.

verdient haben. Bereits 1475 war er der reichste Augsburger Bürger. Sein Sohn Jakob Welser begründete 1494 die Nürnberger Dependance der Firma Welser und nahm 1506/1507 an der legendären ersten deutschen Indienexpedition teil, von der noch die Rede sein wird.[17]

## Pfefferwälder und Mumienpulver – Gewürze und Spezereien auf dem Behaim-Globus[18]

Vor diesem Hintergrund einer hundertjährigen oberdeutschen Erfahrung im lukrativen Fernhandel mit Gewürzen ist der Behaim-Globus mit seinen besonders handelsbezogenen Textpassagen als ein wirtschaftspolitisches Medium zu bewerten, auch wenn sein enzyklopädischer Inhalt vorderhand ein allgemeiner zu sein scheint. Kreuz und quer berühren seine Beschriftungen Geografisches, Religiöses, Volkskundliches, aber auch exotisch Abschreckendes. Reale Herrscher und Sagengestalten werden in Zelten sitzend oder auf Wanderschaft gezeigt. Religion und Kult finden dort Erwähnung, wo „Abgötter“ angebetet , wo überraschend Christen in fernen Weltgegenden angetroffen werden oder moralisch Irritierendes passiert, wie etwa bei den mongolischen Herrschern von „Tangut und Kamul“, deren Heiratsgepflogenheiten eine Jungfrau als Braut ausschlossen. Regelmäßig wird auf regionale Rohstoffvorkommen, auf Jagd- und Fischereierzeugnisse hingewiesen: Pelz in Sibirien, chinesische Perlenflüsse, Gold- und Elfenbein in Abessinien sowie den angeblich größten und schönsten Rubin der Welt in „seilan“ (Ceylon, Sri Lanka). Quellen und Autoritäten, die Behaim auf dem Globus immer wieder nennt, sind die antiken Schriften von Aristoteles, Plinius und Strabon sowie die berühmten mittelalterlichen Reiseberichte von Jean de Mandeville und Marco Polo.

Als gewürzreichste Region ausgewiesen ist auf dem Globus der Ferne Osten. So gebe es auf den „Angamanen“ (Andamanen?) „allerley specerey faßt vil die bey jnen wachßen und frücht die den früchten in unßern landten vaßt ungleich ßollen ßein“. Auch auf der Insel „Neucuran“ (den Nikobaren?) wachse „allerlei specerey“. Das Königreich „Servenath“ (Pattan? Somnath?) wird wegen seiner vielen „Specerei und gewürz“ gerühmt. Auf den bereits

hie in diese konigreich betett das volck apgötter an
als man segelt von konigreich genant loach gegen mittach warz kumbt man in dise Insel pentan In dor groß waldt vnd von köstlich geschmak das mer hierumb ist niederer üb er zehen schrit diß schreibt marco polo am 7 capitel im dritten buch
pentan
Insula
hie geht alles nacket
Im dritten buch v. marco polo am 20 capittel findet man geschrieben daß dise Insel Neucuran genannt liegt bey 150 welsch meil von der Insel Java major und in diser Insel wachsen die muscatt zimeth negel vast vil auch undt daselbst wäldt von lauter Sandelholz u. von allerlei Specerey
neucuram Insel
In disen Inseln wachsen vil rubin Smarakhen topassen und Saffiren auch perlein Oriental fast vil
Java major
scipo
vilanga
pfeffer walt
sidana
des vaar gehet
und pettet ein
anguana Insula
ridrani
pertes
Java minor
camba
somat
reagario

**Blick auf Japan:** Die indonesische Inselgruppe und die Insel Japan („Cipango"). Details aus einem vereinfachenden Faksimile der Kartentextur des Behaim-Globus. Lithografie. Illustration aus: Ghillany 1853. Germanisches Nationalmuseum Nürnberg (Bibliothek).

**Teure Verluste:** Sinkendes Handelsschiff. Holzschnittillustration des sogenannten Petrarca-Meisters (Hans Weiditz). Augsburg 1531. Germanisches Nationalmuseum Nürnberg.

von Marco Polo beschriebenen, angeblich 12 700 Inseln der Philippinen „findt man [...] von meer wundern und wa ßelzamer thier auf erdreich und in den Jnßeln von würzen und edelgeßtein wachßen". Japan – „Cipangu" – schließlich sei „di edelßt und reichßt jnßel in oriente von ßpecerei und edelßtein voll". Explizit auf den Handel verweist die Beschreibung von „Java major", von wo man die Gewürze „ außsthailt in alle welt darum gewonlich vil kaufleuth daßelbßt ligen".

Unter den namentlich erwähnten Gewürzen überwiegt der Pfeffer, den man recht europanahe bereits an Afrikas Westküste finde. Im dortigen Benin „wechßt der pfeffer, den der konik in Portugal gefunden hat anno 1485". Der Hinweis bezieht sich auf die portugiesischen „Entdeckungen" und ökonomische Inbesitznahme jener als Goldküste, Elfenbeinküste oder Sklavenküste später berühmt-berüchtigten Territorien der Südküste Westafrikas, zwischen Liberia und Kamerun. Aus Guinea, der „terra d'malaget" des Globus, werde der als Pfefferersatz verwendete Malaget-Pfeffer (Paradieskörnlein, Guinea-Pfeffer) importiert: „aus disen land bringt man di grana paradis in Portugal". Ostasiatische Pfeffervorkommen, ja regelrechte Pfefferwälder gebe es auf „Taprobana" (Ceylon?) und Java minor. Botanisch der Gattung Pfeffer zugehörig, jedoch von etwas geringerer Schärfe ist das „cubebon", der Kubebenpfeffer, der ebenfalls auf Java minor wachse, wie Behaim erwähnt. Andere Gewürze werden in Aufzählungen genannt, etwa die ingwerartige Galgantwurzel auf Java major. Ingwer selbst fehlt merkwürdigerweise. Gewürznelken sind bezeichnet als „gariofilli negel" oder schlicht „negel" (Java major und „Neucuran"). Kampfer, der vom Gewichtswert her dem Gold gleichkomme, wachse auf Taprobana und Java minor als „der beßt camphor in der welt den man mit golt abwigt", wie Marco Polo bestätige. Muskatblüte (Java major) wird unterschieden von der Muskatnuss, „mußcatt" oder „moscat" genannt, die auf den Nikobaren und im Königreich Servenath gedeihe. Zweimal sind Zimtvorkommen („zimeth") angeführt, mit dem auf Java major und Neucuran gehandelt werde. Nicht nur mit Bedürfnissen des Geschmackssinnes, auch mit Wohlgerüchen und Heilwirkungen exotischer Luxuswaren ließ sich Geld verdienen. Der Globustext erwähnt Bisam, Moschus und Zibet, das Sekret der afrikanischen Zibetkatze: „das konikreich Ciamba ist vol thier bißam thier (sic!), do wachßt vil mancherlei Specerei das holz aloe ebany". Auf Sansibar handle man mit Amber, dem extrem teuren, ebenfalls mit Gold aufgewogenen Wunderstoff, von dem wir heute wissen, dass es ein gehärtetes Sekret des Pottwals ist, das gelegentlich an den Küsten angespült wird. Über die Insel Sokotra im Golf von Aden weiß Behaim: „ambra der wechßt da vaßt vil". Heil- und Dufthölzer, als „holz Specerein" bezeichnet, gewinne man im Königreich Servenath und in Ciamba, das „Lignum Aloe" auf Taprobana, Sandelholz auf Neucuran. Als besonders merkwürdige Spezereien verzeichnet sind Mumienpulver und Rhabarber. Die westliche Sahara ist die sandige Wüste, „do man Mumien find". Zu „Mumia" pulverisiert waren sie als Arznei und Farbpigment in europäischen Apotheken erhältlich. Rhabarber schließlich, dessen Wurzel als Allheilmittel gegen Verdauungsbeschwerden galt, wurde im Spätmittelalter exklusiv im Nordwesten Chinas kultiviert. Unter erneutem Bezug auf Marco Polo weiß Behaim von großen Vorkommen in Ost-Turkestan: „hier wechßt reobarbara gar vil".

## Der große Handelsappell

Wozu dienten nun diese zahlreichen Nennungen exotischer Produkte auf dem Globus? Die Schlüsselpassage zum funktionalen Verständnis bedeckt als langer Text weite Teile des Indischen Ozeans unmittelbar vor der afrikanischen Ostküste. Sie wird begleitet vom Bild eines Handelsschiffes in voller Fahrt gen Westen, mit geblähtem Segel und zwei Kaufleuten und einem Seemann an Bord. Bereits Alexander von Humboldt hat diese Textpassage als „köstliche Bemerkung über den Transport der Gewürze von Java und Ceylon (Seylan) nach Venedig und Frankfurt"gewürdigt[19]. Sie lautet, der besseren Lesbarkeit wegen etwas modernisiert, folgendermaßen:[20]

„Item es ist zu wissen, dass die Spezerei in den Inseln in Indien und im Orient in mancherlei Hände verkauft wird, ehe sie heraus kommt in unser Land:

1. die Einwohner der Insel genannt Java maior, die kaufen sie in den anderen Inseln, wo sie von den Nachbarn gesammelt werden, auf, und verkaufen sie auf ihrer Insel
2. die von der Insel Seilan, wo St. Thomas begraben liegt, kaufen die Spezereien auf der Insel Java und bringen sie auf ihre Insel
3. auf der Insel Ceylon und Seilan wird sie wieder entladen, vegold (?) und an die Kaufleute der Insel aurea chersonesus weiterverkauft, wo sie wieder entladen wird
4. die Kaufleute der Insel tabrobana genannt kaufen und bezahlen die Spezerei daselbst und bringen sie auf ihre Insel
5. die heyden machmet („Mohammedaner"?) kommen zu Fuſs und aus dem Land aden dorthin, kaufens, verzollen es und führen es in ihr Land
6. die von algeyro (Algerien) kaufens und führen es über das Meer und weiter über Land
7. kaufens die Venezianer und andere
8. dann wird sie in Venedig wiederverkauft an die Deutschen und verzollt
9. zu Frankfurt, prugk (Brügge?) und andern Orts
10. in England und Frankreich
11. dann erst kommen sie in die Hände der Krämer
12. von den Krämern kaufen es diejenigen, von denen die Spezerei gebraucht wird.

Dabei soll man die groſse Zahl und den Gewinn bemerken, der 12 mal auf die Spezerei geht. Mehrmals muss man noch dazu von 10 Pfund Ware ein Pfund als Zoll abgeben. Dabei ist zu wissen, dass in dem Land in oriente sehr viel wächst und dort sehr billig ist, und es nicht wundern würde, wenn man es bei uns dem Gold gleich schätzte. Das sind die Worte des miſster bartolomei florentini, der 1424 aus Indien kam und Papst Eugen IV. in Venedig erzählte, was er während seiner 24 Jahre im Orient gesehen und erfahren hat."

**Heilsame Würze:** Vor allem in der Volkskunst findet sich das Motiv von Christus als Apotheker. Dass der Welthandel Gewürze wie Muskatnuss und Nelken auch in einfacheren Apotheken zugänglich machte, zeigt dieses Ölgemälde eines anonymen Künstlers aus Süddeutschland aus der ersten Hälfte des 18. Jhs. Germanisches Nationalmuseum Nürnberg.

**Kunstkammer-Preziose:** Der Pokal in Schiffsform, gefertigt von dem Augsburger Goldschmied Caspar Henz zeugt von der großen Symbolkraft der Fernhandelsschiffe in der Frühen Neuzeit. Er wurde 1594 vom Erzherzog Ferdinand, dem nachmaligen Kaiser Ferdinand II., der Ingolstädter Universität gestiftet. Archiv der Ludwig-Maximilians-Universität München.

Behaim bilanziert kritisch die gewaltigen Nebenkosten, die bei Transport, Zwischenhandel und Verzollung anfielen und sich angeblich auf das Zwölffache des Einkaufswertes beliefen![21] Man darf die gesamte Passage als einen einzigen großen Appell an Handelsleute verstehen, sich die verlockenden Gewinne eines seegestützten Direktimportes nicht entgehen zu lassen. Bis heute ein Mysterium bleibt Behaims Gewährsmann „Bartolomeo Florentino", der um 1420 den Orient bereist und davon Papst Eugen IV. (1383–1447, Papst 1431–1447) berichtet haben soll.

Behaims Handelsappell weist den Globus als Werbemedium für globalen Seehandel, der einer solchen Bewerbung auch bedurfte, denn die Investitionen waren riskant. Das einzusetzende Kapital bewegte sich in Bereichen, die sich auf das Vielfache der üblichen Logistikkosten beliefen. Die Vorfinanzierung eines einzigen Schiffes, so rechnen die Augsburger Investoren der Familie Paumgartner um 1510 vor, kostete knapp 5 000 Gulden. Hinzu kam bei einjähriger Fahrt nach Indien noch einmal die gleiche Summe für Verpflegung und Heuer.[22] Der Totalverlust eines solchen Schiffes, wie ihn der Augsburger Buchillustrator Hans Weiditz in einem Sinnbild zu *De officiis* des Marcus Tullius Cicero darstellt[23], konnte somit einen gestandenen Großkaufmann in den Ruin treiben. Und solche Verluste kamen vor. Um 1500 berichten mehrere Quellen von gekaperten oder gekenterten Nürnberger Pfefferschiffen. Um Leib und Leben bangende Angestellte der Imhoff etwa ließen sich in Arbeitsverträgen ausdrücklich zusichern, niemals nach Indien geschickt zu werden.[24]

Entfaltete also der Globus als Investitionsappell für riskante Seehandelsinvestitionen seine Wirkung? Vielleicht war er zumindest einer von vielen Beweggründen, die gut zehn Jahre später zur ersten großen Ostindienfahrt mit namhafter Beteiligung oberdeutscher Finanziers führten.[25] Nürnberger Kaufleute finanzierten das Schiff „Hieronymus", Augsburger die „Raphael", im März 1505 stach zu Lissabon eine Flotte mit 20 Schiffen in See. In Augsburg und Nürnberg herrschte Euphorie, aber auch Nervosität, ob das Handelsabenteuer gutgehen werde. Der Augsburger Konrad Peutinger, der Schwager Jakob Welsers, schwärmte: „Und uns Augspirgern ains groß lob ist, als für die ersten Teutschen, die India suchen." Die Fahrt glückte, nahezu heil kehrte die Flotte im November 1506 mit insgesamt 15 600 Zentnern Ladung, vor allem Pfeffer, zurück. Und allein der Nürnberger Reingewinn konnte sich mit 12 500 portugiesischen *Cruzados de ouro* sehen lassen, in etwa dem deutschen Guldenwert entsprechend. Es waren satte 250 Prozent des investierten Wagniskapitals von 5 000 Cruzados. Dass man diesen Gewinn vor dem Behaim-Globus feierte, ist zumindest eine schöne Vorstellung.

1 Nach Hennig 1956, 231-233. – Toscanelli stand kurz darauf auch mit Kolumbus in Kontakt.

2 Germanisches Nationalmuseum, Nürnberg, Inv. WI 1826. Kugeldurchmesser 51 cm. – Zum Forschungsstand vgl. Willers u.a. (Hrsg.) 1992 und Norica 2007.

3 Ravenstein 1908, 71. Diese bis heute einzige dem Anspruch nach vollständige Edition der Globustextur von Ernst Georg Ravenstein stammt aus dem Jahr 1908. Sie ist zwar in vielerlei Hinsicht ungenügend und veraltet, bleibt gleichwohl bislang einzige Referenz und wird (im Folgenden meist ohne Einzelnachweise) als Grundlage der Zitate verwendet.

4 Humboldt 1852, 220-238. Zu Humboldts Behaim-Forschungen vgl. P. J. Bräunlein, Bd. 2, Kat.nr. 3.49 in Willlers u.a. (Hrsg.) 1992.

5 S. dazu die Beiträge in Willers u. a. (Hrsg.) 1992 und R. Jakob in Norica 2007.

6 Germanisches Nationalmuseum, Nürnberg, Historisches Archiv, Bestand Imhoff (I), VIII, o. Nr. [29]. – Veit 1982, 506.

7 Spufford 2002, S. 310.

8 Für Rat bei der Interpretation der Ladeeinheitsmaße gedankt sei Christof Jeggle (Universität Bamberg). Zur historischen Warenterminologie vgl. die Beispiele bei Müller 1962.

9 Stromer 1970. Zu den Nürnberger Verhältnissen im Speziellen Fleischmann 2008, 243-247.

10 Nachweise für Nürnberger Handelshäuser bei Veit 1960, 38-39.

11 Quellen bei Hack 2007, 12-14.

12 Chroust – Proesler 1934, 78, 117.

13 Stromer 1970, 99.

14 Schnyder 1973, I, Nr. 140.

15 Müller 1962, 88.

16 Geffcken 2002, 130.

17 Fleischmann 2008, 1075-1078.

18 Die folgenden Auszüge nach Ravenstein 1908, 71-106 (vgl. den dortigen Index). Zur schnellen Ermittlung hilfreich ist die Datenbank „mappae" der Universität Erlangen (http://www8.informatik.uni-erlangen.de/mappae/) mit Digitalisat des Textes von Ravenstein.

19 Humboldt 1852, 223.

20 Nach Ravenstein 1908, 89-90.

21 Dieser Faktor stimmt überraschend genau mit modernen Preisberechnungen der überteuerten Güter des Asienhandels im späten 15. Jahrhundert überein; vgl. Schmitt 1999, 19, dort auf S. 25 f. eine ausführliche Bibliografie.

22 Die Rechnung aus den Jahren um 1510 im Detail bei Müller 1962, 105-107.

23 Officia M. T. C. Ein Buch / so Marcus Tullius Cicero der Römer / zu seynem Sune Marco / von den tugentsamen ämptern / etc. inn Latein geschriben. Augsburg 1533 (11531), LXXXIIII.

24 Ammann 1970, 121.

25 Imhoff 1986, 24, 39-41.

S. Jorge
Frco de saá

**Gefährliche Seefahrt:** 1524 ist die S. Jorge an der indischen Westküste im Gefecht. Immer wieder müssen die Portugiesen ihren Handelsraum verteidigen. Abbildung aus dem Codex *Livro das Armadas*, 1566. Academia das Ciências de Lisboa.

# Gesunken auf dem Weg nach Indien: das Gewürzhandelsschiff Bom Jesus

Wolfgang Knabe, Dieter Noli

**ÜBER ZWEIHUNDERT SCHIFFE** sind im Zeitraum zwischen 1497 und 1640 auf der Indienroute gestrandet, gesunken oder verschollen. Nur vierzehn sind bislang wieder aufgefunden worden, und nur eines davon wurde ausführlich von Archäologen untersucht, nachdem es bereits von Schatzgräbern entdeckt und geplündert worden war.[1]

## Der Jahrhundertfund

*Am Morgen des 1. April 2008 tauchen an der namibischen Küste achtzehn Kilometer nördlich des Oranjeflusses bei Offshorearbeiten der Namdeb im Diamantensperrgebiet eigenartige bronzene Rohre und kupferne Halbkugeln auf. Dieter Noli wird als zuständiger Archäologe umgehend informiert und stuft die Bronzerohre als Kanonen aus dem Zeitraum um 1535 ein.*

*Später werden weitere Funde ihn in dieser Zeiteinschätzung bestätigen. Aufgrund seines Befundes werden daraufhin die Arbeiten auf diesem Feld der Diamantenmine eingestellt und dem archäologischen Handwerk ein Arbeitsfeld geöffnet, das sich zu einem einzigartigen historischen Zeitfenster entwickelt. Am Tag sechs erlebt Dieter Noli die Krönung seines Forscherlebens, als er mit seinem Team im Zentrum der Fundstelle ein Bruchstück der Bordwand untersucht: Drei portugiesische Silbermünzen und eine spanische Goldmünze werden gefunden. Dann geht es Schlag auf Schlag. In einer Dreiviertelstunde sammelt der Archäologe neben zahlreichen Silbermünzen elf Kilogramm Goldmünzen ein. In vier Tagen sind es über einundzwanzig Kilogramm – ganze 2 159 Stück. Und eine weitere Sensation bahnt sich an: Die Herkunft des Kupfers entschlüsselt eine eingeprägte Handelsmarke – ein Dreizack mit einem Ring: das Zeichen des Augsburger Fugger-Konzerns. Daraufhin lädt Dieter Noli den Königsbrunner Kulturwissenschaftler Wolfgang Knabe ein, der mit dem Forschungsschiff Mercator seit mehr als zehn Jahren den Schiffshandel der Augsburger Kaufleute erforscht, und mit ihm und den Kollegen Malhao Peirera (Portugal), Filipe Castro (USA), Paulo Monteiro (Portugal) und Ian van Oordt, (Südafrika) beginnt die Entschlüsselung des Wracks – eines Gewürzhandelsschiffes auf dem Weg nach Indien.*

In den folgenden Wochen werden insgesamt 7 484 Artefakte geborgen: zunächst 5 438 Objekte in einer ersten Grabungsperiode, 1 171 Objekte in einer weiteren Grabung und noch einmal 875 Objekte bei der Ausräumung der Siebe in der Waschanlage der Mine. Die Palette der Funde reicht von sieben Tonnen Schiffsholz, fünf Ankern, etlichen bronze- und schmiedeeisernen Kanonen mit jeweils einem Satz dazugehöriger Kanonenkugeln über zahlreiche Schwerter, Kisten mit Schwertklingen und solche mit Arkebusen, Kupfer- und Zinngeschirr bis hin zu Astrolabien, Zirkeln, Resten eines Kettenhemdes und rätselhaften 78 Elefantenzähnen. Das Gros der Funde sticht ins Auge: Es sind Montanwaren, vor allem sechseinhalb Tonnen Blei, etwa einhundert Kilogramm Zinn und zwanzig Tonnen Kupfer.

## Das Schiff

Am 4. März des Jahres 1533 bricht von Lissabon aus eine Flotte von vier Schiffen nach Indien auf. Die Flotte steht unter dem Kommando des Generalkapitäns Goncalo de Coutinho. Sie besteht aus dem Flaggschiff Cirne, das Dom Goncalo de Coutinho kommandiert, der S. Roque unter Simao da Veiga, der S. Bartolomeu unter dem Kommando von Nuno Furtado und der Bom Jesus unter dem Kommando von Francisco de Noronha.[2] Die Bom Jesus ist ein nagelneues Schiff, mit einer Rumpflänge von 28,9 m, einer Breite von 8,4 m und einem Tiefgang von 4,8 m. Heck und Bug ragen ab der Wasserlinie 11,2 m bzw. 9,5 m nach oben.[3] Die Bom Jesus ist mit fünfzehn Kanonen verschiedener Größe außergewöhnlich gut bestückt. Die Beplankung des Schiffrumpfes unter der Wasserlinie weist eine Stärke von 9 cm auf, über der Wasserlinie sind es 7 cm. Der Fockmast trägt ein quadratisches Segel, der Großmast zwei Segel und der Kreuzmast ein dreieckiges Lateinersegel. Damit kann die Bom Jesus gut mit dem Wind von achtern laufen, aber nur mit Mühe gegen den Wind ankreuzen. Dies ist jedoch kein Problem, da die geplante Route mit den um diese Jahreszeit zu erwartenden Wetterbedingungen einen günstigen Wind auf der gesamten Fahrt bietet.[4]

## Die Fracht

Die Waren kommen aus den großen Seehäfen Europas: aus Danzig, Antwerpen, Venedig, Sevilla und Cádiz. Die Lissaboner Hafenmagazine sind gut gefüllt und warten darauf, dass die Bom Jesus, ein Lissaboner Schiffsneubau, nach Verlassen der Werft nun sofort beladen wird. Die Gesamtladung ist etwa 104 Tonnen schwer. Der größte Teil der Schiffsladung besteht aus kupfernen Halbgossenkugeln, die aus den Minen des Augsburger Handelshauses Fugger stammen, aller Wahrscheinlichkeit nach aus den Minen um Neusohl. Fast die gesamte Produktion der ungarischen Kupferminen geht in diesen Jahren auf die Iberische Halbinsel. Der portugiesische König ist der größte Kunde auf dem europäischen Kupfermarkt, dessen Monopol die Fugger in dieser Zeit innehaben. Portugal braucht das Kupfer vor allem als Gegenwert für den Einkauf von Spezereien – allem voran für den Pfefferhandel. Denn auf dem indischen Subkontinent wird zwar Gold und Silber gefördert, doch es mangelt an Kupfer. So beginnen bereits kurz nach der Eroberung von Goa im Jahre 1510 in Goa wie in Cochin die Münzen zu arbeiten, um das Kupfer vor Ort auch zu vermünzen, um damit einen besseren Wertausgleich im Gewürzhandel zu erzielen. Große Mengen des Fugger'schen Kupfers werden als Halbgossenkugeln weiterverkauft. Zum Beispiel nach Khambat, wo sie einen höheren Verkaufspreis erzielen als in Goa und an der Malabarküste.[5]

Blei nimmt in der europäischen Wirtschaft der Neuzeit hinter Eisen und Kupfer den dritten Platz ein. Die Bom Jesus hat größere quaderförmige Bleibarren und große Bleiblöcke, insgesamt etwa 6,5 Tonnen schwer, geladen. Das Blei ist zum Teil mit Handelsmarken versehen und könnte aus dem verdeckten Monopolhandel des Fugger-Konzerns stammen. Denn polnisches Blei kaufen die Fugger um 1530 komplett auf und bringen es auf die Märkte. Das eigene Kärntner Blei wird größtenteils nach Venedig transportiert und von dort aus nach Lissabon verschifft.[6] Seit 1522 sind die Venezianer im Besitz einer Lissaboner Importlizenz. Blei wird in dieser Zeit einerseits für die zivile Nutzung nach Indien exportiert – neben Gussmischungen, beispielsweise zum Einfassen von Butzenscheibenglas, die möglicherweise in einer Reihe von Neubauten gebraucht werden, nachdem Goa 1530 Cochin als neues Verwaltungszentrum von Portugiesisch-Indien abgelöst hat. Blei wird andererseits auch im militärischen Bereich genutzt, zur Erzeugung der Munition von Handfeuerwaffen. Jeder Soldat führt in der Regel rund sechs Kilogramm Blei mit sich.

Auch eine Ladung von schätzungsweise ein bis zwei Tonnen Quecksilber in Drei-Liter-Tonkrügen sowie Fässer, die mit Zinnoberstein gefüllt sind, befinden sich an Bord der Bom Jesus, und auch hier führt der Weg wieder zum Fugger-Konzern: Denn auch hier halten die Fugger im Jahr 1532 das europäische Monopol, da die Konkurrenzmine in Idria, einst im Besitz des Augsburger Handelshauses Höchstetter, nun im Konkursverfahren steht und Anton Fugger sowie Graf Dalamance-Ortenburg vom Reichstag einen Teil der weiterlaufenden Idrianer Produktion als Konkursmasse zugesprochen bekommen haben. Doch das Quecksilber wie das Zinnober stammen aus der bis Ende 1532 laufenden Fugger-Pacht von Almadén und sind spätestens 1532 über Cádiz nach Lissabon geliefert worden. Quecksilber ist eine beliebte Handelswa-

## Ausrüstung

1 Großmast
2 Fockmast
3 Besanmast
4 Anker
5 Kanonen
6 Taurollen, Segel
7 Kapitän
8 Offiziere
9 Mannschaft und Soldaten
10 Schiffsjungen

## Ladung

11 Korallen
12 Elfenbein
13 Arkebusen, Schwerter
14 Zinnbarren
15 Wasser, Wein
16 Quecksilber
17 Ballast
18 Kupferingots
19 Kupferkanne
20 Rinder und Kleintiere
21 Tand
22 Lederwaren
23 Stoffe
24 Schiffsbrot

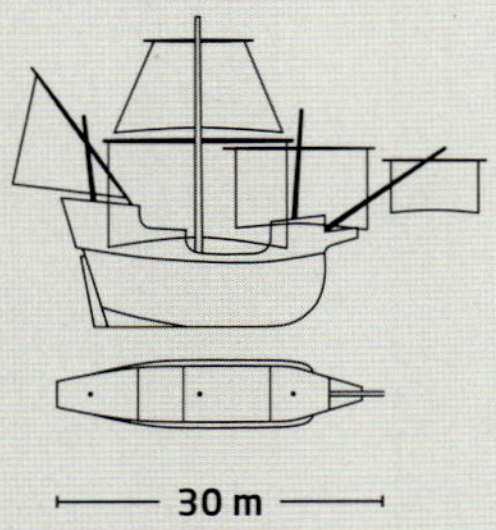

**Vor der Jungfernfahrt:** Die Não *Bom Jesus*, ein nagelneues Schiff des portugiesischen Königs mit überwiegend deutschen Handelswaren an Bord, nach der Ausfahrt aus Lissabon im Frühjahr 1533.
Mit freundlicher Genehmigung von NATIONAL GEOGRAPHIC DEUTSCHLAND. Zeichnung ©: Jürgen Willbarth, Schwerin.

**Mit Gottes Segen:** Im September 1563 strandet die *S. Filipe* in einem Sturm, das Ziel schon vor Augen, an der Einfahrt in den Mandavi-Fluss, an dem Goa liegt. Im Vordergrund die von Albuquerque nach der Eroberung von Goa erbaute Kirche *Unsere liebe Frau des Rosenkranzes* – eine Manifestation seines militärischen Triumphes.

re an der indischen Westküste, die als Grundstoff für die indische Töpferindustrie und zur Spiegelbeschichtung gebraucht wird. Sie erzielt von allen Montanwaren, die nach Indien exportiert werden, den höchsten Profit. Auch im Zinnoberhandel macht die Mine der Fugger in Almadén das europäische Hauptgeschäft, wie uns hier und beim Quecksilber eine spätere Quelle verrät. In Lissabon lagern nämlich große Zinnoberbestände aus der Fugger'schen Mine.[7]

Etliche hundert kleine Zinnstangen sind in Kisten verpackt im Laderaum aufeinandergestapelt gewesen. Hier lenkt die Frage nach der Herkunft – wenn sich im Zinn ein Bleianteil nachweisen lässt – den Blick auf das böhmisch-sächsische Erzgebirge.[8] Dass der Zinnexport von dort zu einem großen Teil Sevilla zum Ziel hat,[9] erhärtet die Spur zu einem weiteren Monopolprojekt, das Anton Fugger und Konrad Mair in dieser Zeit miteinander aufzubauen beabsichtigen. Konrad Mair scheint ein Strohmann von Anton Fugger gewesen zu sein, unterstützt von Michl Mair, der sein Diener in Antwerpen ist und die beiden Zinnkonten von Konrad Mair und Anton Fugger verwaltet.[10]

Seit 1511 verzeichnen die Listen der nach Indien abgehenden Schiffe auch Alaunstein als Fracht. Tonnenweise wird Kaliumalaun zu den Gerbereien und Färbereien an der indischen Westküste exportiert. Handelt es sich um reinen Alaun, stammt er aus dem europäischen Monopolwerk in Tolfa, das sich auf dem Territorium des Vatikanstaates befindet. Das Minengeschäft betreibt der Papst zusammen mit dem Florentiner Haus Medici.

Über den Montanwaren sind Kisten mit Gebrauchswaren aus Kupfer, Messing und Zinn in den Laderäumen der „Bom Jesus" aufgestapelt. Die Zinnwaren, eine große Anzahl von Küchen- und Tischgeschirr, sind in Serienproduktionen gefertigt, und es sieht so aus, als kämen alle diese Waren von derselben Lieferadresse. Überraschenderweise führt auch hier die Spur nach Deutschland. Denn eine Zinnmarke zeigt eine Rose mit einer Krone darüber. „Deutsches Zinn – gemacht auf englische Art"[11], verrät uns die Literatur dazu. In diesem Zusammenhang muss erwähnt werden, dass die Firma Imhoff als Lieferant von Zinngeschirr nach Lissabon bekannt ist. Solche Waren werden seit 1531 in portugiesische Haushalte nach Goa geliefert.

Nürnberg produziert Metallfertigwaren – aus Eisen, Kupfer oder Messing –, die alle eines verbindet: Sie werden in hohen Stückzahlen gefertigt. Rasierbecken, einfache große Schüsseln, Kannen aus Messing, alles *el cento*, d. h. jeweils zu 100 Stück, verkauft, desgleichen Messingpfannen, Leuchter, ebenfalls als Massenware produziert, und beachtliche Mengen an kleinen Messingringen.[12] Letztere sind offizielles Zahlungsmittel an der afrikanischen Westküste und werden in großer Stückzahl nach Elmina geliefert. Augsburger und Nürnberger Handwerksbetriebe sind gleichermaßen an der Herstellung dieser Manillas beteiligt – in Kupfer-, wie in Messingausführung. Auffallend unter den in der Ladung der Bom Jesus gefundenen Objekten sind auch die Leuchter, die Nürnberger Produktion zu ähneln scheinen, sowie die Topfgewichte, bei denen Nürnberg nachweisbar das europäische Monopol innehat: Zwei Jahrhunderte lang hat Nürnberg ganz Europa mit Einsatzgewichten versorgt.[13]

Nürnberg produziert bereits seit Anfang des 16. Jahrhunderts für den portugiesischen Markt. Denn Portugal benötigt Tauschartikel für seine afrikanischen Märkte – vor allem jene kleinen Messing- und Bronzeringe, des Weiteren Messingschnallen, Fingerhüte, beides Güter aus dem Nürnberger Tand, bis hin zu Messerbestecken, deren Messinghefte wiederum eine auffallende Ähnlichkeit mit bekannten Museumsobjekten aus Nürnberger Produktion aufweisen. Allein 112 Nürnberger Klingenschmiede fertigen wöchentlich bis zu 100 000 Klingen. Im Jahre 1537 werden in Nürnberg 3,5–4 Millionen Messer produziert, die Solinger schmieden etwa 60 000 Schwertklingen pro Jahr.[14] Das Klingengewerbe ist in Nürnberg wie in Solingen sowie in Steyr in Oberösterreich gleich stark und damit marktführend in Europa. In Solingen wird in dieser Zeit aus Spanien gelieferter Toledostahl sowie Siegener

Stahl zu Schwertklingen verarbeitet. Eine vollständig erhaltene, noch original verschlossene Kiste voller Schwertklingen, desgleichen eine Kiste voller Arkebusen und dazu Kugelgussformen und Pulverhörner lassen erahnen, dass noch weitere in Köln und Antwerpen sitzende Geschäftspartner an der Lieferung des Fugger-Konzerns nach Lissabon beteiligt sind.

## Die Bewaffnung

Die Bom Jesus ist hauptsächlich mit modernen Kanonen für Seegefechte ausgerüstet. Am Bug befinden sich eine *Camelo*, ein großer Vorderlader, und eine *Colubrina*, ein sehr großer Vorderlader. Beide sind in Fahrtrichtung ausgerichtet. Am Heck stehen zwei *Camelete*, mittelgroße Vorderlader, die nach achtern ausgerichtet sind. Dazu sind auf der Reling des Achterdecks, des Vierteldecks und des Vorderdecks jeweils zwei kleine *Falconete*-Vorderlader, sechs kleine *Petrera*-Hinterlader und fünf kleine *Berco*-Hinterlader montiert. Alle Kanonen sind aus Bronze, bis auf die sechs Petrera, von denen zwei aus Schmiedeeisen und vier aus Gusseisen sind. Mit Ausnahme der beiden Kanonen aus Schmiedeeisen handelt es sich bei allen anderen Kanonen um neueste Waffentechnik.

Die kleinen Hinterlader werden auf kurzem Abstand eingesetzt, während die großen Vorderlader auch in der Weite noch großen Schaden anrichten. Eine von der damals hochmodernen Colubrina abgefeuerte Eisenkugel mit einem Durchmesser von 113 mm und einem Gewicht von 5,44 kg verlässt durch Zündung einer Pulverladung von 5,28 kg mit 368 m/s den Kanonenlauf und durchschlägt noch auf 765 Meter Entfernung ohne Weiteres eine Bordwand von 125 mm Eichenholz. Auf 220 m Entfernung kann diesem Geschoss sogar ein 480 mm dickes Eichenholz keinen Widerstand leisten.[15]

Für jede Kanone ist die dazugehörige Anzahl von Kugeln an Bord. Steinkugeln wie Eisenkugeln verschiedener Größen, da jedes Kaliber seine eigenen Kugeln hat. Die Kanonen aus Gusseisen stammen nachweislich nicht aus portugiesischer Produktion. Da in England im Jahre 1533 die Gießverfahren noch nicht entwickelt sind, können diese Kanonen aus deutscher Waffenproduktion stammen. Deren Bedienung erfolgt durch *Bombardeiros*, Geschützmeister, die in dieser Zeit vorwiegend aus Deutschland kommen.[16] Für jedes Geschütz sind zwei Bombardeiros an Bord. Eine große Anzahl dieser Spezialisten ist deutscher Abstammung, denn nicht nur Afonso de Albuquerque legt in einem Brief an den König Wert darauf, dass zumindest die Hälfte der Bombardeiros Deutsche sein sollen.[17]

Die Bom Jesus ist deshalb so gut bewaffnet, da die Flotte den Auftrag hat, sich am Kap Guardafui, dem östlichsten Kap Afrikas, zu sammeln und dann zunächst Jagd auf muslimische Handelsschiffe zu machen, die in dieser Zeit aus dem Roten Meer zu den Handelsplätzen an der indischen Westküste fahren. Durch die Kaperung der feindlichen Schiffe geben die Kapitäne ihren Besatzungen die Möglichkeit, sich mit Tauschwaren für die Malabarküste zu versorgen und damit ihr privates Geschäft im Gewürzhandel zu machen. Denn jeder Seemann hat das Recht, einen Sack mit Handelsware auf dem Rückweg nach Europa mitzunehmen. Wer gar mit einem Sack voller Gewürze zurückkommt, ist ein gemachter Mann. Das macht den Landarbeiter, der von Werbern auf das Schiff geschleppt wird, anfangs gegen jede Gefahr blind.

Auch die Navigation der Bom Jesus ist mit wertvollen Funden dokumentiert: drei Seeastrolabien, fünf Navigationsbestecken und zwei Lotbleien sowie den Resten eines Schiffskompasses. Die Seeastrolabien stammen augenscheinlich alle vom selben Hersteller aus portugiesischer Fertigung. Da das älteste bisher gefundene Seeastrolabium von 1540 stammt[18], haben wir hier nun die ältesten Seeastrolabien vor uns, die bislang gefunden worden sind.

**Versunken:** Die Não *Bom Jesus*, im Juni des Jahre 1533 – *perdido* d.h. verloren an der Skelettküste Namibias.

**Ende der Reise:** 1555 strandet die *Algaravia* an der Insel *Peros Banhos*, einem Atoll im Chagos Archipel. Abbildungen aus dem Codex *Livro das Armadas*, 1566. Academia das Ciências de Lisboa.

# Seereise und Ziel

Am 7. März 1533 nimmt die Bom Jesus von Lissabon aus Kurs auf Indien. An Bord befinden sich etwa 70 Seeleute, dazu 24 Offiziere und 120 Soldaten. Unter diesen sind zwölf oder mehr deutsche Artilleristen. Etwa 36 Passagiere dürften an Bord gewesen sein. Die Bom Jesus könnte möglicherweise zunächst Kurs auf São Tome im Golf von Guinea genommen haben, um Ladung dorthin zu bringen und Proviant sowie neue Ladung aufzunehmen. Dann steuert das Schiff Goa an der indischen Westküste an.

In Goa erwarten im September 1533 auch drei deutsche Kaufleute die Ankunft der Bom Jesus: Der Augsburger Matthias Mayer, Kaufmann des Augsburger Handelskonzerns Fugger, Markus Hartmann, der dort für den Nürnberger Kaufmann Lazarus Nürnberger arbeitet, und Jörg Imhoff, der seit 1526 dort für die Augsburger Firmen Hans Welser und Jörg Herwart tätig ist. Nicht nur Jörg Imhoff bekommt regelmäßig Waren- und Geldsendungen durch die Schiffe, die Goa anlaufen – beispielsweise aus Venedig Bargeld, Tassen, Kannen...[19] Auch die anderen Kaufleute warten auf Handelsgüter aus Antwerpen, Sevilla und Cádiz, die die „Bom Jesus“ geladen hat und die auf Schiffen des Königs transportiert werden. Es sind überwiegend Handelswaren von Augsburger und Nürnberger Firmen oder Herkunft, die in diesen Jahren die Grundlagen für den portugiesischen Gewürzhandel liefern.

# Der Untergang

Doch die Spur der Bom Jesus verliert sich im Südatlantik, und das Schiff mitsamt seiner Besatzung und seinen Passagieren bleibt bis zum 1. April 2008 verschollen. *Perdido*, heißt es im Buch der Flotten. Was geschehen war: Die Bom Jesus geriet in den Benguelastrom hinein, der entlang der afrikanischen Westküste nach Norden zieht, und wurde von Wind und Wellen an die Küste gedrückt. Von den 250 Menschen an Bord fehlt bislang jede Spur. Ihre persönliche Habe an der Fundstelle ist auf eine Handvoll Bruchstücke reduziert: auf einen Rosenkranz, einen kupfernen Armreif, etliche kleine Messingschnallen, filigrane Reste eines Kettenhemdes und drei Schuhe. In einem der Schuhe steckt noch der Fußknochen seines Besitzers. Dieser könnte zum Schlüssel des Schicksales werden, das alle hier im August des Jahres 1533 ereilt hat.

1 Castro 2005, 7, 26 f.
2 Academia das Ciências de Lisboa 1979, Bl. 42.
3 Noli 2009
4 Castro 2005, 17 ff.
5 Mathew 1997, 166.
6 Scheuermann 1929, 123.
7 Kellenbenz.1990, I, 272, 288.
8 Kellenbenz 1990, I, 342 f.
9 Kellenbenz 1990, I, 351, 372.
10 Kellenbenz 1990, I, S.374
11 Weiner 1978, .9.
12 Germanisches Nationalmuseum (Hrsg.) 2002, 77 ff.
13 Lockner 1981, 10.
14 Diese Zahl stammt von 1628 und stützt sich auf eine kontinuierliche Langzeit-Produktionskurve.
15 Van Oordt – de Vries, 16th Century Bronze Portuguese Cannon, Journal of the Ordnance Society 18, 2006, 24, 31 f.
16 Knabe 1993, S 53 f.
17 Mathew 1997, 108.
18 Stimson 1988, S. 59.
19 Mathew 1997, 9 ff.

# Ein Resträtsel bleibt

Der Fund der Bom Jesus zeigt, dass der Augsburger Fugger-Konzern als Warenlieferant im portugiesischen Indienhandel eine geradezu monopolistische Rolle gespielt hat, weitaus größer, als bis heute bekannt war. Europas Montanwaren, die für den Indienhandel unentbehrlich waren – Kupfer, Quecksilber, Zinnober und Zinn – stammen aus den Minen des Fugger-Konzerns. Augsburger und Nürnberger Handelshäuser und ihre Geschäftspartner im Geflecht der miteinander verwandten Handelsunternehmen haben die Ladungen der nach Indien abgehenden Schiffe auch mit ihren Waren aufgefüllt – von Waffen über Metallwaren bis hin zu Barchent, mit dem die Fugger ebenfalls handelten.

Noch birgt das Wrack viele Geheimnisse, an deren Lösung Wissenschaftler aus mehreren Ländern arbeiten: Dieter Noli, Südafrika; Filipe Castro, USA; Wolfgang Knabe, Deutschland; Paulo Monteiro, Portugal; Malhao Peirera, Portugal; Ian van Oordt, Südafrika – freundlicherweise unterstützt durch Fachleute wie Martin Baumeister, Ralf Schürer, Tobias Springer und Thomas Eser vom Germanischen Nationalmuseum Nürnberg. Erste Ergebnisse dieses Forschungsteams wurden von National Geographic Deutschland im Heft 2, Februar 2010 veröffentlicht.

**Gefahr in Verzug:** 1531: Die Mannschaft der *Esperanca* von Manuel de Macedo verteidigt sich nach einem Schiffbruch.

**Abb. 1: Grabungsalltag** des Minen-Archäologen Dieter Noli.

**Abb. 2: Am Ende des Tages** sitzt Dieter Noli vor seinem Hut, den er innerhalb 45 Minuten sprichwörtlich mit Gold gefüllt hat. Jede Münze am Rand liegt für 100 Münzen im Hut. Bei 700 gab er das Zählen auf.

**Abb. 3: Fast 22 Kilo Goldmünzen** wurden im Wrack der Bom Jesus gefunden: der größte Goldschatz seit Funden aus dem alten Ägypten.

**Abb. 4: Elfenbein-**Handelsware: Zeugen des Handels mit der Guineaküste, deren Kauf gegen Messing- bzw. Kupferspangen aus deutscher Produktion erst möglich wurde.

**Abb. 5: Bronzene** Hinterladerkanonen mit langen Läufen, portugiesisch *Berco*, spanisch *Esmeril*, deuten auf einen Fund aus dem frühen 16. Jahrhundert hin.

**Abb. 6: Kupfer-Halbgossenkugeln** in der Namibwüste – erstes Zeichen dafür, dass sich hier etwas Außergewöhnliches unter dem Sand abzeichnet.

**Abb. 7: Die eiserne Kanonenkugel** mit einem Durchmesser von 113 mm weißt darauf hin, dass nicht nur die leichten *Bercos*, sondern auch schwere Geschütze an Bord waren.

**Abb. 8: Nach 476 Jahren** wird einer der sechs Anker der Bom Jesus wieder aufgenommen.

**Abb. 9: Eines der drei** Seeastrolabien, ein Navigationsinstrument zur Bestimmung der Sonnenhöhe, das älteste, das bislang gefunden wurde.

**Abb. 10: Die Fugger-**Handelsmarke auf dem Kupfer – der erste Hinweis auf deutsche Handelsware

**Abb. 11: Es bleibt nicht** bei vier Münzen. Die weitere Arbeit bringt Hände voller Gold.

**Abb. 12: Ein Schatz ohne Gold** ist kein Schatz. Am Tag sechs zeigen sich drei portugiesische Silbermünzen und eine spanische Goldmünze auf einem Navigationsbesteck.

**Abb. 13: Eine portugiesische** Goldmünze mit einem Gewicht von 36 g und einem Durchmesser von 38 mm. Diese Münzen wurden ab 1525 geprägt, aber 1538 wieder eingezogen und eingeschmolzen. Sie ist mit den Worten beschriftet: „Unter diesem Zeichen werden wir siegen."

Fotos Nr. 1 und 2: Jürgen Jacob. Alle anderen: Dieter Noli.

8

9

5

10

6

7

11

12

13

**Gewürzparadies:** Muskaternte auf der Banda-Insel Lontor. Aquarell von Maurits Ver Huell, 1820. Maritimes Museum Rotterdam.

# Die Reise von Nelke und Muskatnuss

Swantje Heuten

„**DAS ERSTE BÜNDEL** kreolischer Nelken wurde in Anwesenheit einer bedeutenden Versammlung in dem königlichen Garten am 14. Oktober 1776 gepflückt, und der in Ruhestand gehende Gouverneur, Chevalier de Ternay, brachte sie höchstpersönlich nach Frankreich, um sie dem König zu präsentieren."[1] Über dieses Ereignis auf Mauritius berichtet die Zeitung der Insel und hält damit den ersten Schritt zur massenhaften Verbreitung und weltumspannenden Reise der Gewürznelke (*Syzygium aromaticum*) fest, die heute wie selbstverständlich zu jeder Zeit und zu vergleichbar geringem Preis von jedem erworben werden kann. Bis zum 18. Jahrhundert kam sie, wie die Muskatnuss (*Myristica fragans*), nur auf wenigen Inseln der Molukken vor. Wir wollen hier Nelke und Muskatnuss auf ihren Handelswegen und Reisen in neue Anbaugebiete begleiten.

## Die Heimat von Nelke und Muskatnuss und der Beginn ihrer Reise

Am Beginn einer jeden Reise steht das Land, in dem man zu Hause ist und von dem aus man aufbricht. Diese Heimat von Nelke und Muskatnuss ist eine Inselgruppe – die Molukken. Die Molukken gehören heute zu Indonesien und liegen zwischen dem Indischen Ozean und dem Pazifik, zwischen den Philippinen im Norden, Java im Südwesten und Neuguinea im Osten. Von den tausend kleinen Inseln zählen Ternate, Tidore, Bacan, Makian und Moti, auch Nordmolukken genannt, zur Heimat der Nelke.[2] Die südlicheren Banda-Inseln sind das Herkunftsland der Muskatnuss.[3] Spätestens seit kolonialer Zeit werden die Molukken auch Gewürzinseln genannt.

## Auf alten Handelswegen

Kaufleute transportierten diese beiden Gewürze bis nach China und Europa. Der lange und mitunter äußerst beschwerliche Weg führte über verschiedene Routen zu Land und zu Wasser, durch Wüsten und Gebirge und wurde mit Schiffen und Kamelen zurückgelegt. Doch der Aufwand lohnte sich, denn besonders in Europa waren exotische Gewürze beliebte und einträgliche Luxusgüter, die vor allem an den Höfen zur Verfeinerung der Speisen, als Prestigeobjekte, als Medikamente, als Konservierungsmittel oder als Aphrodisiaka Verwendung fanden. Im Interesse der vielen Zwischenhändler, die mit den Gewürzen ihren Lebensunterhalt verdienten oder dadurch sogar zu Wohlstand kamen, blieb die Heimat von Nelke und Muskatnuss lange Zeit ein gut gehütetes Geheimnis.[4] Nachdem im frühen Mittelalter Venedig und Genua ihre Vormachtstellung im Gewürzhandel in Europa behauptet hatten, versuchte seit dem 14. Jahrhundert Portugal, ein damals noch junger und finanziell schwacher Agrarstaat, das arabisch-venezianische Handelsmonopol zu umgehen und durch den Direkthandel mit den Ursprungsländern hohe Gewinne zu erzielen.[5] Die Portugiesen suchten – und fanden schließlich nach zahlreichen Entdeckungsfahrten – den Seeweg zu den lukrativen Gewürzen in Indien und auf den Molukken. Im Jahre 1512 errichteten sie dort Stützpunkte, um Handel zu treiben. Als Handelsweg von Nelke und Muskatnuss etablierte sich nun die annähernd 15 000 Seemeilen lange Gewürzroute, die von ihrer Heimat über den Indischen Ozean, um das Kap der Guten Hoffnung, entlang der afrikanischen Küste bis nach Lissabon verlief.[6] Von dort aus wurden sie über kürzere See- und Landwege transportiert und erreichten schließlich am Ende ihrer Reise Märkte, Apotheken und fürstliche Tafeln in Europa.

**Inseln der Sehnsucht:** Die Gewürzinseln (Molukken), kolorierter Kupferstich von Petrus Plancius, 1592. Maritimes Museum Rotterdam.

# Die niederländische Vereinigte Ostindische Companie (VOC)

Als sich am 20. März 1602 einige im Überseehandel tätige niederländische[7] Verbände zusammenschlossen, entstand das größte und vorherrschende Handelsunternehmen des 17. und 18. Jahrhunderts, das erstmalig als Aktiengesellschaft organisiert und weltweit tätig war – die niederländische Vereinigte Ostindische Companie (Vereenigde Oostindische Compagnie) kurz: VOC. Mit ihren gut bewaffneten Schiffen brachte die VOC Anfang des 17. Jahrhunderts den Seeweg zu den gewinnbringenden Gewürzen unter ihre Kontrolle und nahm nach Gefechten mit Einheimischen und Portugiesen nach und nach die Molukken in Besitz, bis sie sich im Jahre 1669 das Monopol auf den Gewürzinseln weitgehend gesichert hatte.[8] Von dort aus steuerte sie den Anbau und Verkauf der Nelke, der Macisblüte (Muskatblüte) und der Muskatnuss.[9] Weil diese Gewürze, anders als beispielsweise der Pfeffer, nur auf den Molukken beheimatet waren, setzten die Niederländer alles daran, dieses Monopol zu halten. Dreh-und Angelpunkt des niederländischen Gewürzhandels war die Stadt Batavia, das heutige Jakarta, auf der indonesischen Insel Java, südwestlich der Molukken. In Europa wurde Antwerpen – und später Amsterdam – zum zentralen Umschlagplatz für Gewürze.[10] Der Einfluss der niederländischen Händler war in den Jahren von 1602 bis 1770 so groß, dass sie einmal jährlich den Verkaufspreis und die Gewürzmengen festlegten, die den europäischen Markt erreichen durften.[11] Um das jeweils festgesetzte Ziel zu erreichen, ließen sie Gewürznelkenplantagen auf den Molukken roden, zerstörten wildwachsende Abkömmlinge und verbrannten die Muskatnussernte, wenn die produzierte Menge zu groß war und den hohen Preis gefährdete.[12] In Amsterdam zündeten Kaufleute ihre Speicher an, um Überschüsse zu vernichten. Zuschauer des Spektakels wateten durch die austretende Muskatbutter. Schmuggler wurden hart bestraft, und es war unter Androhung der Todesstrafe verboten, heimlich Muskatbäume zu kultivieren, um das Monopol zu umgehen.[13] Für die Nelke galten ähnliche Bestimmungen. Der Plan der Niederländer sah vor, dass allein die Insel Ambon die Heimat der Nelke sein sollte.[14] Ein gebürtiger Husumer im Dienste der VOC, Volkert Iversen[15], berichtet ausführlich über Vorgehensweisen und Motive der Handelsgesellschaft:

„Als ich mein Wesen auf Ceram hatte, lag ich in der Festung Overburg, welche die Einwohner Luven nennen. Sie war nur mit 24 europäischen Soldaten besetzt. Weil auf diesen und den umliegenden Molukkischen Inseln und sonst nirgends die Nelken reichlich wachsen und die Holländer den Nelkenhandel gern alleine haben wollen, mussten wir zu gewissen Zeiten des Jahres partienweise ausgehen und auf den Inseln [...] die Nelkenbäume ruinieren und abschälen, damit sie verdorren. [...] Unterweilen haben wir in einem Monat 15. oder 16. tausend Bäume zunichtegemacht. Desgleichen tun sie auch mit den Muskatfrüchten und Bäumen, die sie oft auf grofsen Haufen verbrennen. [...] Warum sie aber dieses tun, begründen sie so: Es kostet ein grofs Geld, solche Schiffe nach Indien auszurüsten, und sie mussten oftmals erleben, dass diese mit köstlichen Spezereien beladenen Schiffe durch etliche Ungewitter und anderes Unglück untergehen, und nicht alle allezeit glücklich nach Haus kommen. Wenn nun jedermann solche Waren dort bekommen und mit ihnen handeln kann, würden sie wegen der Menge einen schlechten Preis und ihr Gewinn gar gering sein, denn die Wenigkeit eines Dinges erhält den höheren Preis.“[16]

**Ernte-Werkzeug:** Gerät zum Pflücken von Muskatnüssen, Banda-Inseln, vor 1954. Tropenmuseum Amsterdam.

Die Niederländer behaupteten mehr als 150 Jahre lang ihre Vormachtstellung beim Anbau und Handel mit Gewürznelken, Muskatnuss und anderen gewinnbringenden Gütern. Die VOC operierte nahezu konkurrenzlos. Obwohl England im Jahre 1600 die English East India Company und Frankreich im Jahre 1664 die Compagnie française des Indes orientales gründeten, die im Fernhandel tätig waren, konnten sie den Niederländern ihren Rang nur selten streitig machen. Der Erste, dem es mit nachweisbarem Erfolg gelang, das Monopol der Niederländer zu durchbrechen, indem er die Reise von Nelken- und Muskatsetzlingen von den Molukken nach Mauritius ermöglichte, war der Franzose Pierre Poivre (1719–1786) in den 1770er-Jahren. Geschwächt durch den Vierten Englisch-Niederländischen Seekrieg, verlor die VOC langsam an Schlagkraft und Einfluss.[17]

## Pierre Poivre

Pierre Poivre war ein französischer Botaniker, Ökonom, Kolonialfunktionär und Philosoph, der sich dem aufklärerischen Denken seiner Zeit verpflichtet fühlte. Der Sinn für Gewürze scheint ihm in die Wiege gelegt worden zu sein, als er am 23. August 1719 in Lyon als Sohn einer wohlhabenden bürgerlichen Familie zur Welt kam. Nicht nur sein Name Poivre, der übersetzt Pfeffer bedeutet, verweist auf ein Gewürz. Auch seine Vorfahren standen in unmittelbarer Beziehung zu Gewürzen und dem damit einhergehenden Fernhandel, weil sie mit Seide handelten. Seine Eltern waren als Kurzwarenhändler tätig und pflegten bis nach Asien reichende Geschäftskontakte. Erzogen wurde Poivre von Missionaren in Lyon, die darauf spezialisiert waren, ihre Schüler für die Missionsarbeit in Japan, China und den Königreichen Hinterindiens auszubilden. Im Alter von 22 Jahren trat Pierre Poivre schließlich seine erste Fernreise nach China an. Vor Ort tätigte er private Geschäfte, erkundete den Asienhandel, knüpfte Kontakte und betrieb landeskundliche Studien.[18] Als er 1745 nach Frankreich zurückkehren wollte, bekam er die Auseinandersetzungen seines Heimatlandes mit der aufstrebenden und konkurrierenden Kolonialmacht England am eigenen Leib zu verspüren. Zwei englische Kriegsschiffe griffen sein Schiff an. Während des Gefechts traf ihn eine gegnerische Kugel und verletzte ihn schwer. Zusammen mit anderen Gefangenen wurde er nach Batavia gebracht. Dort lernte er den Generalgouverneur von Niederländisch-Ostindien, Gustaaf Willem Baron van Imhoff (1705–1750) kennen und erhielt Einblick in den beginnenden Niedergang des einst so mächtigen niederländischen Handelsreiches. Nach seiner Freilassung erreichte Poivre schließlich am 7. Dezember 1746 die Stadt Port Louis auf der Insel Mauritius, die später eine bedeutende Etappe auf der Reise von Nelke und Muskatnuss werden sollte.

## Poivres Plan

Mauritius liegt im Indischen Ozean, etwa 800 km östlich von Madagaskar. Wegen der strategisch günstigen Lage auf der Gewürzroute zwischen Europa, Indien und den Molukken war Mauritius stets Objekt kolonialer Interessen. Von 1505 bis 1598 nutzten die Portugiesen die Insel als Stützpunkt. Im Jahre 1598 nahmen die Niederländer sie in Besitz und benannten sie nach dem Fürsten Moritz von Oranien (Maurits van Oranje). Erste niederländische Siedler ließen sich im Jahre 1638 nieder, gaben die Insel aber bereits 1710 wieder auf, sodass zahlreiche Seeräuber und entlaufene Sklaven hier Unterschlupf fanden. Die Franzosen beendeten im Jahre 1715 die Piratenherrschaft, beanspruchten das Land für sich und gaben der Insel den Namen

**Machtbewusst:** Der Kaufmann Jacob Mathieusen und seine Frau vor dem Hafen von Batavia, um 1650. Der Maler, vermutlich Aelbert Cuyp, hat beide zusammen mit einem Sklaven dargestellt, der einen Sonnenschirm, einen "*Pajong*, hält - das asiatische Symbol für Status und Macht. Rijksmuseum Amsterdam.

**Krieg um Gewürze:** Modell eines niederländischen Kriegsschiffes um 1665. Maritimes Museum Rotterdam.

Île de France.[19] Nach den erfolglosen Niederländern versuchten nun auch sie, einige Pflanzen als Nahrungsmittel oder Handelsgut auf der Insel heimisch zu machen, um auf dem Weg von Europa zu den Molukken am Kap der Guten Hoffnung nicht mehr von der Versorgung durch die Niederländer abhängig zu sein.[20] Sie ließen versuchsweise von Sklaven aus Ostafrika und Madagaskar Zuckerrohrplantagen anlegen und bewirtschaften. Poivre verfolgte jedoch einen anderen Plan, den er 1748 zunächst der Compagnie française des Indes orientales unterbreitete. Diese mit der niederländischen VOC vergleichbare Handels-und Aktiengesellschaft mit Monopolprivilegien wurde im Jahre 1664 von Jean-Baptiste Colbert (1619–1683)[21] gegründet, dem Finanzminister König Ludwigs XIV. Vorrangiges Anliegen der Gesellschaft war es, den Handel mit Kolonialwaren zu stärken und die Niederländer aus Asien zu vertreiben.[22] Hauptstützpunkt des Unternehmens war die Nachbarinsel von Mauritius, La Réunion, die damals Bourbon hieß. Die Finanzen reichten jedoch wegen der Zurückhaltung der französischen Investoren nicht aus, stets war man auf Kredite und Zuschüsse der Krone angewiesen.[23] Umso dankbarer wurden gute Vorschläge zur Steigerung des Kapitals entgegengenommen. Poivre griff dabei eine Idee des Reisenden und Naturforschers Abbé Labat aus dem Jahre 1696 auf. Er wollte im Sinne des aufklärerischen Denkens neue Gewürzinseln anlegen, statt existierende mit Gewalt in Besitz zu nehmen, und dachte dabei an Mauritius und La Réunion.[24] Die Verantwortlichen der Compagnie befürworteten Poivres Plan und beauftragten ihn, die beiden Inseln, auch Maskarenen genannt, in Gewürzinseln zu verwandeln und das niederländische Gewürzmonopol, vor allem das Nelken- und Muskatmonopol, zu durchbrechen.[25] Poivre begann mit der Recherche, Dokumentation und Analyse der bisherigen Bemühungen um die Pflanzenkultivierung und schildert diese in einem seiner Berichte:

**Das alte Jakarta:** Markt und Festung von Batavia vom Fluss Kali Besar aus gesehen. Gemälde von Andries Beeckman, ca. 1663. Rijksmuseum Amsterdam.

**Welthandelszentrum:** Auf der Ansicht des Hafens und der Festung von Batavia, die der niederländische Künstler Hendrik Jacobsz Dubbels um 1650 malte, sind Ostindienfahrer, chinesische Dschunken und einheimische Schiffe abgebildet. Batavia, das heutige Jakarta, auf der indonesischen Insel Java, war Dreh-und Angelpunkt des niederländischen Gewürzhandels. Rijksmuseum Amsterdam.

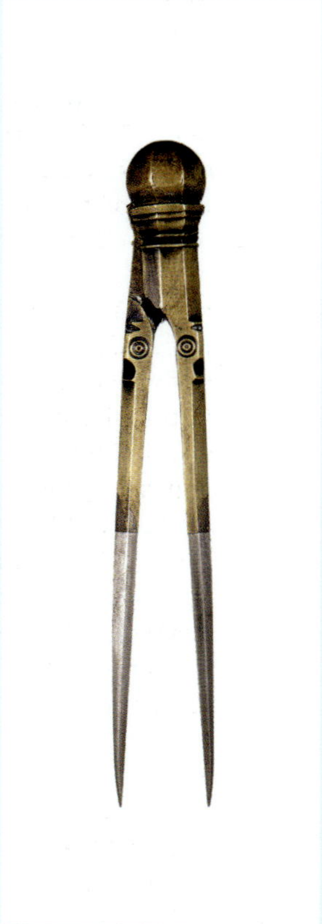

„Die Isle de France hat zwei vortreffliche Häfen, wo alle unsere Schiffe einlaufen, die in Friedenszeiten für den Handel nach Indien und China und in Kriegszeiten zur Verteidigung unserer Besitzungen gebraucht werden. [...] Man hat den Anbau aller Arten von Pflanzen versucht und ist bei keiner geblieben. Der Kaffee, die Baumwolle, der Indigo, das Zuckerrohr, der Birnbaum, der Zimtstrauch, der Maulbeerbaum, der Tee, der Kakao, der Rukubaum: Alles ist in Proben angebaut worden, aber mit einer Sorglosigkeit, welche den Erfolg ausschloss."[26]

## Die Reise von Nelke und Muskatnuss nach Mauritius

Nachdem er seine Untersuchungen abgeschlossen hatte, begann Poivre um 1750 selbst Pflanzen zu sammeln, um sie in einem französischen Nutzgarten zu kultivieren und Studien zu Anbaumöglichkeiten durchzuführen. Für seine Experimente beschaffte er sich – wegen der strengen Kontrollen vermutlich unter riskanten Bedingungen und auf illegalem Wege – Samen und Setzlinge der Gewürznelke und der Muskatnuss von den Molukken.[27] Damit verließen diese beiden Gewürze erstmalig nicht als Handelsgut ihre Heimat, sondern um gezielt an anderer Stelle angesiedelt zu werden. Doch Poivres erste Versuche blieben erfolglos. Viele Proben überlebten ihre Reise von den Ursprungsgebieten nicht oder gingen wegen unzureichenden Wissens über den Anbau nach kurzer Zeit ein.[28] Zudem vermutete Poivre Sabotage durch Gegner seines Vorhabens wie beispielsweise Pierre Félix Barthélemy David (1711–1795), von 1746 bis 1750 Gouverneur von Mauritius, der sich weigerte, ihm Schiffe für seine Expeditionen zur Verfügung zu stellen. Als schließlich ein weiterer Gegner seines Planes, Jean-Baptiste Christian Fusée Aublet (1720–1778)[29], zum Direktor der Gärten von Mauritius ernannt wurde, sah Poivre keine Chance mehr, sein Projekt zu verwirklichen und kehrte 1756 wieder nach Frankreich zurück.[30] Doch inzwischen hatte er als Naturforscher an Renommee gewonnen und wurde korrespondierendes Mitglied der Académie des sciences zu Paris und der Académie des sciences, belles lettres et arts zu Lyon. Er hielt Vorträge über Landwirtschaft und Gartenkunst, gründete die Société royale d'agriculture in Lyon mit und wurde bald darauf deren Präsident.[31] Während Poivres Karriere zu dieser Zeit erfolgreich verlief, musste Frankreich im Siebenjährigen Krieg (1756–1763) schwere Niederlagen hinnehmen, die von großer Reichweite für die französische Überseepolitik waren. Nach dem Friedensschluss mit England verlor Frankreich seinen Einfluss auf dem nordamerikanischen Kontinent sowie in vielen Teilen Indiens und war von nun an auf wenige Handelsplätze beschränkt. Einer dieser Handelsplätze, dessen Bedeutung erheblich gestiegen war, waren die sich bis dahin im Eigentum der Compagnie française des Indes orientales befindenden Inseln La Réunion und Mauritius, die der König 1764 zu französischen Kronkolonien erklärte.[32] Zum Intendanten der Inseln setzte die Krone Pierre Poivre ein. Im Jahre 1767 trat er, frisch verheiratet und geadelt im Dienst von König Ludwig XV.[33], sein Amt an.[34] Auf Mauritius richtete er sich das Anwesen Mon Plaisir als Amts- und Wohnsitz ein und kontrollierte von dort aus den kontinuierlichen Auf- und Ausbau des benachbarten Botanischen Gartens. Der Ursprung des Gartens geht zurück auf den von 1734 bis 1746 als Generalgouverneur von Mauritius amtierenden Bertrand-François Mahé de La Bourdonnais (1699–1753),[35] der in der Nähe von Mon Plaisir, das er als Wochenendresidenz nutzte, Obstbäume, Früchte und seltene Kräuter anpflanzen hatte lassen. Aus diesen Anfängen entwickelte sich allmählich ein großer Obst- und Gemüsegarten, der die auf der Insel anlegenden Schiffe mit Frischwaren versorgte. Bis zur ersten erfolgreichen Ernte von Nelke und Muskatnuss war es jedoch ein langer und mühsamer Weg. Zahlreiche Expeditionen brachten in den Jahren 1768, 1769 und 1771 immer wieder Pflanzen und Samen nach Mauritius und verbreiteten das Gerücht, Poivre sei ein Pflanzenjäger und Pflanzendieb. Bei einer erfolgreichen Unternehmung wurden am 24. Juni 1770 circa 400 Muskatnussbäume,

**In der Kapitänskajüte:** Kronenkompasse wie dieser von Iver Jensen Borger in Dänemark um die Mitte des 18. Jahrhunderts gefertigte, hingen von der Decke der Kapitänskajüte. Maritimes Museum Rotterdam.

**Navigationsgerät:** Kartenzirkel des VOC-Seglers Lastdrager, der 1653 vor den Shetland-Inseln sank. Maritimes Museum Rotterdam.

**Ruderboot:** Modell eines molukkischen Eingeborenenbootes, wie es für Ruderwettstreite verwendet wurde. Banda-Inseln, vor 1911. Tropenmuseum Amsterdam.

10 000 Muskatnüsse, 70 Nelkenbäume und eine Truhe mit Nelken im Hafen von Port Louis entladen.[36] Da Poivre fest an die erfolgreiche Umsetzung seines Planes glaubte, schickte er Pflanzenproben zur Bestimmung an die Académie des sciences nach Paris, weil Gegner seines Gewürzprojektes die Echtheit dieser Pflanzen bezweifelten. Er versuchte durch Veröffentlichungen für sein Vorhaben zu werben, um so seine Kritiker zu überzeugen. Ausführlich schilderte Poivre in seinen ‚Mémoires sur les épiceries à l'Isle de France' vom 18. Oktober 1772, warum das Klima und der Boden der Insel günstig für die Kultivierung von Gewürzpflanzen seien und warum der Anbau und die Ernte von Nelke und Muskatnuss profitabler sei als der von Kaffee. Drei- bis viertausend Äcker mit Nelken- und Muskatnussbäumen, so Poivre, reichten aus, um im Gewürzhandel Frankreich zu einem ernsthaften Rivalen der Niederländer werden zu lassen.[37] Um erste Erfolge beim Anbau von Nelke und Muskatnuss zu erzielen, pflanzte er die kostbaren Setzlinge in Akklimatisationsgärten[38] an und erprobte über die Insel verteilt unterschiedliche Böden, um herauszufinden, wo sie am besten gedeihen würden.[39] Die Ergebnisse und Erfahrungen publizierte er als Arbeitsanweisungen in der Instruktion für die Art und Weise Pflanzen und Samen von Gewürznelken und Muskat erfolgreich zu pflanzen und zu kultivieren.[40] Als Poivre Ende 1772 sein Amt niederlegte, um nach Frankreich zurückzukehren, verkaufte er sein Anwesen. Die Aufsicht über den Botanischen Garten, und damit über die Aufzucht der Nelken-und Muskatpflanzen, übernahm von nun an im Auftrag Poivres sein Nachbar Jean Nicolas Céré, dem er einen Plan von der Anlage sowie einen Katalog mit den dort wachsenden Pflanzen hinterließ.[41]

## Die weltweite Verbreitung von Nelke und Muskatnuss

Jean Nicolas Céré lebte in dem an Poivres Grundstück angrenzenden Estate Belle Eau. 1775 zum Direktor des Gartens ernannt, trat er in die Fußstapfen seines Vorgängers und bemühte sich um die erfolgreiche Aufzucht und Ernte von Nelke und Muskatnuss. Der Briefwechsel Cérés mit seinem Freund Le Galles in Paris sowie dessen Drucklegung in damaligen Zeitungen zeugen noch heute von den bedeutendsten Schritten der Kultivierung der Gewürze auf Mauritius und La Réunion. Sie berichten von der erfolgreichen Vermehrung des Nelkenbaumes, der Blüte der Muskatnusspflanzen, der ersten Ernte einer kreolischen Nelke am 14. Oktober 1776, der Zeremonie anlässlich der ersten Ernte einer Muskatnuss auf Mauritius am 7. Dezember 1778 und den Versuchen, Nelken- und Muskatnusspflanzen auf andere Bäume aufzupfropfen, um die Zeit zur Ernte zu verkürzen.[42] In den nun folgenden Jahren entwickelten sich die Pflanzenzucht, die Vermehrung und der Handel mit den Gewürzsamen und -setzlingen stetig. Die Erkenntnis, dass es sowohl männliche als auch weibliche Muskatnusspflanzen gibt, sie also getrenntgeschlechtlich sind, führte dazu, dass die jeweiligen gewünschten und benötigten Setzlinge zwischen den Molukken, Mauritius und La Réunion sowie verschiedenen Gärten hin- und hergeschickt wurden.[43] Bereits in den 1770er Jahren erfolgten erste Versuche des Anbaus auf den Seychellen und in der französischen Kolonie Cayenne, heute zum südamerikanischen Französisch-Guayana gehörend. So hatten sich Nelke und Muskatnuss, lange bevor die Gewürzpflanzen durch die Übernahme der Molukken im Jahre 1796 in die Hände der Engländer fielen, in französischen Kolonialgebieten etabliert und ihre weltumspannende Reise fortgeführt.[44]

NEYRA.

**Muskatplantagen:** Die Insel Banda Neira aus der Vogelperspektive. Das Gemälde von Johannes Vingboons, das um das Jahr 1665 entstand, zeigt links den Ort Neira, im Vordergrund das Fort Nassau und in der Mitte das Fort Belgica. Rechts sind die Muskatbaumplantagen zu sehen. Rijksmuseum Amsterdam.

**Gewürzpionier:** Pierre Poivre wurde durch die Einführung von Nelke und Muskatnuss auf Mauritius und La Réunion berühmt, mit der er das Monopol der Niederländer brach. Stahlstich von Ephraim Conquey, um 1850. Privatsammlung München.

**Die Nelkeninsel:** Im Jahr 1617 hat ein anonymer Maler die Insel Ambon, bis ins 19. Jahrhundert das Zentrum der Produktion von Gewürznelken, aus der Vogelperspektive abgebildet und auch deren Gouverneur Frederik de Houtman porträtiert. Rijksmuseum Amsterdam.

**König der Gewürze:** Eine VOC-Gesandtschaft vor dem König von Kandy. Das Aquarell von Jan Brandes, das um 1785 entstand, verdeutlicht die Position, in der sich der Herrscher der zimtreichen ceylonesichen Provinz Kandy gegenüber den Niederländern präsentieren konnte. Rijksmuseum Amsterdam.

**Stolz der Molukken:** Muskatnuss (*Myristica fragrans*). Bis zur erfolgreichen Kultivierung durch Pierre Poivre auf Mauritius in den 1770er-Jahren wuchs sie ausschließlich auf den Molukken. Abbildung in ‚Köhler's Medizinal-Pflanzen in naturgetreuen Abbildungen' (1887). Bayerische Staatsbibliothek München.

# Die Reise der Nelke nach Sansibar

Die Nachrichten von den französischen Anbauerfolgen von Gewürzpflanzen auf Mauritius machten schnell die Runde. Es bestand freilich die Gefahr, dass auch andere Länder versuchen würden, Nelke und Muskatnuss auf eigenem Boden oder in ihren Kolonien anzusiedeln. Die Franzosen, allen voran Céré, fürchteten, dass sich die Gewürzpflanzen bald überall verbreiten würden und die Engländer die französischen Erfolge für sich nutzen könnten. Seine Befürchtungen waren nicht unbegründet, denn von den französischen Kolonien Cayenne, St. Dominique und Martinique aus verbreitete sich die Nelke auf die umliegenden englischen Besitztümer.[45] Den ersten Nelkenbaum, der 1793 die beiden wichtigsten Inseln Sansibars, die Hauptinsel und die Insel Pempa vor der Ostküste Afrikas, erreichte, erwarb jedoch kein Engländer, sondern der auf Sansibar lebende Araber Harameli bin Salem.[46] Früher war er auf La Réunion Diener eines französischen Offiziers gewesen. Nun stand er unter Mordverdacht und sollte verbannt werden. Doch er entkam seiner Strafe, indem er dem Sultan Sayyid Said bin Sultan Setzlinge einiger Nelkenbäume schenkte. Die Auswirkungen dieser ersten Pflanzungen zeigten sich, als der Sultan, Herrscher von Oman, im Jahre 1832 seinen Sitz auf die Insel verlegte und den Entschluss fasste, den Anbau von Nelken gezielt zu fördern. Damit begann die Geschichte, die Sansibar bis heute zur Nelkeninsel macht. Die strategisch günstige Lage, der fruchtbare Boden und ausreichend Süßwasser zur Versorgung der Pflanzen bildeten die Grundlage für den erfolgreichen Anbau der Nelke. Hinzu kam die Verordnung des Sultans, dass für jede Kokospalme wenigstens drei Nelkenbäume anzupflanzen waren.[47] Diese Kultivierungsmaßnahme führte zu einer derartig schnellen Verbreitung der Nelkenpflanzen, dass sich Sansibar in nur wenigen Jahrzehnten zur Gewürzinsel mit ausgedehnten Nelkenplantagen entwickelte. Allein der Sultan besaß 1856, zum Zeitpunkt seines Todes, 45 Plantagen, auf denen vermutlich sechs- bis achttausend Sklaven arbeiteten. Auch das Ende der omanischen Herrschaft 1890 und die Errichtung des britischen Protektorates Sansibar taten der Entwicklung keinen Abbruch.[48] Mitte des 20. Jahrhunderts stellte die Insel sogar 90 Prozent der weltweiten Produktion an Nelken. Auf Pempa wachsen heute etwa 4 Millionen Nelkenbäume, die mit ihren süßlich duftenden Knospen Reisende auf Gewürztouren erfreuen.[49] Wie wichtig die Nelke für Sansibar ist, zeigt die gemeinsame Ernte, bei der alle Inselbewohner mithelfen, auch die Kinder, die die Regierung in dieser Zeit freistellt. Die Schulen werden geschlossen. In der Zeit des Sultanats Sansibar, das vom 9. Dezember 1963 bis zum 12. Januar 1964 bestand, wurde die Nelke auf der Flagge abgebildet, und dem Logo der Gewürznelkenbehörde der Insel ist noch heute zu entnehmen:„Gewürznelken sind das Leben der Nation.“[50]

# Die Reise der Muskatnuss nach Grenada

Gegen Ende des 18. Jahrhunderts pflanzten die Franzosen versuchsweise Setzlinge auf einigen ihrer kolonialen Inseln an, um sie auch dort heimisch zu machen. Ein Reiseziel der Muskatnuss war der seit 1762 bestehende Botanische Garten von St. Vincent, einer jener karibischen Inseln, die seit dem 17. Jahrhundert wechselnd in französischem und englischem Besitz waren, bis sie 1783 nach dem Frieden von Paris schließlich an England fielen. Ein weiteres Ziel war das ebenfalls karibische Trinidad. Im Jahre 1806 reisten einige Muskatsetzlinge auf dem englischen Schiff Fortitude von Indien nach Trinidad. Mit diesem Bestand begann der Botaniker David Lockhart in den 1820er-Jahren im Auftrag der Regierung der Insel die Aufzu cht von Muskatbäumen im Garten von St. Ann. Der Erfolg zeigte sich bereits nach

**Filigran:** Das Schiffsmodell aus Gewürznelken wurde vor 1954 auf den Ambon-Inseln angefertigt. Tropenmuseum Amsterdam.

**Glücksbringer:** Silbergefasster Muskatanhänger, 17. Jh. Bis in das 18. Jahrhundert hinein findet sich in Deutschland der Brauch, dass kinderlose Frauen Muskatnüsse als magische Glücksbringer gegen Sterilität um den Hals trugen. Bayerisches Nationalmuseum München.

**Luxusreibe:** Hölzerne Muskatreibe, aus der Gegend von Friedrichstadt in Holstein, 17. Jh. Museum für Kunst und Gewerbe Hamburg.

wenigen Jahren, als mit diesen Pflanzen erste Plantagen angelegt werden konnten und Lockhart 1831 für seine Verdienste eine Auszeichnung bekam.[51] Von St. Vincent und Trinidad aus gelangten vermutlich die ersten Muskatsetzlinge nach Grenada. Die zwischen dem Karibischen Meer und dem Atlantik liegende Insel wurde – ähnlich wie St. Vincent – seit dem 17. Jahrhundert wechselnd von den Briten und Franzosen als Besitz beansprucht, bis sie ebenfalls nach dem Pariser Frieden an England ging. Während Sansibar als Nelkeninsel an Bedeutung gewann, entwickelte sich Grenada zur Muskatinsel. Obwohl die ersten Setzlinge erst 1843 eintrafen, war Grenada schon 1865 der Hauptproduzent der Muskatnuss, und noch heute kommen 40-60 Prozent der weltweiten Ernte von dieser Insel.[52] Die Staatsflagge, auf der zwei Muskatfrüchte zu sehen sind, zeugt von der großen Bedeutung der Muskatnuss für Grenada.

## Das Ende der Reise

Wie jede Reise hat auch diese ein Ende – in unseren Kochtöpfen, Bratpfannen und Gläsern, wo die Muskatnuss in Kartoffelpüree, zu Spinat, Brokkoli und Blumenkohl verwendet wird. Die Nelke erreicht ihr Reiseziel hingegen im Birnenkompott und Glühwein oder als Analgetikum bei Zahnschmerzen und zum Verjagen von Mücken. Darüber hinaus treffen sich beide Gewürze – vereint mit Weißem Pfeffer und Zimt oder Ingwer – in der französischen Gewürzmischung Quatre Èpices in Europa.

1 Übersetzt aus dem Englischen, vgl. Ly-Tio-Fane 1970, 38. Charles-Henri-Louis d'Arsac de Ternay (1723–1780) war von 1772 bis 1776 Gouverneur von Mauritius.
2 Vgl. Dominguez 1997, 95; Vaupel 2002a, 53.
3 Vgl. Vaupel 2002a, 71.
4 Ebd., 53 f.
5 Vgl. Salentiny 1991, 18-38.
6 Vgl. Salentiny 1991, vordere Umschlagklappe: Übersichtskarte der Gewürzroute, und 146.
7 Die Republik der Vereinigten Niederlande bestand im 17. Jahrhundert aus den sieben Provinzen Holland, Friesland, Groningen, Overijssel, Gelderland, Utrecht und Zeeland. Vgl. Driessen 1996, 17.
8 Vgl. Schmitt u.a. (Hrsg.) 1988, 216.
9 Vgl. Schlegelmilch (Hrsg.) 1995, 156; Mahn 2001, 155.
10 In der ersten Hälfte des 16. Jahrhunderts etablierte sich Antwerpen als wichtigster Umschlagplatz für Gewürze. Vgl. Mahn 2001, 149.
11 Vgl. Mahn 2001, 155.
12 Vgl. Mahn 2001, 156 f.
13 Vgl. Küster 1987, 160.
14 Vgl. Vaupel 2002a, 58.
15 Volkert Iversen, auch Vokert Evertszoon oder Volquard Iversen. S. Lohmeier (Hrsg.) 1980.
16 Lohmeier (Hrsg.) 1980, 183 f.; Driessen 1996, 137 f. Der Text wurde sprachlich modernisiert.
17 Vgl. Vaupel 2002a, 57 f.
18 Vgl. Osterhammel (Hrsg.) 1997, 11-14.
19 Ebd., 16 f. –Im Folgenden wird für Île de France der heutige Name Mauritius verwendet.
20 Ebd., 17.
21 Colbert hatte von 1661 bis zu seinem Tod 1683 diverse Ministerämter inne.
22 Vgl. Mahn 2001, 161; Osterhammel (Hrsg.) 1997, 18.
23 Vgl. Mahn 2001, 161 f.
24 Vgl. Osterhammel (Hrsg.) 1997, 28 f.
25 Ebd., 18 f.
26 Ebd., 144 f.
27 Ebd. 21 f.
28 Vgl. Ly-Tio-Fane 1970, 24.
29 Jean-Baptiste Fusée Aublet war von 1753 bis 1767 Direktor des Botanischen Gartens von Mauritius.
30 Vgl. Osterhammel (Hrsg.) 1997, 22; Ly-Tio-Fane 1970, 24.
31 Vgl. Osterhammel (Hrsg.) 1997, 23.
32 Ebd. 17.
33 König Ludwig XV. von Frankreich regierte von 1715 bis 1774.
34 Vgl. Osterhammel (Hrsg.) 1997, 34 f.
35 Mahé de La Bourdonnais war französischer Admiral. Seine Memoiren veröffentlichte erst sein Enkel, ein berühmter Schachspieler.
36 Ly-Tio-Fane 1970, 22.
37 Ebd. 28 f..
38 Vgl. Osterhammel (Hrsg.) 1997, 17.
39 Vgl. Ly-Tio-Fane 1970, 22.
40 Ebd., 34.
41 Ebd., 35.
42 Ebd., 35-43.
43 Ebd., 58.
44 Ebd., 81.
45 Ebd., 63 f.
46 Vgl. Salentiny 1991, 13; Küster 1987, 169, Mahn 2001, 1; Schulz 2003, 34.
47 Vgl. Pfander 2002, 175.
48 Vgl. Mahn 2001, 138.
49 Vgl. Pfander 2002, 177 f.
50 Pfander 2002, 175; Schulz 2003, 36.
51 Vgl. Ly-Tio-Fane 1970, 78 f.
52 Vgl. Vaupel 2002a, 79.
53 Vgl. Schulz 2003, 39.

Ersatzmittel-Ausstellung
Geöffnet von 10 Uhr vormit. 7 Uhr abends.
Wien, 1918
Prater, Kaisergarten
Mai-August
Eintrittspreis: 60 Heller

**Kunststoffmesse:** Auf einer Ersatzmittel-Ausstellung, die 1918 in Wien stattfand, waren die typischen Ersatzprodukte des Ersten Weltkrieges zu sehen. Das Plakat suggeriert, dass es dank des Erfindungsreichtums der Chemiker und dank einer potenten Industrie durchaus gelingen kann, eine Wirtschaftsblockade – hier dargestellt durch eine abgeschottete Insel, die von feindlichen Schiffen von jeglichen Außenkontakten abgeschirmt wird – unbeschadet zu überstehen. Deutsches Museum München.

# Gewürze aus der Retorte. Künstliches Vanillin, Kunstpfeffer und Kunstzimt

Elisabeth Vaupel

**Kriege, Krisen und** Katastrophen haben dramatische Auswirkungen auf den Alltag der Bevölkerung. Wenn Güter und Waren, an die jedermann gewöhnt ist, plötzlich nicht mehr zur Verfügung stehen, wird dies als erheblicher Verlust an Lebensqualität empfunden. Derartige Situationen betrachteten Naturwissenschaftler und Techniker seit jeher als besondere Herausforderung. Nach der Devise „Not macht erfinderisch" tüftelten und experimentierten sie so lange, bis sie einen halbwegs brauchbaren Ersatz für die Dinge gefunden hatten, die krisenbedingt nicht mehr zur Verfügung standen.

## Ersatzlebensmittel während der Kontinentalsperre

Eine besondere Einschränkung bedeutete es seit jeher, wenn geschätzte Lebensmittel Mangelware wurden. Während der von Napoleon verhängten Kontinentalsperre (1806-1813) fehlten vor allem die Kolonialwaren. Rohrzucker, Kaffee, Tee, Kakao, Reis und tropische Gewürze, die damals vorzugsweise aus den britischen Kolonien auf den europäischen Kontinent importiert wurden, mussten notgedrungen eine Zeit lang durch einheimische Surrogate ersetzt werden. Da die Chemie zu Beginn des 19. Jahrhunderts noch nicht weit genug entwickelt war, um die kompliziert gebauten Wirkstoffe dieser Naturprodukte synthetisch nachzuahmen, griff man zwangsläufig auf die Botanik zurück.[1] Die damals gebräuchlichen Ersatzmittel waren vor allem einheimische Pflanzenprodukte. So wurde der aus den Kolonien importierte Rohr- durch heimischen Rübenzucker ersetzt, Kaffee durch Zichorie, schwarzer Tee durch Hagebutten- oder Pfefferminztee, Reis durch Graupen, tropische Gewürze durch Wiesenkräuter. Nun gehören Kolonialwaren wie Kaffee, Tee oder Gewürze im Gegensatz zu den unverzichtbaren Fett-, Eiweiß- und Kohlenhydratlieferanten sicherlich nicht zu den Grundnahrungsmitteln. Dennoch sind sie keineswegs purer Luxus, denn sie haben physiologisch durchaus eine Funktion. Seit jeher war die Beliebtheit der Kolonialwaren ihren charakteristischen Wirkstoffen geschuldet, die die pflanzlichen Surrogate heimischer Provenienz in dieser Form und in dieser Konzentration nicht enthielten. Was die Europäer am Kaffee oder am schwarzen Tee schätzten, waren die stimulierenden Inhaltsstoffe, besonders das anregende Koffein. Derart belebende Reizsubstanzen waren in deutschem Hagebutten- oder Pfefferminztee nicht zu finden. Gleichermaßen fehlten den heimischen Kräutern die Inhaltsstoffe, die den Charme vieler tropischer Gewürze ausmachen, nämlich Scharfstoffe und ein hoher Gehalt an ätherischen Ölen. Verglichen mit Pfeffer, den die Europäer seit der Antike vor allem wegen seiner Schärfe schätzten, waren alle heimischen Scharfstoffgewürze – Meerrettich, Zwiebeln, alle Laucharten und Senf – eher mild.[2] Überdies waren sie bei Weitem nicht so aromatisch wie die tropischen und subtropischen Gewürze, deren unnachahmlicher Geschmack unter anderem ihrem hohen Gehalt an ätherischen Ölen zu verdanken ist. Gerade weil das Essen in Zeiten wirtschaftlicher Not wegen des eingeschränkten Warenangebots ohnedies eintöniger schmeckte als gewohnt, wurde das Fehlen der Importgewürze besonders schmerzlich empfunden. Da in Krisenzeiten nicht nur Gewürz-, sondern oft auch noch Fleischmangel herrschte, waren die Mahlzeiten im doppelten Sinne fad. Fleisch ist eben nicht nur eine wertvolle Proteinquelle, sondern vor allem in gebratener Form auch ein Lieferant besonders schmackhafter Aromakomponenten. In Kriegs- und Mangelzeiten entwickelte die Bevölkerung daher einen besonders ausgeprägten Gewürzhunger, der sich mit Kochsalz und heimischen Kräutern nur mangelhaft stillen ließ.[3]

**Moderne Alchimisten:** Das Titelblatt der Satire-Zeitschrift Simplicissimus vom 18.11.1934 zeigt, dass die Chemiker nicht nur im Ersten, sondern auch im Vorfeld des Zweiten Weltkrieges damit beschäftigt waren, Ersatzstoffe für diverse Mangelwaren zu erfinden. Wie die Bildunterschrift „Was uns nicht umbringt, macht uns stärker" belegt, war ihnen durchaus bewusst, dass viele ihrer Kreationen qualitativ miserabel waren. Deutsches Museum München.

München, 18. November 1934 Preis 60 Pfennig 39. Jahrgang Nr. 34

# SIMPLICISSIMUS

Was uns nicht umbringt, macht uns stärker (E. Schilling)

## Ersatzlebensmittel im Ersten Weltkrieg

Bald nach Ausbruch des Ersten Weltkrieges wurde die Versorgungslage der Bevölkerung immer schwieriger. Da Deutschland nicht auf einen längeren Krieg vorbereitet war, wurden Grundnahrungsmittel Mangelware. Um eine einigermaßen geregelte Versorgung der Bevölkerung sicherzustellen, wurden sie schließlich rationiert und zunehmend durch zahlreiche dubiose Ersatzlebensmittel substituiert. Im Zuge dieser Entwicklung mussten auch die Importgewürze durch Surrogate ersetzt werden. Als solche dienten zum einen die seit der Kontinentalsperre bekannten Ersatzstoffe aus dem heimischen Pflanzenreich, zum andern diverse industriell hergestellte Gewürzersatzmittel, zum Beispiel Würzsoßen vom Typ der Maggiwürze oder pikante Hefeextrakte. Auffallend ist, dass während des Ersten Weltkrieges zum ersten Mal in der Geschichte der Lebensmittelindustrie in großem Umfang Ersatzmittel auf den Markt kamen, die aus der Retorte der Chemiker stammten. Anders als zu Zeiten der Kontinentalsperre war die wissenschaftliche und technische Chemie zu Beginn des 20. Jahrhunderts bereits in der Lage, wichtige Aromen künstlich, das heißt synthetisch, herzustellen. Da die Qualität vieler Ersatzprodukte miserabel war, bekam dieses Wort allerdings bald einen schlechten Klang. 1916 kamen erstmals auch einige vollsynthetisch hergestellte Gewürzaromen auf den Markt. Das war ein Novum, denn bis zu diesem Zeitpunkt konnte man nur den Hauptaromastoff der echten Vanilleschoten, das Vanillin, synthetisch herstellen.

## Künstliches Vanillin

1874 war es den beiden deutschen Chemikern Wilhelm Haarmann (1847–1931) und Ferdinand Tiemann (1848–1899) gelungen, den chemischen Aufbau des Vanillins zu entschlüsseln. Mit dieser Kenntnis konnten sie den begehrten Aromastoff bald auch synthetisch herstellen.[4] Die technische Nutzung der Vanillinsynthese war besonders für Deutschland, das im Gegensatz zu Frankreich keine eigenen Vanille produzierenden Kolonien besaß, wirtschaftlich hochinteressant. Sie wurde 1875 zum Ausgangspunkt für die Gründung einer der ältesten Fabriken künstlicher Riechstoffe, von Haarmann's Vanillinfabrik in Holzminden an der Weser. Das erste dort benutzte Syntheseverfahren, bei dem 1 kg künstliches Vanillin noch 7 000 Mark kostete, benutzte als Ausgangsmaterial den Saft von Nadelhölzern. Dank intensiver Forschung wurden in den folgenden Jahren zahlreiche weitere Vanillinsynthesen entwickelt, die das Produkt signifikant verbilligten: Um das Jahr 1900 kostete 1 kg Vanillin etwa 126 Mark, um 1940 hingegen nur noch 30 Mark. Schon Ende des 19. Jahrhunderts war das Syntheseprodukt so preisgünstig geworden, dass es vielen industriell hergestellten Lebensmitteln zugesetzt wurde, besonders Süßwaren. Auch in privaten Haushalten begann sich der Gebrauch des künstlichen Vanillins durchzusetzen. Viele Hausfrauen begegneten der Neuerung zunächst allerdings mit Skepsis. Um ihre Vorbehalte zu entkräften, beauftragte die Holzmindener Firma Haarmann & Reimer die populäre Kochbuchautorin Lina Morgenstern (1830–1919), Gründerin des Berliner Hausfrauenvereins und der ersten Volksküchen sowie Herausgeberin der Deutschen Hausfrauen-Zeitung, ein kleines Vanillin-Kochbüchlein zu schreiben, bei dem jedes Rezept die Verwendung von synthetischem Vanillin vorschrieb. Vanillin, ein weißes, kristallines Pulver, kam meist mit Zucker vermischt in den Handel. Zum Erfolg dieses Vanillinzuckers trug bei, dass er – und das bis heute – in portionsgerecht abgepackten Tütchen feilgeboten wurde.

Die chemische Fabrik Haarmann & Reimer war auch die erste, die ein Vanillearoma auf den Markt brachte, das kein natürliches Vorbild mehr hatte: das Ethylvanillin. Dieser Aromastoff, der nach heutiger Nomenklatur als künstliches Aroma zu bezeichnen wäre, wurde unter dem Namen Bourbonal oder Vanirom verkauft. Da er ein vierfach intensiveres Aroma als das Vanillin hatte und daher bei gleichem Preis viel ergiebiger war als dieses, war das Präparat eine Zeit lang sehr beliebt. Heute ist hingegen das weniger intensiv schmeckende synthetische Vanillin das wirtschaftlich weitaus wichtigere Produkt. Es darf – was bei der weitverbreiteten Aversion gegen künstliche Aromen ein großer Marktvorteil ist – als naturidentischer Aromastoff deklariert werden, denn Vanillin ist als Hauptkomponente des natürlichen Vanillearomas tatsächlich auch in echten Vanilleschoten enthalten. Da jedoch das komplexe Aroma einer echten Vanilleschote aus etwa 700 verschiedenen Verbindungen besteht, von denen das Vanillin zwar die wichtigste, aber eben nicht die einzige ist, lässt sich damit allerdings nur eine grobe Annäherung an das Naturaroma erzielen.

## Kunstpfeffer im Ersten Weltkrieg

Gut vierzig Jahre nach der Vanillinsynthese kam erstmals ein künstliches Pfefferaroma auf den Markt. Dieser Kunstpfeffer war das Resultat gezielter Forschung, die während des Ersten Weltkrieges in Angriff genommen wurde. Solange Naturpfeffer zu günstigen Preisen importiert werden konnte, bestand keinerlei Notwendigkeit, nach einer derartigen Synthese zu suchen. Als wegen der britischen Seeblockade seit 1915 allerdings kaum mehr tropische Nahrungsmittel nach Deutschland gelangten, war schlagartig eine neue Situation entstanden, die unter anderem massive Auswirkungen auf den Gewürzhandel hatte.

Das beliebteste Gewürz der Deutschen war der scharf schmeckende Pfeffer. Für dessen Einfuhr hatte das Deutsche Reich 1913 mehr als sechs Millionen Mark Devisen ausgegeben. Gleich dahinter kam die echte Vanille, deren Import 1913 mit etwas mehr als zwei Millionen Mark zu Buche schlug; an dritter Stelle stand die Muskatnuss, deren Einfuhr etwas mehr als eine Million kostete.[5] Die meisten Importgewürze gelangten über holländische Häfen ins Deutsche Reich. Seit dem 20. März 1916 verboten die Niederlande jedoch die weitere Ausfuhr von Pfeffer nach Deutschland. Dieses Ausfuhrverbot wurde im Spätherbst 1916 sogar auf alle Gewürze ausgedehnt.[6] Die Folge dieses totalen Einfuhrstopps war, dass die in Deutschland vorhandenen Gewürzvorräte fortan mit allen nur denkbaren Streckmitteln verfälscht wurden: „Man hatte das Gefühl, daß die älteste Literatur daraufhin durchgesehen worden wäre, was man schon alles unter Gewürze jemals gemischt hat“[7], klagte ein Mitarbeiter der Preußischen Landesanstalt zur Untersuchung von Nahrungs- und Genußmitteln in Berlin. Der schon zu Beginn des Ersten Weltkrieges eintretende Gewürzmangel führte unter anderem zum Aufblühen der ersten vollsynthetischen Ersatzgewürze. So hatten sich Berliner Kollegen schon 1915 an den späteren Chemie-Nobelpreisträger Hermann Staudinger (1881–1965) gewandt, der seit 1912 an der renommierten ETH in Zürich lehrte, und ihn gebeten, eine technische Synthese des Piperins zu entwickeln, des wichtigsten, im natürlichen Pfeffer in einer Konzentration von 3,5 bis 6 Prozent enthaltenen Scharfstoffes des Pfeffers. Eine derartige Synthese musste, um rentabel zu sein, von Rohstoffen ausgehen, die in Deutschland zu günstigen Preisen zur Verfügung standen. Weil sich diese Forderung jedoch als unerfüllbar erwies und zugleich bekannt war, dass in den verschiedensten Pfefferarten neben Piperin auch noch andere scharf schmeckende Substanzen vorkommen, ließ Staudinger systematisch die Beziehungen zwischen der Struktur dieser Verbindungen und ihrem jeweiligen Geschmack untersuchen. Dabei wurde entdeckt, dass man das Molekül des Piperins weitgehend verändern kann, ohne dass der typische Pfeffergeschmack verloren geht. Diese Erkenntnis führte dazu, dass der Plan einer Piperin-Synthese aufgegeben und stattdessen nach einer Synthese für eine Verbindung gesucht wurde, die ähnlich, aber einfacher gebaut war als das Piperin. Bedingung war lediglich, dass sie nach Pfeffer schmeckte und aus leicht zugänglichen und billigen Ausgangsverbindungen hergestellt werden konnte. Diese Verbindung ließ Staudinger am Pharmakologischen Institut der Universität Zürich auf ihre

**Reklamefeldzug:**
Vanillin-Kochbüchlein, das die Firma Haarmann & Reimer Ende des 19. Jahrhunderts verbreiten ließ, um die deutsche Hausfrau an die Verwendung des synthetischen Vanillins zu gewöhnen. Garant für die Vertrauenswürdigkeit des neuen synthetischen Aromastoffs war die populäre Kochbuchautorin Lina Morgenstern (1830–1919), die mit ihrem Namen für den Geschmack des synthetischen Aromas bürgte. Deutsches Museum München.

Kochrecepte
mit
Anwendung
von
Haarmann & Reimer's
patent. Vanillin
herausgegeben
von
Lina Morgenstern
Verf. des Universalkochbuchs
etc. etc.
Nachdruck verboten.
Uebersetzungsrecht
vorbehalten.
PARIS
HAMBURG
1869

Patentirt und durch erste Preise ausgezeichnet.

**Haarmann & Reimer's**

# Präparirtes Vanillin.

1 Kilo dieses präp. Vanillin ersetzt 1 Kilo feinster Vanille zum 4. Theile des Preises derselben.

Generalvertreter: **Max Elb, Dresden.**

Packung in 500 Gramm- und 1 Kilo-Dosen.

Schutzmarke.

Inhalt
dieses **Musterpäckchens**
**3 Gramm**
(1 Theelöffel gestrichen voll)
gleich 1 Stange feinster
**Vanille.**

**Vanillersatz:** Vor- und Rückseite eines Päckchens mit Vanillinzucker aus der Herstellung von Haarmann & Reimer. Deutsches Museum München.

**Aromafabrik:** Schutzmarke der Firma Haarmann & Reimer in Holzminden, einer der ältesten Fabriken für künstliche Riechstoffe in Deutschland. Sie wurde durch die Herstellung synthetischen Vanillins groß, erzeugte aber bald auch viele weitere synthetische Aromen.
Die Schutzmarke, die einen Kolibri zeigt, der mit seinem langen Schnabel gerade eine Vanilleblüte befruchtet, weist auf die große Bedeutung der Vanillinsynthese in der Firmengeschichte hin. Deutsches Museum München.

**Kriegspfeffer:** Spezial-Pfeffer-Ersatz-Gemisch, von der Stettiner Firma Müller & Peemüller hergestellt unter Verwendung von Staudingers synthetischem Scharfstoff, August 1944. Deutsches Museum München.

Verträglichkeit testen. Da die Substanz für Säugetiere nicht toxisch war, beantragte Staudinger 1916 Patentschutz für seine Synthese.[8] Noch im selben Jahr brachte die Chemische Fabrik Dr. Höhn & Co. in Neuss am Rhein Staudingers Verbindung, bei der es sich um einen künstlichen Aromastoff handelte, der kein natürliches Vorbild mehr hatte, auf den Markt. Um Kunstpfeffer zu produzieren, musste sie nur noch auf Füllstoffe wie Kleie, Stärke-, Spelz-, Bucheckern- oder Sägemehl aufgebracht werden. Als nach dem Ende des Ersten Weltkrieges wieder natürlicher Pfeffer importiert werden konnte, wurde die Herstellung des Kunstpfeffers, die zwischen 1916 und 1918 in großem Stil betrieben worden war, aufgegeben. Unter Friedensbedingungen war das qualitativ miserable Kriegsersatzprodukt nicht konkurrenzfähig.

## Kunstpfeffer im Zweiten Weltkrieg

Nach den Turbulenzen der Weltwirtschaftskrise war die deutsche Politik zu Beginn der Dreißigerjahre sehr darum bemüht, für einen wirtschaftlichen Aufschwung zu sorgen. Nach der Machtübernahme der Nationalsozialisten im Januar 1933 dominierten zwei Ziele die Wirtschaftspolitik: Wiederaufrüstung und größtmögliche Autarkie. Insbesondere mit landwirtschaftlichen Produkten sollte sich Deutschland selbst versorgen können. Die bitteren Erfahrungen während des Ersten Weltkrieges hatten gezeigt, wie unverzichtbar die Nahrungsmittelfreiheit für eine Nation war, die sich im Krieg befand oder Krieg führen wollte. Da Deutschland im Gegensatz zu Frankreich oder Großbritannien im Krisenfall nicht auf Importe aus den eigenen Kolonien zurückgreifen konnte, wurden die Deutschen im Dritten Reich darauf eingeschworen, statt der tropischen Gewürze, deren Import so viele Devisen verschlang, möglichst nur noch deutsche Kräuter zu verwenden. Der patriotisch gesinnten Hausfrau wurde klargemacht, dass schon ihre Urahnen heimische Kräuter verwendet hätten, die überdies besonders gesund seien. Die tropischen, importabhängigen Gewürze müssten hingegen sparsam verwendet werden, da sie wegen ihrer großen Schärfe Magenreizungen verursachten. In der Propagandasprache des Dritten Reiches klang die Werbung für die deutsche Kräuterküche so: „Andererseits ist es aber auch im Interesse unserer Volksgesundheit geboten, mit den weniger harmlosen und schweren Gewürzen des Auslandes sparsam umzugehen und an ihre Stelle die für unsere Gesundheit vorteilhafteren guten alten deutschen Gewürzkräuter treten zu lassen. Ihnen wohnen nach jahrtausendefacher Erfahrung spezifische Gesundheits- und Heilkräfte inne.“[9]

Staudinger, der 1926 einem Ruf an die Universität Freiburg im Breisgau gefolgt war, hatte nach der Machtergreifung der Nationalsozialisten erhebliche Probleme mit dem linientreuen Rektor seiner Universität, dem Philosophen Martin Heidegger (1889–1976). Politisch unter Druck geraten, versuchte er 1933 mit allen Kräften, den neuen Machthabern seine Nützlichkeit als Chemiker unter Beweis zu stellen. Seine besondere persönliche Situation erklärt wohl, warum sich Staudinger im August 1933 aus eigener Initiative an seinen Bekannten Carl Ludwig Lautenschläger (1888–1962)[10] wandte, den damaligen Direktor der pharmazeutischen Forschung der I.G. Farben in Frankfurt-Hoechst, und ihn auf seine Kunstpfeffersynthese aus dem Ersten Weltkrieg aufmerksam machte: „Ich hatte Ende der letzten Woche Gelegenheit, mit dem Ministerialreferenten des Bad[ischen] Finanz- und Wirtschaftsministeriums [...] zu sprechen. Derselbe bringt der Frage nach der Synthese von ausländischen Produkten lebhaftes Interesse entgegen, um so Devisen zu sparen. So interessiert er sich für die Möglichkeit der Synthese von Pfeffer und ich habe den Eindruck, dass event[uel]l heute eine solche Untersuchung Unterstützung des Staates finden wird.“[11] Lautenschläger ließ daraufhin tatsächlich diverse Verbindungen, die in Staudingers Patent als möglicher Pfeffersatz genannt wurden, herstellen. Schon im Januar 1934 verlor er allerdings das Interesse an der „Pfefferfrage“. Ein Grund für sein nachlassendes Engagement war, dass Staudingers Patent abgelaufen war, sodass die I.G. Farben niemals ein Monopol auf den Kunstpfeffer hätte erhalten können. Ein weiterer war die Erkenntnis, dass das Syntheseprodukt viel teurer als der Importpfeffer war. Staudingers Kunstpfeffersynthese bekam infolge der weiteren politischen Entwicklungen allerdings schon bald wieder große Aktualität. Nach der Verkündung des Vierjahresplanes im Jahre 1936 und den daraufhin forcierten Bemühungen um wirtschaftliche Autarkie wurde in Hoechst die Pfefferfrage erneut aufgegriffen. Ziel war nun offenbar, dem synthetischen Pfeffer durch Zusatz weiterer Aromakomponenten einen natürlicheren Geschmack zu geben.

Nach Ausbruch des Zweiten Weltkrieges wurden in Deutschland Importgewürze abermals knapp. Die schon aus der Zeit des vorangegangenen Krieges bekannten Ersatzprodukte feierten fröhliche Urstände. Über das besetzte Frankreich gelangten in geringen Mengen einige westafrikanische Naturgewürze nach Deutschland, die als Ersatzpfeffer dienten. Dabei handelte es sich vor allem um Paradieskörner (die Samen von *Aframomum melegueta*) und Mohrenpfeffer (die Früchte von *Xylopia aethiopica*).[12] Beide Pflanzenprodukte enthalten die begehrten Scharfstoffe, obwohl sie mit den echten Pfeffergewächsen aus der Familie der Piperaceen botanisch nicht verwandt sind. Auch die Herstellung des schon aus dem Ersten Weltkrieg bekannten Kunstpfeffers blühte wieder auf. Da die Farbwerke Hoechst eine ausgearbeitete Synthese bereithatten, konnte die Firma schon im Dezember 1940 mit Staudingers Kunstpfeffer auf den Markt kommen. Nun zahlte sich aus, dass die Hoechster das Syntheseprodukt noch vor der Verkündung des Vierjahresplanes von Wurst- und Konservenfabriken auf seine Markttauglichkeit hatten testen lassen. Deren Urteil war damals nicht besonders euphorisch, insgesamt jedoch positiv ausgefallen. Die Farbwerke stellten eine Aromakomposition zusammen, die insofern vielversprechend klang, als sie – anders als im Ersten Weltkrieg – nicht mehr ausschließlich aus Staudingers scharf schmeckender Verbindung bestand, sondern noch weitere aromagebende Komponenten enthielt. Abnehmer der Mischung waren diverse Drogenhandlungen, die das Präparat nur noch auf braun gefärbte Drogenpulver aufbringen und in kleine Tütchen verpacken mussten.

Da sich besonders das Oberkommando des Heeres für den künstlichen Pfefferersatz interessierte, war von staatlicher Seite für einen konstanten und großen Absatzmarkt gesorgt. In der Versorgungshierarchie des Dritten Reiches standen die kämpfenden Truppen ganz oben, gefolgt von der Heimattruppe. Erst dann folgte die nichtmilitärische Bevölkerung in Deutschland, während die Versorgung der Bevölkerung in den besetzten Gebieten das Schlusslicht der Prioritätsskala bildete. Für die Herstellerfirma, das I.G. Farben-Werk Hoechst, war es nützlich, dass der Kunstpfeffer zu einem für die Soldatenernährung wichtigen Produkt erklärt wurde. Dadurch war zumindest sichergestellt, dass Hoechst alle zur Herstellung des Kunstpfeffers benötigten Chemikalien erhielt, die im Dritten Reich streng bewirtschaftet wurden. Staudinger wiederum konnte sich mit seinen kriegswichtigen Arbeiten politisch profilieren. Dem damaligen Präsidenten der Forschungsgemeinschaft, dem Chemiker Rudolf Mentzel (1900–1987), schrieb er im Oktober 1939: „Ferner wird auch die Herstellung des synthetischen Pfeffers wieder aufgenommen, der im letzten Krieg auf Grund meines Verfahrens hergestellt wurde und in den Jahren 1917-18 der einzige Pfeffer war, der in Deutschland auf den Markt kam. Derselbe ist insofern von Bedeutung, dass nach damaligen Gutachten von Ärzten bei kalter Witterung derselbe einen wichtigen Zusatz zur Nahrung bildet und deshalb viel im Feld gebraucht wurde.“[13]

Während des Krieges entwickelte sich die Herstellung des Kunstpfeffers für die Farbwerke Hoechst zu einem guten Geschäft. Da wegen des abgelaufenen Patents eine Monopolstellung auf dem Markt unerreichbar geworden war, wurde Staudinger zunächst nicht am Gewinn beteiligt. Dennoch fühlte sich die Firma dem späteren

Nobelpreisträger wegen seiner lukrativen Aromastoffsynthese verpflichtet, umso mehr, als Hoechst damals noch ein weiteres, ebenfalls während des Ersten Weltkrieges entwickeltes Verfahren Staudingers nutzte: seine zusammen mit seinem Schüler, dem späteren Medizin-Nobelpreisträger Tadeus Reichstein (1897–1996) entwickelte Synthese eines künstlichen Kaffeearomas, die für die Zichorienkaffee-Industrie große Bedeutung hatte.[14]

## Kunstzimt

Wie Pfeffer ist auch Zimt ein importabhängiges Gewürz. Da sich das Zimtaroma nicht einmal annäherungsweise durch einheimische Gewürze ersetzen ließ, beschäftigten sich die Chemiker nach Verkündung des Vierjahresplanes auch mit der Aufgabe, einen synthetischen Zimtersatz herzustellen. Die Lösung des Problems gelang dem heute vergessenen Hamburger Chemie-Professor Hans Schmalfuß (1894–1955)[15] im Jahre 1937. Da bekannt war, dass das in echtem Zimt vorkommende ätherische Zimtöl im Wesentlichen aus 65-76 Prozent Zimtaldehyd sowie 4-10 Prozent Eugenol besteht, war relativ klar, wie ein möglicher Kunstzimt zusammengesetzt sein musste. Zimtaldehyd konnte leicht synthetisiert werden, problematisch war aber die große Oxidationsempfindlichkeit dieser Verbindung. Schmalfuß stellte jedoch fest, dass sich deren Beständigkeit deutlich verbessern ließ, wenn man Eugenol zugab.[16] Als relativ gut haltbar stellte sich ein Gemisch aus 96 Prozent Zimtaldehyd und 4 Prozent Eugenol heraus, das seit 1943 auch die Farbwerke Hoechst auf den Markt brachten. Es wurde vom Drogenhandel gekauft und dann auf pulverförmige, braun gefärbte Trägerstoffe – gemahlene Haselnussschalen, Mandelschalen oder Ähnliches – aufgetragen und passend portioniert in den Handel gebracht.[17] Der Kunstzimt war im Gegensatz zum Kunstpfeffer ein qualitativ relativ guter Ersatz, weil er der chemischen Zusammensetzung des natürlichen Zimtaromas weitgehend entsprach. Schmalfuß hatte, ähnlich wie Staudinger mit seinem künstlichen Kaffeearoma, im Dritten Reich übrigens noch mit einem anderen Aromastoff Erfolg. Seinen Forschungen war es zu verdanken, dass Diacetyl als künstliches Butteraroma auf den Markt kam. Es wurde im großen Stil dazu verwendet, der eigentlich geruchlosen Margarine einen butterartigen Duft zu verleihen.

**Talmiwürze:** Anzeige für „Deutsche Gewürze" aus dem Jahr 1944. Angepriesen wurde unter anderem ein „Deutsches Pfeffergewürz", das eindeutig nicht aus echtem Pfeffer bestand, sondern aus irgendeinem Ersatzaroma. Deutsches Museum München.

**Retortengeschmack:** Moderne Backaromen – hier eine Kollektion aus dem Jahr 2009 – sind Relikte aus den Mangeljahren des Ersten und Zweiten Weltkrieges. Deutsches Museum München.

## Relikte aus Kriegszeiten

Auch wenn sämtliche Kunstgewürze – mit Ausnahme des bis heute hergestellten Vanillins – nach den beiden Weltkriegen wegen ihrer miserablen Qualität, aber auch wegen ihres im Vergleich zum Naturprodukt hohen Preises schnell wieder vom Markt verschwanden, hatte sich die deutsche Hausfrau innerhalb weniger Jahre an einige der vor allem im Zweiten Weltkrieg im großem Maßstab üblich gewordenen Kunstaromen so sehr gewöhnt, dass sie sich überraschenderweise bis heute im Handel halten können. So findet man in den Regalen der großen Supermärkte immer noch – und keineswegs nur zur Weihnachtszeit – kleine Glasstöpselgläser mit Zitronen-, Orangen-, Bittermandelöl-, Rum-, Vanille- und Butteraroma, obwohl uns seit vielen Jahrzehnten eine Vielfalt von Zitrusfrüchten sowie Butter und Rum zu akzeptablen Preisen zur Verfügung stehen. Offenbar findet es der moderne Konsument aber praktisch, diese jahrelang haltbaren Aromen jederzeit griffbereit im Vorratsschrank zu haben, sodass sich die einstigen Kriegserfindungen auch in Zeiten des Wohlstands und des globalisierten Handels einen festen Platz in unseren Küchen erobern konnten. Die Herstellerfirmen bestärken die Verbraucher in ihrem Verhalten, das sie vermutlich bereits als Kind in Mutters oder Großmutters Küche kennen gelernt und als Erwachsene dann unreflektiert übernommen haben. Im Stil des Vanillin-Kochbüchleins der Lina Morgenstern verbreiten sie Rezepte, die den Gebrauch von Aromastoffen vorschreiben. Dass diese Kriegserfindungen bis heute vermarktet werden können, erstaunt besonders bei Aromen, die nicht aus natürlichen Quellen extrahiert wurden, also keine Naturaromen sind. Der kritische Verbraucher sollte bedenken, dass Kunstaromen, egal, ob es naturidentische oder künstliche sind, immer nur eine unzulängliche Annäherung an das jeweils nachzustellende, stets sehr komplex zusammengesetzte Naturaroma sind.

1 Vaupel 2006, 306-315.

2 Das einzige wirkliche europäische Scharfstoffgewürz war Gewürzpaprika. Erst durch die Kontinentalsperre wurde er außerhalb Ungarns bekannt. Der einstige Pfefferersatz eroberte sich damals die Gunst der Konsumenten, die ihn auch nach der Aufhebung des Wirtschaftsembargos nicht mehr missen wollten.

3 Beythien 1919, 25.

4 Vaupel 2002, 24-31.

5 Diels 1918, 265.

6 [Anonym] 1918, 27.

7 Griebel 1923, 52 f.

8 DRP 384 295 vom 22.2.1920.

9 Weitzel 1937, 373.

10 Lindner 2009.

11 Staudinger an Lautenschläger, 30.8.1933, Archiv Deutsches Museum München, Staudinger-Archiv, D II. 18.1.

12 Griebel 1948, 483 f.

13 Staudinger an Mentzel, 19.10.1939, Bundesarchiv Koblenz R 73/14898.

14 DRP 489 613 vom 5.11.1925.

15 Kaufmann 1955, 322 f.

16 [Anonym] 1940, 156 f.

17 DRP 668 073 vom 11.3.1937.

3
3
1
2
7
6
4
5
A
8
10
9
12
11

**Chilipflanze:** Chili (*capsicum annuum*). Abbildung in ‚Köhler's Medizinal-Pflanzen in naturgetreuen Abbildungen' (1887). Bayerische Staatsbibliothek München.

# Scharfstoffe in Gewürzen

Gernot Katzer

# Faszination Schärfe

**PFLANZEN MIT SCHARFEM** Geschmack faszinieren die Menschen seit Jahrtausenden. Bereits in vor- und frühgeschichtlicher Zeit wurden sie als Gewürze verwendet, etwa Senf in Indien (3. Jahrtausend v. Chr.), Ingwer in China (5. Jahrtausend v. Chr.) und Chili in Peru (4. Jahrtausend v. Chr.). Anders als flüchtige Duftstoffe, die auf die Geruchsrezeptoren der Nasenschleimhaut wirken und dabei einen Sinneseindruck hervorrufen, wirken die meisten Scharfstoffe vorwiegend auf der Zunge und erzeugen dort Nervensignale von Schmerz und Hitze. Eine Ausnahme bilden manche Schwefelverbindungen, die infolge ihrer Flüchtigkeit sowohl in der Nase als auch im Mund ein Schärfegefühl hervorrufen.

Der Begriff Scharfstoffe ist nicht chemisch, sondern lediglich phänomenologisch, d. h. durch den Geschmack, definiert. Es gibt kein einfaches chemisches Merkmal, das scharf schmeckende Stoffe von anderen Chemikalien unterscheidet. Einige Scharfstoffe schließen in ihrer Struktur an andere Naturstoffe an, sie enthalten jedoch kein Strukturelement, das ihren scharfen Geschmack unmittelbar erklärte; andere lassen sich hingegen zu Gruppen zusammenfassen, in denen jeweils ein bestimmtes strukturelles Merkmal für den scharfen Geschmack verantwortlich zu sein scheint.

# Scharfstoffe aus Kohlenstoff, Wasserstoff und Sauerstoff

Scharfstoffe, die nur aus Kohlenstoff, Wasserstoff und Sauerstoff bestehen, stehen in einer engen Beziehung zu den Naturstoffklassen der Terpene bzw. Phenylpropane, die die Mehrzahl aller duftenden Inhaltsstoffe in Pflanzen stellen; an den Scharfstoffen haben diese beiden Substanzklassen aber nur einen geringen Anteil.

### Terpene in Wasserpfeffer und Tasmanischem Pfeffer

Terpene sind eine große und variantenreiche Substanzklasse; sie stellen die wichtigsten Bestandteile der meisten ätherischen Öle und sind daher für die meisten Pflanzenaromen verantwortlich. Viele Terpene haben auch einen leicht brennenden Geschmack, der manchmal als scharf bezeichnet wird, aber dieser Eindruck tritt nur dann auf, wenn es sich um hohe Konzentrationen handelt und ist in der Küche kaum von Bedeutung. Einen echt scharfen Geschmack weisen hingegen einige Diterpene auf, die als Scharfstoffe in den ungenießbaren Pilzen der Gattung *Russula* (Täubling) vorkommen; allerdings sind sie wegen ihres bitteren Nebengeschmacks und ihrer magenreizenden Eigenschaften ohne kulinarische Bedeutung. Das einzige kulinarisch bedeutende scharfe Terpen wird im heimischen Wasserpfeffer (*Polygonum hydropiper*) gefunden und tritt auch beim Tasmanischen Pfefferstrauch (*Tasmannia lanceolata*) und in einigen verwandten Arten auf. Die scharf schmeckenden Blätter und Samen bzw. Früchte dieser Pflanzen können als Pfefferersatz dienen. Frische Wasserpfefferblätter verwendet man in Japan, und in Australien wird der Tasmanische Pfeffer als neuer Geschmacksträger der nationalen Küche immer beliebter (*bush tucker food*).

### Phenylpropane in Ingwer, Galgant und Kurkuma

Die Phenylpropane sind ebenfalls eine Verbindungsklasse, deren Vertreter häufig in ätherischen Ölen gefunden werden. Davon abgeleitete Moleküle haben oft einen scharfen oder bitteren Geschmack. In der Familie der Ingwergewächse (*Zingiberaceae*) findet man sehr häufig nichtflüchtige Verbindungen. Diese tragen daher nichts zum Aroma der jeweiligen Gewürze bei, verleihen ihnen jedoch einen scharfen Geschmack und in Einzelfällen auch Farbe. Gingerole und Shoagole sind partiell für den scharfen Geschmack von Ingwer (*Zingiber officinale*) verantwortlich. Da sich die schärferen Gingerole bei der Lagerung zum Teil in die milderen Shoagole umwandeln, stellt das Verhältnis von Gingerol gegenüber Shoagol ein Maß für die Schärfe, Frische und damit für die Qualität des Ingwers dar. Neben Gingerolen und Shoagolen findet man auch Paradole in einem Gewürz aus Westafrika: den Paradieskörnern (*Aframomum melegueta*). Im 15. und 16. Jahrhundert spielten Paradieskörner in Europa eine bedeutende Rolle als Pfefferersatz. Den Scharfstoffen aus Ingwer ähnlich sind die des Galgant (*Alpinia galanga*) und der Kurkuma (Gelbwurzel, *Curcuma longa*). Der gelbe Farbstoff der Kurkuma, Curcumin, ist in der EU als Lebensmittelzusatzstoff E 100 zugelassen. Lingnane sind in vielen Pflanzen enthalten, sind jedoch wegen ihres meist herben und bitteren Geschmacks für die Küche kaum von Interesse. Beim aus Java (Indonesien) stammenden Kubebenpfeffer (*Piper cubeba*), einem Verwandten des Schwarzen Pfeffers, wurde das bitter-scharf schmeckende Lignan Cubebin gefunden. Kubebenpfeffer wird heute vor allem in Nordafrika benutzt. Seine etwas bittere Schärfe sowie das starke terpentinartige Aroma verleihen den Hammel- und Gemüseeintöpfen der Region eine besondere Note (*Couscous*).

## Schwefelverbindungen

Schwefelhaltige Verbindungen finden sich bei einigen Gruppen von meist botanisch eng verwandten Gewürzen. Nicht alle Schwefelverbindungen bringen einen scharfen Geschmack hervor; schwefelhaltige Aromastoffe ohne Scharfstofffunktion (insbesondere bei den lauchartigen Gewürzen) werden aber oft aus scharf schmeckenden Ausgangsverbindungen gebildet.

### Glucosinolate in Senf und Meerrettich

Glucosinolate sind spezielle schwefelhaltige Verbindungen, aus denen durch pflanzeneigene Enzyme freie Isothiocyanate gebildet werden. Ähnlich wie bei der Bildung von Blausäure aus Amygdalin in den Kernen von Pfirsichen oder Bittermandeln, handelt es sich dabei um einen pflanzlichen Verteidigungsmechanismus; Isothiocyanate sind äußerst aggressive, gefährliche Chemikalien mit intensiv keimtötender Wirkung, die Fressfeinde abwehren und verletztes Gewebe gegen Bakterien absichern können.

Glucosinolate sind im Wesentlichen auf die eng miteinander verwandten Familien der Kaperngewächse (*Capparidaceae*) und Kreuzblütengewächse (*Brassicaceae*) beschränkt. Überraschenderweise treten sie jedoch auch bei der botanisch kaum verwandten Familie der Kapuzinerkressengewächse (*Tropaeolaceae*) auf. Das bekannteste Glucosinolat kommt in den Samen des Schwarzen Senfs (*Brassica nigra*) und im Meerrettich (*Armoracia rusticana*) in Mengen von ca. 1 Prozent vor. Bei der Spaltung entsteht ein Abbauprodukt, das für die Schärfe dieser Gewürze verantwortlich ist. Alle Isothiocyanate werden, besonders bei höherer Temperatur, vom Wasser zerstört (Hydrolyse); durch Zugabe von Säure kann dieser Prozess jedoch verlangsamt werden. Deshalb sind industriell abgepackter Meerrettich oder auf Schwarzem Senf beruhende Senfpasten stets mehr oder minder stark gesäuert. Vielfach wurde der Schwarze Senf in den letzten Jahrzehnten vom Braunen oder Sarepta-Senf (*Brassica juncea*) verdrängt, da Letzterer sich einfacher maschinell ernten lässt. Aus reinem Schwarzen bzw. Braunem Senf zubereiteter Speisesenf verfügt über eine klare, reine Schärfe und wird besonders zu gegrilltem Fleisch und anderen stark schmeckenden Speisen gereicht. Der bekannteste Senf dieses Typs stammt aus Frankreich (Dijon), aber auch in Deutschland (Düsseldorf) gibt es Senffabrikation aus schwarzer Senfsaat. Schließlich ist noch der englische *Colman*-Senf zu erwähnen, der sein Aroma

**Getrocknete Weiße Senfkörner.**
Foto: Gernot Katzer.

**Getrocknete Schwarze Senfkörner.**
Foto: Gernot Katzer.

**Verschiedene Zwiebeln und Schalotten.**
Foto: Jonas Fansa.

durch ein spezielles Mahlverfahren erhält. Im Weißen Senf (*Sinapis alba*) liegt ein anderes Glucosinolat vor, dessen Abbauprodukt milder schmeckt. Speisesenf aus weißer Senfsaat, oft mit Honig gesüßt und mit Kräutern verfeinert, wird vor allem im Süden Deutschlands und in Österreich bevorzugt (bayerischer oder süßer Senf); viele mittelscharfe Senfsorten werden aus Mischungen von Schwarzem und Weißem Senf hergestellt. Weitere glucosinolathaltige Gewürze sind Gartenkresse (*Lepidium sativum*), Brunnenkresse (*Nasturtium officinale*) und Kapern, die eingelegten Blütenknospen eines im Mittelmeergebiet verbreiteten Strauches (*Capparis spinosa*). Auch die botanisch nicht verwandte Kapuzinerkresse (*Tropaeolum majus*) verdankt ihren scharfen Geschmack Isothiocyanaten. Dem scharfen Geschmack der Parakresse (*Spilanthes acmella*) liegt jedoch eine ganz andere Klasse von Inhaltsstoffen zugrunde.

Ein weiteres Gewürz mit Isothiocyanatcharakter ist der sogenannte japanische Meerrettich oder Wasabi, im umgangssprachlichen Japanisch auch treffend *namida* (Tränen) genannt. Man verwendet die unteren Stengelteile und Wurzeln, am besten frisch, und zerreibt sie zu einer blassgrünen Paste. Diese wird in Japan entweder mit Sojasauce gemischt zu rohem Fisch (*sashimi*) gegessen oder zur Herstellung von Sushi verwendet. Offenbar kommt hier der überragenden keimtötenden Kraft von Isothiocyanaten in Zusammenhang mit dem besonders heiklen rohen Fisch eine wichtige Funktion zu.

# Cysteinverbindungen

**Cysteinverbindungen in Knoblauch, Schnittlauch und Bärlauch**

Bei der Gattung *Allium* (Familie der Lauchgewächse, *Alliaceae*) findet man einen sehr vielfältigen Schwefelstoffwechsel. Die Pflanzen enthalten inaktive Vorstufen, die sich von der Aminosäure Cystein ableiten. Durch einen speziellen chemischen Mechanismus werden bei Zellverletzung daraus primär aggressive Schwefelverbindungen gebildet, die dann sekundär miteinander und mit anderen Komponenten (z. B. Luftsauerstoff) reagieren. Als Endprodukte dieser Reaktionskette entstehen schließlich vor allem Di- und Polysulfide (Lauchöle), die das charakteristische Aroma von Knoblauch (*Allium sativum*), Schnittlauch (*Allium schoenoprasum*), Porree (*Allium porrum*) und anderen Gemüsen und Gewürzen dieser Gattung bedingen. Die genaue Zusammensetzung dieser Lauchöle hängt nicht nur von der Pflanzenart, sondern auch von den Umgebungsbedingungen ab; aus diesem Grund kann der Koch bei einer geschickten Wahl von Temperatur und Dauer der Zubereitung mit Zwiebeln oder Knoblauch sehr unterschiedliche Geschmacksnuancen erzeugen.

Im Knoblauch wird durch diese Reaktionskaskade primär das scharfe Allicin gebildet, das antibiotisch (antibakteriell) und antimykotisch (gegen Pilze) wirkt. In der Zwiebel (*Allium cepa*) bildet sich eine aggressive und tränenreizende Chemikalie. Beim Garen entstehen daraus verschiedene Typen von Disulfiden, auf die das Aroma gerösteter Zwiebeln und der süßliche Geschmack gekochter Zwiebeln zurückgehen.

Ein weiteres Gewürz aus dieser Familie verdient genauere Betrachtung: der Bärlauch (*Allium ursinum*). Diese Wildpflanze mit sehr beschränkter Saison und einem Aroma, das zwischen dem des Knoblauchs und dem des Schnittlauchs angesiedelt ist, wurde in den letzten Jahren wieder populär und wird seither besonders im deutschsprachigen Raum mit Vorliebe kulinarisch genutzt. Um der Empfindlichkeit seines Aromas Rechnung zu tragen, sollte man jedoch lange Kochzeiten vermeiden oder den Bärlauch als Füllung von ravioliartigen Nudeln verwenden: Seine Inhaltsstoffe sind nämlich sehr flüchtig, und daher schmeckt Bärlauch roh oder ganz kurz gedämpft am besten.

### Sonstige Cysteinverbindungen

Di- und Polysulfide als Bestandteile von ätherischen Ölen treten außerhalb der Familie der Lauchgewächse nur sehr selten auf, sind aber in jedem Fall von kulinarischem Interesse. Die heimische, vor allem aber in Osteuropa und Zentralasien kulinarisch genutzte Knoblauchrauke (*Alliaria petiolata*) mit ihren nach Knoblauch duftenden Blättern gehört zur Familie der Kreuzblütengewächse (*Brassicaceae*), deren Mitglieder durchweg einen extensiven Schwefelstoffwechsel aufweisen. Andere Vertreter dieser Familie produzieren als charakteristische Geruchsstoffe Monosulfide (z. B. Kohl, *Brassica oleracea*) oder Isothiocyanate; Letztere werden auch in den Samen der Knoblauchrauke gefunden.

Wesentlich überraschender ist das Vorkommen von Polysulfiden in einem Gewürz aus der Familie der Doldenblütengewächse (*Apiaceae*), da deren Vertreter sonst eher durch terpenreiche ätherische Öle Würzwert erlangen. Der Stinkasant (*Ferula assa-foetida*, Asant) stammt aus den Steppen und Halbwüsten Pakistans und Afghanistans. Man verwendet ein Harz, das durch Anritzen der Wurzel bzw. des tiefsten Teiles der Stengel gewonnen wird. Ungeachtet seines eher unangenehm beißenden Geruchs wird Stinkasant in Indien, Zentralasien und der arabischen Welt gern zum Würzen von Gemüse, besonders von getrockneten Hülsenfrüchten, und von Reis verwendet. Dazu löst man einen winzigen Brocken des Harzes in etwas heißer Butter (oder heißem Pflanzenfett) auf und rührt das Fett unter die Speise. In der Hitze mildert sich das extreme Asantaroma und weicht einem angenehmen Duft, der an geröstete Zwiebeln oder Knoblauch erinnert. Diese Würzmethode (parfümierte Butter, *tadka*) wird in Indien und Zentralasien auch für andere Gewürze angewendet (Kreuzkümmel, Ajowan, Chili, Ingwer, Schwarzkümmel, Curryblätter, Senfkörner). In Europa war Stinkasant von der Antike bis zur Frühen Neuzeit wohlbekannt, geriet aber dann in Vergessenheit.

## Amidartige Scharfstoffe

In diese Klasse gehören einige der bekanntesten und in der Küche wichtigsten Stoffe, die die Schärfe von archetypisch scharfen Gewürzen wie Chili und Pfeffer bedingen. Ihrem chemischen Aufbau nach stehen insbesondere die Chili-Scharfstoffe den Alkaloiden nahe, aber sie zeigen nicht die für Alkaloide typische hohe Giftigkeit.

### Piperin und analoge Verbindungen im Pfeffer

Piperin ist die Substanz, die dem Pfeffer seinen scharfen Geschmack verleiht. Pfeffer als der Prototyp eines scharfen Gewürzes ist seit dem frühen Hellenismus in Europa bekannt. Zu allen Zeiten war er teuer und außerordentlich geschätzt; der steigende Pfefferbedarf im späten Mittelalter war ein Motiv für die großen Entdeckungsfahrten des 15. und 16. Jahrhunderts und trug dadurch indirekt zur Überwindung des mittelalterlichen Weltbildes bei. Pfeffer kommt in verschiedenen Sorten mit unterschiedlichem Schärfegrad und Aroma auf den Markt. Beim Schwarzen Pfeffer, der üblichsten und traditionellen Form, werden die Pfefferbeeren knapp vor der Reife geerntet und einer Fermentation unterzogen, durch die sie sich schwarz färben. Weißer Pfeffer wird bei voller Reife geerntet und durch eine Wasserbehandlung von seinem Mesocarp (Fruchtfleisch) befreit; es verbleibt dann nur der Kern, der beim Trocknen seine cremeweiße Farbe behält. Grüner Pfeffer wird lange vor der Reife gepflückt und in Salzlake oder Essig eingelegt, um eine Fermentation zu verhindern. Reife Pfefferbeeren haben eine rote Farbe, sie wurden ebenfalls eingelegt und sind neuerdings auch getrocknet im Handel erhältlich.

**Reifende Pfefferfrüchte.**
Foto: Gerrot Katzer.

**Knoblauchknolle.**
Foto: Jonas Fansa.

**Ingwerrhizome.**
Foto: Jonas Fansa.

**Links: reife Sichuanpfefferkapseln aus dem Vorjahr, rechts: diesjährige, unreife Kapseln.**
Foto: Gernot Katzer.

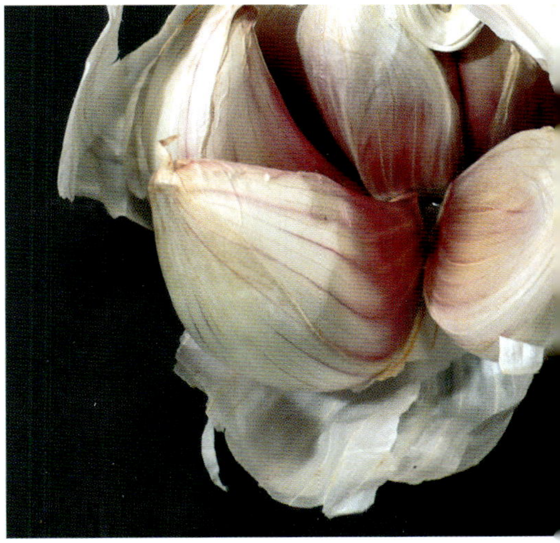

Alle diese Pfeffersorten enthalten Piperin, aber der Gehalt an Piperin und piperinanalogen Verbindungen ist beim Weißen und Schwarzen Pfeffer mit 5–9 Prozent wesentlich höher als beim grünen Pfeffer. Da sich Piperin unter Lichteinfluss teilweise in seine weniger scharfen Stereoisomeren umwandelt, muss Pfeffer lichtgeschützt gelagert und aufbewahrt werden. Ähnliche Carbonsäureamide findet man auch im Langen Pfeffer, von dem es zwei Arten gibt: *Piper longum* aus Indien und *Piper refrofractum* aus Südostasien (Thailand, Indonesien). Der Lange Pfeffer kam durch den Indienfeldzug Alexanders des Großen nach Europa und war in der Antike noch beliebter und auch teurer als der etwas später eingeführte Schwarze Pfeffer; heute spielt er nur noch in der indischen und äthiopischen Küche eine Rolle. Der ihm verwandte Kubebenpfeffer hingegen verdankt seine etwas bittere Schärfe einem Lignan.

## Capsaicinoide in Paprika und Chili

Capsaicinoide sind die Scharfstoffe in Paprika und Chili (*Capsicum* spp.). Diese beiden Gewürze sind schwer voneinander zu unterscheiden, weil die Grenzen fließend sind und jeder Versuch einer systematischen Klassifikation angesichts der hohen Anzahl von weltweit kultivierten Sorten aussichtslos bleiben muss.

Die überwältigende Mehrzahl aller Sorten entstammt einer einzigen Art: *Capsicum annuum*. Ihr zugezählt werden alle milden bis mittelscharfen Früchte, der größte Teil der scharfen Chilis außerhalb von Lateinamerika und fast alle mexikanischen Typen. Die beiden Arten *Capsicum pubescens* (*rocoto* in Peru, *locoto* in Bolivien) und *Capsicum baccatum* (*ají* in Südamerika, vor allem Peru) dominieren die südamerikanischen Küchen, allerdings existieren von *Capsicum baccatum* auch in Europa und Asien einige Kulturpflanzensorten. Die Art *Capsicum frutescens* wird weltweit nur sehr vereinzelt kultiviert und ist von geringer Bedeutung; ihr einziger weithin bekannter Vertreter ist der Tabascochili, aus dem die berühmte rote Tabascosauce hergestellt wird. Die Art *Capsicum chinense* ist kulinarisch besonders interessant, weil ihre Früchte durch einen besonderen blütenartigen Duft auffallen. Diese Chilis sind heute trotz ihres peruanischen Ursprunges vor allem in der Karibik anzutreffen (*habanero, Scotch bonnet, Jamaican hot*), einige auch in Afrika (*fatalii*). Der schärfste von den bekannten Chilis ist der *naga jolokia* oder *bhut jolokia* aus Assam, der erst im Jahr 2006 den bisherigen Rekordhalter *red savina* ablöste. Alle *Capsicum*-Arten enthalten

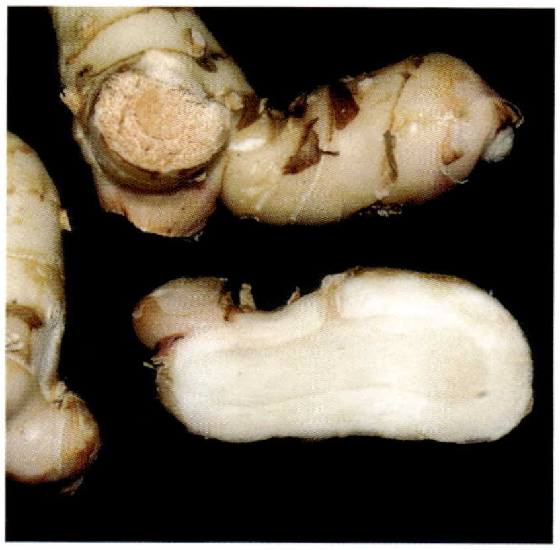

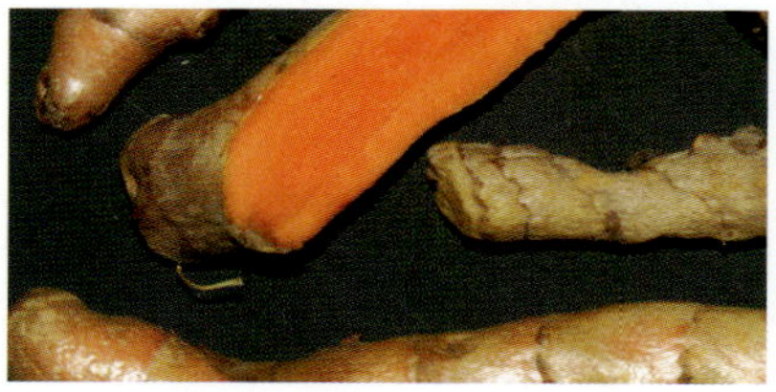

in ihren Früchten Capsaicinoide. Bei der Analyse wird zwischen den verschiedenen Capsaicinoiden nicht unterschieden; weil diese jedoch im Geschmack stark schwanken und überdies ihre Begleitstoffe ständig wechseln, steht der analytisch ermittelte Capsaicingehalt nicht immer in einer klaren Relation zur physiologisch empfundenen Schärfe. Der Gesamtcapsaicinoidgehalt von getrocknetem Paprika liegt bei 0-0,005 Prozent; scharfe Chilis können 1 Prozent und mehr enthalten. Die schärfsten *chinense*-Arten übertreffen diese Werte aber mühelos; typische Werte liegen um die 2,0 Prozent, und der *naga jolokia* bringt es auf knapp 7 Prozent. Allerdings treten bei allen Arten große Schwankungen in der Schärfe auf.

Aus historischen Gründen gibt man die Schärfe von Chilis auch oft in Scoville-Einheiten an, benannt nach dem amerikanischen Pharmazeuten Wilbur L. Scoville. Ein Chili von 100 000 Scoville-Einheiten Schärfe ist, aufgelöst in der 100 000-fachen Menge Wasser, gerade noch als scharf erkennbar; das entspricht etwa den schärfsten asiatischen Sorten. Typische südeuropäische scharfe Sorten bringen es auf 20 000 Scoville-Einheiten, und der *naga jolokia* wurde mit einem Wert von einer Million Scoville getestet. Reines Capsaicin wird auf dieser Skala bei 16 Millionen eingestuft.

Brennend scharfe Chilis sind auf allen Kontinenten beliebt – Europa bildet hier die einzige Ausnahme. Nach der Entdeckung Amerikas verbreiteten sich die Chilis binnen eines knappen Jahrhunderts über die ganze Welt und wurden ein nicht wegzudenkender Bestandteil der Küchen Asiens, Afrikas und Ozeaniens. Die schärfsten Küchen der Alten Welt findet man in Zentralafrika, Südindien und Sri Lanka, Thailand, Zentralchina (Szechuan, Yunnan) und Korea – man kann es sich heute kaum mehr vorstellen, dass diese Küchen noch vor 500 Jahren chilifrei waren. In Europa hingegen erfolgte die Rezeption nur zögerlich und blieb zunächst auf die Mittelmeerländer beschränkt; hätten nicht die Türken auf ihren Kriegszügen durch Zentralasien Chilis kennengelernt und nach Ungarn und in andere Teile Osteuropas eingeführt, dann gäbe es heute wohl kein Gulasch.

## Amide ungesättigter Carbonsäuren im Szechuan-Pfeffer

Bei der Gattung *Zanthoxylum* (Familie Rautengewächse, *Rutaceae*), deren zahlreiche Arten in Asien, Nordamerika und Afrika verbreitet sind, findet man eine große Anzahl von scharf und betäubend schmeckenden Säureamiden mehrfach ungesättigter Carbonsäuren. Verschiedene Arten dieser Gattung werden in den Himalajaländern, Indien, Indonesien und in Festlandsüdostasien zum Kochen verwendet; weitverbreitet ist jedoch die Verwendung der Art *Zanthoxylum piperitum*, die als Szechuanpfeffer, chinesischer oder japanischer Pfeffer bekannt ist. Die *Zanthoxylum*-Arten enthalten neben den Scharfstoffen auch noch ein monoterpenreiches ätherisches Öl, zumeist mit angenehm frischem Zitronenaroma; die nepalesische Art (*Timur*, *Zanthoxylum alatum*) verfügt aber über ein einzigartiges pikant-blumiges Aroma. Säureamide üben auf die Zunge eine eigenartige, leicht betäubende Wirkung aus, die in der chinesischen Küche besonders geschätzt und in der chinesischen Kochtheorie neben süß, sauer, salzig und scharf als fünfter Geschmack (*mà*) betrachtet wird. Die Szechuanküche ist für viele Kreationen bekannt, in der die gewöhnliche Chilischärfe (*là*) mit der *má*-Schärfe des Szechuanpfeffers zu einzigartiger Wirkung kombiniert wird. Dazu wird der Szechuanpfeffer gewöhnlich geröstet und gemahlen verwendet, oft auch mit Salz gemischt als Tischwürze. Ähnliche Scharfstoffe kommen auch bei einer botanisch überhaupt nicht verwandten Art, der Parakresse oder Husarenblume (*Spilanthes acmella*) aus der Familie der Korbblütengewächse (*Asteraceae*) vor, z. B. Spilanthol. Die Parakresse wird bei uns nur als Zierpflanze gehalten, aber in ihrer Heimat, der brasilianischen Provinz Pará, dienen besonders die jungen Blütenköpfe als Gewürz für Fischsuppen. Geschmacklich hat Parakresse wenig mit anderen als Kresse bezeichneten Kräutern gemeinsam.

**Wasabirhizom.**
Foto: Wolfgang Kehrmeier.

**Reifer Tabasco-Chili.**
(*capsicum frutescens*).
Foto: Gernot Katzer.

**Galgantrhizome.**
Foto: Jonas Fansa.

**Kurkumarhizome.**
Foto: Jonas Fansa.

Komher meinliebe Grei
da gibts guden Mehl
willst du auch was guts
darzu, das kanst du
haben alles gnu:

**In der Lebzelterei:** Dieses Ladenschild zierte im 18. Jh. das Geschäft eines Lebzelters und Wachsziehers aus Schwaben. In den Regalen präsentiert er eine große Auswahl an Lebkuchen. Wegen der enthaltenen Gewürze wurden sie auch als Pfeffer-, Gewürz- oder Honigkuchen bezeichnet. Bayerisches Nationalmuseum München.

# Renaissance der Gewürze

Alfons Schuhbeck

**Scharfe Früchtchen:** Chilis auf einem Markt in Kalkutta, Indien. Foto: Steffi Bucher, München.

**ICH WERDE OFT** gefragt, wie ich mir die neue Lust am Würzen erklären könne, die ungeheure Beliebtheit, die Gewürze derzeit erfahren, und was es mit dem Trend auf sich habe, Gewürze auf ungewöhnliche Weise zu kombinieren, um überraschende Effekte zu erzielen, zum Beispiel den, süßliche mit pikanten Aromen zu paaren, etwa Vanille mit Chili. Ich glaube, dass diese neue Experimentierfreude beim Würzen, die allenthalben spürbare Lust am kreativen Spiel mit den Farben, Formen, Düften und Aromen der Kräuter und Gewürze gar nicht unbedingt etwas Neues unter der Sonne ist. Es ist ein Wesenszug von uns Menschen, die Dinge spielerisch anzugehen. Immer dort, wo wir über das rein Funktionale hinauswachsen, wo wir Vorhandenes neu gestalten und aus der Fülle der Möglichkeiten schöpfen, entsteht Kultur. Das betrifft auch die Art und Weise, wie wir kochen und genießen. Genau darin scheint mir der Schlüssel für die derzeitige Renaissance der Gewürze und ihre Wertschätzung zu liegen: dass wir heute wie nie zuvor in der Geschichte die Möglichkeit haben, nahezu alle Gewürze dieser Welt direkt vor unserer Haustüre zu finden. Wir müssen uns nicht auf Salz und Pfeffer und Kümmel beschränken. Wir können unserer Phantasie freien Lauf lassen.

Selbst luxuriöse Gewürze wie Safran oder Vanilleschoten sind heute im Vergleich zu früher im Großen und Ganzen für jedermann erschwinglich und einfach erhältlich. Das Warenangebot vieler unserer Supermärkte ist so bunt wie ein orientalischer Basar, da liegen frische rote und grüne Chilischoten neben saftigen Ingwerwurzeln, Zitronengrasstängeln und duftigen Kräutertöpfen; Vanilleschoten bester Qualität, Kardamomkapseln und Sesamsamen sind ebenso selbstverständlich im

Sortiment wie Fleur de Sel-Sorten unterschiedlicher Küstenregionen, Rosa Pfefferbeeren oder indische und englische Currymischungen. Mit dieser Fülle vor Augen wäre es merkwürdig, wenn wir uns von den sinnlichen Qualitäten der Gewürze nicht verführen ließen. Es macht einfach Spaß, dem Charme der Gewürze zu erliegen und sich von ihrer pudrigen Konsistenz, ihrer Würzigkeit und ihren leuchtenden Farben inspirieren zu lassen.

## In Bayern daheim, in der Welt zuhaus'

Gewürze können aber noch viel mehr als Farbe auf unsere Teller zu zaubern. Obwohl das heutige Angebot an Gewürzen ein besonders augenfälliges Merkmal für die Globalisierung und Internationalisierung unserer Waren- und Lebenswelt ist, kann ich in der Rückbesinnung auf die Kunst des Würzens auch eine neue Art von Heimatverbundenheit erkennen, eine wiedererstarkte Traditionsliebe und Sehnsucht nach Verwurzeltheit. Wir sind heute nicht nur neugierig auf ayurvedische Gewürzmischungen, asiatische Aromen und neuartige Geschmackserlebnisse, wie sie für unsere Gaumen beispielsweise der Sichuanpfeffer bereithält, sondern wir interessieren uns auch wieder mehr für die guten Dinge, die bei uns seit jeher gedeihen. Die Neugierde, die wir exotischen Kräutern und Gewürzen entgegenbringen, hat dazu geführt, dass wir auch unsere eigene Würztradition wieder mit neuem Leben erfüllen. Seit langen Zeiten bei uns heimische Gewürze wie beispielsweise Bärlauch, Liebstöckel oder

**Gewürzvorrat:** Spanschachteln zur Aufbewahrung von Gewürzen aus dem 18. und 19. Jahrhundert, unter anderem für Koriandersamen. Deutsches Apothekenmuseum Heidelberg.

Meerrettich stehen seit Kurzem wieder hoch im Kurs. Die Aufmerksamkeit, die wir seit den 1970er-Jahren exotischen Geschmacksrichtungen wie der chinesischen oder indischen Küche schenken, hat letztlich auch das Interesse für unsere heimischen Exoten neu entfacht. Obwohl er in unseren Breiten massenhaft wild vorkommt, führte der Bärlauch bis vor wenigen Jahrzehnten ein klägliches Schattendasein in unserer Küche; der Liebstöckel war völlig aus der Mode gekommen und wird nun – sehr zu Recht – wieder entdeckt; und auch die industriell hergestellte Meerrettichcreme aus der Tube hatte den frischen Meerrettich etwa ein, zwei Generationen lang nahezu vollständig aus der Küche verdrängt. Das ist nun Gott sei Dank anders geworden.

Heute gehört es in der Spitzengastronomie wie in der häuslichen Küche zum guten Ton, Internationalität und Regionalität harmonisch miteinander in Einklang zu bringen. Dass dies kein Widerspruch sein muss, zeigt auch der Blick in unsere Geschichte. Wir haben heute vergessen, dass man bei uns im Mittelalter das selbstgebraute Bier mit Zitronengras aromatisierte, dass Galgant ein beliebter Pfefferersatz und Ingwer ein viel verwendetes Gewürz in der Küche unserer Vorfahren waren, und dass es bei uns bis in die Frühe Neuzeit hinein nichts Ungewöhnliches darstellte, Fleisch mit Zimt zu würzen oder Fisch süß-sauer zu marinieren. Deshalb erscheint es mir auch nicht als etwas Ungewöhnliches, dass ich als bayerischer Koch wie selbstverständlich mit Ingwer würze, mit Currymischungen experimentiere sowie generell gern aus dem Schema F ausbreche und beispielsweise Tomaten mit Vanille kombiniere oder Blumenkohl mit Zimt. Unsere bayerische Regionalküche war zu Zeiten unserer Ahnen wesentlich internationaler, als wir uns das heute vorstellen können. Zu dieser Weltläufigkeit und Aufgeschlossenheit beim Kochen kehren wir gerade wieder zurück.

## Echte Charaktertypen

Hinzu kommt, dass die meisten Gewürze mindestens so vielschichtig, schillernd und stets für Überraschungen gut sind wie wir Menschen auch. Gewürze sind echte Charaktertypen. Es gibt dominierende und zurückhaltende; es gibt solche, die sich gut ins Team einfügen und solche, die lieber die Hauptrolle spielen oder dazu neigen, andere zu dominieren. Als Koch komme ich mir manchmal wie ein Dirigent vor, der ein Orchester an Gewürzen vor sich hat und dafür sorgen muss, dass jedes darin genau den Part spielt, der nötig ist, um aus einem Gericht ein Gesamtkunstwerk zu machen, in dem von der Grundmelodie bis zum Schlussakkord alles harmonisch ineinander schwingt. Deshalb muss man sich mit Gewürzen eingehend befassen, ihren Charakter studieren und herausfinden, welche Eigenschaften sie besitzen, und wie sich diese Eigenschaften optimal nutzen lassen.

Das Schöne am Kochen mit Gewürzen ist, dass sie uns eine ganze Klaviatur an Nuancen zur Verfügung stellen, mit denen wir einem Gericht Lebendigkeit und Charme verleihen können. Wie reizvoll dieses Spiel ist, lässt sich am Beispiel der Schärfe verdeutlichen. Die Schärfe des Schwarzen Pfeffers beispielsweise kommt ganz anders rüber als etwa die Schärfe von Ingwer, Galgant, Wasabi, Chili oder Sichuanpfeffer. Schwarzer Pfeffer hat eine warme, feinfruchtige, in Ansätzen sogar blumigduftige Schärfe; Sichuanpfeffer hingegen besticht durch eine erfrischende Zitrusnote. Das Aroma von Galgant wiederum erinnert ein wenig an Limette, gepaart mit einer dezenten Bitternote. Ja, und beim Chili – da kann man je nach Sorte sowieso ganz unterschiedliche Schärfenoten erzielen, unterlegt von verschiedenen aromatischen Nuancen, die bei der einen Sorte etwas Rauchiges an sich haben können, bei einer anderen dagegen etwas Blumiges. Von daher gilt: Pfeffer ist nicht gleich Pfeffer, Schärfe ist nicht gleich Schärfe! Diese feinen Unterschiede machen das Spiel mit den Gewürzen so interessant. Sie lassen Tausendundeine Kombinationsmöglichkeiten zu.

**Feinstes Kristall:** Zwischen 1755 und 1757 fertigte der Augsburger Goldschmied Johann Jacob Adam diese Huilière aus böhmischem Glas und Silber. Neben den Flaschen finden sich auf dem silbernen Tablett auch muschelförmige Gewürzbehälter. Bayerisches Nationalmuseum München.

**Exotischer Pfeffer:** Kistchen mit Langem Pfeffer aus Thailand, 19. Jh. Museum Volkenkunde Leiden.

LA ACCEPTA
CORONA
Wett. Ged.

**Wohltuende Tinktur:** Glasgefäß aus dem 19. Jahrhundert zur Aufbewahrung von Macis-Tinktur. Diese wird aus dem Samenmantel der Muskatnuss hergestellt. Deutsches Apothekenmuseum Heidelberg.

**Auf die Waage gelegt:** Handwaage mit Unzen- und Drachmengewichten aus Messing, 18.–19. Jh. Deutsches Apothekenmuseum Heidelberg.

Und noch etwas macht das beeindruckend vielseitige, kreative Potential von Gewürzen aus: Sie sind nicht nur Repräsentanten jener Kulturlandschaften, in denen sie ursprünglich beheimatet waren, sie tragen auch den Charakter der Jahreszeiten in sich, in denen sie ihre Würzkraft voll entfalten. Gewürze machen unsere Speisen sonnig. Sie hauchen ihnen Leben ein. Darüber hinaus lohnt es sich unbedingt, einen Blick auf die Küchentraditionen anderer Länder zu werfen. Wenn wir Gewürze nicht mit einem Tunnelblick betrachten und uns bei ihrer Verwendung nicht nur an das Hergebrachte klammern, eröffnen sich uns ganz neue, kulinarische Spielräume. Es lohnt sich, von dem Schubladendenken wegzukommen, dass bestimmte Gewürze nur zu bestimmten Zeiten sinnvoll seien.

Diese überkommene Einschätzung hat zum Beispiel dazu geführt, dass der wunderbare Zimt, eines der edelsten Gewürze überhaupt, bei uns fast das ganze Jahr über ein Mauerblümchendasein fristen muss und nur im Advent, wenn es ans Plätzchenbacken geht, wieder aus dem hinteren Schrankeck hervorgeholt wird. Das ist ein Jammer, denn Zimt harmoniert überraschend gut mit salzigen Gerichten. Im Orient weiß man das. Zimt verleiht Maronen- und Kürbissuppe, Kalbsbraten und Ente, ja sogar Linsen, Kichererbsen und Tomaten eine überaus raffinierte Komponente. Und wenn ich gefragt werde, welches Gewürz denn gut zu süßen Gerichten passe, formuliere ich diese Frage gerne anders herum: Welches traditionell für die salzige Küche verwendete Gewürz harmoniert auch mit Süßem? Rosa Pfefferbeeren zum Beispiel ergänzen sich perfekt mit exotischen Früchten. Und Kakaobohnen und Kaffee – die man durchaus auch zu den Gewürzen zählen sollte – sind eine effektvolle Zutat für edles Geflügel wie Perlhuhn oder Wachteln. Ich mache mich auch stark dafür, heimischen Gewürzen wie dem Bohnenkraut oder dem Wiesenkümmel mehr Phantasie angedeihen zu lassen. Bohnenkraut beispielsweise passt längst nicht nur zu Bohnen, sondern schmeckt auch mit Zucchini, mit Kartoffeln und in manchen Pastagerichten einfach himmlisch. Und Kümmel ist wie geschaffen dafür, mit Zitronenschale kombiniert zu werden – sie nimmt ihm etwas von seiner Dominanz und bringt seine feine Anisnote elegant zur Geltung.

## Reiz des Schlichten

Auch wenn wir heute nicht mehr wie die Seefahrer von einst unser Leben riskieren müssen, um an Zimt, Muskat und Gewürznelken zu kommen, und auch, wenn Gewürze inzwischen ein verbreitetes Handelsgut geworden sind, kann es durchaus bereichernd sein, sich darauf zu besinnen, dass sie einst so begehrt waren wie Gold, so kostbar wie Juwelen und so selten wie Blumen im Winter. Wir haben uns daran gewöhnt, das ganze Jahr über die weltweite Palette der Gewürze zur Verfügung zu haben. Das hat aber auch dazu geführt, dass wir mit Gewürzen nicht immer sachgerecht umgehen, dass wir vieles von dem verschwenden, was sie uns bieten und dass wir verkennen, was sich an ihnen alles für die gute Küche nutzen lässt. Haben Sie schon einmal ausprobiert, wie gut die Stängel von frisch geernteter Petersilie, Liebstöckel, Salbei oder Basilikum schmecken? Ich verwende die Stängel immer mit, denn ich nutze nur ganz frische Kräuter für meine Küche und in diesem Falle steckt in den Stängeln eine ganze Menge Aroma. Sie lassen sich ebenso fein schneiden wie Schnittlauch und können wie dieser im letzten Moment über ein Gericht gestreut werden. Oder man lässt sie, wie in einem Bouquet Garni, in den letzten zehn Minuten in einer Sauce, einem Ragout oder einer Brühe ziehen und entfernt sie vor dem Servieren. Ebenso lässt sich die teure Vanilleschote mehrfach verwenden. Sie ist ausgesprochen ergiebig und besitzt selbst dann noch eine ganze Menge Aroma, wenn man die winzigen Samenkörner bereits aus der Schote gekratzt hat. Die übriggebliebene

**Privatschatulle:** Diese kleine bronzene Gewürzdose wurde in der zweiten Hälfte des 19. Jahrhunderts in Indien gefertigt. Ihre Segmente lassen sich mit einem Zentralverschluss in Pfauengestalt mittels eines Gewindes verschließen. In derartigen Dosen bewahrte man teure Gewürze wie z. B. Safran auf, von denen man nur geringe Mengen verwendete. Staatliches Museum für Völkerkunde München.

Schote lässt sich zum Beispiel für die Herstellung von selbstgemachtem Vanillezucker oder von Vanillesalz nutzen. Oder man verwendet sie, um Flüssigkeiten, zum Beispiel Milch und Sahne, für Desserts zu parfümieren. Eine Vanilleschote, die man kurz in einer Flüssigkeit ziehen lässt, kann man anschließend mit Küchenkrepp trocken tupfen und wieder verwenden.

Generell ist es wichtig, das zu schützen, was den Gewürzen ihre Einzigartigkeit verleiht: ihr ätherisches Öl. Es ist der Träger ihres Geschmacks und der Garant ihrer Individualität und insofern sehr kostbar. Da aber ätherische Öle flüchtig sind, muss man sie vor dem Kontakt mit Sauerstoff und Licht schützen. Gewürze sollte man daher eher in kleineren Mengen kaufen sowie immer licht- und luftgeschützt und trocken aufbewahren. Und – ganz wichtig: Man sollte sie erst kurz vor Gebrauch verwenden. Wenn man etwa Zitronenschale eine halbe Stunde, bevor man sie an einen Kuchenteig geben möchte, reibt, hat sich der Großteil ihres Aromas im wahrsten Sinne des Wortes verduftet, bevor es überhaupt zur Wirkung kommen kann. Gleiches gilt für alle Gewürze, die man frisch gerieben oder frisch gehackt über ein Gericht geben möchte, wie etwa Basilikum, Schnittlauch, Dill oder Muskatnuss, Zimt, Meerrettich oder Pfeffer.

Ganz zum Schluss möchte ich Ihnen noch eines meiner persönlichen Lieblingsrezepte verraten. Es zeigt, dass das Geheimnis des Genießens fast immer in zwei Dingen begründet liegt: der Qualität des Produkts und der Lust, etwas Neues auszuprobieren. Ich schneide mir eine Scheibe von einem dunklen Sauerteigbrot mit schöner Kruste ab und streiche Butter darauf. Dann nehme ich einen Teelöffel Korianderkörner, röste sie in einer beschichteten Pfanne ohne Fett leicht an, bis sie zu schwitzen beginnen und streue sie anschließend auf das Brot. In manchen Momenten gibt es nichts Besseres unter der Sonne.

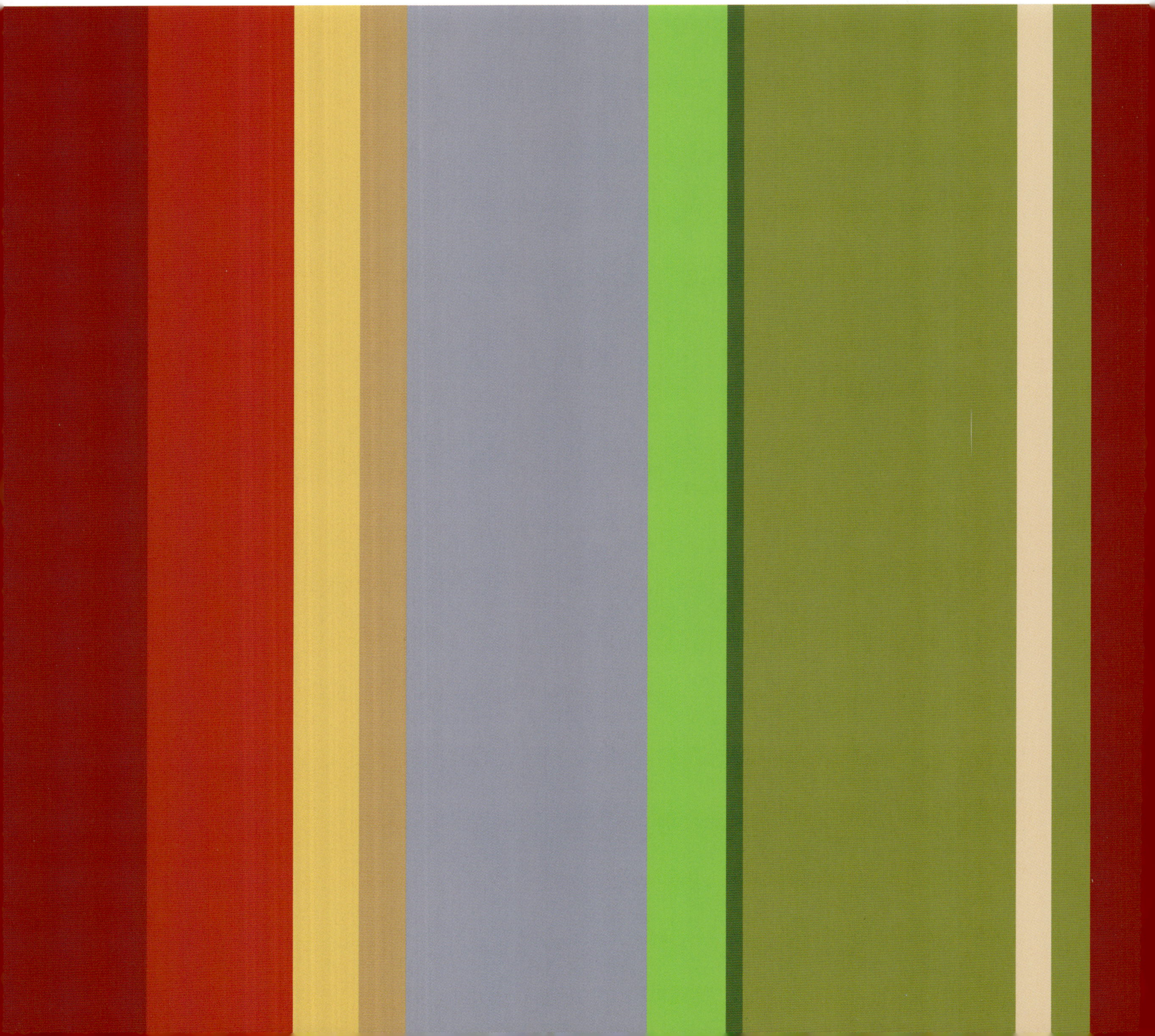

# Die Welt der Gewürze von A(jowan) bis Z(wiebel)

Gernot Katzer und Jonas Fansa

# Ajowan

**Sein starkes Thymianaroma macht den Ajowan zu einem in der Familie der Doldenblütengewächse einzigartigen Gewürz. Er empfiehlt sich ganz besonders zu Hülsenfrüchten.**

## Herkunft und Geschichte

Ajowan stammt aus dem östlichen Mittelmeergebiet. In der Antike spielte er keine Rolle als Gewürz, galt aber als Heilmittel gegen Verdauungsbeschwerden. Im Frühhellenismus wurde die „Gewürzstraße" geöffnet, über die die Griechen und Römer asiatische Gewürze importierten. Gleichzeitig wurden auch mediterrane Gewürze wie Ajowan, Koriander und Kreuzkümmel in den Osten transportiert. In Indien hieß das Gewürz *yavana* – „der Ionische" (nach den ionischen Griechen in Kleinasien); davon leitet sich das deutsche „Ajowan" ab.

## Chemie

Das ätherische Öl von Ajowan enthält als Hauptkomponente Thymol. Dieses Phenol, das auch für das Aroma von Thymian hauptverantwortlich ist, wirkt stark desinfizierend und begründet die Verwendung von Ajowan gegen Husten und bakteriell bedingte Verdauungsstörungen. Thymol ist heute noch in vielen Hustenarzneien enthalten; früher wurde es auch gegen schwere Krankheiten wie Keuchhusten eingesetzt, ehe es von Antibiotika verdrängt wurde. Bis zur Mitte des 20. Jh. wurde Ajowan als Thymolquelle für die Pharmazie angebaut.

## Verwendung

**Orient:** Ajowan ist ein Bestandteil der äthiopischen *berbere*-Gewürzmischung. *Berbere* besteht aus Chilis, Kreuzkümmel, Koriander, Pfeffer, Bockshornklee, Ajowan und vielen weiteren Gewürzen, die getrennt geröstet und danach miteinander vermahlen werden. In nordafrikanischen Gewürzmischungen wie dem marokkanischen *ras al-hanut* ist Ajowan oft enthalten. In der Levante und auf der Arabischen Halbinsel wird Ajowan seltener verwendet, taucht aber in manchen Rezepten für die irakische und kuwaitische Gewürzmischung *baharat* auf.

**Indien:** Die indische Küche verwendet Ajowan nicht nur in Mischungen, sondern auch als einzelnes Gewürz. Er wird wegen seiner verdauungsfördernden Wirkung besonders häufig zu Hülsenfrüchten verwendet, meist in Form von gewürzter Butter (*tadka*). Dazu brät man Ajowansamen in heißem Butterfett und gießt die Mischung über gekochte Linsen oder Bohnen.

| | |
|---|---|
| **Familie** | Doldenblütengewächse |
| **Herkunft** | Mittelmeer |
| **Pflanzenteil** | Früchte |
| **Verwendung** | Bestandteil orientalischer und indischer Gewürzmischungen |
| **Eigenschaften** | Durch den Thymolgehalt auswurffördernd und hustenreizlindernd |

# Amerikanischer Zimt

**Dieses in Europa nicht gehandelte Gewürz imitiert den Zimtgeschmack fast perfekt und dient in den Andenländern als Ersatz für den aus Asien importierten Zimt.**

## Herkunft

Der Amerikanische Zimtbaum kommt in den nördlichen Anden von Ecuador bis Bolivien vor. Die Ernte stammt aus Wildbeständen.

## Geschichte

Mit diesem Gewürz ist eine eigenartige Episode aus der frühen Kolonialgeschichte Südamerikas verbunden. Nach der Unterwerfung der Inkas erfuhren die spanischen Eroberer von einem zimtartigen Gewürz, das im oberen Amazonasgebiet wächst. Da Südamerika der spanischen Krone bisher keine profitablen Gewürze lieferte, wurde 1540 eine Expedition finanziert, die unter der Leitung des Gonzalo Pizarro stand und etwa 4000 Teilnehmer umfasste, davon 90 Prozent einheimische Träger und Diener. Von ihrem Stützpunkt in Quito brachen die Spanier nach Westen auf und überquerten die Anden. Dabei erlitt der kilometerlange Tross große Verluste durch Erdbeben, Schlechtwetter und unzureichende Ausrüstung. Auch der Abstieg in das tropische Amazonasbecken war verlustreich. Die Suche nach Zimtbäumen erwies sich als schwierig, da einerseits Kommunikationsschwierigkeiten mit den Indianern bestanden und andererseits die Spanier durch ihre regelmäßigen Übergriffe die Bevölkerung gegen sich aufbrachten. Ob die Expeditionsteilnehmer wirklich Zimtbäume gesehen haben, ist zweifelhaft. Pizarro behauptete, einen dichten Zimtwald betreten zu haben, aber alle Zimtproben gingen während der Rückreise verloren. Ein Teil der Expeditionsteilnehmer lief zu Francisco de Orellana über, desertierte und erreichte 1542 auf dem Wasserweg den Atlantik, wobei sie den Amazonas als erste Europäer befuhren. Die anderen Expeditionsteilnehmer wählten den Rückweg über die Anden und kamen 1542 ohne Zimt in Quito an. Von ursprünglich 350 Spaniern waren nur noch 80 am Leben (abgesehen von den etwa 50 Deserteuren), und von den Indianern kamen nur einige Hundert zurück.

| | |
|---|---|
| **Familie** | Lorbeergewächse |
| **Herkunft** | Nordanden (Ecuador, Peru, Bolivien) |
| **Pflanzenteil** | Getrocknete Rinde |
| **Verwendung** | Als Zimtersatz in der Andenküche |

# Anis

**Anisschnäpse sind fast im gesamten nördlichen Mittelmeerraum beliebt und verbrauchen zu ihrer Herstellung einen Großteil der weltweiten Anisernte. In Deutschland kennt man Anis hingegen eher als Gewürz für Brot und Feingebäck.**

## Herkunft und Geschichte

Anis ist im östlichen Mittelmeergebiet heimisch. Er war bereits in der Antike bekannt, wurde aber oft mit Dill verwechselt. Er diente als Gewürz für süße oder salzige Kuchen. Im römischen Kochbuch des Apicius gibt es ein bizarres Rezept für mit Anis gewürzten gefüllten Schweinemagen.

## Anis in der Küche

In der deutschen Küche ist Anis vor allem als Gewürz für Gebäck wie Lebkuchen, Printen und Anisplätzchen beliebt. Manchmal würzt man mit ihm auch Fruchtkonfitüren und Schwarzbrot.

Anisaroma hat eine hohe Affinität zum süßen Geschmack der Lakritze. Deshalb werden die meisten Lakritzbonbons mit Anisöl gewürzt.

## Absinth

Absinth ist ein, extrem hochprozentiger Kräuterlikör. Besonders populär war er an der Wende vom 19. zum 20. Jh. Er wurde vor dem Trinken mit Wasser und Zucker vermengt, wobei sich eine milchig-grüne Lösung bildete („grüne Fee"). Absinth enthält üblicherweise viele verschiedene Kräuter in Form von alkoholischen Extrakten oder Destillaten, wobei Anis ein Hauptbestandteil ist. Durch den hohen Kräuteranteil erklärt sich die grüne Farbe, während die Trübung beim Verdünnen auf das Anisöl zurückgeht, das sich in Alkohol, nicht aber in Wasser löst.Der namensgebende Bestandteil des Absinths war jedoch Wermut, eine mit Beifuß verwandte, sehr bittere, aber auch hocharomatische Pflanze. Wermutöl enthält Thujon, dem psychoaktive Eigenschaften nachgesagt werden. Intellektuelle und Künstler erwarteten sich von der „grünen Fee" Inspiration. Wegen schwerer Nervenschäden bei vielen Absinthtrinkern wurde das Getränk im 20. Jh. von den meisten europäischen Regierungen verboten. Seit den 1990er-Jahren erlaubt die EU wieder den Verkauf von thujonarmem Absinth.

## Mediterrane Anisschnäpse

Als Ersatz für den verbotenen Absinth setzte sich in Frankreich der Anisschnaps *pastis* durch; ein milderer, gesüßter Anislikör ist *anisette* mit nur 25 Prozent Alkohol. Ähnliche Schnäpse sind im östlichen Mittelmeerraum bereits lange in Gebrauch. Türkischer *rakı* und griechischer *oúzo* entsprechen ungefähr dem *pastis*, wobei es von *rakı* auch stark gesüßte Sorten gibt. Diese Anisprodukte können in der Küche als Quelle von Anisaroma dienen; so gibt es in Südfrankreich Rezepte für Fisch oder Meeresfrüchte, die mit einem Schuss *pastis* aromatisiert werden.

| | |
|---|---|
| **Familie** | Doldenblütengewächse |
| **Herkunft** | Mittelmeer |
| **Pflanzenteil** | Reife Früchte |
| **Verwendung** | Anis würzt Backwaren und ganz besonders mediterrane Schnäpse |
| **Eigenschaften** | Anis wirkt schleim- und krampflösend und hilft gegen Blähungen |

# Asant

**Asant, auch Stinkasant oder Teufelsdreck genannt, riecht nicht gut. Trotzdem war er ein bedeutendes Gewürz der europäischen Spätantike und ist bis heute in Indien populär. Bei richtiger Verwendung erzielt man damit einen angenehmen Lauchgeschmack.**

| | |
|---|---|
| **Familie** | Doldenblütengewächse |
| **Herkunft** | Afghanistan |
| **Pflanzenteil** | Von der Wurzel ausgeschiedenes Harz |
| **Verwendung** | Für südindische Gemüsecurrys und als Ersatz für Zwiebeln |
| **Eigenschaften** | Asant wirkt desinfizierend und verdauungsfördernd |

## Herkunft und Geschichte

Asant stammt aus den Halbwüstengebieten zwischen Iran und Pakistan; die besten Qualitäten kommen aus dem Südafghanistan. Asant wurde 326 v. Chr. während des Indienfeldzugs von Alexander dem Großen für Europa entdeckt: Die Soldaten sahen in der afghanischen Steppe Pflanzen, die sie an das mediterrane Silphion erinnerten. Da dieses „medische Silphion" als minderwertig galt, konnte es sich nicht durchsetzen. Aber Silphion wurde immer seltener und starb schließlich im 1. Jh. n. Chr. aus. Danach wurde Asant in der spätantiken römischen Küche beliebt, verschwand aber gegen Ende des Mittelalters aus allen europäischen Küchen. In der indischen Küche konnte er sich hingegen etablieren; da Zwiebel und Knoblauch als unrein galten, konnte ein vergleichbares Aroma nur mit dem ähnlich schmeckenden Asant erzielt werden. Durch den islamischen Einfluss ist das Tabu von Zwiebeln und Knoblauch in Indien heute größtenteils gebrochen, aber Asant wurde dabei nicht vollständig verdrängt.

## Ernte und Chemie

Das braune Asantharz ist ein eingetrockneter Milchsaft aus der Wurzel der Asantpflanze. Zu seiner Gewinnung schneidet man die Wurzel ein und sammelt den heraussickernden Saft, der an der Luft zu einer gummiartigen, rotbraunen Masse eintrocknet. Das Harz besteht aus einer elastischen Matrix aus Kohlenhydraten und enthält etwa 10 Prozent flüchtige Schwefelverbindungen, größtenteils Di- bis Tetrasulfide, die den starken Geruch hervorrufen.

## Indien

Indien und dessen Nachbarländer sind die einzigen Regionen, in denen heute Asant in großem Umfang verbraucht wird. Asant kommt in zwei Formen in den Handel: Einerseits als reines Harz, das schwieriger anzuwenden ist, und andererseits als bequem einsetzbares Pulver, dessen Rieselfähigkeit durch Zusatz von Weizen- oder Reismehl erreicht wird. Asant wird meist in heißem Fett geröstet, wodurch er ein mildes, zwiebelartiges Aroma entwickelt. Asantpulver kann auch ohne diese Prozedur verwendet werden, z.B für Salate (*chat*), die im Westen Indiens aus gekochtem Gemüse, frischem Chili, Zitronensaft und der asanthaltigen Gewürzmischung *chat masala* zubereitet werden. Besonders in Bombay nimmt man für diese Salate statt gewöhnlichem Salz ein dunkel gefärbtes, schweflig schmeckendes Vulkansalz (*kala namak*). In der warmen Küche wird Asant sowohl im Süden als auch im Norden verwendet. In Bengalen hat sich besonders unter den Brahmanen noch das alte Tabu gegenüber Zwiebeln und Knoblauch erhalten, sodass Asant dort besonders populär ist. Linsen und andere Hülsenfrüchte werden häufig mit in heißem Öl aufgelöstem Asant aromatisiert; im Süden verwendet man diese Technik auch für gekochtes Gemüse und kombiniert Asant dabei mit Schwarzem Senf und Curryblättern.

# **Basilikum:** Das Königskraut

–

**Basilikum hat zwei Gesichter: Das sanft und aromatisch duftende Mittelmeerbasilikum verfeinert italienische Speisen wie Pizza und *insalata Caprese*, während das Heilige Basilikum Indiens und Thailands ein viel kräftigeres Aroma hat und perfekt zu den stark gewürzten Spezialitäten des Fernen Ostens passt.**

–

## Botanik

Während das Gewöhnliche Basilikum eine zarte einjährige Pflanze ist, bildet das Heilige Basilikum verholzte Zweige und kann im tropischen Klima mehrere Jahre alt werden. Beim gewöhnlichen Basilikum sind Blattform und -farbe sowie Aroma sehr variabel. Die Samen des gewöhnlichen Basilikums besitzen eine Schleimschicht, die beim Kontakt mit Wasser aufquillt und sich dabei schillernd blau färbt.

–

## Chemie

Gewöhnliches Basilikum enthält etwa 0,5 Prozent ätherisches Öl mit stark schwankender Zusammensetzung. Entsprechend der Zusammensetzung des ätherischen Öls kann das Aroma an Gewürznelken, Anis, Zimt oder Zitrone erinnern. Das ätherische Öl des Heiligen Basilikums enthält Komponenten, die der Pflanze einen stechenden Nelken- oder Pimentduft verleihen.

–

## Geschichte

In Indien spielt das Heilige Basilikum seit dem Beginn der puranischen Epoche (1. Jt. v. Chr.) eine wichtige religiöse Rolle, da es dem Vishnu heilig ist, der als mächtigster Einzelgott im indischen Pantheon gilt. Es wird häufig gepflanzt und zu Zeremonien verwendet, aber selten gegessen. Das mediterrane Basilikum war bereits in der Antike bekannt; es galt zwar als Heilpflanze, hatte aber zugleich einen unheilvollen Ruf als Zauberkraut, den es bis ins Mittelalter behielt. Der Name ist wahrscheinlich von griech. *basileús* „König" abgeleitet. Basilikum wurde aber oft mit dem schrecklichen Fabeltier Basilisk in Zusammenhang gebracht.

–

## Basilikum in der italienischen Küche

Die Beliebtheit von Basilikum in der italienischen Küche ist ein relativ neues Phänomen. Frische Basilikumblätter sind Bestandteil mancher ital. Salate (wie der *insalata Caprese* aus Mozzarella, Tomaten und *balsamico*) und verleihen der Pizza Margherita nicht nur zusätzliches Aroma, sondern auch die drei Farben der italienischen Staatsflagge. *Pesto alla Genovese* ist eine ital. Spezialität aus der Provinz Ligurien. Diese Kräutersoße besteht aus Basilikumblättern, Olivenöl, Knoblauch, Hartkäse (*pecorino*) und Pinienkernen. *Pesto* wird vor allem als Soße zu Nudeln gegessen, manchmal auch als Beilage gereicht oder unter Suppen gerührt. Dies ist besonders in der Provence beliebt, wo eine ähnliche Basilikumsoße *pistou* heißt.

–

## Basilikum in der Thaiküche

In Thailand verwendet man drei verschiedene Sorten Basilikum, die sich in ihrem Aroma völlig unterscheiden und die zu ganz unterschiedlichen Anwendungen gebraucht werden. Das Süße Basilikum (*horapha*) gehört botanisch zur selben Art wie das mediterrane; es zeichnet sich aber durch einen süßen, hocharomatischen Anisduft aus. Die frischen Blätter werden meist als Dekoration zu Salaten gereicht oder über Suppen und Currys gestreut. Sein Aroma ist nicht kochfest. Das Heilige Basilikum (*krapao*) hat einen wesentlich robusteren Geschmack nach Nelken oder Piment. Es entwickelt sein Aroma am besten, wenn es kurz erhitzt wird. Deshalb verwendet man es zu im Wok gegarten Gerichten wie dem *gai pad bai krapao*, gehacktem Hühnerfleisch mit Chili, Basilikum und Fischsoße. Die Samen des Süßen Basilikums werden auch oft zu cremigen Desserts verwendet. Sie haben keinen eigenen Geschmack, tragen aber durch ihre Schleimschicht und den harten Kern eine zugleich sämige und knusprige Konsistenz bei.

| | |
|---|---|
| **Familie** | Lippenblütengewächse |
| **Herkunft** | Wahrscheinlich Indien |
| **Pflanzenteil** | Frische Blätter |
| **Verwendung** | Basilikum verleiht Speisen einen charakteristisch mediterranen oder fernöstlichen Charakter |
| **Eigenschaften** | Basilikum hat zwar eine desinfizierende Wirkung, wird aber medizinisch nicht mehr genutzt |

# Beifuß

**Beifuß gehört zu jenen Gewürzen, die nur in wenigen Küchen beheimatet sind. In Europa ist es vor allem in der deutschen Küche beliebt. Hier wird Beifuß zu fettem Fleisch verwendet, besonders für Gänsebraten.**

## Etymologie und Geschichte

Der Name leitet sich von einem althochdeutschen Wort mit der Bedeutung „stoßen" ab, wurde aber bereits im Mittelalter an „Fuß" angeglichen, da einem Aberglauben zufolge ein Zweig Beifuß im Schuh die Füße leichter laufen lässt und Ermüdung bei langen Märschen verhindert. Bis zum 18. Jh. war Beifuß ein vielbenutztes Küchenkraut, das – wie heute die Petersilie – gehackt über die Speisen gestreut wurde. Die jungen Blätter wurden auch als Salat gegessen.

## Verwendung

Beifuß wird traditionell zum Würzen der Weihnachtsgans verwendet. In einfachen Rezepten steht, einige Beifußzweige in die Bauchhöhle der Gans zu stopfen, die während des Bratens ihr Aroma abgeben.
Bei gefüllten Gänsen wird meist die Füllung mit grob gemahlenem Beifuß aromatisiert. Seltener wird Beifuß auch zum Würzen von fettem Schweine- oder Hammelfleisch verwendet.

| | |
|---|---|
| **Familie** | Korbblütengewächse |
| **Herkunft** | Europa |
| **Pflanzenteil** | Zweigspitzen knapp vor der Blüte |
| **Verwendung** | In Deutschland zu Gänsebraten |
| **Eigenschaften** | Beifuß hat eine leicht magenstärkende Wirkung |

# Bockshornklee

**Bockshornklee ist ein eigenartiges Gewürz: Seine harte Konsistenz, sein bitterer Geschmack und der durchdringende Geruch lassen an seiner Eignung als Würzmittel zweifeln. Trotzdem ist er in Indien, Südarabien und Ostafrika beliebt. Die getrockneten Blätter von Bockshornklee dienen im Iran als Grundlage für Kräutersoßen.**

| | |
|---|---|
| **Familie** | Schmetterlingsblütengewächse |
| **Herkunft** | Wahrscheinlich Mittelmeerraum |
| **Pflanzenteil** | Getrocknete Samen und getrocknetes Kraut |
| **Verwendung** | In Äthiopien und Indien geröstet zu Gewürzmischungen |

## Herkunft

Bockshornklee kommt vom Mittelmeer bis Indien wild vor, aber seine ursprüngliche Heimat ist nicht bekannt. Da die Römer ihn „Griechisches Heu" nannten, kann man seine Heimat im östlichen Mittelmeerraum vermuten. Bockshornklee war in der Antike als Heilkraut bekannt, wurde aber nicht kulinarisch genutzt.

## Chemie

Getrocknete Bockshornkleeblätter und -samen haben einen würzigen, etwas stechenden Geruch, der entfernt an Liebstöckel oder Lammfleisch erinnert. Als Hauptaromakomponente wurde Sotolon identifiziert, ein heterocyclischer Duftstoff, der eng mit dem „Maggi-Lacton" aus der gleichnamigen Würzsoße und etwas weitläufiger mit den Aromastoffen des Liebstöckels verwandt ist. Beim Rösten verstärkt sich das Aroma beträchtlich, und zugleich geht die Bitterkeit deutlich zurück.

## Verwendung

**Indien:** Bockshornkleesamen werden in Indien vor allem im Osten und Süden verwendet. In der bengalischen Küche gehören Bockshornkleesamen in die Gewürzmischung *panch phoron*, die außerdem noch Senfsamen, Kreuzkümmel, Nigella und Fenchel enthält. Diese fünf Gewürze werden gemeinsam in Senföl gebraten und aromatisieren dann milde Fleisch- und Gemüsecurrys. In Südindien werden Bockshornkleesamen gewöhnlich trocken geröstet bis sie goldgelb sind und dann zusammen mit anderen Gewürzen vermahlen, etwa für die Gewürzmischung *sambar podi* aus dem Südosten oder das *bisi-bele*-Pulver aus dem Südwesten, das durch geröstete Kokosnussraspeln einen besonderen Charakter erhält. Im Norden Indiens sind Bockshornkleesamen weniger gebräuchlich. Dafür verwendet man manchmal die angewelkten oder getrockneten Blätter als aromatisches Blattgemüse.

**Orient:** Bockshornklee spielt in den meisten orientalischen Küchen keine Rolle. Ausnahmen sind Äthiopien und der Jemen. In Äthiopien bereitet man sehr komplexe Gewürzmischungen namens *berbere*, die stark an indische Vorbilder angelehnt sind. Die *berbere*-Mischungen bestehen aus zehn und mehr Bestandteilen, die alle einzeln dunkel geröstet und dann miteinander vermahlen werden – eine für den Orient einzigartige Praxis. Auch die Auswahl der Gewürze, u.a. Bockshornklee, Ajowan, Langer Pfeffer und Kurkuma, erinnert an Indien. Die Mischungen enthalten einen hohen Chilianteil und sind sehr scharf: Das Wort *berbere* bedeutet eigentlich „Chili". Im Jemen verwendet man ungerösteten Bockshornklee für die Gewürzpaste *hilbeh*, die aus eingeweichten Bockshornkleesamen und Korianderblättern besteht und auch weitere Gewürze wie Chili und Kümmel enthalten kann. Durch die Einwanderung jemenitischer Juden wurde dieses Rezept auch in Israel populär, wo es allerdings meist ohne Korianderblätter zubereitet wird.

**Iran:** Die iranische Küche verwendet getrocknete oder frische Bockshornkleeblätter zusammen mit anderen Kräutern und Bohnen als Grundlage von dicken Kräutersoßen (*ghemeh*). Getrocknete Limetten tragen eine leichte Säure und ein typisches Zitrusaroma bei.

# Bohnenkraut

–

**Trotz seiner asiatischen Herkunft ist Bohnenkraut eher ein mitteleuropäisches Gewürz, das in Frankreich für Käse und in Deutschland für Bohnen gebraucht wird.**
**Das Aroma ist variabel; eine besonders kräftige bulgarische Sorte dient als Universalwürze für Suppen und Gemüseeintöpfe.**

## Herkunft und Sorten

Vom Mittelmeer bis nach Persien gibt es viele wilde Sorten von Bohnenkraut, von denen manche penetrant harzig, andere dagegen angenehm würzig schmecken. Im Handel haben nur das einjährige Sommerbohnenkraut und das aus dem Apennin stammende ausdauernde Winterbohnenkraut Bedeutung. Das Iranische Bohnenkraut (*Satureia thymbra*) hat ein thymianähnliches Aroma und wird in Griechenland als Gewürzkraut genutzt.

## Geschichte

Bohnenkraut war in der Antike zwar bekannt, aber die antiken Botaniker unterschieden Bohnenkraut nur ungenau von verwandten Pflanzen. Getrocknet wurde es häufig in der römischen Küche verwendet. Im 17. Jh. nahmen die Pilgerväter Bohnenkraut in die Neue Welt mit. Vielleicht ist Bohnenkraut auch wegen dieser historischen Assoziation häufig Bestandteil der Würzmischung für den zu Thanksgiving traditionellen gefüllten Truthahn. Im Deutschen wird Bohnenkraut auch „Pfefferkraut" genannt. Frisches Bohnenkraut schmeckt tatsächlich etwas brennend, aber diese Schärfe ist nicht kochfest. In Notzeiten, etwa während des Zweiten Weltkrieges, wurde es als Pfefferersatz empfohlen – Noch Jahrzehnte später tauchte es in Vorschriften zur Diätküche für Magenkranke in dieser Funktion auf.

## Bohnenkraut in Deutschland

Den Namen Bohnenkraut verdankt das Gewürz seiner häufigen Verwendung in Bohneneintöpfen und anderen Gerichten mit Hülsenfrüchten. Es macht diese Speisen nicht nur geschmacklich interessanter, sondern verbessert auch deren Bekömmlichkeit, da es desinfizierende Inhaltsstoffe (*Carvacrol*) enthält. Bohnenkraut wird auch für essigsauer eingelegtes Gemüse wie Gewürzgurken verwendet, was ebenfalls durch die desinfizierende Wirkung bedingt sein könnte. Es ist, anders als der botanisch und kulinarisch verwandte Thymian, überwiegend ein Gemüsegewürz. In privaten Haushalten wird es in der Tat selten für Fleischgerichte verwendet, aber viele industriell hergestellte Würste enthalten gemahlenes Bohnenkraut.

## Bohnenkraut in Bulgarien

In der bulgarischen Küche hat Bohnenkraut fast dieselbe Funktion wie Thymian in der mediterranen: Es wird zu allen Arten von Schmorgerichten verwendet, und zwar gleichermaßen zu Lamm- oder Hühnerfleisch wie zu vegetarischen Rezepten. Bulgarisches *gûveč* ist ein im Tontopf geschmortes Gericht aus Gemüse (Tomaten, Paprika, Auberginen) und Rind-, Lamm- oder Hühnerfleisch, die in einem Tontopf oder einer Kasserolle langsam gegart werden. *Gûveč* wird mit frischer Petersilie und getrocknetem Bohnenkraut gewürzt.

| | |
|---|---|
| **Familie** | Lippenblütengewächse |
| **Herkunft** | West- und Zentralasien |
| **Pflanzenteil** | Frische oder getrocknete Blätter |
| **Verwendung** | In Deutschland die Standardwürze für Bohnen |
| **Eigenschaften** | Bohnenkraut wirkt desinfizierend und magenstärkend |

# **Chili** und **Paprika**

**Chili zählt zu den weltweit beliebtesten Gewürzen. Erst im 16. Jh. wurde diese Pflanze in der Alten Welt bekannt, erreichte in erstaunlich kurzer Zeit große Verbreitung und revolutionierte fast alle asiatischen und afrikanischen Küchen. Heute sind viele Küchen ohne Chili schlicht unvorstellbar.**

## Geschichte

Von ihrer Heimat im nördlichen Andengebiet hatten sich Chilis bis zur Ankunft der Europäer bereits über das tropische Südamerika, die Karibik und die mittelamerikanische Landbrücke etwa bis zur heutigen Grenze der USA verbreitet. Die Ausbreitung erfolgte zum Teil durch Vögel, die die Samen verschleppt, und zum Teil durch die Migrationsbewegungen indianischer Völker. Die Europäer waren der Gewürze wegen nach Amerika gekommen. Chilis fanden allerdings nicht ihre Zustimmung und damit auch zunächst keinen Weg in die europ. Küchen; auf der Iberischen Halbinsel wurden sie nur als Zierpflanzen kultiviert. Überraschenderweise verbreiteten die europäischen Kolonialmächte die Chilis sehr rasch nach Afrika und Asien. Besonders der portugiesischen Kolonie in Goa kam dabei eine Schlüsselrolle zu, da sie die indische Küche um mediterrane Zutaten und Kochtechniken bereicherte. Bereits um 1600 waren Chilis in ganz Indien verbreitet und fanden auch ihren Weg nach China, wo die an Indien grenzenden Provinzen Yunnan und Sichuan auch heute noch die chilischärfsten Regionalküchen haben. In Westasien und Osteuropa verbreiteten sich die Chilis unter dem Einfluss der osmanischen Expansionspolitik. Die türkischen Eroberer brachten Chilis auf den Balkan und nach Ungarn, wo sich rasch eigenständige Kochtraditionen mit Chili und Paprika entwickelten. Die Küchen West- und Mitteleuropas zeigten sich bei der Aufnahme von Chili eher zögerlich und öffneten sich diesem Gewürz erstmals als Reaktion auf die Pfefferknappheit während der Napoleonischen Kriege. Erst gegen Ende des 19. Jh. hatte sich Chili, zumindest in seiner milden Form als Paprika, in Europa etabliert. Eine merkwürdige Besonderheit stellt die westafrikanische Küche dar, die auf den nur in Lateinamerika gebräuchlichen Chilis der Art *Capsicum chinense* beruht. Die Ursache dafür liegt im Repatriierungsprogramm für ehemalige Sklaven, das die US-Regierung nach dem Amerikanischen Bürgerkrieg betrieb. Befreite Sklaven und deren Nachkommen siedelten sich im neu gegründeten Staat Liberia an und nahmen dabei karibische Chilis in ihre neue Heimat mit.

## Botanik

Chilis sind unter den Gewürzen einzigartig: Die scharfen Früchte stammen von fünf kultivierten Arten mit unterschiedlicher geografischer und kulinarischer Signatur. Diese Arten haben insgesamt einige Tausend unterschiedliche Sorten hervorgebracht, von denen die meisten nur kleinräumig angebaut und verwendet werden. Die fünf Arten haben keine umgangssprachlichen Namen, sondern werden nur mit ihren systematischen botanischen Bezeichnungen benannt.

**Capsicum pubescens:** Diese Art stammt aus dem Andenhochland und ist außerhalb der süd- und mittelamerikanische Bergwelt kaum verbreitet. Alle Sorten haben violette Blüten und schwarzgraue Samen. Die bekannteste Sorte ist der *rocoto* aus den peruanischen Anden – ein großfruchtiger, dickwandiger, ei- oder birnenförmiger Chili mit hoher Schärfe und charakteristischem Eigengeschmack.

**Capsicum baccatum:** Zu dieser Art gehören viele südamerikanische Sorten, die oft gemeinsam als *ají* bezeichnet werden. Die Fruchtform schwankt zwischen kleinen, aufrecht stehenden Kugeln bis zu hängenden Lampions; am häufigsten findet man gelbe, orange oder rote, fingerförmige Chilis. Beim Trocknen entwickeln die Früchte neben dem feurig scharfen Geschmack oft ein trockenobstartiges Aroma. Die wichtigsten Sorten in den Anden sind der gelbe *ají amarillo* und der rote *ají colorado*, gewissermaßen die Standardchilis in Peru und Bolivien. Einzelne Sorten sind auch in Europa, Ostafrika und Asien verbreitet.

**Capsicum frutescens:** Die rein tropischen *frutescens*-Chilis bilden stehende, spitz zulaufende Früchte von klassischer Chiligestalt. Nur eine einzige Sorte hat kulinarisch große Bedeutung, nämlich der Tabasco-Chili, der als Grundlage für die gleichnamige Würzsoße aus Louisiana dient.

**Capsicum chinense:** Diese ebenfalls tropische Art stammt ursprünglich aus Peru, gelangte aber bereits vor Kolumbus auf die karibischen Inseln, wo heute eine große Vielfalt an Sorten gedeiht.

| | |
|---|---|
| **Familie** | Nachtschattengewächse |
| **Herkunft** | Nördliches Südamerika |
| **Pflanzenteil** | Frische und getrocknete Früchte |
| **Verwendung** | Weltweit |
| **Eigenschaften** | Chilis wirken bei äußerlicher Anwendung durchblutungssteigernd und schmerzstillend |

Die reifen Früchte können gelb, orange, rot oder braun gefärbt sein; die Fruchtform ist sehr variabel, wobei stark gefaltete Lampions für diese Art besonders charakteristisch sind. Zu den bekanntesten Sorten gehören der *habanero* aus Yucatan in Südmexiko und der jamaikanische *Scotch bonnet*. Einige Vertreter der Art *chinense* erreichen eine atemberaubende Schärfe, mit der sie alle anderen Arten um ein Mehrfaches übertreffen. Außerdem bestechen diese Chilis durch einen sehr attraktiven, blütenartigen Duft, der beim Trocknen allerdings stark leidet. Von den Tropen der Alten Welt beherbergt nur Westafrika eine größere Anzahl von *chinense*-Sorten. Allerdings wurde im Jahr 2000 erstmals eine indische Sorte beschrieben, die *naga jolokia* oder *bhut jolokia* heißt und 2006 als die schärfste Chilisorte der Welt identifiziert wurde.

**Capsicum annuum:** Die Chilis der *annuum*-Art entstanden in Mexiko und haben sich ab 1492 weltweit verbreitet, weil sie klimatisch die geringsten Ansprüche stellen. Es gibt großfruchtige, relativ milde Sorten (Gemüsepaprika), aber auch kleine, spitze Schoten mit beißend scharfem Geschmack (*piquín*) und natürlich zahllose Übergangsformen. Diese Chilis prägen alle scharfen Küchen außerhalb Amerikas und Westafrikas. Eine Besonderheit dieser Art besteht darin, dass sie auch sehr milde, aromatische Sorten (Gewürzpaprika) und sogar völlig schärfefreie Kulturformen (Gemüsepaprika) hervorgebracht hat. Gemüsepaprika wurden erst um 1900 in Osteuropa entwickelt. Die Anzahl der *annuum*-Sorten ist unüberschaubar, allein in ihrer Heimat Mexiko gibt es viele Hundert davon. Schärfe und Süße können stark schwanken. Beim Trocknen nehmen vor allem die großfruchtigen Sorten oft überraschende Rauch-, Erd- oder Tabakaromen an. Deshalb werden in der mexikanischen Küche getrocknete und frische Chilis oft für unterschiedliche Zwecke verwendet. Auch in Europa und Asien kennt man viele unterschiedliche Sorten, die sich zwar in ihrer Schärfe deutlich voneinader unterscheiden, die aber in ihren Aromen weniger differenziert sind. Sorten mit herausragendem Aroma findet man in Ungarn (*kalocsa*) oder im Baskenland (*piment d'espelette*).

## Chemie

Die Schärfe von Chilis geht auf eine Gruppe eng verwandter Säureamide zurück, deren Hauptvertreter das Capsaicin ist; die ganze Gruppe wird als „Capsaicinoide" bezeichnet.
Zur Quantifizierung der Chilischärfe verwendet man traditionell die sogenannte *Scoville-Skala*, die nach dem Apotheker Wilbur Scoville benannt ist. Dazu werden Verdünnungsreihen von Chilis in leicht gesüßtem Wasser hergestellt; eine Gruppe von Testern verkostet die Lösungen und bestimmt, bei welcher Verdünnung die Schärfe gerade

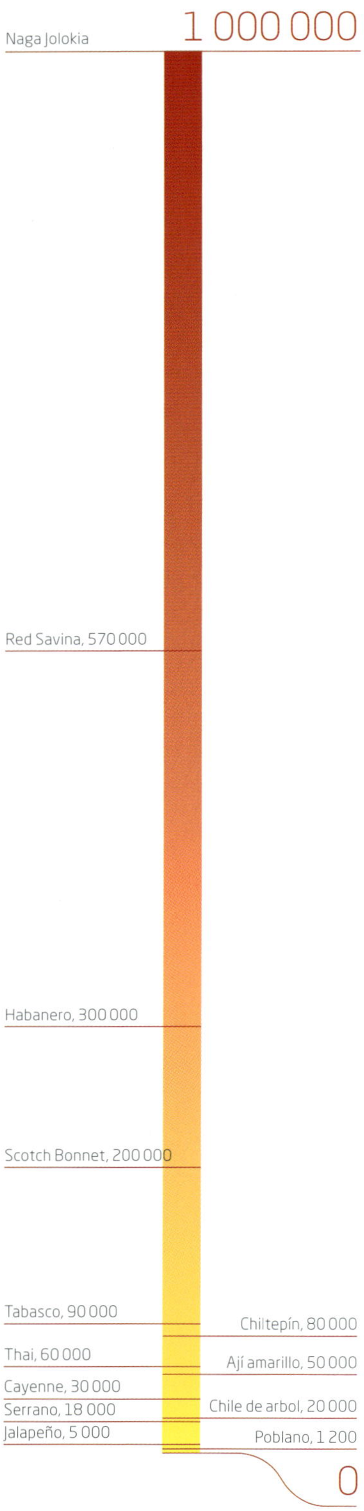


**Abb.: Schärfegrade**
Scoville-Einheiten je Chilisorte

noch spürbar ist. Typische europäische Chilis haben Scoville-Werte von ca. 20 000: Mit einem Gramm getrocknetem Chili kann man also 20 l Wasser leicht schärfen. Scharfe asiatische Chilis kommen auf höchstens 100 000 SHU (*Scoville Heat Units*), während die karibische *chinense*-Sorten mehrere 100 000 SHU erreichen können. Der aktuelle Rekordhalter ist ein indische *chinense naga jolokia*, der 2006 in zwei unabhängigen Messungen den zuvor für unmöglich gehaltenen Wert von ca. einer Million Scoville erreichte. In modernen Labors wird die Schärfe nicht durch Verkostung, sondern mit spurenanalytischen Methoden bestimmt. Das Standardverfahren verwendet HPLC (*high performance liquid chromatography*), die die einzelnen Komponenten eines Chiliextraktes auftrennt und getrennt quantifiziert. Dabei erhält man direkt den Gehalt an Capsaicin, der danach in Scoville-Werte umgerechnet wird. Nach dieser Umrechnung entspricht der Gehalt von 1 Prozent Capsaicin in der getrockneten Frucht ungefähr 160 000 SHU. Die Schärfegrade stimmen nicht immer klar mit der gefühlten Schärfe überein. Dies liegt einerseits daran, dass der Capsaicingehalt in Chilis derselben Sorte keinesfalls immer gleich ist, sondern von der Temperatur während der Reifungsphase abhängt. Andererseits ist das Geschmacksempfinden individuell und wird sowohl von Begleitstoffen als auch von der Zusammensetzung des Capsaicinoid-Gemischs beeinflusst: Chilis mit einem hohen Anteil von Dihydrocapsaicin etwa werden trotz relativ geringer Scoville-Werte von manchen Essern als extrem scharf empfunden.

## Chilis in Amerika

**Die präkolumbischen Küchen:** Die Landwirtschaft in Amerika unterschied sich stark von der in der Alten Welt. Einerseits standen ganz andere Kulturpflanzen zur Verfügung – Reis und Weizen fehlten, stattdessen gab es Mais, der sich nur bedingt zum Backen von Broten oder zur Herstellung von Teigwaren eignet. Viehzucht spielte eine geringe Rolle, sodass wenig Fleisch gegessen wurde und Milchprodukte völlig unbekannt waren. Fette und Öle wurden kaum verwendet. Nicht zuletzt fehlten die Gewürze. Den Azteken waren Piment, Blattpfeffer und Vanille zwar bekannt, aber nur in sehr eingeschränkter kulinarischer Funktion. Andererseits hatten aztekische Köche zu einer Vielfalt an unterschiedlichen Chilisorten Zugang. Die Geschmacksvielfalt mexikanischer Chilis war und ist enorm, da einerseits große genetische Diversität existiert und andererseits das Spektum an Aromen durch verschiedene Verarbeitungsverfahren – Trocknen, Räuchern, Rösten – gesteigert wurde. Die aztekische Küche war eine reine Chiliküche und beruhte praktisch ausschließlich auf verschiedenen Sorten von *Capsicum annuum*. Auch in den Anden waren Chilis das einzige verfügbare Gewürz. Gerichte aus Hülsenfrüchten, Kartoffeln und Mais wurden ausschließlich mit Chili geschmacklich veredelt. Den Inkas standen dazu Chilis von drei verschiedenen Arten zur Verfügung, die auch heute noch in Verwendung sind: der breite *rocoto* war in den Hochlandprovinzen der üblichste Chili und wurde meist frisch verwendet, während der weniger kältetolerante *ají amarillo* in getrockneter Form gehandelt wurde. In besonders hohem Ansehen stand der feurige *chinchi uchu*, der als Vertreter von *Capsicum chinense* auf tropisches Klima angewiesen war und nur in der Peripherie des Inkareichs gedieh.

**Die mexikanische Küche:** Obwohl heute eine große Zahl mediterraner und asiatischer Kräuter und Gewürze zur Verfügung steht, bilden Chilis nach wie vor das Rückgrat der mexikanischen Küche. Chilis werden dabei vorrangig wegen ihrer Aromen eingesetzt, und nur wenige Speisen sind wirklich scharf. Großfruchtige getrocknete Sorten wie *ancho*, *mulato* und *pasilla* werden universell verwendet – diese Sorten bezeichnet man auch als „heilige Dreifaltigkeit". Sie werden meist in Wasser eingeweicht, püriert und danach in heißem Fett zu einer dunkelbraunen, hocharomatischen Paste verkocht, die den Speisen ihre Grundwürze verleiht. Schärfe erzielt man in Mexiko mit kleinfruchtigen Sorten wie dem *chile de arbol*, der einen beißenden Geschmack hat und nur zusammen mit anderen aromatischen Chilis ein ausgewogenes Gericht ergibt. Auch frische Chilis liefern hauptsächlich Schärfe. Eine beliebte Sorte ist der *jalapeño*, der in Ringe geschnitten oder gehackt über Salate und warme Speisen gestreut wird und frische Schärfe und knackige Konsistenz spendet. Eine ganz besondere Spezialität sind getrocknete und geräucherte *jalapeños*, die *chipotles* heißen und einen einzigartig warmrauchigen Geschmack haben.

**Die karibische Küche:** Die karibischen Inseln sind durch starke koloniale Einflüsse geprägt, aber

Chilis spielen immer noch eine wichtige Rolle. Die dominierende Art ist *Capsicum chinense*, von der es auf jeder Insel lokale Sorten mit charakteristischer Fruchtform und Farbe gibt. Die meistverwendete Chilisorte auf Jamaika ist der *Scotch bonnet*, der etwas übertrieben auch *seven pot pepper* genannt wird – aber selbst von diesem sehr scharfen Chili reicht eine Frucht nicht für sieben Kochtöpfe. Als Nationalgerichte gelten *pepperpot*, eine dicke Suppe aus Ziegenfleisch und tropischem Gemüse, und *jerk*. Letzteres ist Fleisch, das mit einer pimenthaltigen Würzpaste mariniert und gegrillt wird.

## Chilis in Asien

Da es dort viele Gewürze gibt, besteht in Asien keine Notwendigkeit geschmacklich herausragende Chilisorten zu züchten. Meist genügt es, zwischen scharfen und mittelscharfen Typen zu unterscheiden.

**Die chinesische Küche:** In China ist der Chiliverbrauch regional sehr unterschiedlich. Die Südostprovinzen kochen fast schärfefrei und bieten Chilis allenfalls als Dip an, aber in den Zentralprovinzen Sichuan und Yunnan werden Chilis in großer Menge verwendet. Ein ziemlich extremes Rezept ist *là zí jī dīng*, kleine Hühnerfleischwürfel mit Chili. Die getrockneten Chilis werden im heißen Wok mit etwas Öl gebräunt und dann mit Hühnerfleisch und weiteren Zutaten kurz gebraten. Dabei verwendet man etwa 20 g Trockenchilis für 100 g Fleisch. Außer nativen Chilis werden in Sichuan auch verschiedene Kombinationen von Chilis mit Sojabohnen verwendet, von denen die Chili-Bohnen-Paste *dòubànjiàng* am bekanntesten ist. Sie wird in einem ersten Arbeitsgang mit Knoblauch sautiert, um die Speise geschmacklich zu grundieren.

**Die Thai-Küche:** Thaispeisen bestechen durch ihre perfekte Kombination aus feuriger Schärfe, die oft noch mit scharfen Tischwürzen gesteigert wird, und komplexen Aromen, für die duftende Gewürze wie Basilikum, Galgant und Kaffernlimettenblätter verantwortlich sind. Thaicurrys beruhen auf sogenannten Currypasten, die sich aus vielen frischen Gewürzen zusammensetzen. Die Pasten werden mit Soßen kombiniert, die in erster Linie aus Schärfe dämpfender, süßer Kokosmilch bestehen. Deshalb sind sie trotz des hohen Chilianteils für den ungeübten Gaumen erträglich. Hingegen bleiben die typischen Thaisalate den hartgesottenen Chilifreunden vorbehalten. Diese Salate bestehen aus gekochtem Fleisch oder Gemüse, frischen oder getrockneten Chilis, Limettensaft und stechend riechender Fischsoße; Beispiele sind *yam gai* aus Hühnerfleisch und *som tam* aus Papaya und getrockneten Garnelen. Als Tischwürze sind in Thailand frische, in Fischsoße oder Essig eingelegte Chilis weit verbreitet.

**Die indische Küche:** In Indien gibt es ein ausgeprägtes Süd-Nord-Gefälle in der Schärfe. Die südindischen Küchen sind erheblich schärfer als die nordindindischen, wo man scharfe Beilagen (*pickles*) zu relativ milden Currys reicht. Chili wird sehr häufig, im Norden fast ausschließlich, als Pulver verwendet,

Capsicum baccatum

Capsicum frutescens

Capsicum chinense

Capsicum annuum

das vorsichtig zusammen mit Zwiebeln sautiert wird, um die Schärfe zu lösen. Im Süden werden auch Pasten aus Zwiebeln, Chili, verschiedenen Gewürzen und Joghurt zum Marinieren oder als Grundlage von Schmorflüssigkeiten hergestellt. Interessanterweise gibt es sowohl nördlich als auch südlich von Indien zwei extrem scharfe Küchen: Die Sri-Lanka-Küche verwendet im Wesentlichen indische Gewürze und indische Kochtechniken, nutzt den Chili aber großzügiger und bevorzugt Kokosmilch als Basis. Im Königreich Bhutan findet sich eine Mischküche aus tibetischen, chinesischen und indischen Elementen, aber mit einer ganz eigenständigen Chilileidenschaft. Das Nationalgericht *ema datshe* ist eine mit Yakkäse gebundene Suppe, in der frische grüne Chilis als einer Suppeneinlage dienen. Die als *huacatay* bekannte Gewürzpflanze ist mit den bei uns als Zierpflanzen beliebten Tagetes-Arten eng verwandt. Die Pflanze liefert ein Küchenkraut, das als Dekoration verwendet oder zu Kräutersoße verarbeitet wird.

# Curryblätter

**Die entfernt zitrusartig duftenden Curryblätter sind im handelsüblichen Currypulver nicht enthalten, da sie getrocknet jeden Würzwert verlieren. Frische Curryblätter sind extrem aromatisch und besonders im Süden Indiens beliebt. Sie können für fast alle indischen Currys verwendet werden.**

## Herkunft

Curryblätter stammen von einem kleinen Baum, der auf dem ganzen indischen Subkontinent bis Burma und zu den Ausläufern des Himalajas wild vorkommt. Indische Auswanderer brachten ihn nach Malaysia, Réunion, Südafrika und in die Karibik, wo seine Blätter kulinarisch genutzt werden.

## Chemie

Curryblätter sind ein sehr variables Gewürz. Der Gehalt an ätherischem Öl schwankt zwischen 0,5 und 2,7 Prozent. Welken und Trocknen führen zu Aromaverlust. Zudem unterscheiden sich Pflanzen aus Nord- und Südindien in ihren Leitsubstanzen: Nordindische Pflanzen produzieren Monoterpene und südindische Sesquiterpene.

## Geschichte

Das südindische Wort *kari* steht für eine flüssige Soße oder dicke Suppe aus Gemüse und Gewürzen. Die Briten übernahmen es als *curry* in ihre Sprache und bezeichneten damit alles, was an der indischen Küche scharf und flüssig oder zumindest saucig ist. Im 19. Jh. baute England seine Position in Indien immer stärker aus. Viele Briten kamen mit der dortigen Küche in Kontakt und wollten nach ihrer Rückkehr die stark gewürzten Spezialitäten des Subkontinents genießen. Die verallgemeinernde Bezeichnung „Curry" für fast alle indischen Fleisch- und Gemüsespeisen führte zu einer sehr vereinfachten Vorstellung von der Küche: dass man nämlich eine einzige Gewürzmischung brauche, um alle indischen Currys herstellen zu können. Diese Mischung wurde *curry powder* genannt. Sie kombinierte Elemente von indischer Gewürzmischungen zu einem neuen, anglo-ind. Geschmacksgefüge. Obwohl die beliebtesten Marken in Indien von Indern hergestellt wurden, waren sie doch ausschließlich für den Export bestimmt. Die Stadt Madras (heute Chennai) entwickelte sich rasch zum Zentrum der Produktion des Currypulvers. Gutes Currypulver zeigt ein harmonisches Verhältnis zwischen Schärfe (Chili, Pfeffer), Erdigkeit (Kurkuma, Kreuzkümmel, geröstete Linsen) und Aroma (Nelken, Zimt). Es wird in der europäischen Küche für Marinaden, Soßen oder Reis verwendet – oft auch in Kombination mit fruchtigen Noten.

## Verwendung

**Sri Lanka:** In Sri Lanka sind Curryblätter allgegenwärtig. Sie werden meist frisch vom Baum gepflückt und ohne Vorbehandlung in Currys mitgekocht. Ein interessantes Beispiel ist *kottu roti*: Kleine Stücke Fladenbrot werden auf einer heißen Platte in wenig Öl mit grünem Chili und Curryblättern rasch gebraten und schließlich mit einem vorbereiteten Fleisch- oder Gemüsecurry abgelöscht.

**Südindien:** Curryblätter werden in Südindien für fast alle Arten von vegetarischen Speisen verwendet. Sie werden oft in einer heißen Pfanne getrocknet, zerkrümelt und mit anderen Gewürzen gemeinsam gemörsert. Curryblätter werden auch oft in heißem Fett geröstet, bis sie knusprig werden und ein starkes Aroma abgeben. Diese Technik ist in den beiden südlichsten Bundesstaaten Tamil Nadu und Kerala üblich, wo die Curryblätter fast immer mit schwarzen Senfsamen und eventuell auch mit Chili oder Asant kombiniert werden. Ein bekanntes Gericht aus Tamil Nadu sind *masala dosai*, knusprige Fladen aus Reismehl mit einer weichen und würzigen Füllung aus Kartoffeln, die mit Senfsamen, Curryblättern und Asant gewürzt sind.

**Nordindien:** Im kühleren und trockeneren Norden sind Curryblätter nicht ganz so verbreitet wie im Süden. Sie werden häufiger zu vegetarischen als zu nichtvegetarischen Speisen gebraucht. *Samosa* sind knusprige, frittierte Pasteten, die gewöhnlich mit einer Kartoffel-Erbsen-Mischung gefüllt sind. Die Füllung wird mit Ingwer, Curryblättern und Kreuzkümmel gewürzt.

| | |
|---|---|
| **Familie** | Rautengewächse |
| **Herkunft** | Indien |
| **Pflanzenteil** | Frische Blätter |
| **Verwendung** | In ganz Indien zum Würzen von Currys aller Art |

# Dill

–

**Dill ist trotz seiner mediterranen Herkunft ein Gewürz des nördlichen und östlichen Europa. Es ist geradezu das Lieblingskraut der Skandinavier und Balten und gilt Deutschen, Polen und Russen als erste Wahl beim Würzen von eingelegtem Gemüse.**

–

## Herkunft und Geschichte

Als mediterrane Pflanze war Dill in der Antike bekannt und diente auch zum Kochen, wie einige Rezepte im römischen Kochbuch des Apicius belegen. Allerdings wurden Dill und Anis von den antiken Autoren oft nicht genau unterschieden.

–

## Chemie

Sowohl in Dillspitzen als auch in Dillfrüchten findet sich ein ätherisches Öl mit den Hauptbestandteilen Carvon und Limonen, wobei Carvon für die kümmelartige Note des Dills verantwortlich ist.

–

## Verwendung

**Orient und Indien:** Die türkische Küche kombiniert Dill gerne mit Joghurt, z. B. in der Joghurtsuppe *cacık*. Dill wird in Persien zum Würzen von Bohnengerichten (*baghla*) verwendet, indem man sie zusammen mit großen Mengen Dillkraut kocht. Im Iran gibt es auch Bohnen-Reis-Gerichte mit Dill. Auch im Nordwesten Indiens, würzt man Hülsenfrüchte mit Dill. Allerdings werden die Früchte verwendet, die man ähnlich wie beim Kreuzkümmel und Ajowan zuerst in heißem Fett anbrät.

**Verwendung in Europa:** Essig-sauer eingelegte Gemüse spielen in Mittel- und Osteuropa traditionell eine große Rolle, beispielsweise Gurken. Gewürzmischungen zum Einlegen enthalten Senf- und Pimentkörner sowie frische Dillblätter – in Russland sind oft ganze Dillzweige enthalten. Dill als Gewürz für Fisch und Meeresfrüchte ist in Deutschland und Skandinavien verbreitet. Gebackener Fisch oder gekochte Garnelen werden oft mit Dillsoße serviert. In Skandinavien weitet man dieses Prinzip aus: *Gravlax* ist mit Dill gebeizter Lachs, der mit einer Dill-Senf-Soße auf den Tisch kommt. In Skandinavien und dem Baltikum dienen frische Dillblätter auch oft als Grüngarnitur oder werden fein gehackt über Speisen gestreut, etwa so wie Schnittlauch oder Petersilie in anderen Ländern.

| | |
|---|---|
| **Familie** | Doldenblütengewächse |
| **Herkunft** | Mittelmeer |
| **Pflanzenteil** | Getrocknete Früchte und frische Blätter |
| **Verwendung** | In Europa Gewürz für Fisch und Gemüsekonserven |

# Eberraute

**Die stark duftende Eberraute wird vorwiegend in der alpinen Bauernküche verwendet und verleiht Pasteten aus Kalb- oder Schweinefleisch eine besondere Würze.**

## Herkunft und Geschichte

Die bereits in der Antike bekannte Eberraute wächst im Mittelmeer- und Schwarzmeerraum sowie in Westasien. Ihre ursprüngliche Heimat ist nicht bekannt.

## Aroma

Eberraute hat ein durchdringendes, stechendes Aroma, dessen Qualität von Klima und genetischen Faktoren abhängt. Die kulinarisch am besten geeigneten Sorten haben eine erkennbare Zitrusnote. Alle Sorten haben einen deutlich bitteren Nachgeschmack.

## Verwendung

Eberraute ähnelt dem Beifuß im Aroma, ist aber viel stärker und geschmacklich ergiebiger. Trotzdem findet man sie nur selten außerhalb traditioneller Bauerngärten in alpinen Dörfern. Die frischen, grob gehackten Blätter werden vor allem zum Würzen von Kalbfleischbraten und -pasteten verwendet. Häufiger wird die Eberraute jedoch als duftende Zierpflanze kultiviert. Früher verwendete man ihre stark riechenden Zweige auch, um Motten aus Kleiderschränken zu vertreiben.

| | |
|---|---|
| **Familie** | Korbblütengewächse |
| **Herkunft** | Südeuropa und Westasien |
| **Pflanzenteil** | Blätter |
| **Verwendung** | Ein regionales Gewürz für Pasteten oder als Alternative zu Beifuß |

# Felsenkirsche

**Die Kerne der Felsenkirsche liefern ein Gewürz, das nur im östlichen Mittelmeergebiet bekannt ist. Nach dem Entfernen der harten Schale werden die Keimlinge zum Würzen von Kuchen und Keksen verwendet.**

| | |
|---|---|
| **Familie** | Rosengewächse |
| **Herkunft** | Südeuropa |
| **Pflanzenteil** | Samen |
| **Verwendung** | Gewürz für Süßspeisen |

## Herkunft und Ernte

Die Felsenkirsche oder Steinweichsel ist eine südeuropäische wilde Kirschenart, die vereinzelt bis nach Mitteleuropa vordringt. Die dunkelroten, fast schwarzen Früchte haben ein sehr dünnes, ungenießbares Fruchtfleisch. In den Hauptproduktionsländern Türkei, Syrien und Iran wird der Baum in geringem Umfang angebaut, aber ein Teil der Ernte stammt aus Wildbeständen. Nach der Ernte der reifen Kirschen lässt man sie trocknen und knackt dann die Kerne auf. Die ockergelben, tropfenförmigen Keimlinge haben einen bitteren Geschmack und entwickeln nach kurzem Kauen einen aromatischen, etwas an Vanille oder Heublumen erinnernden Geschmack. Wegen ihres hohen Ölgehaltes werden sie rasch ranzig.

## Verwendung

**Griechenland und Zypern:** Das griechische Ostergebäck *tsouréki* ist ein geflochtener Zopf aus einem süßem Brioche-Teig, der mit gemahlenen Felsenkirschenkernen gewürzt wird. Er enthält noch ein weiteres, sehr spezielles Gewürz: Mastix, das Harz eines nur auf der Insel Chios wachsenden Baums, das fast nur in der griechischen Küche verwendet wird.

**Türkei und Armenien:** Im Südosten der Türkei werden Felsenkirschensamen zu Gebäck wie dem ringförmigen, mit Sesam bestreuten Frühstücksbrot *simit* oder dem Teegebäck *çörek* verwendet, manchmal auch zusammen mit Zimt im Milchpudding *muhallebi*. Von *choreg*, der armenischen Version der Gebäcke *tsouréki* und *çörek*, gibt es zwei Varianten: Es kann entweder als Brioche-Zopf gebacken werden oder es kommt in Form kleiner, knuspriger Kekse als Beilage zum nachmittäglichen Kaffee auf den Tisch.

**Levante:** In Syrien verwendet man Felsenkirsche auch zum Würzen von Käse. Dazu wird der Käselaib mit gestoßenen Felsenkirschkernen, Nigella und anderen Gewürzen bestreut und danach in Lake gereift. Außerdem werden die Keimlinge in der Levante für eine unüberschaubare Vielzahl von Kleingebäcken verwendet.

# Fenchel

## Herkunft

Fenchel stammt aus dem Mittelmeergebiet und ist seit dem Altertum bekannt. Er wurde in der griechischen und römischen Küche als Gewürz verwendet und verbreitete sich im Mittelalter durch die Klostergärten in ganz Mitteleuropa. Der größte Teil des Fenchels im Handel stammt von einer Kultursorte, dem Süßfenchel. Diese Sorte hat große und grasgrüne Früchte. In sehr geringem Umfang wird auch mit den kleinen, dunkelbraunen Früchten des Bitterfenchels, der im Mittelmeergebiet wild vorkommt, Handel getrieben. Eine weitere Sorte ist der Knollenfenchel, der vor allem in Italien als Gemüse dient.

## Chemie

Fenchelfrüchte enthalten ein ätherisches Öl mit dem Hauptbestandteil Anethol, der auch beim Anis und Sternanis das Aroma bestimmt. Der hohe Anetholgehalt ist Folge Zucht; wilder Fenchel enthält nämlich hauptsächlich das würzig riechende und bitter schmeckende Fenchon.

## Fenchel in Indien

In Indien ist Fenchel gelegentlich in Gewürzmischungen für Geflügel enthalten. Außerdem ist er einer der fünf Bestandteile der bengalischen Mischung *panch phoron*.
In Sri Lanka ist Fenchel häufig Bestandteil der Gewürzmischungen für Currys. Dafür wird er, wie auch die meisten anderen Komponenten, zuvor dunkelbraun geröstet, wobei sich sein Aroma intensiviert, er aber einen Teil seiner Süße verliert.
In Nordindien wird Fenchel als Digestiv genossen: Nach dem Mahl isst man eine Mischung aus Fenchelfrüchten, bunt gefärbtem Zuckerwerk und weiteren anregenden oder verdauungsfördernden Pflanzen.

## Fenchel in China

Der süße Geschmack von Fenchel harmoniert sehr gut mit anderen in China beliebten Gewürzen wie Sternanis und Süßholz. Er ist Bestandteil des Fünfgewürzepulvers und anderer, ähnlicher Gewürzmischungen für Brühen oder spezielle Gartechniken (z. B. das Rotschmoren).

## Fenchel am Mittelmeer

Die italienische Küche verwendet Fenchel häufig und würzt damit unterschiedliche Speisen wie Spanferkel (*porchetta*), marinierte Gemüse (*antipasti*) oder gegrillten Fisch.
In der Toskana ist Fenchel besonders beliebt. Man würzt dort nicht nur mit Fenchelfrüchten, sondern auch mit fein gehackten Fenchelblättern und sogar Fenchelpollen, die ein besonders elegantes, ätherisches Fenchelaroma verströmen. Eine bekannte Spezialität der Toskana ist die Fenchelsalami *finocchiona*, die ihr pikantes Aroma den kleinen Früchten des Wildfenchels verdankt.

| | |
|---|---|
| **Familie** | Doldenblütengewächse |
| **Herkunft** | Mittelmeerraum |
| **Pflanzenteil** | Getrocknete Früchte |
| **Verwendung** | Vielseitig zu Fleisch und Gemüse |
| **Eigenschaften** | Fenchel lindert den Hustenreiz und wirkt beruhigend und blähungstreibend |

# Fingerwurz

**Die Fingerwurz ist eines von vielen Rhizomgewürzen Südostasiens, aber sie fällt durch ihre einzigartige Form aus dem Rahmen. Sie wird nur in Thailand verwendet.**

## Herkunft und Botanik

Die Fingerwurz stammt wahrscheinlich aus Java oder Sumatra, ist aber heute in ganz Südostasien und Indien als Heilmittel verbreitet. Sie wird nur in privaten Hausgärten gepflanzt. Das Rhizom der Fingerwurz ist klein und knollenförmig. Aus ihm entsprießen mehrere „Finger".

## Verwendung

In Thailand ist die Fingerwurz Bestandteil von Currypasten und wird manchmal in Form von dünnen Scheiben an Fischcurrys gegeben. Beim Schmoren aromatisieren die Kochflüssigkeit mit einem leicht scharfen, etwas strengen Geschmack.

Im Norden Thailands verwendet man Fingerwurz auch in manchen sojahaltigen Schmorgerichten aus Fleisch oder Gemüse. Vereinzelt werden sogar die jungen Wurzeln oder Blätter der Fingerwurz selbst als Gemüse gegessen.

| | |
|---|---|
| **Familie** | Ingwergewächse |
| **Herkunft** | Westindonesien |
| **Pflanzenteil** | Frischer Wurzelstock (Rhizom) und Wurzel |
| **Verwendung** | Nur in Thailand zu Fisch und Fleischcurrys |

# Galgant

**Galgant ist in ganz Südostasien ein beliebtes Gewürz; meist wird der frische Wurzelstock verwendet, der in Scheiben geschnitten, gehackt oder zerrieben wird, und Suppen, Ragouts und Currys würzt.**

## Herkunft und Geschichte

Galgant stammt aus dem südlichen China oder der südostasiatischen Halbinsel. Er kam erst nach der Antike nach Europa und wurde in der byzantinischen und mittelalterlichen Küche verwendet. Man würzte Wein mit ihm, und er wurde auch für mit Brot angedickte Soßen gebraucht. Seit dem Ende des Mittelalters ist Galgant aus der europäischen Küche verschwunden.

## Aroma und Chemie

Frischer Galgant hat ein angenehmes Tannenaroma und eine leicht brennende Schärfe. Beim Trocknen verändert sich das Aroma; Galant schmeckt dann eher zimtartig.
Die Schärfe von Galgant geht auf ähnliche Substanzen zurück wie bei den verwandten Gewürzen Ingwer und Kurkuma: Gingerole und Diarylheptanoide.
Das ätherische Öl von frischem Galgant ist sehr komplex aus knapp zehn Komponenten zusammengesetzt, von denen nach dem Trocknen aber nur zwei verbleiben (1,8-Cineol und E-beta-Farnesen).

## Verwendung

In **Thailand** ist Galgant eines der beliebtesten Gewürze, weswegen er auch „Thai-Ingwer" genannt wird. Man verwendet ausschließlich das frische Rhizom. In Form dünner Scheiben wird Galgant zum Würzen von Suppen und lang geschmorten Speisen verwendet. Ein bekanntes Beispiel ist die Suppe *tom yam*, der eine stark gewürzte Fleisch- oder Fischbrühe mit Galgant, Kaffernlimettenblättern und Zitronengras zugrunde liegt. Diese Brühe wird mit einer Einlage aus Gemüse und Tofu, Hühnerfleisch oder Garnelen serviert. Sie erhält durch Limettensaft und Chili eine ausgeprägt sauer-scharfe Note. *Tom khaa* ist eine verwandte, noch stärker mit Galgant gewürzte Suppe, die auch einen Schuss Kokosmilch enthält und daher mehr Körper hat.
Die sogenannten Currypasten (*prik gaeng*) sind eine typisch thailändische Würzzubereitung. Sie enthalten frische Gewürze wie Galgant, Knoblauch, Chili, Ingwer und Korianderblätter sowie stark riechende Fischsoße und Garnelenpaste. Verschiedene Zusammensetzungen werden an der Farbe unterschieden: Man kennt als Grundtypen rote, gelbe und grüne Currypaste. Manche Pasten enthalten auch Erdnüsse. Die grüne Currypaste besteht im Wesentlichen aus Knoblauch, grünen Chilis und Korianderblättern, während in der roten getrocknete oder frische rote Chilis, Galgant, Zitronengras und Kaffernlimettenblätter dominieren. Die gelbe Currypaste verdankt ihre Farbe frischem Kurkuma-Rhizom. In Südthailand wurde eine Variante der roten Currypaste entwickelt, die durch indischen und arabischen Einfluss mit Zimt, Sternanis und Nelken angereichert ist. Nach ihrer muslimischen Herkunft wird sie *masaman*-Paste genannt. Speisen, die aus Currypasten und Kokosmilch gekocht werden, heißen in Thailand Currys. Viele Currys haben sehr flüssige, fast suppenartige Konsistenz und werden immer mit Reis gegessen.

Auch in **Indonesien** wird Galgant möglichst frisch oder als Paste verwendet. Die indonesischen Würzpasten heißen *bumbu*, werden meist speziell für einzelne Speisen hergestellt und sofort verwendet. Der Name *bumbu* bezieht sich auf das Geräusch, das entsteht, wenn die Zutaten im Holzmörser gestampft werden. Im Westen Sumatras, der Heimat des Indonesischen Zimtbaums, wird ein berühmtes scharfes Gericht aus Wasserbüffelfleisch hergestellt, das *rendang* heißt. Das zähe Büffelfleisch wird mit einem *bumbu* aus Galgant, Zwiebeln, Chili und Knoblauch gebraten und mit Kokosnuss stundenlang weichgeschmort. Die Küche auf Java verwendet den Galgant sehr häufig, würzt aber generell milder. Das indonesische Nationalgericht *nasi goreng* ist gekochter Reis, der mit Gewürzen und verschiedenen Zutaten im Wok gebraten und danach mit einer *sambal* genannten Soße abgelöscht wird. Häufig verwendet man dazu *sambal tomat*, das sind mit Galgantstücken und Chilis zu einer dicken Paste verkochte Tomaten. Die würzige Küche der Insel Bali kennt eine Anzahl von *bumbu*-Grundrezepten, die *gede* heißen und aus Zwiebeln, Knoblauch, Chili, Galgant und anderen in Fett angebratenen Gewürzen bestehen. Meist enthalten sie auch Fischprodukte wie die stechend riechende Garnelenpaste *trassi*.

| | |
|---|---|
| **Familie** | Ingwergewächse |
| **Herkunft** | Wahrscheinlich Südchina |
| **Pflanzenteil** | Frischer oder getrockneter Wurzelstock (Rhizom) |
| **Verwendung** | Überall in Südostasien |
| **Eigenschaften** | Galgant wirkt magenstärkend |

# Gewürznelken

## Herkunft und Frühgeschichte

Gewürznelken sind nur auf einer Handvoll Inseln in den nördlichen Molukken beheimatet. Die seit dem Altertum bedeutendsten Nelkeninseln sind Tidore und Ternate, zwei eng benachbarte, jeweils 10 $km^2$ große, runde Vulkaninseln.
Nelken tauchten bereits vor der Zeitenwende in China auf und kurz danach in Indien; nach Europa kamen sie hingegen erst in der Völkerwanderungszeit. In China dienten Nelken vor allem als Parfüm und Desinfektionsmittel; wer eine Audienz bei einem Kaiser der Han-Dynastie (206 v.Chr. – 220 n. Chr.) hatte, musste sich eine Gewürznelke unter die Zunge legen, um den Atem mit Nelkenduft zu erfrischen. Herkunft und Eigenschaften dieses ungewöhnlich geformten Gewürzes blieben im Dunklen; deshalb wurde es in China erst „Vogelzungen-Gewürz" und später „Nagel-Gewürz" genannt. Diese Bezeichnung findet sich in vielen Sprachen, darunter auch im Deutschen, denn „Nelke" ist tatsächlich von „Nägelchen" herzuleiten.

## Kolonialgeschichte

Im frühen 16. Jahrhundert stritten Portugal und Spanien darum, als erste auf den Nelkeninseln zu landen und den Handel zu monopolisieren. 1512 erreichte die erste portugiesische Expedition die Inseln und errichtete einen Stützpunkt, der aber 1575 unter dem Druck des Sultans aufgegeben werden musste. In den folgenden Jahren konnte Ternate seine Machtposition weiter ausbauen, bis der Sultan von Tidore, besorgt über den Aufstieg der feindlichen Nachbarinsel, in eine Allianz mit den Spaniern trat. Die Auseinandersetzungen zwischen Ternate, Tidore, Spanien und Portugal dauerten das gesamte 17. Jh. an, und am Ende gab es einen überraschenden Sieger: die Niederlande. Die Vereenigde Oostindische Compagnie, (VOC) übernahm Anfang des 18. Jh. die Kontrolle über die Molukken und strebte nach einer vollständigen Monopolisierung des Nelkenhandels. Auf ihre Anweisung hin wurden die Nelkenbäume in Tidore und Ternate zerstört und stattdessen neue Plantagen auf Ambon gegründet, da diese Insel leichter beherrschbar schien. Die Bauern wurden gezwungen, ausschließlich für die VOC zu produzieren und zu Fixpreisen zu liefern.Trotzdem waren Schwarzanbau und Schwarzhandel nicht ganz zu verhindern. Einen schweren Rückschlag erlitt die VOC 1766, als ein französischer Naturforscher und Beamter names Pierre Poivre (1719–1768) mehrmals schwarz gezogene Nelken- und Muskatbäume auf französische Territorien (Mauritius, Réunion) schmuggeln und nach anfänglichen Schwierigkeiten auch kultivieren konnte. Obwohl die Erträge anfangs gering waren, geriet das Monopol damit ins Wanken. Es endete während der kurzen englischen Herrschaft über den indonesischen Archipel (1811–1815). Damals ließ der britische Gouverneur Thomas Stamford Raffles alle bedeutenden Nutzpflanzen dieser Region in anderen britischen Gebieten ansiedeln.

## Botanik und Anbau

Gewürznelken sind die ungeöffneten Blütenknospen des Nelkenbaumes. Die Knospen bestehen aus einem unterständigen Fruchtknoten, vier starren Kelchblättern, den zu einer Halbkugel verwachsenen Blütenblättern und den davon eingeschlossenen Staubgefäßen. Beim Erblühen fallen die Blütenblätter ab, und die Anlockfunktion wird nur von den cremeweißen Staubblättern wahrgenommen. Die Knospen werden knapp vor der Blüte geerntet und in der Sonne getrocknet, wobei sie sich dunkelbraun färben.
Die bedeutendsten Produzenten heute sind Sansibar und Indonesien. Bis in die 1980er-Jahre musste Indonesien wegen des hohen Inlandsbedarfs Gewürznelken importieren; infolge groß angelegter Anbaupläne kann Indonesien seit 1982 Überschüsse produzieren, die als Devisenbringer exportiert werden und zu einem Preisverfall im Großhandel geführt haben.

## Zigaretten

Mehr als 50 Prozent der Welternte von Nelken wird in Indonesien für die beliebten Nelkenzigaretten (*kretek*) verbraucht. Die Füllung der *kretek* besteht zu zwei Dritteln aus Tabak und zu einem Drittel aus geschroteten Gewürznelken. Es gibt außerordentlich aggressive Sorten mit 2 mg Nikotin und 40 mg Teer pro Zigarette. Dieser für Indonesien charakteristische Zigarettentyp wurde im späten 19. Jh. von dem Arzt *Haji Jamahri* eingeführt, der sich vom desinfizierend wirkenden Eugenol eine Wirkung gegen Asthma und Tuberkulose erwartete. Der Name *kretek* ist lautmalerisch und spielt auf das knisternde Geräusch beim Verbrennen des Tabaks an.

## Kulinarische Verwendung

**Indonesien:** Erstaunlicherweise werden Gewürznelken in Indonesien nur selten zum Kochen verwendet. Der hohe Inlandsverbrauch ist ausschließlich auf die *kretek*-Zigaretten zurückzuführen.

**China:** Chinesische Köche verwenden Gewürznelken als Bestandteil des Fünfgewürzepulvers. Bei der Herstellung von Brühen werden meist Mischungen ganzer Gewürze verwendet, deren Zusammensetzung der des Fünfgewürzepulvers ähnelt und die daher meist Nelken enthalten.

| | |
|---|---|
| **Familie** | Myrtengewächse |
| **Herkunft** | Molukken |
| **Pflanzenteil** | Getrocknete Blütenknospen |
| **Verwendung** | Für Geschmortes und Weihnachtsgebäck |
| **Verwendung** | Nelken wirken stark desinfizierend |

**Indien:** In Indien gehören Nelken zu den Eckpfeilern vieler Regionalküchen, vor allem der Mogul-Küche im Norden. Die Nelken werden meist ungemahlen verwendet und in einem ersten Arbeitsgang in heißem Fett erhitzt, bis sie anschwellen und Aroma entwickeln. Außerdem sind sie in vielen pulvrigen Gewürzmischungen enthalten.

**Orient:** Nelken sind in den meisten orientalischen Gewürzmischungen wie *baharat* und *ras al-hanut* enthalten, werden aber selten in ganzer Form eingesetzt. In Äthiopien und Eritrea werden Nelken zum Würzen von Kaffee verwendet. Bei der äthiopischen Kaffeezeremonie wird der Kaffee im Familienkreis zunächst geröstet, wobei oft Gewürze wie Nelken oder Zimt zugesetzt werden, ehe er aufgebrüht und gemeinsam getrunken wird. In ganz Ostafrika trinkt man gern mit Gewürznelken gewürzten Tee.

**Europa:** In den europäischen Küchen würzt die Nelke sowohl süße als auch herzhafte Speisen. Französische Ragouts und opulente Braten kommen selten ohne Nelken aus (berühmtes Beispiel ist der *coq au vin*). Ferner sind Gewürznelken fester Bestandteil von Brühen, Grundfonds und -soßen, denen sie eine zurückhaltende, erdig-süße Hintergrundnote liefern. Gerade in Europa haben Nelken den Charakter eines Süßspeisengewürzes. Gegarte Obstspeisen und Kompotte enthalten oft Nelken, und Lebkuchen ist ohne Nelkenaroma kaum vorstellbar.

# Huacatay

**Die als *huacatay* bekannte Gewürzpflanze ist mit den bei uns als Zierpflanzen beliebten Tagetes-Arten eng verwandt. Die Pflanze liefert ein Küchenkraut, das als Gründekoration verwendet oder zu Kräutersoße verarbeitet wird.**

## Herkunft

*Huacatay* ist in den Anden heimisch und findet in seiner Heimatregion als Gewürz Verwendung.

## Aroma

Das Gewürz hat einen mild krautig-aromatischen Geschmack, mit etwas dumpfer Note. Beim Trocknen verliert es seinen kulinarischen Wert.

## Verwendung

Frische *huacatay*-Blätter dienen als Dekoration und werden universell über Speisen gestreut. In haltbarer Form stellt man aus den *huacatay*-Blättern eine Kräutersoße ähnlich dem *pesto* her. Diese Paste wird als Beilage zu gekochten Kartoffeln oder dem in den Anden heimischen Pseudo-Getreide *quínoa* gereicht.

| | |
|---|---|
| **Familie** | Korbblütengewächse |
| **Herkunft** | Südamerika |
| **Pflanzenteil** | Frisches Kraut |
| **Verwendung** | Gewürzkraut in der Andenküche Perus und Boliviens |

# Indisches Lorbeerblatt

**Das Indische Lorbeerblatt ist erst seit wenigen Jahren wieder in Europa erhältlich – wie in der Antike. Bis ins frühe Mittelalter wurde es aus Indien nach Europa importiert und diente erst zur Herstellung von Parfümölen, später auch zum Kochen. In Indien ist es ein typisch mogulisches Gewürz.**

## Herkunft

Der Indische Lorbeerbaum ist eng mit den Zimtarten verwandt und stammt aus dem südöstlichen Himalaja und den benachbarten Gebirgen in China und Burma. Seine aromatischen Blätter wurden bereits vor 2000 Jahren systematisch geerntet und über den Golf von Bengalen nach Europa verschifft. Die Römer verarbeiteten die Blätter zu duftenden Salbölen und Parfüms, setzten sie aber auch zum Kochen ein, wie einige Rezepte im Kochbuch des Apicius zeigen.

## Verwendung

Indische Lorbeerblätter werden nur in Nordindien verwendet. Sie würzen viele mogulische Spezialitäten, allen voran das Reisgericht *biriyani* und *korma*, in einer Joghurt-Nuss-Soße langsam geschmortes Fleisch oder Gemüse. Die Stadt Lakhnau ist berühmt für die raffiniertesten *kormas* des Subkontinents. Mit der Technik des *dum pukht* werden Zutaten und Schmorflüssigkeit in einem versiegelten Topf ein bis zwei Tage bei geringer Hitze gegart; dabei können sich die Aromen der Gewürze perfekt entfalten. Indische Lorbeerblätter werden meist ganz verwendet und oft in Fett etwas angebraten. In gemahlener Form sind sie in der mogulischen Variante von *garam masala* enthalten.

| | |
|---|---|
| **Familie** | Lorbeergewächse |
| **Herkunft** | Südosthimalaja, Burma |
| **Pflanzenteil** | Getrocknete Blätter |
| **Verwendung** | In der mogulischen Küche zu Fleisch und Geflügel |

# Ingwer

| | |
|---|---|
| **Familie** | Ingwergewächse |
| **Herkunft** | Wahrscheinlich China |
| **Pflanzenteil** | Frischer oder getrockneter Wurzelstock |
| **Verwendung** | Universelle Verwendung in fast allen tropischen Küchen |
| **Eigenschaften** | Die magenstärkende Wirkung wird nur in der Volksmedizin genutzt |

### Herkunft und Geschichte

Ingwer wurde bereits in prähistorischer Zeit über das tropische Asien und den Pazifik verbreitet; man nimmt an, dass dies im Zusammenhang mit der austronesischen Migration (ab etwa 4000 v. Chr.) steht, die ihren Ursprung im südöstl. China hat. Ab dem 2. Jt. v. Chr. ist Ingwer in Indien nachweisbar, und spätestens um die Mitte des 1. Jt. v. Chr. erreichte er den Mittelmeerraum. Im Römischen Reich war Ingwer eines der billigsten tropischen Gewürze und wurde sowohl getrocknet als auch eingelegt importiert. Das ganze Mittelalter hindurch nahm Ingwer eine bedeutende Stellung unter den Würzmitteln ein, aber zu Beginn der Neuzeit verlor er in Europa an Bedeutung. Nach der Entdeckung Amerikas wurde Ingwer rasch in die Neue Welt verpflanzt. Bereits in der Mitte des 16. Jh. produzierten karibische Plantagen Ingwer für den europäischen Markt.

### Europa

Von der ehemaligen Beliebtheit des Ingwers für Soßen und Gewürzweine hat sich in Europa heute nur wenig erhalten. Gern wird er kandiert zum Tee gegessen und zu würzigem Gebäck (*gingerbread*) verarbeitet. Auch Lebkuchen enthält meist etwas Ingwer. Sowohl in England als auch in den Vereinigten Staaten schätzt man Erfrischungsgetränke mit Ingwergeschmack. Dabei unterscheidet man zwischen *ginger ale*, einem alkoholfreien Softdrink, und dem leicht alkoholischen *ginger beer*.

### Zentralasien

In der afghanischen Küche wird Ingwer getrocknet als Pulver zum Würzen von Reisfleisch (*chalau*) und Schmortöpfen (*qorma*) verwendet.

### Indien

Frischer Ingwer ist in Indien eine universelle Würze und fast immer Bestandteil jener in Fett gerösteten Gewürzmischung, die den Grundgeschmack eines indischer Gerichte bestimmt. Beim Kochen von Reis oder Hülsenfrüchten fügt man oft einige Scheiben Ingwer hinzu, um der Speise eine leichte Schärfe und einen frischen Duft zu verleihen. Bereits in der Antike wurde eingelegter Ingwer aus Bengalen nach Europa importiert. Die kunstvolle Herstellung von würzigem eingelegtem Gemüse (engl.: *pickle*, Hindi: *achar*) ist bis heute eine Domäne der Bengalen geblieben, deren aromatische *ginger pickles* sich heute ebenso gut verkaufen wie vor 2000 Jahren. Besonders im Himalaja trinkt man gerne Ingwertee, der durch Überbrühen dünner Ingwerscheiben mit kochendem Wasser hergestellt wird. Mit Ingwer gewürzter Schwarzer Tee wiederum ist in Sri Lanka populär.

### China

Die Chinesen verwenden Ingwer sehr vielseitig. Gehackter Ingwer, der im Wok ganz kurz anfrittiert wird, entwickelt ein sehr angenehmes Aroma und würzt die meisten Wokspeisen; diese Technik wird auch bei Zwiebeln und Knoblauch angewendet und heißt „Duftbraten" (*xiān chào*). Ein bekanntes Rezept mit starkem Ingwerakzent ist das Hühnerfleisch nach *gōngbáo*-Art mit Erdnüssen. Noch wichtiger ist aber die Verwendung des Ingwers für aromatische Brühen. Die Herstellung einer guten Brühe gehört zu den Grundkenntnissen eines chinesischen Kochs, da viele Rezepte darauf zurückgreifen und von der Qualität der Brühe profitieren.

### Indonesien

In Indonesien wird Ingwer, ähnlich wie in China, für im Wok gebratene Speisen verwendet, etwa für das Nationalgericht *nasi goreng* („gebratener Reis"). Die kurze Zubereitungszeit führt zu einem deutlich wahrnehmbaren Ingweraroma. Typisch indonesisch ist auch die Verwendung von *bumbu*, einer Paste aus frischen Gewürzen; im einfachsten Fall sind das nur Zwiebeln, Knoblauch und Ingwer. Mit einem solchen *bumbu* wird z.B. Fleisch und Geflügel mariniert, bevor es über Holzkohle gegrillt und in Form der bekannten *sate*-Spieße serviert wird.

### Japan

Die japanische Küche verwendet nur sehr wenige Gewürze, aber Ingwer ist aus ihr nicht wegzudenken. Eine der bekanntesten Anwendungen ist der süßsauer eingelegte Ingwer (*beni shōga*), der als Beilage zu *sushi* gereicht wird. Traditionellerweise isst man eine Ingwerscheibe, wenn man von einer *sushi*-Sorte zur nächsten wechselt. Fleisch wird in Japan häufig vor dem Braten oder Grillen mit frisch gepresstem Ingwersaft mariniert. Roher, geraspelter Ingwer dient als Würze für Salate. In dieser Form ist der Ingwer sehr intensiv und muss vorsichtig dosiert werden.

# Jesuitentee

**Der Jesuitentee, auch unter seinem mexikanischen Namen *epazote* bekannt, ist ein traditionelles Würzkraut der Bevölkerung Südmexikos. Er wird vor allem zu gekochten oder gebratenen Bohnen, gelegentlich auch zu Kartoffeln verwendet.**

## Herkunft und Geschichte

Jesuitentee stammt aus dem zentralen und südlichen Mexiko und wurde von Mayas und Azteken als Würz-, Heil- und Kultkraut genutzt.

## Verwendung

Frischer Jesuitentee wird in der Küche der Mayas im Süden Mexikos (Yucatán) und den angrenzenden Staaten Belize und Guatemala verwendet. In Zentralmexiko ist er weniger beliebt, taucht aber oft als Komponente in der Kräutersoße *mole verde* auf. Wegen seiner desinfizierenden und verdauungsfördernden Wirkung verwenden die Mayas Jesuitentee bevorzugt zu Bohnengerichten. Das ähnelt der Tradition der Alten Welt, Bohnengerichte mit Ajowan und Bohnenkraut zu würzen. In den einfachsten Rezepten werden die Bohnen gekocht (*frijoles de olla,* „Topf-Bohnen") und mit Jesuitentee, Zwiebeln, Knoblauch und Chili gewürzt. Ein aufwendigeres Gericht ist *frijoles refritos,* „gebratene Bohnen", die erst gekocht und dann mit heißem Schmalz und viel Jesuitentee zu einer groben Masse zerstampft werden.

| | |
|---|---|
| **Familie** | Gänsefußgewächse |
| **Herkunft** | Mexiko |
| **Pflanzenteil** | Frische oder getrocknete Blätter bzw. Zweige |
| **Verwendung** | Als Gewürz vor allem zu mexikanischen Bohnengerichten |
| **Eigenschaften** | Das ätherische Öl wirkt keimtötend und wurmtreibend |

# Kaffernlimette

**Die Kaffernlimette ist eine nur in den Tropen verbreitete Zitrusfrucht mit dunkelgrünen, intensiv duftenden Blättern. Diese Blätter verleihen vielen südostasiatischen Speisen ein eigentümliches Zitrusaroma, das mit keinem anderen Gewürz nachgeahmt werden kann.**

## Chemie

Kaffernlimettenblätter enthalten ein ätherisches Öl mit dem dominierenden Bestandteil (S)-Citronellal, der in anderen Zitruspflanzen nur in geringeren Mengen vorkommt.

## Verwendung in Thailand

Der spezielle, cremige Zitrusgeruch der Kaffernlimettenblätter passt hervorragend in die Thaiküche mit ihrer Neigung zu intensiven Aromen von Knoblauch und fermentiertem Fisch. Die zähen Blätter werden manchmal in haarfeine Streifen geschnitten und würzen in dieser Form Speisen mit kurzer Garzeit wie Wokgerichte, Salate und frittierte oder gedämpfte Hackfleischbällchen. Für länger gekochte Speisen lässt man meist ganze Blätter mitkochen. So aromatisieren die Kaffernlimettenblätter Suppen, Currys und nordthailändische Schmorgerichte. Seltener wird dazu die abgeriebene Schale der Früchte verwendet. Im benachbarten Kambodscha werden Kaffernlimettenblätter auch zu Würzpasten für Wokgerichte verarbeitet.

## Verwendung in Indonesien

In der indonesischen Küche spielt Zitrusduft eine herausragende Rolle. Allerdings wird er dort meist mit Zitronengras erzielt; Kaffernlimettenblätter sind eine seltener genutzte Alternative. Kaffernlimettenblätter werden besonders häufig zu Hühnergerichten verwendet, wie den milden javanischen Brathühnern (*ayam goreng*) oder verschiedenen Hühnercurrys. Für Letztere verwendet man manchmal auch die Früchte. Der christliche Norden der Insel Sulawesi kennt viele scharfe Rezepte mit Schweinefleisch. *Tinuransa* kommt aus Manado am Nordzipfel der Insel und besteht aus kleinwürfelig geschnittenem Schweinebauch, der mit einem aggressiv scharfen *bumbu* und Kaffernlimettenblättern gewürzt ist.

| | |
|---|---|
| **Familie** | Rautengewächse |
| **Herkunft** | Festland-Südostasien |
| **Pflanzenteil** | Frische Blätter; seltener werden auch die Früchte genutzt |
| **Verwendung** | Bestandteil südostasiatischer Gewürzpasten und besonders in Thailand und Indonesien beliebt |

# Kardamom

**Der nach Kardamom duftende Mokka der arabischen Länder ist ein Symbol orientalischer Gastfreundschaft und verbraucht den größeren Teil der weltweiten Ernte. Zum Kochen wird Kardamom hingegen öfter in Indien verwendet, wo er nordindindische Currys und viele Süßigkeiten würzt.**

## Herkunft und Geschichte

Kardamom ist eine hochwachsende Staude, die in Südindien und Sri Lanka heimisch ist; die etwas kürzeren Früchte aus Sri Lanka haben dabei das bessere Aroma. In der Antike wurde Kardamom auch nach Europa eingeführt und zu Parfüm verarbeitet, aber es sind nur wenige Kochrezepte erhalten. Der meiste Kardamom wird nicht in Asien, sondern in Amerika produziert. Gegen Ende des 19. Jh. legten deutsche Siedler in Guatemala die ersten Kardamomplantagen an, die heute etwa die Hälfte der jährlichen Welternte produzieren.

## Anbau und Qualitäten

Kardamom wird in tropischen Plantagen angebaut. Da die Früchte ungleichmäßig reifen, muss von Hand geerntet werden; deshalb ist Kardamom das drittteuerste Gewürz der Welt, nach Safran und Vanille. Die frisch geschnittenen Kapseln sind fast geruchlos und entwickeln erst beim Trocknen ihren typischen, zitronigen Eukalyptusduft. Die besten Qualitäten werden bei künstlicher Beheizung getrocknet und behalten ihre grasgrüne Farbe. In der Sonne getrocknete Ware bleicht etwas aus und hat ein schlechteres Aroma. Kardamomsamen verlieren beim Lagern rasch an Aroma; der Verlust beträgt bei ungemahlenen Samen etwa 40 Prozent im Jahr. Sie sind wesentlich besser haltbar, wenn sie in der Kapsel eingeschlossen bleiben und werden deshalb meist ungeschält als ganze Kapsel gehandelt. Teilweise aufgebrochene Kapseln bieten naturgemäß einen geringeren Schutz gegen Aromaverlust. Wenn gemahlener Kardamom gebraucht wird, sollte man die Samen aus der Kapsel lesen und ohne die Kapselwand vermahlen, da Letztere kein eigenes Aroma mitbringt.

## Kardamom in der europäischen Küche

In Deutschland und Skandinavien ist Kardamom ein beliebtes Backgewürz für Kekse und Plätzchen, vor allem in der Weihnachtsbäckerei und für Lebkuchen. In Skandinavien werden auch viele Wurstsorten mit Kardamomöl aromatisiert.

## Kardamom als Kaffeegewürz

Mit Kardamom gewürzter Kaffee wird in allen arabischen Ländern getrunken. Meist wird frisch gemahlener Kardamom unter das Kaffeepulver gemischt und dann mit Wasser aufgebrüht. Als Alternative kann man den Kaffee mit ganzen Kapseln würzen. In Nordafrika gibt es Kaffeekannen, die im Ausguss Platz für einige Kardamomkapseln bieten; beim Einschenken kommt die heiße Flüssigkeit mit dem Gewürz in Kontakt und nimmt dessen Aroma an. Eine ganz besondere Kaffeetradition findet man in Äthiopien. Hier werden grüne Kaffeebohnen bei einer Kaffeezeremonie zusammen mit Gewürzen (Zimt, Nelken, Kardamom) in einer heißen Pfanne geröstet und danach gemeinsam vermahlen. Dieser Kaffee kann mehrmals aufgebrüht werden.

## Kardamom als Teegewürz

In Nordindien wird Schwarztee oft mit Gewürzen verfeinert (*chai masala*, in Deutschland eher als „Jogitee" bekannt). Die dabei verwendete Gewürzmischung enthält im Sommer stets Kardamom und im Winter stets Pfeffer; andere Zutaten sind Nelken, Zimt und Fenchel. In Kaschmir trinkt man süßen Grüntee, der immer mit ganzen Kardamomkapseln gewürzt ist.

## Kardamom in der indischen Küche

In Indien wird Kardamom zu vielen verschiedenen Schmor- und Reisgerichten verwendet. Meist gebraucht man die ganzen Kapseln, die in einem ersten Arbeitsgang in sehr heißem Fett gebräunt werden, bis sie sich leicht zu öffnen beginnen und ein starkes Aroma verströmen. Die indischen Reisgerichte *biriyani* gehen auf persische Vorbilder zurück. Sie bestehen aus Schichten von geschmortem Fleisch oder Gemüse, die sich mit gekochtem

Langkornreis abwechseln; als zusätzliche Geschmacksträger sind häufig Nüsse und Trockenfrüchte enthalten. *Biriyani* ist komplex und ausgewogen gewürzt, enthält aber stets eine merkliche Kardamomnote. Nordindisches, in Joghurt geschmortes Huhn (*dahi murgh*) wird mild, aber mit starker Kardamomnote, gewürzt. Indische Süßspeisen enthalten hingegen oft gemahlenen Kardamom, der zur Intensivierung des Aromas ganz leicht in Butterschmalz angebraten werden kann. *Khir* ist eine puddingartige Zubereitung aus Getreideprodukten und Milch, die mit trockenen Früchten angereichert wird. Auch das Konfekt *barfi* aus geformter Mandelmasse wird mit Kardamom gewürzt.

| | |
|---|---|
| **Familie** | Ingwergewächse |
| **Herkunft** | Südindien, Sri Lanka |
| **Pflanzenteil** | Getrocknete Früchte oder Samen |
| **Verwendung** | Gewürz für Fleisch, Desserts und Kaffee |

# Kewra

**Die männlichen Blüten der Kewrapalme haben einen süßen, lieblichen Duft, der manchen indischen Süßigkeiten ihren Charakter verleiht. In der Küche verwendet man hauptsächlich das Kewrawasser.**

## Herkunft, Botanik und Ernte

Die Kewrapalme gehört zu den Schraubenpalmen, einer mit den echten Palmen nur weitläufig verwandten Gruppe von Pflanzen, die nur in den Tropen der Alten Welt wachsen. Die Kewrapalme ist die einzige Art mit duftenden Blüten und kommt nur an der indischen Ostküste im Bundesstaat Orissa vor, wo etwa drei- bis vierhunderttausend Bäume kommerziell beerntet werden.
Eine männliche Palme treibt pro Jahr etwa 60 Blüten, die sofort nach dem Erblühen geerntet und destilliert werden müssen. Die Ausbeute an ätherischem Öl ist ähnlich niedrig wie beim Rosenöl und beträgt nur 0,02 Prozent. Als Nebenprodukt fällt das Kewrawasser an, das in der Küche verwendet wird.

## Chemie

Das ätherische Öl besteht überwiegend aus 2-Phenylethylmethylether, der chemisch mit dem 2-Phenylethanol als dem Rosenöl nah verwandt ist.

## Kulinarik

Kewrawasser wird zum Beduften mancher nordindischer Desserts auf Milchbasis verwendet, wobei es alternativ zu Rosenwasser oder ähnlichen Aromen genommen wird. *Ras gulla* sind kleine Bällchen aus Frischkäse, die in Sirup gekocht und vor dem Servieren mit einer Mischung aus Sirup und einem Blütenwasser übergossen werden. *Gulab jamun* werden hingegen aus eingekochter Milch und Mehl geformt und frittiert, sodass sie eine braune Oberfläche und ein karamellartiges Aroma entwickeln; sie werden ebenfalls mit Blütenwasser und Sirup serviert. Eine weitere Variante sind *Ras malai*, Bällchen aus Frischkäse, die in eingedickter Milch gekocht und serviert werden. Sie können mit Blütenwasser oder Safran gewürzt werden. Seltener verwendet man Kewrawasser auch für salzige Speisen wie mogulische Reisgerichte (*biriyani*), die vor dem Servieren leicht damit beträufelt werden.

| | |
|---|---|
| **Familie** | Schraubenpalmengewächse |
| **Herkunft** | Indien |
| **Pflanzenteil** | Destillat aus den männlichen Blüten |
| **Verwendung** | In Indien zu Süßspeisen und mogulischen Reisgerichten |
| **Eigenschaften** | Kewraessenzen werden als Bestandteil von Parfümen verwendet |

# Kleiner Galgant

**Der Kleine Galgant ist ein regionales Gewürz, das fast nur in Indonesien und China bekannt ist. Indonesische Gewürzpasten enthalten den Wurzelstock in frischer Form, während die chinesische Küche dieses Gewürz meist getrocknet nutzt.**

## Verwendung in Indonesien

Das frische Rhizom wird in Indonesien häufig als Bestandteil von Würzpasten (*bumbu*) verwendet. Er ist besonders in Java und Bali beliebt. Die Javaküche hat eine Vorliebe für süß-pikante Wokspeisen, wobei die Süße meist von einer zuckerhaltigen, sirupartigen Sojasoße (*kecap manis*) stammt. Bei Tisch werden scharfe und süße Tischwürzen (*sambal*) gereicht. Eine beliebte Version ist *sambal kacang* aus Erdnüssen, süßer Sojasoße, Chili und Kleinem Galgant. Das berühmteste Rezept der balinesischen Küche ist eine intensiv gewürzte Ente, die in Bananenblätter gehüllt und gebacken wird (*bebek betulu*). Das dazu verwendete *bumbu* ist sehr komplex aufgebaut und enthält ungefähr 15 verschiedene frische sowie getrocknete Gewürze und Garnelenpaste, wobei Kleiner Galgant das Aroma dominiert.

## Verwendung in China

In der chinesischen Küche sind aufwendige Brühen die Grundlage vieler Speisen. Dafür wird Fleisch oft mehrmals mit heißem Wasser abgebrüht, um eine Trübung der späteren Brühe zu verhindern. Danach wird es mit viel Ingwer, Frühlingszwiebeln und getrockneten Gewürzen ausgekocht. Gewürzmischungen für Brühen variieren in den verschiedenen chinesischen Regionen, aber Kleiner Galgant, Sternanis, Fenchel und Sichuanpfeffer sind eine häufige Wahl; in Sichuan kommen oft noch getrocknete Schalen von Mandarinen und Orangen dazu. Gewürzte Brühen werden in China oft als Basis zum Kochen verwendet und heißen dann auch Meistersoßen; in diesem Fall sind sie besonders opulent gewürzt und oft gesüßt. Für den sogenannten Feuertopf („Chinesisches Fondue") benötigt man ebenfalls möglichst aromatische Brühe.

| | |
|---|---|
| **Familie** | Ingwergewächse |
| **Herkunft** | Wahrscheinlich Indien oder Südostasien |
| **Pflanzenteil** | Frischer oder getrockneter Wurzelstock (Rhizom) |
| **Verwendung** | In Indonesien für Gewürzpasten, in China für Brühen |

# Knoblauch

**Das kräftige Knoblaucharoma hat seit dem Altertum begeisterte Anhänger und heftige Kritiker. Die Hochkulturen in Ägypten und Mesopotamien schätzten Knoblauch, die Griechen, Römer und vor allem die Inder hatten ein eher distanziertes Verhältnis zu ihm. Laut Statistik isst jeder Mensch 500 g Knoblauch pro Jahr.**

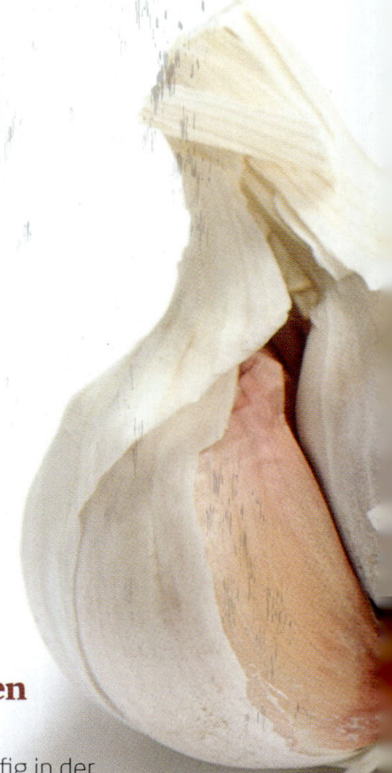

## Geschichte

Knoblauch stammt aus Zentralasien, möglicherweise aus dem Tiānshān, allerdings gibt es heute keine Wildform mehr. Herodot berichtet, dass die Arbeiter an den Großen Pyramiden (drittes Jahrtausend) regelmäßig Knoblauch zu essen bekamen, und die Begeisterung der Ägypter für Knoblauch ist auch in der Bibel und dem Koran festgehalten. Das älteste Kochbuch der Welt besteht aus drei mesopotamischen Tontafeln, die insgesamt etwa 35 akkadische Rezepte aus dem 17. Jh. enthalten, die meisten davon für Suppen oder gewürzte Brühen. Knoblauch, Zwiebeln und Porree werden für fast jedes Rezept verwendet und oft auch zweimal in verschiedenen Zubereitungsphasen zugegeben. Die Inder hielten Knoblauch hingegen für unrein, und er durfte in Opferspeisen nicht enthalten sein. Im 7. Jh. n. Chr. berichtete der chinesische Reisende Xuanzang sogar, dass jene, die Knoblauch und Zwiebel aßen, nicht innerhalb der Stadtmauern wohnen durften. Erst die Islamisierung Indiens, die vor etwa 1000 Jahren begann, machte die stark riechenden Knollen in Indien gesellschaftsfähig. Auch in der europäischen Antike war Knoblauch umstritten. Die Römer verwendeten ihn, aber in der Oberschicht galt Knoblauchgeruch häufig als unfein. Horaz verglich Knoblauch gar mit dem giftigen Schierling.

## Chemie

Knoblauch hat wie die mit ihm verwandten Pflanzen Zwiebel, Bärlauch und Porree einen effizienten Verteidigungsmechanismus, der auf chemisch labilen Schwefelverbindungen beruht. Die Knoblauchpflanze enthält inaktives, geruchloses Alliin sowie davon getrennt ein Enzym Alliinase. Bei einer Beschädigung des pflanzlichen Gewebes kommen die beiden Substanzen miteinander in Berührung, wobei zunächst das aggressive und kurzlebige Allicin (Diallyl-disulfid-S-oxid) entsteht, das durch seinen starken Geruch Fressfeinde vertreibt und außerdem antibakteriell wirkt. Durch weitere Reaktion des Allicins mit sich selbst, mit Luftsauerstoff oder mit zufällig anwesenden Molekülen enstehen weitere geruchsintensive Stoffe, die insgesamt das Aroma von Knoblauch bestimmen, das wegen der komplexen Natur dieser Reaktionen wesentlich von Umgebungsbedingungen wie Temperatur und Feuchtigkeit abhängt, die der Koch durch die Zubereitungstechnik bestimmen kann.

## Knoblauch im Mittelmeerraum

In den Mittelmeerländern wird Knoblauch häufig roh genossen. Bereits in der Antike kannte man *moretum*, eine pikante Soße oder Paste aus rohem Knoblauch, Hartkäse und verschiedenen Kräutern (Koriander, Weinraute). *Moretum* ist damit einerseits ein Vorläufer von pestoartigen Kräutersoßen, andererseits von jenen knoblauchhaltigen Soßen, die heute für viele Mittelmeerküchen charakteristisch sind. Bereits Plinius bemerkte, dass Knoblauch mit Öl zu einer cremigen, leichten Soße verrührt werden kann. Viele der heute üblichen Knoblauchsoßen sind Mayonnaisen, die aus Oliven- oder anderem Öl mit Eigelb gerührt und danach mit Knoblauch, Kräutern und Gewürzen aromatisiert werden.

## Knoblauch in asiatischen Küchen

Knoblauch ist häufig in der Grundwürze (*ba-ghar*) indischer Speisen enthalten: Knoblauchzehen werden zusammen mit ganzen und gemahlenen Gewürzen in Butterfett oder Pflanzenöl gebraten, bis sie ein starkes Aroma entfalten, und dann mit Tomaten oder Joghurt zu einer Schmorflüssigkeit abgelöscht. In Südindien kennt man auch Knoblauchcurrys, in denen ganze Knoblauchzehen als Gemüse mitgeschmort werden. In der chinesischen Wokküche verwendet man eine ähnliche Technik, die als „Duftbraten" (*xiāng chǎo*) bekannt ist. Dazu werden gehackte Knoblauchzehen zusammen mit anderen Gewürzen in Öl kurz angebraten, bis sich ein starker Duft entwickelt; danach kommen die restlichen Zutaten in den Wok und werden rasch fertiggebraten. In Vietnam wird frischer Knoblauch bevorzugt: Besonders im Norden reibt man sich oft ganze Knoblauchzehen in heiße Suppen. Außerdem ist in ganz Südostasien eingelegter Knoblauch beliebt.

## Knoblauch in den USA

Die kalifornischen Kleinstadt Gilroy nennt sich selbst die „Knoblauchhauptstadt der Welt" und richtet in jedem Jahr zur Erntezeit ein Knoblauchfest aus. Dabei können Amateur- und Profiköche in einem Wettbewerb die besten Knoblauchrezepte vorstellen. Diese werden dann in einem Kochbuch veröffentlicht.

| | |
|---|---|
| **Familie** | Lauchgewächse |
| **Herkunft** | Zentralasien |
| **Pflanzenteil** | Unterirdischer Trieb (Zwiebel) |
| **Verwendung** | Knoblauch ist ein Universalgewürz für alle pikanten Speisen |
| **Eigenschaften** | Knoblauch wirkt stark desinfizierend |

# Koriander

**Koriander liefert zwei völlig unterschiedliche Gewürze: Erstens die getrockneten Korianderfrüchte, die in Europa als Backgewürz und im Orient universell gebraucht werden. Und zweitens die frischen Blätter, deren Geruch viele Europäer abstoßend finden, die aber vom Kaukasus bis China und auch in Lateinamerika als Garnitur und Würze dienen.**

| | |
|---|---|
| **Familie** | Doldenblütengewächse |
| **Herkunft** | Mittelmeer |
| **Pflanzenteil** | Getrocknete Früchte und frische Blätter |
| **Verwendung** | Die frischen Blätter werden in Lateinamerika und Teilen Asiens als Garnitur und Würze genutzt; die Früchte finden sich in vielen orientalischen und indischen Gewürzmischungen |
| **Eigenschaften** | Koriander wirkt verdauungsfördernd und blähungstreibend |

## Herkunft und Geschichte

Koriander ist im Mittelmeerraum heimisch und war bereits den frühen Hochkulturen bekannt. Die Mesopotamier würzten damit ihre Suppen, den Ägyptern diente er als Heilmittel, und die Israeliten verglichen das Manna in der Wüste mit Korianderkörnern. Sein Name leitet sich angeblich von einem griechischen Wort mit der Bedeutung „Wanze" her, da die Blätter des frischen Korianders nach Wanzen riechen. Trotz dieser negativen Assoziation würzten die Römer freigiebig damit – diese Tradition wurde aber in keiner modernen europäischen Küche fortgeführt. Als im Hellenismus der Handel zwischen dem Mittelmeer und dem Orient erblühte, wurde Koriander in den Osten verbreitet. Er erreichte schließlich Indien und China, wo er bis heute den Charakter vieler Küchen prägt. In Mitteleuropa wurde Koriander während des Mittelalters durch die Klostergärten bekannt. Er errang rasch den Status eines Backgewürzes, diente aber nur selten zum Würzen pikanter Speisen. An seinem Geruch scheiden sich die Geister: Viele Menschen, besonders solche europäischer Herkunft, empfinden den Koriandergeruch als unangenehm; er wird als „seifig" oder „wanzenartig" bezeichnet. Andere wiederum schätzen den Geruch und bezeichnen ihn als „zitrusartig" oder „erfrischend" – man kann sich die Liebe zu diesem Kraut auch antrainieren. Interessanterweise stößt Korianderaroma bei Menschen nichteuropäischer Herkunft meist auf Zustimmung. Dieses eigenartige Phänomen wird oft mit einer vermuteten genetischen Besonderheit der Europäer erklärt.

## Verwendung von Korianderfrüchten

**Europa:** In Europa dienen Korianderfrüchte überwiegend als Backgewürz und kommen in fast jedem Lebkuchenrezept vor. Lebkuchen hat zwar antike Vorbilder, geht aber letztlich auf die hochmittelalterlichen Gewürzkuchen zurück. Diese dienten weniger zum direkten Verzehr, sondern waren eher eine Art von Gewürzmischung: Bei Bedarf brach man ein Stück ab, um Schmorflüssigkeiten oder Soßen damit zu würzen und anzudicken. Im süddeutschen Soßenkuchen hat sich dieser Brauch bis heute erhalten.

**Orient:** Koriander ist in fast allen orientalischen Gewürzmischungen enthalten. Das eher unauffällige Korianderaroma vermag Gewürzmischungen zu amalgamieren, also harmonisch abzurunden – zum Beispiel im irakischen *baharat*, tunesischen *tabil* und im marokkanischen *ras al-hanut*. Als Einzelgewürz wird Koriander für gewöhnlich gemahlen.

**Indien:** In Indien werden Korianderfrüchte sehr vielseitig eingesetzt. Ähnlich wie im Orient fügt man sie als amalgamierender Bestandteil Gewürzmischungen bei. Die Kombination mit Kreuzkümmel ist ebenfalls beliebt. Die Parsen im Nordwesten kennen eine Mischung namens *dhanajira*, die überwiegend aus Koriander und Kreuzkümmel Gewürzen besteht. In Indien werden Gewürzmischungen im Allgemeinen vor dem Mahlen geröstet, um die Aromen zu intensivieren. Koriander reagiert besonders gut auf dieses Verfahren, und entwickelt dabei ein nussiges, intensives Röstaroma. Die Düfte von geröstetem Kreuzkümmel und geröstetem Koriander gehören zu den typischen kulinarischen Impressionen aus Indien.

## Verwendung von Korianderblättern

**Koriander statt Petersilie:** Es ist kein Zufall, dass Koriander auf Deutsch. auch „Chinesische Petersilie" heißt, und Petersilie auf Chinesisch als „Westlicher Koriander" bekannt ist. Diese beiden Kräuter sehen sich nicht nur sehr ähnlich, sie werden auch (trotz ihres sehr unterschiedlichen Aromas) ähnlich verwendet. Grob gehackte, rohe Blätter werden unter Salate gemischt, mit ihnen bestreut man Suppen und Eintopfgerichte, und einzelne Blätter dienen als duftende Garnierung. Interessanterweise scheint keine Küche (mit Ausnahme der georgischen) beide Kräuter nebeneinander zu benutzen; stattdessen dominiert in Nordafrika, Europa und Westasien die Petersilie, während diese kulinarische Rolle in Süd-, Südost- und Ostasien der Koriander spielt. Eine Ausnahme ist der Jemen, dessen Küche eine Vorliebe für Koriander hat.

**Indien:** In Indien ist Korianderkraut nur regional gebräuchlich. Die Hochburg der Korianderverwendung ist der westliche Bundesstaat Maharashtra.

**China:** Auch in China prägt Korianderkraut nur einige Lokalküchen, vor allem die der für ihre scharfen Spezialitäten bekannten Provinzen Sichuan und Hunan. Die Sichuan-Küche ist bekannt für ihre zahlreichen kalten Vorspeisen oder Zwischenmahlzeiten, die oft mit gehacktem Korianderkraut garniert werden.

**Südostasien:** Die thailändische Küche verwendet gehacktes Korianderkraut in großen Mengen zum Garnieren von Suppen, Currys und frittierten oder gedämpften Snacks. Sie kennt auch viele Salate, die gewöhnlich aus Fleisch oder Meeresfrüchten mit einem sauer-würzigen Dressing bestehen; in den meisten Fällen sind auch frische Kräuter wie Minze, Basilikum oder Koriander Teil der Würze. In der vietnamesischen Küche wird Koriander teilweise exzessiv verwendet. Die Speisen sind meist nur mild gewürzt und beziehen ihr Aroma zum guten Teil aus Kräutern, z.B. aus Koriander, Minze und Basilikum. Die vietnamesischen *baguettes* sind ein Beispiel für die Integration französischer Ideen in die asiatische Küche. Knuspriges, frisches Weißbrot wird mit asiatischen Zutaten gefüllt und mit Fischsoße und Korianderblättern abgeschmeckt.

**Amerika:** Obwohl Koriander erst mit der *conquistá* in Amerika bekannt wurde, ist er heute in vielen amerikanischen Küchen integriert. Die Blätter werden dabei viel häufiger als die Früchte verwendet. In Mexiko kennt man eine Vielzahl soßiger oder cremiger kalter Zubereitungen, die mit Tortilla-Chips (*tostadas*) als Vorspeise gegessen werden; eines der einfachsten Rezepte ist *salsa de jitomate*, die einfach durch Pürieren von rohen Tomaten mit Zwiebeln, Knoblauch und Chili hergestellt und immer mit gehackten Korianderblättern vermischt serviert wird. Ein anderes bekanntes Rezept ist der *guacamole*, eine Mischung aus gehackten Avocados, Tomaten, Knoblauch, Chili, Limettensaft und Korianderblättern. Ähnliche *salsas* werden auch auf den karibischen Inseln gegessen, wobei dort statt des mediterranen Korianders der in Mittelamerika heimische Lange Koriander Verwendung findet.

## Langer Koriander (*Eryngium foetidum*)

Obwohl er anders aussieht, gehört der Lange Koriander in dieselbe Pflanzenfamilie wie der Echte Koriander, und im Aroma kommen die beiden Arten einander extrem nahe. Langer Koriander ist in der Karibik heimisch, wird aber auch in Asien angebaut und verträgt trotz seiner tropischen Herkunft kühlere Temperaturen erstaunlich gut.
In manchen asiatischen Ländern, vor allem in Thailand und Vietnam, wird Langer Koriander oft anstelle des Gewöhnlichen Korianders verwendet. Die Blätter sind zäher und schmecken etwas intensiver, außerdem lassen sie sich auch kurz erhitzen, ohne ihr Aroma gänzlich zu verlieren. Auf den karibischen Inseln wird Langer Koriander naturgemäß sehr häufig verwendet; er gilt z.B. als das Nationalgewürz von Puerto Rico. Man verwendet ihn wie die Blätter des Echten Koriander zum Garnieren und für *salsas*.

# Kreuzkümmel

**Kreuzkümmel gehört zu den wichtigsten Gewürzen der Welt. Von Marokko bis Burma wird er universell eingesetzt und ist auch in fast allen Gewürzmischungen enthalten.**

## Herkunft und Geschichte

Kreuzkümmel ist eine mediterrane Gewürzpflanze. In Ägypten und Mesopotamien war er als Gewürz und Heilkraut seit dem 2. Jt. v. Chr. in Verwendung, gelangte aber wie Koriander und Ajowan erst durch den Ost-West-Handel zur Zeit des Hellenismus nach Mittelasien und Indien. In der römischen Küche gehörte er zu den wichtigsten Gewürzen und wurde häufig zusammen mit der Fischsoße *garum*, Pfeffer und frischen Kräutern zu salzigen Soßen verkocht, die oft auch mit Wein und Honig süßsauer abgeschmeckt wurden. Sie wurden meist getrennt zu gekochtem Fleisch oder Fisch gereicht.

## Chemie

Kreuzkümmelfrüchte enthalten bis zu 4 Prozent ätherisches Öl mit den beiden charakteristischen Aldehyden p-Mentha-1,4-diena-7-al und Cuminal, die ihnen einen stark würzigen Geschmack verleihen. Beim trockenen oder fettigen Erhitzen von Kreuzkümmelfrüchten bilden sie wie Koriander und Bockshornklee ein starkes Röstaroma aus, das auf heterycylische Duftstoffe der Pyrazinreihe zurückgeht.

## Kümmel und Kreuzkümmel

Seit der Antike wird Kreuzkümmel oft mit Kümmel verwechselt; dieser Irrtum ist auch heute noch häufig verbreitet. So sprechen Bibelübersetzungen regelmäßig von Kümmel, obwohl in den Originaltexten sowohl des Alten als auch des Neuen Testaments immer von Kreuzkümmel die Rede ist. Das Wort Kümmel leitet sich von antiken Bezeichnungen des Kreuzkümmels her, z. B. sumerisch *gamun*, ägyptisch *kamnini* und griechisch *kýminon*. Die Bezeichnung „Kumin" für Kreuzkümmel ist im Deutschen weniger gebräuchlich, findet sich aber in vielen anderen europäischen Sprachen.

## Verwendung von Kreuzkümmel

**Orient:** Im Orient wird Kreuzkümmel fast immer gemahlen verwendet. Vor dem Servieren kann er als Streuwürze über Salate und kalte Vorspeisen wie das Kichererbsenmus *hummus* oder die Auberginenpaste *baba ghanuj* gestreut werden, oft zusammen mit Paprika und einem Schuss Olivenöl. Die Kichererbsenbällchen *falafil* sind eine charakteristische Speise der Levante. Sie bestehen aus einem Teig von gekochten Kichererbsen, manchmal mit Saubohnen gemischt, der mit viel Kreuzkümmel und Knoblauch gewürzt ist und knusprig frittiert wird. Sie werden mit Joghurt oder Joghurt-Sesam-Soße gegessen. Die nordafrikanische Soße *harissa* wird aus frischen oder getrockneten Chilis, Knoblauch und Olivenöl hergestellt. Sie wird mit Koriander und Kreuzkümmel gewürzt, aber es gibt auch Rezepte, die den im Orient unüblichen Kümmel dazu vorschreiben. Die marokkanischen *tajine*-Gerichte sind Eintöpfe, die in einem speziellen, ebenfalls *tajine* genannten Tontopf mit spitzem Deckel geschmort werden. Sie enthalten häufig Trockenobst oder Honig und sind mit Kreuzkümmel und Zimt pikant-aromatisch gewürzt.

**Indien:** In Indien, dem Subkontinent der Gewürze, wird Kreuzkümmel ausgiebig verwendet. Viele indische Currys erhalten ihren Grundgeschmack durch Kreuzkümmel, der zusammen mit anderen Gewürzen in einem ersten Arbeitsgang in heißem Fett geröstet wird. Kreuzkümmel-Öl-Mischungen werden auch oft über gekochte Hülsenfrüchte oder gekochtes Gemüse gegossen. Salzige Varianten des Joghurtgetränks *lassi* werden manchmal auch mit Kreuzkümmel gewürzt.
In Sri Lanka werden Gewürze kurz vor der Verwendung in schweren Eisenpfannen dunkelbraun geröstet und gemahlen. Sri-lankische Currys haben daher einen sehr vollen, „dunklen" Geschmack, der von Kreuzkümmel dominiert wird.

## Indische Gewürzmischungen mit Kreuzkümmel

Die bengalische Gewürzmischung *panch phoron* besteht aus fünf verschiedenen ganzen Gewürzen (Kreuzkümmel, Bockshornklee, Nigella, Fenchel und Schwarzem

Senf), die gemeinsam in Senföl angebraten werden. Gemahlener Kreuzkümmel tritt als Bestandteil der Gewürzmischung *garam masala* auf, die typischerweise Kreuzkümmel und Koriander neben aromatischen Gewürzen wie Pfeffer, Nelken, Kardamom und Zimt enthält. Jede Region Nordwestindiens hat eine eigene Variante dieser Mischung hervorgebracht. Das *sambar podi* aus dem Südosten dient zum Würzen dünner, suppiger Gemüsecurrys. Seine geschmackliche Grundlage sind Linsen oder kleine Bohnen, die trocken geröstet werden. Diese Linsen werden mit einer Anzahl weiterer, ebenfalls trocken gerösteter Gewürze vermengt (Kreuzkümmel, Koriander, Bockshornklee, Chili) und anschließend fein gemahlen. Currypulver ist kein echtes indisches Gewürz, sondern entstand unter der britischen Kolonialherrschaft, um den indischen Geschmack in England zu imitieren. Es enthält neben Kreuzkümmel und Koriander auch Kurkuma, aromatische nordindische Gewürze (Zimt, Nelken) sowie die für Südindien typischen gerösteten Linsen.

**Südostasien und Ostasien:** Im Fernen Osten wird Kreuzkümmel selten verwendet, meist in Rezepten indischer oder arabischer Herkunft. Ein Beispiel ist der thailändische *masaman*-Curry. Dazu verwendet man eine rote Currypaste, die mit Kreuzkümmel, Zimt, Nelken und anderen orientalischen Gewürzen verstärkt wird. In der chinesischen Küche gibt es nur wenige Speisen mit Kreuzkümmel. Wokgerichte mit ganzen Kreuzkümmelfrüchten findet man vor allem in Hunan, seltener in Sichuan. Die Küche der Uiguren im äußersten Westen Chinas ist zentralasiatisch geprägt und verwendet oft Kreuzkümmel, z.B. für Lammfleischspieße (*yáng ròu chuàn*).

**Lateinamerika:** Das nordmexikanische und texanische Nationalgericht *chili con carne* besteht aus Fleisch, das in einer dicken Soße aus getrockneten Chilis geschmort wird. Als zusätzliche Würze verwendet man Oregano und Kreuzkümmel. Kreuzkümmel ist auch in vielen zentralmexikanische Speisen wie den *mole*- und *pibil*-Soßen enthalten, meist in gemahlener Form.
In den Anden ist Kreuzkümmel als Fleisch- und Fischgewürz beliebt. Bolivianische Schweinshaxe (*fricasé*) oder peruanisches gebratenes Meerschweinchen (*cuy frito*) werden immer mit einem Hauch Kreuzkümmel gewürzt.

| | |
|---|---|
| **Familie** | Doldenblütengewächse |
| **Herkunft** | Mittelmeerraum |
| **Pflanzenteil** | Getrocknete Früchte (Samen) |
| **Verwendung** | Universell |

# Kümmel

**Kümmel gilt als das Nationalgewürz der Deutschen und ist besonders im süddeutschen Raum unerlässlich zu Spezialitäten wie Handkäs mit Musik und natürlich auch Sauerkraut. In Nordeuropa würzt man häufig Spirituosen mit Kümmel.**

## Herkunft und Geschichte

Kümmel ist in ganz Europa heimisch, insbesondere im Alpenraum. Möglicherweise wurde er bereits von jungsteinzeitlichen Bauern verwendet – Kümmelkörner wurden bei archäologischen Untersuchungen von Pfahlbausiedlungen am Bodensee gefunden; es ist aber nicht festzustellen, ob dieser Kümmel von den Bewohnern genutzt wurde oder als Wildpflanze wuchs. Einen eindeutigen Auftritt hat der Kümmel erst bei den Römern, denen er als eine nördliche Variante des beliebten Kreuzkümmels erschien. Beide Gewürze werden in antiken Rezepten verwendet, aber im römischen Kochbuch des Apicius ist Kümmel wesentlich seltener als Kreuzkümmel vorgeschrieben. Kümmel wurde offenbar häufiger in den Nordprovinzen verwendet, wo er auch archäologisch bezeugt ist. Im Mittelalter stieg Kümmel zu einem der wichtigsten Gewürze in der bäuerlichen Küche auf. Er wurde zu Fisch und Gemüse verwendet und vom Adel auch kandiert als Konfekt gegessen. Obwohl Kümmel in den Alpen wild wächst, wurde er in Deutschland seit dem Mittelalter angebaut. Der Ausdruck Kümmeltürke entstammt der Studentensprache des 18. Jahrhunderts und bezeichnet einen Studenten aus der „Kümmeltürkei", dem damaligen Anbaugebiet rund um Halle/Saale. Heute wird der deutsche Kümmel vorwiegend in Thüringen produziert.

## Inhaltsstoffe

Die sichelförmig gekrümmten Kümmelfrüchte enthalten bis zu 7 Prozent ätherisches Öl, das aus dem streng schmeckenden Carvon (bis 70 Prozent) und dem leicht zitrusduftenden Limonen besteht. Kümmel mit hohem Limonenanteil gilt als besonders wertvoll.

## Verwendung

Kümmel ist ein Gewürz der süddeutschen und österreichischen Küche. Mit Kümmel werden vor allem schwer verdauliche, blähende Gemüse wie gekochter Kohl gewürzt, aber man benötigt ihn auch für viele Arten von Roggenbrot, für Kartoffelsuppen, Käse und Sauerkraut. In der traditionellen Küche wird Kümmel oft ungemahlen verwendet. Kümmel hat ein dominantes Aroma, das sich schlecht in Gewürzmischungen einfügt; lediglich mit Zwiebeln oder Knoblauch verträgt sich das Kümmelaroma gut. In Österreich wird Schweinebraten mit einer Mischung aus Salz, gequetschtem Knoblauch und gestoßenen Kümmelfrüchten vor dem Garen eingerieben, und auch gekochter Kohl enthält neben dem Kümmel noch einen Hauch Knoblauch.

## Kümmel im Orient

Obwohl Kümmel in Nordafrika und Westasien wild wächst, ist er in den Küchen dieser Regionen nur selten zu finden. Ungenau übersetzte Kochbücher schreiben aber oft Kümmel, wenn eigentlich Kreuzkümmel gemeint ist. Kümmelhaltige Rezepte findet man vereinzelt in Nordafrika, zum Beispiel für die scharfe Chili-Knoblauch-Paste *harissa*, die in Algerien sowohl mit Kümmel als auch mit Kreuzkümmel gewürzt wird, während in den Nachbarländern nur Kreuzkümmel dafür verwendet wird.

## Kümmelschnaps

Die skandinavischen Länder sind für den Kümmelschnaps *akvavit* bekannt, der außer Kümmel noch andere Gewürze wie Fenchel oder Nelken enthalten kann. Die Gewürze werden mit dem Alkohol angesetzt und destilliert; danach verdünnt man auf ungefähr 40 Prozent Alkohol. Ähnliche Schnäpse kennt man auch in Norddeutschland und im Baltikum.

| | |
|---|---|
| **Familie** | Doldenblütengewächse |
| **Herkunft** | Vom Mittelmeer bis Nordeuropa |
| **Pflanzenteil** | Getrocknete Früchte |
| **Verwendung** | In Österreich und Deutschland zu gekochtem Gemüse und Schweinebraten |
| **Eigenschaften** | Kümmel hat eine stark verdauungsfördernde und blähungstreibende Wirkung |

# Kurkuma

**Das leuchtend gelbe Kurkumapulver ist in Indien gleichermaßen ein Grundgewürz wie auch ein Sonnensymbol und wird für glückbringende Rituale benutzt. Es verleiht vielen indischen Speisen eine gelbe Färbung und einen aromatischen bis erdigen Geschmack. In Südostasien wird der Kurkumawurzelstock auch frisch eingesetzt.**

## Herkunft und Geschichte

Kurkuma ist eine sterile Pflanze, die nur durch menschliche Pflege überleben konnte. Wahrscheinlich entstand sie als zufällige Hybride zweier Wildarten und wurde wegen ihrer ertragreichen und leuchtend gelben Wurzelstöcke kultiviert. In Indien wird sie seit mehr als 4000 Jahren angebaut. Die gelbe Farbe machte Kurkuma bereits im frühen Hinduismus zu einem Symbol der Sonne und damit des Glücks. Diese Rolle nimmt sie bis heute ein. Deshalb ist Kurkuma Bestandteil vieler Verlobungs-, Hochzeits- und Fruchtbarkeitsriten, mit denen man Glück und Segen beschwören möchte.

## Chemie und Aroma

Frisch gemahlenes Kurkumapulver hat einen starken, aromatischen Geruch und einen herben, leicht brennenden Geschmack. Allerdings ist das Pulver nur beschränkt haltbar und kann bei falscher Lagerung binnen weniger Monate einen faden Geschmack annehmen. Die gelbe Farbe von Kurkuma geht auf *Curcumin* zurück, das chemisch den Scharfstoffen im Ingwer ähnelt. Anders als diese ist es jedoch farbig und nur wenig scharf.

## Verwendung

**Indien:** Kurkuma wird in praktisch jeder indischen Regionalküche verwendet, und zwar getrocknet und gemahlen. Sie wird universell eingesetzt und meist in Öl kurz angebraten, was ihre Färbekraft verbessert. Hülsenfrüchte haben in Indien eine besonders große Bedeutung, weil sie für Vegetarier eine unverzichtbare Quelle von Proteinen sind; der Tradition nach sollte jede Mahlzeit wenigsten ein Hülsenfrüchtegericht (*dal*) enthalten. Am einfachsten werden Hülsenfrüchte zubereitet, indem man sie mit etwas Kurkuma zu einem Brei verkocht, den man abschließend mit einer heißen Mischung aus Butterfett und Gewürzen (*tadka*) aromatisiert. Auch Kartoffelcurrys werden meistens mit Kurkuma zubereitet. Hingegen ist mit Kurkuma gewürzter gelber Reis (*pullao*) in Indien durchaus nicht so häufig wie in indischen Restaurants in Deutschland.

**Äthiopien, Iran und Afghanistan:** In diesen Ländern wird Kurkumapulver häufig in Schmorgerichten und Eintöpfen verschiedener Art verwendet.

**Südostasien:** In tropischen Ländern Südostasiens wird Kurkuma meistens als frischer Wurzelstock verwendet. Die gelbe Currypaste der Thaiküche verdankt ihre leuchtend gelbe Farbe frischer Kurkuma, die zusammen mit gelben oder roten Chilis und anderen Gewürzen vermahlen wird. Die frische Paste ist eher orange oder sogar zinnoberrot, aber beim Kochen verdünnt sich ihre Farbe zu einem leuchtenden, warmen Gelbton. Auf der Insel Bali, deren Bewohner mehrheitlich Hindus sind, hat Kurkuma eine ähnlich kultische Bedeutung wie in Indien. Bei religiösen Festen wird regelmäßig eine Portion mit Kurkuma gefärbter Reis (*nasi kuning*) im Tempel geopfert.

| | |
|---|---|
| **Familie** | Ingwergewächse |
| **Herkunft** | Indien |
| **Pflanzenteil** | Wurzelstock |
| **Verwendung** | In Indien universell |
| **Eigenschaften** | Kurkuma wirkt galletreibend |

# Lavendel

**Mit Lavendel gewürzte Gerichte findet man nur in der Provence. Sein Aroma harmoniert mit den Röst- und Karamellaromen von gegrilltem Lamm und dem vollen Geschmack von sonnengereiftem Gemüse. Seit einigen Jahren wird Lavendel auch zum Aromatisieren von Süßspeisen verwendet.**

## Herkunft und Geschichte

Seit dem 12. Jh. wurde Lavendel als Parfüm und Badearoma populär. Diesem Umstand verdankt Lavendel auch seinen Namen, der sich von lat. *lavare* – „waschen" herleitet. Der größte Teil der Lavendelernte wird zu ätherischem Öl für die Kosmetik und Parfümherstellung verarbeitet, und nur ein kleiner Anteil gelangt in den Gewürzhandel.

## Chemie

Lavendelblüten enthalten bis zu 3 Prozent eines ätherischen Öls mit den Hauptbestandteilen Linalool und Linalylacetat. Als Nebenbestandteil ist Cumarin enthalten, das für die manchmal auftretende Allergie gegen Lavendel verantwortlich gemacht wird.

## Verwendung

Lavendelblüten sind in der Provence als Gewürz in traditioneller Verwendung und bestimmen den Charakter der *herbes de Provence*, einer Mischung aus getrockneten Kräutern und Fenchelfrüchten.

Mit den *herbes de Provence* würzt man Fleischmarinaden, gebratene Kartoffeln und den berühmten provenzalischen Gemüseschmortopf *ratatouille*, der aus Tomaten, Zucchini, Auberginen und anderen Gemüsen und mit viel Knoblauch und Olivenöl zubereitet wird. Im Sommer besuchen Bienen und Hummeln die nektarreichen Blüten auf Lavendelfeldern. Daraus wird dann eine inzwischen weltweit bekannte Spezialität: Provenzalischer Lavendelhonig.

| | |
|---|---|
| **Familie** | Lippenblütengewächse |
| **Herkunft** | Mittelmeer |
| **Pflanzenteil** | Blüten, daneben auch frische Blätter oder ganze Zweige |
| **Verwendung** | Lavendel würzt in der südfranzösischen Küche Ragouts, Schmortöpfe und Grillgerichte |
| **Eigenschaften** | Lavendel vertreibt Insekten und kann auch die allergischen Reaktionen nach Insektenstichen lindern |

# Liebstöckel

**Im Römischen Reich gehörte Liebstöckel zum selbstverständlichen Gewürzinventar. Heute ist seine Verwendung für Brühen und Kartoffelgerichte eher eine mitteleuropäische Besonderheit.**

## Herkunft und Geschichte

Trotz seiner wahrscheinlich östlichen Herkunft war Liebstöckel bereits im Altertum in Italien weit verbreitet und wurde besonders mit der ligurischen Küste assoziiert; seine lateinischen Namen *ligusticum* oder *levisticum* liegen dem deutschen Wort Liebstöckel zugrunde, das folglich nichts mit Liebe zu tun hat. In der Küche wurden sowohl die Blätter als auch – seltener – die Früchte verwendet. Das römische Kochbuch des Apicius schreibt Liebstöckelblätter für eine große Anzahl von Fleischrezepten vor; oft wurden aber auch nur die separat gereichten Soßen mit Liebstöckel gewürzt. Liebstöckel gehört zu jenen Pflanzen, die im Kräuteredikt Karls des Großen erfasst waren und deshalb in allen Klostergärten angepflanzt wurden. Als Folge davon fand Liebstöckel im Mittelalter weite Verbreitung und integrierte sich in die mitteleuropäischen Küchen.

## Verwendung in der italienischen Küche

In der modernen italienischen Küche spielt Liebstöckel bei weitem keine so dominante Rolle wie in der Antike. Er wird vor allem in Norditalien für Suppen, *risotti*, Tomaten, Fleischragouts und Salate verwendet. In Italien, aber auch in den Alpenländern, kennt man Liebstöckelschnäpse, die aus Kornbrand und einigen Liebstöckelstängeln angesetzt werden. Dieser Schnaps wird als Aperitif und Digestif getrunken.

## Verwendung in der deutschen Küche

In Süddeutschland ist Liebstöckel eine beliebte Würze für Fleisch- und Gemüsebrühen, die er ganz hervorragend abrundet. Da die Pflanze getrocknet an Wert verliert, wird sie in vielen Hausgärten gezogen und steht somit meist frisch zur Verfügung.

| | |
|---|---|
| **Familie** | Doldenblütengewächse |
| **Herkunft** | Mittelmeer bis Persien |
| **Pflanzenteil** | Frische Blätter; selten getrocknete Früchte |
| **Verwendung** | Liebstöckel ist ein klassisches Gewürz für Brühen in Mitteleuropa |
| **Eigenschaften** | Die Wurzel hat stark harntreibende Wirkung, aber bei den Blättern ist diese Eigenschaft wenig ausgeprägt |

# Lorbeer

**Der mediterrane Lorbeerbaum liefert aromatische Blätter, die fast überall in Europa und dem Nahen Osten zum Würzen von Suppen, Eintöpfen und Schmorgerichten verwendet werden. Anders als die meisten anderen Blattgewürze verträgt Lorbeer lange Kochzeiten.**

## Herkunft und Geschichte

Lorbeerblätter stammen aus dem Mittelmeerraum und sind seit der Antike bekannt. Ein griechischer Mythos erzählt, dass die Nymphe Daphne vom Gott Apollo geliebt wurde und sich seinen Nachstellungen nur entziehen konnte, indem sie in einen Lorbeerbaum verwandelt wurde; aus Trauer trug der Gott daraufhin Kränze aus Lorbeerlaub. Da Apollo als Gott der Dichtkunst galt, erlangte der Lorbeerbaum dadurch den Status einer Trophäe für Künstler und herausragende Personen. Im klassischen Griechenland schmückten Lorbeerblätte die Häupter der Olympioniken; in früherer Zeit wurden dazu dem Zeus heilige Olivenzweige benutzt. Rom ehrte siegreiche Feldherren mit Triumphzügen und Lorbeerkränzen. In der römischen Küche wurden Lorbeerblätter und auch die intensiver schmeckenden Früchte verwendet. Im Kochbuch des Apicius gibt es ein Rezept für Salzgebäck, das in einem mit Lorbeerblättern ausgelegten Ofen gebacken wird.

| | |
|---|---|
| **Familie** | Lorbeergewächse |
| **Herkunft** | Östlicher Mittelmeerraum |
| **Pflanzenteil** | Frische oder getrocknete Blätter, seltener getrocknete Früchte |
| **Verwendung** | Universell für Gerichte mit langer Garzeit |
| **Eigenschaften** | Lorbeeröl wird äußerlich als durchblutungssteigerndes Mittel angewendet |

## Ernte und Qualitäten

Lorbeerblätter werden selten frisch verwendet, da sie in dieser Form bitter sind. Bei sachgemäßem Trocknen im Schatten verstärkt sich das Aroma und die Bitterkeit nimmt ab. Gute Lorbeerblätter sind auch in getrocknetem Zustand dunkelgrün und haben ein frisches, etwas zitroniges Aroma. Das Trocknen in der Sonne bringt bleiche, braune Blätter mit schlechtem Aroma hervor. Auch bei der Lagerung führt Licht sehr rasch zum Qualitätsverlust.

## Verwendung

Lorbeerblätter werden in vielen mediterranen Küchen zu Brühen, Eintöpfen und Suppen verwendet; sie haben eine besondere Affinität zu Fischgerichten. In der französischen Küche werden sie oft vor Verwendung kurz angebraten, damit sich ihr Aroma intensiviert. In Italien würzen die Blätter häufig Marinaden für eingelegte Oliven und eingelegtes Gemüse. Gegrilltes oder gebratenes Geflügel wird typischerweise mit ganzen Lorbeerzweigen umwickelt. Weiter nördlich sind Lorbeerblätter ein beliebtes Fleischgewürz, vor allem zu dunklem Fleisch und Wild. In Deutschland verwendet man sie für essigsauer Eingelegtes.

## Lorbeerähnliche Gewürze

Mangels traditioneller Namen werden in Europa einige exotische Gewürze als Lorbeer bezeichnet, oft mit einem Attribut, das die geographische Herkunft angibt. Diese lorbeerähnlichen Gewürze haben einige formale Gemeinsamkeiten: Sie stammen von Bäumen oder Sträuchern mit festem, aromatischem Laub und werden zum Würzen verwendet. Die meisten davon haben aber mit Lorbeer botanisch und geschmacklich wenig gemein. Das wichtigste dieser Gewürze ist der Indische Lorbeer, der in der nordindischen Küche Bedeutung hat.

## Karibischer oder Westindischer Lorbeer (*Pimenta racemosa*)

Als Karibischer Lorbeer wird das Laub eines eng mit Piment verwandten Baumes auf Kuba und Jamaica bezeichnet. Es wird zum Grillen oder bei der Parfümherstellung verwendet und hat einen starken Pimentgeruch.

## Mexikanischer Lorbeer (*Litsea glaucescens*)

Dieses in Europa nicht erhältliche Gewürz wird in der nord- und zentralmexikanischen Küche verwendet.

## Indonesischer Lorbeer (*Syzygium polyanthum*)

Die kaffeebraunen Blätter dieser Pflanze haben trotz der engen Verwandtschaft mit der Gewürznelke kaum Aroma. Sie werden zusammen mit anderen Gewürzen in Fett scharf angebraten und verstärken dann den Geschmack anderer Zutaten.

Majorana hortensis (Gartenmajoran),
Majorana syriaca (Syrischer Majoran)

# Majoran

**Es gibt zwei verschiedene Majorangewürze: Der milde, oft blumig duftende europäische Gartenmajoran ist ein beliebtes Würzkraut Norditaliens, Frankreichs und Mitteleuropas. Sein intensiv duftender levantinischer Cousin, der Syrische Majoran, würzt hingegen orientalische Grillgerichte.**

## Herkunft und Geschichte

Im östlichen Mittelmeerraum wird die Herkunft des Majoran vermutet. Er ist seit der Antike bekannt und diente als Parfüm, Heil- und Zauberkraut; man sagte ihm eine besondere Wirksamkeit für Liebeszauber nach. Bis heute kommt er in mitteleuropäischen Heiratsriten vor.

## Majoran und Oregano

Die beiden Gewürze Majoran und Oregano haben ein kulinarisch sehr unterschiedliches Profil, aber botanisch ist ihre Abgrenzung schwierig. Unter Oregano versteht man meist stark schmeckende Kräuter, deren ätherische Öle Thymol oder Carvacrol enthalten und die daher ein entfernt thymianähnliches Aroma aufweisen. Gartenmajoran hat hingegen ein von Monoterpenen (Sabinen und Sabinenhydrat) bestimmtes ätherisches Öl und riecht viel milder, blumiger. Der Syrische Majoran steht kulinarisch genau zwischen diesen beiden Extremen. Kochbücher aus dem Nahen Osten empfehlen oft eine Mischung von Thymian oder Oregano mit Majoran, um sein spezielles Aroma zu simulieren.

## Majoran in der deutschen Küche

Majoran gilt als typisches Wurstgewürz und ist in fast allen Wurstfertigmischungen enthalten. Deshalb wird er auch Wurstkraut genannt. In der Küche würzt Majoran alle Arten von Ragouts und Speisen mit langer Garzeit. Das österreichische Majoranfleisch, ein mit Rahm gebundenes Rindfleischragout, trägt den Namen des Krauts sogar im Namen.

## Majoran im Orient

Syrischer Majoran wird sprachlich und kulinarisch nur unscharf von Thymian und Bohnenkraut getrennt. Diese Gewürze werden zum Würzen von Fleisch, vor allem gegrilltem Hammel, verwendet; in der Levante isst man auch gern mit Thymian bestreute Brotfladen zum Frühstück. Der arabische Name *zatar* steht aber nicht nur für Majoran, Thymian und Bohnenkraut, sondern besonders in Jordanien auch für eine Mischung aus einem dieser Kräuter mit Sumach und Sesam. Diese *zatar*-Mischung wird bei Tisch als Streuwürze gereicht oder mit Olivenöl zu einem würzigen Brotaufstrich verrührt. In Ägypten kennt man eine ähnliche, aber komplexere Mischung, die verschiedene Arten von Nüssen, geröstete Kichererbsen und unreife Mandelkerne enthält. Diese Mischung nennt sich *duqqah* und dient ebenfalls als Brot- und Streuwürze.

| | |
|---|---|
| **Familie** | Lippenblütengewächse |
| **Herkunft** | Mittelmeer, Westasien |
| **Pflanzenteil** | Frische oder getrocknete Blätter |
| **Verwendung** | Als Würzkraut für Würste und Ragouts sowie als Streuwürze |

# Meerrettich

**Meerrettich ist ein für die deutsche Küche typisches Gewürz, das frisch gerieben oder als Meerrettichpaste scharfe Akzente setzt. Er wird auch in Nord- und Osteuropa geschätzt, die Mittelmeerländer kennen ihn kaum.**

## Herkunft und Geschichte

Über die Geschichte des Meerrettichs ist wenig bekannt: Die heute in fast ganz Europa wild wachsende Pflanze taucht erst in den Quellen des Mittelalters zweifelsfrei auf und stammt wahrscheinlich aus dem östlichen oder südöstlichen Europa. Ihr österreichischer Name Kren ist slawischen Ursprungs und findet sich in ähnlicher Form auch in anderen Sprachen Mittel- und Südeuropas – das deutet auf einen Ursprung im slaw. Siedlungsgebiet Osteuropas. In Deutschland wurde der Meerrettich ab dem 12. Jh. angebaut und war wegen seines niedrigen Preises in allen Schichten beliebt. Man verwendete ihn – wie heute – auch im Mittelalter roh oder bereitete Soßen aus der geriebenen Wurzel mit Salz und Essig. Die Wurzel wurde auch als Gemüse gekocht. Die Volksmedizin machte sich seine starke desinfizierende Kraft zunutze, indem sie die geschrotete Wurzel äußerlich auf entzündete Wunden und Geschwüre aufbrachte. Innerlich wurde Meerrettich gegen Fieber eingesetzt.

## Chemie

Wie seine Verwandten Senf und Wasabi enthält auch Meerrettich sogenannte Senfölglykoside oder Glucosinolate, die bei Zellverletzung aggressive und keimtötende Isothiocyanate freisetzen. Im Aroma von Meerrettich dominiert das Allylisothiocyanat, das auch in Schwarzem Senf vorkommt; Spurenbestandteile sind Phenyl-ethylisothiocyanat und 2-Pentenylisothiocyanat. Diese Substanzen sind sehr kurzlebig und verflüchtigen sich bereits nach wenigen Minuten. Die Schärfe von Meerrettich kann jedoch durch Zusatz von Säure (Essig, Zitronensaft, unreife Früchte) stabilisiert werden.

| | |
|---|---|
| **Familie** | Kreuzblütengewächse |
| **Herkunft** | Wahrscheinlich Osteuropa |
| **Pflanzenteil** | Wurzel |
| **Verwendung** | Roh als Bestandteil scharfer Tischwürzen |
| **Eigenschaften** | Meerrettich wirkt stark desinfizierend und äußerlich durchblutungsfördernd |

## Meerrettich in Deutschland und Skandinavien

Meerrettich ist in vielen Soßen enthalten, die zu Fisch gegessen werden. Diese werden immer aus rohem, frisch geriebenem oder geraspeltem (oder aus eingelegtem) Meerrettich hergestellt und oft mit etwas Säure stabilisiert. Sahnemeerrettich wird aus Meerrettich und geschlagener Sahne zubereitet und traditionell zu geräuchertem Lachs gegessen. Eine Variante mit Preiselbeeren hat sich hingegen als Begleiter zu dunklem Fleisch, z.B. Wild, etabliert. Eingelegter Meerrettich ist gerieben und gesäuert, oft auch gesüßt; in dieser Form wird er in Skandinavien als Beilage zu Fischgerichten serviert. Industriell hergestellte Meerrettichpasten versprechen augenblickliche Verwendbarkeit, erreichen aber nicht die Schärfe des selbst geriebenen Meerrettichs.

## Meerrettich in Österreich

In Österreich wird Meerrettich zu Schweinebraten oder gekochtem Rindfleisch (Tafelspitz) gereicht. Apfelkren ist eine Mischung aus geriebenem Meerrettich und rohem Apfelpüree, die gewöhnlich mit etwas Zitronensaft stabilisiert wird. Apfelkren schmeckt fruchtig-scharf und passt am besten zu fetterem Fleisch oder Würstchen. Um die Braunfärbung der Apfelmasse zu verhindern, können auch gedämpfte Äpfel verwendet werden. Für Semmelkren wird Meerrettich in eine warme Mischung aus Brühe und gequollenen Brötchen eingerührt. In der Hitze verflüchtigt sich ein Teil der Meerrettichschärfe, und die Soße schmeckt sehr mild. Semmelkren wird traditionell zum Wiener Tafelspitz gereicht.

# Mexikanischer Blattpfeffer

**Das faszinierend duftende Gewürz wird in der mexikanischen Küche der Karibikküste verwendet. Ihr hoher Safrolgehalt macht die mexikanischen Pfefferblätter jedoch zu einem gesundheitlich bedenklichen Würzmittel.**

## Herkunft und Geschichte

Blattpfeffer ist eine strauchförmige Pflanze der Karibik und Mexikos, die mittlerweile auch in den USA und auf den tropischen Pazifikinseln wild wächst. Die aromatischen Blätter dienten den Azteken als Kultpflanze zum Räuchern, wobei sie angeblich auch halluzinogene Eigenschaften entwickelten; darauf nimmt auch der spanische Name *hoja santa*, „heiliges Blatt", Bezug. Außerdem waren Pfefferblätter eine mögliche Würze für aztekische Trinkschokolade (*cacahuatl*).

## Chemie

Die frischen Blätter enthalten 0,2 Prozent eines hauptsächlich aus Safrol bestehenden ätherischen Öls, das ihnen einen einzigartigen, würzigen Geruch nach Anis verleiht, jedoch ohne dessen süße Komponente. Trotz seines Wohlgeruchs ist Safrol giftig und führt zu Leberschäden. Außerdem wird seit Langem eine krebserregende Wirkung von Safrol vermutet. Safrol kommt als Spurenbestandteil in vielen ätherischen Ölen vor, etwa in Muskat, Sternanis und Schwarzem Pfeffer. Der hohe Gehalt in den Pfefferblättern macht diese jedoch zu einem gesundheitlich riskanten Gewürz.

## Verwendung

Pfefferblätter spielen in der Küche Mexikos eine große Rolle. Sie werden sowohl in den zentralen Hochlandprovinzen als auch an der Karibikküste verwendet.

| | |
|---|---|
| **Familie** | Pfeffergewächse |
| **Herkunft** | Mittelamerika |
| **Pflanzenteil** | Frische Blätter |
| **Verwendung** | Zu Soßen und mexikanischen Fleisch- und Fischgerichten |
| **Eigenschaften** | Pfefferblätter enthalten leberschädigendes Safrol |

Mentha piperita (Pfefferminze), Mentha pulegium (Poleiminze)
Mentha crispa (Krauseminze), Mentha spicata (Grüne Minze), Mentha arvensis (Ackerminze)

# Minze

| | |
|---|---|
| **Familie** | Lippenblütengewächse |
| **Herkunft** | Eurasien |
| **Pflanzenteil** | Frische und getrocknete Blätter |
| **Verwendung** | Minzblätter setzen erfrischende Akzente bei Salaten und vielen tropischen Speisen |
| **Eigenschaften** | Minzen wirken kühlend und krampflösend |

## Botanik

Es gibt eine große Anzahl verschiedener Minzearten, die sich nur in sehr subtilen Merkmalen voneinander unterscheiden und deren botanische Systematik umstritten ist. Erschwerend kommt hinzu, dass viele Minzen sich untereinander kreuzen, wobei Hybriden mit gemischten Eigenschaften entstehen. Die in Europa bedeutendste Minze ist die Pfefferminze, eine Kreuzung aus der Grünen Minze mit der Wasserminze. Eine solche Hybride mit braun gezeichneten Blättern wurde erstmals im 17. Jh. nahe der englischen Stadt Mitcham entdeckt; diese Linie ist steril und existiert heute noch. Sie hat den typischen, kühlenden Pfefferminzgeschmack, wie er von Konfekt oder Pfefferminztee bekannt ist. Die Krauseminze ist die kulinarisch meistgenutzte Minze und wird von der Levante bis nach Indien verwendet. Sie schmeckt kühlend mild, mit einem kümmelähnlichen Akzent. Von der Grünen Minze gibt es verschiedene Typen mit unterschiedlichem Aroma. Kulinarisch bedeutsam ist die sogenannte *spearmint*, die zum Aromatisieren von Kaugummi dient. Auch die Ackerminze kann völlig unterschiedliche Aromen ausbilden. Eine besonders mentholreiche Sorte ist als Japanische Pfefferminze bekannt und hat die echte Pfefferminze als Quelle von Menthol teilweise verdrängt. Milder schmeckende Sorten sind die kulinarisch genutzten Minzen Südostasiens. Das Aroma der Poleiminze unterscheidet sich erheblich von dem der anderen Minzen und wird von vielen Menschen als unangenehm empfunden. Diese Sorte war allerdings die bevorzugte Würzminze in der römischen Antike.

## Minzen in der Küche

**Europa:** Pfefferminze bzw. das aus ihr gewonnene Menthol spielt eine große Rolle bei der industriellen Herstellung von Erfrischungsgetränken, Speiseeis oder Konfekt, hat jedoch im Haushalt nur geringe Bedeutung. Die Verwendung als Würzkraut zu gekochtem Gemüse ist nur auf den Britischen Inseln üblich. Dort ist die Pfefferminzsoße eine traditionelle Würze für fetten Hammel. Diese dunkelgrüne Kräuterpaste wird jedoch im Allgemeinen nicht aus Pfefferminze, sondern aus der milderen Grünen Minze oder aus Apfelminze hergestellt. Die sogenannte Kärntner Minze hat ein erfrischendes Minz-Kümmel-Aroma und wird zum Würzen der Kärnter Kasnudeln verwendet, einem italienische inspirierten Rezept von *ravioli*-ähnlichen Nudeln mit einer subtil gewürzten Topfen-Kartoffel-Füllung.

**Orient:** Viele orientalische Gerichte werden mit Krauseminze gewürzt oder garniert. So werden beispielsweise das levantinische Grillfleisch *schawarma* oder der persische Grillspieß *kubideh* mit frischen Minzblättern garniert. Sehr beliebt ist auch die Kombination von Minze mit Joghurt, etwa in der türkischen Joghurtsuppe *cacık*. Persische Reisspeisen (*polo*) werden ebenfalls mit Minzblättern gewürzt. Im Zuge der Islamisierung Indiens verbreiteten sich diese Rezepte auch nach Südasien: Indische *biriyani*-Rezepte lehnen sich oft an persische Vorbilder an und verwenden ebenfalls Minze, die sonst in der indischen Küche eher ein Schattendasein führt.

**Südostasien:** Minze ist ein häufiges Würzkraut in den Küchen Thailands und Vietnams und wird in beiden Ländern meist in Kombination mit anderen Kräutern zur Garnierung von Suppen, Currys und Salaten verwendet. Beispiele sind die thailändischen Hühnerfleischsalate *lab gai* und *yam gai* und die südvietnamesische Nudelsuppe *pho*.

# Muskatnuss

**Der edle Duft der Muskatnüsse wird von den kolonialen Gräueln überschattet, die sich Anfang des 17. Jh. auf den idyllischen Banda-Inseln ereigneten. Die einheimische Bevölkerung wurde ausgerottet und durch hollandtreue Ansiedler ersetzt, um das Monopol für die Muskat-Plantagen zu sichern, die das in Europa außerordentlich begehrte Gewürz produzierten.**

## Herkunft

Der immergrüne, etwa 20 m hohe Muskatbaum wächst auf den Banda-Inseln, einer Inselgruppe im Osten Indonesiens, die zu den Molukken gehört. Er liefert zwei verschiedene Gewürze: Aus den kleinen, maiglöckchenartigen Blüten entwickeln sich pfirsichähnliche Früchte, deren holziges Fruchtfleisch bei der Reife aufplatzt und den Kern freigibt. Dieser besteht aus drei Schichten: Einem dünnen Samenmantel, einer harten Schale und schließlich dem weich-öligen Keimling. Der getrocknete Samenmantel heißt im Handel Muskatblüte, der Keimling Muskatnuss. Sobald die Früchte aufspringen, werden sie mit einem langstieligen Muskatfänger schonend geerntet und danach entkernt. Das Fruchtfleisch ist sauer und holzig, wird aber zu Marmelade, Konfekt oder Schnaps verarbeitet. Sorgsam trennt man den Samenmantel ab, der möglichst unzerstört getrocknet wird und dabei seine Farbe von Purpur nach Bernsteingelb verändert. Die Samen werden getrocknet, bis der Kern in der Hülle klappert; danach werden sie aufgebrochen und der Größe nach sortiert.

## Frühe Geschichte

Wegen der extremen Abgelegenheit der Banda-Inseln beginnt die Geschichte des Muskathandels erst recht spät: In Indien tauchen die Nüsse knapp vor der Zeitenwende auf, und etwas später auch in China. In der europäischen Antike waren sie ziemlich sicher nicht bekannt. Unzweifelhafte Belege für den Muskathandel in Europa gibt es erst seit dem Mittelalter. Der hohe Preis motivierte Portugiesen und Spanier ab dem 15. Jh., zur Heimat der Muskatnüsse vorzudringen. Bereits 1512 erreichte eine portugiesische Expedition unter António de Abreu die Banda-Inseln; allerdings gelang es den Portugiesen nicht, den Handel vollständig zu kontrollieren. Der Konflikt zwischen England und Holland kulminierte in einem Völkermord auf Banda. Gegen Ende des 16. Jh. trat mit der niederländische Vereenigde Oostindische Compagnie (VOC) ein neuer Spieler um koloniale Einflusssphären auf den Plan. Die VOC hatte quasistaatliche Befugnisse. Sie durfte eigenes Geld prägen, Streitkräfte unterhalten und sogar eigenverantwortlich Kriege führen. Der Generalgouverneur der VOC, Jan Pietersoon Coen, verfolgte das Ziel, die indonesischen Gewürzinseln vollständig zu monopolisieren und andere europäische Mächte vom lukrativen Gewürzhandel auszuschließen. Einheimische Bauern wurden gezwungen, ausschließlich und nur zu Festpreisen an die VOC zu verkaufen, was wiederum Aufstände unter den Bandanesen povozierte. England war der mächtigste Gegenspieler der Niederländer. Nach einigen Anfangserfolgen konnten die Engländer 1616 auf der Banda-Insel Run landen, die wegen ihrer abgeschiedenen Lage und ihrer Steilküste bisher nicht besetzt worden war. Von hier aus versuchten die Engländer unter dem Kaufmann und Abenteurer Nathaniel Courthope, die Stammeshäuptlinge der anderen Inseln zum Widerstand gegen die Niederländer zu bewegen. 1620 wurde Courthope in einen Hinterhalt gelockt und ermordet; kurz

| | |
|---|---|
| **Familie** | Muskatnussgewächse (Myristicaceae) |
| **Herkunft** | Molukken |
| **Pflanzenteil** | Getrocknete, geschälte Samen (Muskatnuss); getrockneter Samenmantel (Muskatblüte) |
| **Verwendung** | Muskat wird in Indien, im Orient und in Europa verwendet, hauptsächlich zu Fleischschmorgerichten, Kartoffeln und Spinat |
| **Eigenschaften** | Muskat hat eine anregende und keimtötende Wirkung. In sehr hohen Mengen wirkt es berauschend und giftig |

darauf fiel die englische Festung auf Run in niederländische Hände. Im folgenden Jahr startete die VOC einen großangelegten Vernichtungskrieg gegen die Bewohner der Banda-Inseln. Die meisten von ihnen wurden getötet oder in die Sklaverei verkauft. Die VOC siedelte eine neue, loyale Bevölkerung an, um die entstehenden Muskatpflanzungen zu bewirtschaften. Als Coen im Jahr 1623 auch noch fast alle in Indonesien ansässigen Engländer verhaften ließ und die Siedlung auf der Molukkeninsel Ambon zerstörte, war der Grundstein für das Muskatmonopol der VOC gelegt. Es sollte 100 Jahre halten und zusammen mit dem Nelkenmonopol fallen. Run blieb formal eine englische Kolonie, obwohl es de facto von den Holländern regiert wurde. Erst im Vertrag von Breda (1667) wurde Run offiziell den Niederländern übereignet; dafür gaben diese den Anspruch auf einige ihrer Besitzungen auf. Unter den Tauschobjekten war auch eine kleine Insel vor der Ostküste Nordamerikas, auf der eine niederländische Kolonie (Nieuw Amsterdam) kurz zuvor von englischen Truppen erobert worden war: Manhattan.

## Inhaltsstoffe

Muskatnüsse und Muskatblüten enthalten ca. 10 Prozent ätherisches Öl. Ein Zehntel des Öls besteht aus den giftigen Phenylpropan-Verbindungen Myristicin, Elemicin und Safrol. Myristicin kann von entsprechend genetisch disponierten Personen zu halluzinogenen Amphetaminen metabolisiert werden; solche Personen erleben bei Einnahme mehrerer Gramm Muskatnuss rauschartige Zustände. Allerdings treten bei wirksamen Dosierungen auch häufig starke Unverträglichkeitsreaktionen auf, z. B. tagelang anhaltender Brechreiz.

## Anbaugebiete

Die wichtigsten Anbaugebiete liegen in Indonesien, vor allem auf den Molukken, und in der Karibik (Grenada).

## Verwendung

Muskatnüsse werden in der indonesischen Küche in Gewürzpasten, besonders für Gemüse, verarbeitet und kommen auch in Gewürzmischungen in Indien, dem Orient und Nordafrika vor. Trotz ihrer asiatischen Herkunft sind Muskatgewürze für die europäischen Küchen typisch. Man verwendet sie zu Ei-, Kartoffel- und Käsegerichten. In Italien wird Muskat Spinat beigegeben, zum Beispiel in spinatgefüllte *ravioli*. Die ursprünglich französische *Béchamelsauce* enthält ebenfalls Muskat und liegt so bekannten Gerichten wie der *lasagne al forno* und griechischen *mousaká* zugrunde. Muskatblüten schmecken ähnlich, aber etwas milder und dezenter . Sie aromatisieren weihnachtliches Süßgebäck wie Dresdner Stollen und Lebkuchen.

# Myrte

## Herkunft und Geschichte

Myrte stammt aus den westmediterranen Macchienwäldern und ist wegen ihres erfrischend eukalyptusartigen Geruchs seit der Antike bekannt. In der jüdischen Religion hat sie eine besondere Bedeutung und wird beispielsweise in den Riten rund um das Laubhüttenfest verwendet. Im antiken Rom stellte man aus Myrtenblättern duftende Parfümöle her und aromatisierte damit Weine. Die getrockneten Beeren dienten gelegentlich als Pfefferersatz; heute bereitet man daraus aromatische Liköre.

## Verwendung

Die duftenden Myrtenblätter eignen sich wegen ihrer Bitterkeit nur sehr begrenzt als Gewürz. Manchmal wickelt man Braten oder Grillgut zwischen Zubereitung und Servieren kurz in Myrtenzweige, um ihnen ein dezentes Myrtenaroma zu verleihen. Häufiger dient Myrte jedoch als Feuerholz zum Grillen. Diese Technik ist besonders bei Schafhirten auf Sardinien und Korsika beliebt, da die Myrte dort massenhaft wild vorkommt. Das dabei entstehende Aroma lässt sich außerhalb des Mittelmeergebietes schlecht nachahmen; man kann jedoch getrocknete Myrtenblätter auf die glühende Holzkohle eines konventionellen Grills streuen.

| | |
|---|---|
| **Familie** | Myrtengewächse |
| **Herkunft** | Mittelmeer |
| **Pflanzenteil** | Zweige, frische oder getrocknete Blätter; reife Früchte |
| **Verwendung** | Myrte dient vor allem als aromatisches Feuerholz |

# **Nigella** (echter Schwarzkümmel)

–

**Die samtschwarzen, eckigen Samen werden im östlichen Mittelmeerraum gern auf Brot gestreut, spielen aber sonst in den Mittelmeerküchen keine große Rolle. In Indien sind sie ein beliebtes Gewürz für Gemüsecurrys.**

–

## Das Gewürz mit den vielen Namen

Nigella ist unter vielen Namen bekannt. Wegen der Ähnlichkeit mit den Samen der Zwiebeln heißt das Gewürz auch Zwiebelsame, obwohl es mit Zwiebeln nicht verwandt ist. Manchmal wird es auch Schwarzer Sesam genannt, was aber leicht zu Verwechslungen führt, da Sesam trotz seines deutlich anderen Geschmacks im Mittelmeergebiet oft ähnlich wie Nigella verwendet wird. Unter dem Namen Schwarzkümmel erlebte Nigella vor einigen Jahren als Naturheilmittel, z.B. gegen Schuppenflechte, kurzlebige Popularität. Wegen ihrer Heilkraft heißt Nigella auf Arabisch Segenskörner.
Trotz all dieser Namen ist Nigella weder chemisch noch kulinarisch oder botanisch mit Zwiebel, Sesam oder Kümmel verwandt. Eine weitere Verwechslung betrifft die als Zierpflanze beliebte „Jungfer im Busch" (*Nigella damascena*), die botanisch eng verwandt ist, aber nicht als Gewürz gebraucht werden kann. Nigella darf nicht mit dem Schwarzen Kreuzkümmel verwechselt werden, einem ebenfalls nordindischen Gewürz mit ganz anderem Charakter.

–

## Chemie

Die schwarzen Samen enthalten Spuren von Alkaloiden und ein fettes Öl mit einem Anteil ungesättigter Fettsäuren. Im ätherischen Öl wurde als Hauptkomponente Thymochinon identifiziert. Diese Substanz ist chemisch eng mit den Phenolen Thymol und Carvacrol verwandt, die das Aroma von Thymian, Oregano und Bohnenkraut bestimmen.

–

## Verwendung

**Mittelmeer:** Bereits Plinius berichtet, dass man Nigellasamen zum Würzen von Brot verwendete, indem man dieses vor dem Backen damit bestreut. Die hohen Ofentemperaturen fördern die Entwicklung eines starken Aromas. Mit Nigella gewürzte Brote sind heute in Bulgarien und in der Türkei üblich; weiter südlich bestreut man Brotfladen eher mit dem ähnlich schmeckenden Thymian.

**Indien:** Nigella ist in Nordindien ein beliebtes Gewürz für milde Gemüsecurrys. Die Samen werden vor der Verwendung in Fett oder trocken erhitzt. Am häufigsten werden sie in Bengalen verwendet, wo sie Bestandteil der beliebten *panchphoron*-Mischung sind.

| | |
|---|---|
| **Familie** | Hahnenfußgewächse |
| **Herkunft** | Mittelmeerraum |
| **Pflanzenteil** | Getrocknete Samen |
| **Verwendung** | Gewürz für Gebäck, in Indien auch für Gemüse |

Origanum vulgare (Echter Oregano)
Origanum heracleoticum (Falscher Staudenmajoran)
Origanum onites (Spanischer Hopfen, Topfmajoran)

# Oregano

**Oregano ist das klassische Pizzagewürz. Mit Oregano gewürzte Speisen findet man in Italien und Griechenland, aber weniger in anderen mediterranen Staaten. In Mexiko gibt es einige Gewürzpflanzen, die als Mexikanischer Oregano bezeichnet werden.**

## Geschichte

In der griechischen Antike gehörte Oregano zu den beliebtesten Kräutern. Er wurde in Kombination mit Käse besonders zu Fisch verwendet. Auch die römische Küche verwendete ihn häufig, besonders zu Fisch und Kalbfleisch. Außerdem diente er als Heilkraut bei Entzündungen. Im Mittelalter war Oregano nicht mehr allzu beliebt und wurde weder kulinarisch noch medizinisch verwendet; er spielte jedoch im Volksglauben eine Rolle – das Kraut sollte gegen Hexen wirksam sein.

## Botanik

Die verschiedenen Oreganoarten lassen sich nur schwer voneinander unterscheiden und zeigen auch fließende Übergänge zum Majoran. Die meisten Oreganoarten weisen ein vergleichbares Aroma auf, das auf das auch im Thymian charakterbestimmende Thymol zurückgeht. Das Aroma hängt aber stark vom Standort ab: In kühlem Klima bildet es sich oft nicht gut aus. Deshalb ist getrockneter Oregano aus südeuropäischen Anbau oft der frischen Pflanze aus dem eigenen Garten überlegen. Für den Anbau in Deutschland ist der nicht winterfeste Falsche Staudenmajoran wegen seines starken Aromas oft besser geeignet als der robuste, aber zumeist wenig aromatische Echte Oregano.

| | |
|---|---|
| **Familie** | Lippenblütengewächse |
| **Herkunft** | Östliches Mittelmeer |
| **Pflanzenteil** | Frische oder getrocknete Blätter, oft auch die blühenden Zweige |
| **Verwendung** | Oregano ist ein italienisches Universalgewürz |

## Verwendung

**Italien:** Oregano ist ein typisches Würzkraut des italienischen Südens. Getrockneter Oregano gilt als typisches Pizzagewürz, obwohl die Urform aller *pizze*, die *pizza Margherita*, mit frischem Basilikum zubereitet wird. Oregano hat eine aromatische Affinität zu Tomaten und würzt viele Pastasoßen auf Tomatenbasis. Außerdem wird er für Marinaden zum Einlegen neapolitanischer sonnengetrockneter Tomaten verwendet. Auch andere Sorten vom eingelegtem Gemüse und marinierte schwarze Oliven werden gern mit Oregano gewürzt.

**Griechenland:** Getrockneter Oregano findet sich immer im sogenannten Griechischen Bauernsalat (*choriátiki saláta*) aus frischem Gemüse, Fetawürfeln und Olivenöl. Die griechischen Lammfleischspieße *souvláki* werden ebenfalls mit Oregano mariniert und beim Grillen oft noch mit Oregano bestreut. Die beliebteste Oreganosorte in Griechenland ist der Spanische Hopfen.

## Mexikanischer Oregano

In Mittelamerika gibt es einige einheimische Pflanzen, deren Aroma stark an Oregelich wie Oregano in Italien, zu Ragouts und geschmorten Gerichten verwendet, beispielsweise zum nordmexikanischen und texaniischen *chili con carne*.

# Pandanusblätter

**Die Blätter des Duftenden Schraubenbaums haben ein warmes, heuartiges Aroma und werden in ganz Südostasien genutzt. Sie würzen verschiedene Süßspeisen und werden deshalb auch die Vanille Südostasiens genannt. Meist verwendet man Pandanus in Form eines dunkelgrünen Extrakts, der Desserts ein besonderes Aroma sowie eine kräftig grüne Farbe verleiht.**

## Herkunft und Botanik

Der Duftende Schraubenbaum ist ein sehr merkwürdiges Gewächs, das nur in kultivierter Form bekannt ist. Die Pflanze blüht so selten, dass nur eine einzige männlichen Blüte in der wissenschaftlichen Literatur beschrieben wurde – eine weibliche Blüte hat noch niemand gesehen. Da die blühende Pflanze auf den Molukken wächst, nimmt man an, dass die Art dort entstand. Trotz seiner Sterilität ist der Duftende Schraubenbaum von Sri Lanka bis Neuguinea kultiviert und auch verwildert anzutreffen. Wahrscheinlich ist er eine sehr alte Kulturpflanze, aber es gibt keine Quellen über seine frühe Geschichte.

## Chemie

Pandanusblätter bilden ihren nussigen bis heuartigen Geruch erst beim Welken aus. Der zugrunde liegende Aromastoff ist nicht genau bekannt, es könnte sich aber um denselben stickstoffhaltigen heterocyclischen Duftstoff handeln, der auch den Geruch von frisch gebackener Weißbrotkruste dominiert. Im Handel sind verschiedene Formen von Pandanusessenz erhältlich, die das Aroma sehr gut wiedergeben und auch in den Ursprungsländern bevorzugt verwendet werden.

## Verwendung

Mit Pandanusblättern oder Pandanusessenz werden in Südostasien vor allem Süßspeisen gewürzt. In Thailand stellt man z.B. Desserts aus dem gallertigen Inneren von jungen Kokosnüssen mit Zucker und Pandanusextrakt her. In Indonesien isst man Puddings (*bubur ketan*), die aus Klebreis, Pandanus und Wasser gekocht und mit Zucker und Kokoscreme serviert werden. Eine ganz andere indonesische Spezialität sind Schichtkuchen (*kueh lapis*), bei denen schichtweise Farbe und Aroma variiert werden. Viele Rezepte verraten den Einfluss der niederländische Backtradition. Pandanusblätter zeigen eine besondere Affinität zu Reis, da ihr Aroma an das von duftenden Reissorten wie Jasminreis erinnert. Einfachere Reisqualitäten werden oft mit einem Pandanusblatt gekocht, um ihren Geruch zu verbessern. In Indonesien wird Reis oft in Bananenblätter gehüllt und gedämpft, wobei die kompakten Reisbissen *lontong* entstehen, die wie Kartoffeln als Beilage gegessen werden. Mit Pandanus- statt Bananenblättern erhält man ganz besonders aromatische *lontong*. In Pandanusblätter gewickelte Hühnerbissen (*gai ho bai toey*) sind wiederum eine Spezialität Thailands. Das marinierte Fleisch wird in Pandanusblätter gehüllt und danach frittiert, wobei es deren Aroma annimmt.

| | |
|---|---|
| **Familie** | Schraubenpalmengewächse |
| **Herkunft** | Tropisches Asien |
| **Pflanzenteil** | Welke oder trockene Blätter |

# Parakresse

**Parakresse ist nicht mit den vergleichsweise milden europäischen Kressearten zu vergleichen: Die Blätter, noch mehr die Blüten, haben eine intensiv prickelnde Schärfe – ähnlich wie der chinesische Sichuanpfeffer. Die Blüten werden in Nordbrasilien genutzt und in Ausnahmefällen auch in einigen asiatischen Küchen.**

## Chemie

Die Parakressen enthalten amidartige Scharfstoffe, die in ihrer chemischen Zusammensetzung an die entsprechenden Inhaltsstoffe des Sichuanpfeffers erinnert.

## Verwendung

Die grünen Blätter der Parakresse werden in der Küche Amazoniens roh als Beilage oder kurz gekocht als Würzgemüse verwendet. Ein Nationalgericht der Provinz Pará ist *tacacá*, eine dicke Suppe aus Süßwasserfisch und Trockengarnelen, die mit Chili, Knoblauch und Parakresse gewürzt wird. Die Kombination aus Chili und Parakresse erzeugt eine interessante Doppelschärfe, die in ähnlicher Form auch in der chinesischen Küche vorkommt. In Asien ist Parakresse zwar wenig bekannt, wird aber gelegentlich auf den Inseln des Indischen Ozeans und in Indonesien verwendet. In Westjava verleiht man der chilihaltigen Tischwürze *sambal* mit Parakresseblättern eine zusätzliche Schärfe. Seit Kurzem werden die aggressiv scharfen Blütenköpfe der Parakresse im europäischen Gastronomiefachhandel als *Sechuan Buttons* angeboten. Interessanterweise werden sie zu Süßspeisen und Cocktails empfohlen.

| | |
|---|---|
| **Familie** | Korbblütengewächse |
| **Herkunft** | Südamerika (Nordbrasilien) |
| **Pflanzenteil** | Frische Blätter oder Blütenköpfe |
| **Verwendung** | Als Gewürz und Blattgemüse in der Küche der brasilianischen Amazonasprovinzen |

# Perilla

**Die Perillapflanze hat einen interessanten, würzig-aromatischen Geschmack, der in der japanischen und vietnamesischen Küche beliebt ist.**

| | |
|---|---|
| **Familie** | Lippenblütengewächse |
| **Herkunft** | Wahrscheinlich China oder Indien |
| **Pflanzenteil** | Frische Blätter |
| **Verwendung** | In Ostasien und Vietnam werden die Blätter vorwiegend roh zu Salaten oder als Kräutergarnitur verwendet |

## Herkunft

Perilla wird heute überall in Ostasien angebaut, aber ihr Ursprung liegt wahrscheinlich weiter westlichen, in den Gebirgsregionen Südchinas und Indiens.

## Chemie

Wie viele Pflanzen aus der Familie der Lippenblütengewächse ist auch Perilla sehr variabel. Man kennt nicht nur Sorten mit verschiedenen Blattfarben (rot, grün oder zweifarbig), auch bei der Zusammensetzung des ätherischen Öls gibt es große Unterschiede innerhalb der Art. Man spricht von „chemischen Rassen" oder „Chemotypen", weil die chemischen Merkmale genetisch stabil bleiben. Man kennt mindestens sieben Chemotypen von Perilla, die nach ihren Leitsubstanzen benannt sind. Der unangenehm riechende Elsholtziaketon-Typ und die beiden giftigen Typen mit Perillaketon und Perillen sind ohne Bedeutung. Der ebenfalls giftige Phenylpropan-Typ enthält Myristicin, Elemicin und Dillapiol und könnte als Ausgangsmaterial in der pharmazeutischen Industrie wirtschaftlich interessant sein. Zwei weitere Typen sind sehr wohlriechend und enthalten Duftstoffe, die bei der Parfümherstellung begehrt sind: Citral und Rosenfuran. Der kulinarisch genutzte Typ enthält Perillaldehyd, das auch in Kreuzkümmel vorkommt, neben weiteren Monoterpenen wie Limonen und Linalool. Durch chemische Umwandlung lässt sich aus Perillaldehyd ein künstlicher Süßstoff gewinnen (Perillartin). Aus Perillasamen lässt sich mit Pressausbeuten von ca. 40 Prozent ein fettes Öl gewinnen, das hohe Anteile der dreifach ungesättigten Linolensäure enthält. Neben grünblättrigen Sorten gibt es auch solche mit purpurnen Blättern; in Vietnam ist eine zweifarbige Sorte mit purpurner Ober- und grüner Unterseite der Blätter verbreitet. Die rote Farbe geht auf Anthocyanfarbstoffe zurück.

## Verwendung

Die einzige chinesische Regionalküche, die Perillablätter verwendet, ist die der Provinz Hunan. Die scharfen, oft sauren Wokgerichte *Hunans* werden oft vor dem Servieren mit gehackten Perillablättern bestreut. Die vietnamesische Küche mit ihrer Leidenschaft für frische Kräuter benutzt Perilla als Garnitur. Gehackte Perillablätter würzen auch Kurzgebratenes, wobei sich Perilla besonders zu mit Sojasoße im Wok gebratenem Rindfleisch eignet. In Japan wird Perilla vielseitig eingesetzt, am häufigsten als Kräutergarnitur oder als Zutaten von pikanten Nudelsalaten. Die rotblättrige Sorte dient oft zum Färben von Eingelegtem wie *ume-boshi*, einem salzigen Pflaumenpickle. Zu *sushi* serviert man immer süßsauer eingelegten Ingwer, der entweder naturfarben bleich oder mit Perillablättern rosarot gefärbt ist. Die Verbindung mit eingelegtem Gemüse findet man auch in Korea, wo manche Sorten *kim-chi* mit Perilla gefärbt und aromatisiert werden. In Korea werden Perillasamen als Streuwürze benutzt, weswegen die Pflanze dort auch Wilder Sesam heißt.

# Petersilie

**Frische Petersilienblätter prägen die Küchen Europas und Westasiens. Viele Gerichte werden vor dem Servieren mit Petersilie garniert, und für manche Speisen ist Petersilie sogar ein essenzielles Gewürz.**

## Herkunft und Geschichte

Petersilie stammt aus dem westmediterranen Raum und ist seit der Antike bekannt. In Griechenland war sie eine heilige Pflanze, die in der Odyssee die Insel der Nymphe Kalypso schmückt. Auch die Sieger der Isthmischen und Nemeischen Spiele wurden mit Petersilienkränzen geehrt. Allerdings unterschieden die Griechen nicht deutlich zwischen Petersilie und Sellerie. In Mitteleuropa wurde Petersilie erst im Mittelalter populär. Sie wurde in Klöstern als Heilkraut angebaut und fand auch einen Weg in die Küche. Petersiliensorten mit krausen Blättern (Mooskrause) wurden gezüchtet, um Verwechslungen mit der giftigen Hundspetersilie zu vermeiden.

## Sorten und Inhaltsstoffe

Petersilie ist eine variable Pflanzenart, von der es verschiedene Kultursorten gibt und die verschiedene chemische Rassen ausbildet; unter Letzteren versteht man Sippen, die sich in ihren Inhaltsstoffen wesentlich unterscheiden und daher auch unterschiedlich schmecken.

## Petersilie in Südeuropa

Petersilie ist aus den Mittelmeerküchen nicht wegzudenken. Sie ist Bestandteil fast aller französischen Würzsträuße (*bouquet garni*); beim Kochen verliert Petersilie zwar ihr typisches Aroma, aber sie bereichert Brühen oder Soßen mit einem würzigen Grundgeschmack. Zumeist wird Petersilie jedoch roh oder nur kurz erhitzt verwendet. Sie verträgt sich sehr gut mit Knoblauch, wie zwei ganz unterschiedliche Rezepte illustrieren: *Spaghetti aglio, olio e peperoncini* sind Nudeln, die in einer kurz angebratenen Mischung aus Olivenöl, Knoblauch, Petersilie und Chili geschwenkt werden. Dagegen ist *aigo boulido* eine südfranzösische Knoblauchbrühe, in die kurz vor dem Servieren frisch gehackte Petersilie eingerührt wird. Fleisch wird in Frankreich oft mit *persillade*, einer Mischung aus gehacktem Knoblauch und Petersilie, gewürzt. Eine ähnliche Mischung aus Italien heißt *gremolata*; sie enthält auch Zitronenschale und wird als Beilage zu luftgetrocknetem Schinken gereicht.

## Petersilie im Orient

In der Türkei werden fast alle Gerichte der kalten Küche wie Oliven oder Gemüsepasten mit gehackter Petersilie garniert. Sie begleitet auch oft gebratenes Fleisch wie *döner kebap*. In der Levante dient Petersilie nicht nur als Dekoration, sondern auch als Hauptzutat: *Tabbuli* ist ein Salat aus gehackten Petersilienblättern, Minze, gequollenem Weizengries (*burghul*) und Tomaten, der mit Zitronensaft und Olivenöl abgeschmeckt wird. Das Verhältnis zwischen Petersilie und Weizengries schwankt sehr stark; je nach Herkunft kann der Salat auch fast nur aus Petersilie bestehen.

Sowohl im Kaukasus als auch auf der Arabischen Halbinsel wird Petersilie ähnlich verwendet, allerdings trifft man zuweilen auch oft Korianderkraut in derselben Funktion. In der iranischen Küche kennt man Kräutersoßen, in denen man Fleisch oder Hülsenfrüchte schmort (*ghorme*). Die Kräutermischung besteht aus Petersilie, Bockshornklee, Minze und grünen Gemüsen wie Lauch oder Zwiebeln; häufig werden die Kräuter auch getrocknet verwendet.

| | |
|---|---|
| **Familie** | Doldenblütengewächse |
| **Herkunft** | Mittelmeer, Westasien |
| **Pflanzenteil** | Frische Blätter |
| **Verwendung** | Als Gewürz und Blattgemüse vor allem in den Küchen Europas und des Orients vertreten |
| **Eigenschaften** | Petersilienwurzeln und vor allem -früchte wirken harntreibend |

# Pfeffer

**Pfeffer ist das bekannteste aller Gewürze und kann zum Würzen aller salzigen (und mancher süßen) Speisen verwendet werden. Je nach Reifegrad und Behandlung nach der Ernte kommt Pfeffer in verschiedenen Varianten in den Handel, die sich in ihrem Geschmack unterscheiden. Die Suche nach Pfeffer motivierte die Entdeckungsfahrten am Ende des Mittelalters.**

## Geschichte

Pfeffer wurde seit dem Zeitalter des Hellenismus nach Europa eingeführt und erlangte in Rom rasch sehr große Popularität. In der Antike waren sowohl Weißer als auch Schwarzer Pfeffer bekannt; außerdem wurde auch mit Langem Pfeffer gekocht. Der relativ geringe Preis von vier Denarii pro Pfund machte Pfeffer auch der römischen Mittelschicht zugänglich. Die großen Importmengen belasteten die Handelsbilanz, weswegen der Pfefferkonsum von Plinius scharf kritisiert wurde: „Es verwundert, daß Pfeffer neuerdings so beliebt geworden ist: In mancher Nahrung gefällt eine gewisse Süße, oder ihr Aussehen wirkt einladend; aber der Pfeffer hat weder als Frucht noch als Beere einen Nutzen, denn er ist nur durch seine Schärfe angenehm, und deshalb importieren wir ihn von den Indern". Die ökonomische Depression nach dem Untergang des Römischen Reiches setzte dem Import nach Europa ein vorläufiges Ende. Erst ab dem 9. Jh. wurde Pfeffer wieder importiert und erlangte neue Beliebtheit als Heilmittel und Gewürz. Der hohe Preis beschränkte die Pfefferverwendung jedoch auf Adel und Klerus. Im Mittelalter führte der Handelsweg des Pfeffers per Schiff von Südindien über das Rote Meer bis nach Ägypten. Diese Route war von arabischen Händlern monopolisiert. Am Mittelmeer angekommen, wurde der Pfeffer von Venezianern aufgekauft, die in Europa eine Monopolstellung innehatten und beträchtliche Aufschläge forderten. Die Seefahrernationen Spanien und Portugal begannen daher im 15. Jahrhundert, einen direkten Seeweg nach Indien zu suchen. Dieser sollte es ermöglichen, den Pfeffer unter Umgehung des arabischen und venezianischen Monopols nach Europa zu bringen. 1510 eroberte Portugal das Königreich Goa im Norden der Malabarküste und errichtete damit die erste europäische Kolonie auf asiatischem Boden. Damit sollte der Pfefferhandel über den Seeweg gesichert werden, was Portugal eine Monopolstellung verschafft hätte; allerdings reichten die portugiesischen Transportkapazitäten nicht aus, um den europäischen Pfeffermarkt zu bedienen. Auf lange Sicht gelang es keiner Kolonialmacht, den Pfefferhandel zu monopolisieren. Die lag einerseits an der Größe Indiens, die eine rigide Kontrolle zumindest mit den Mitteln des 16. Jh. unmöglich machte; andererseits war der Pfefferanbau bereits Jahrhunderte zuvor nach Südostasien getragen worden, sodass mehreren Kolonialmächten Zugang zu Pfefferproduktionsgebieten hatten.

## Pfeffersorten

Pfeffer kommt in verschiedenen Farbsorten auf den Markt, die sich auch in ihrem Aroma unterscheiden. Sie stammen alle von Pflanzen derselben Art; die Unterschiede liegen nur im Erntezeitpunkt und in der Verarbeitung.

## Schwarzer Pfeffer

Schwarzer Pfeffer ist die älteste Pfeffersorte und seit der Antike bekannt. Die Beeren werden knapp vor der Reife geerntet und langsam getrocknet; dabei tritt eine Fermentierung ein, die die ursprünglich grünen Beeren schwarz färbt. Beim Trocknen schrumpft das Fruchtfleisch, sodass die Haut runzelig wird. Schwarzer Pfeffer hat ein starkes Aroma, das je nach Herkunft fruchtig oder zitronig sein kann, und eine ausgeprägte Schärfe. Er wird überall im tropischen Asien produziert, wobei Vietnam seit einigen Jahren der Hauptexporteur ist. Die besten Sorten stammen aus den ursprünglichen Anbaugebieten in Südindien; als Spitzenqualität gilt Tellicherry-Pfeffer, der von fast reifen Beeren stammt und eine warme, braunschwarze Farbe hat.

## Weißer Pfeffer

Auch der Weiße Pfeffer ist ein traditionelles Produkt. Seine Herstellung ist komplizierter: Reife, rot gefärbte Pfefferbeeren werden erst einige Tage in fließendem Wasser eingeweicht; danach reibt man Außenhaut und Fruchtfleisch ab, sodass nur der weiße Kern verbleibt, der ohne Farbveränderung getrocknet werden kann. Weißer Pfeffer ist zwar genauso scharf wie Schwarzer Pfeffer, hat aber ein milderes, erdiges Aroma. Er wird überwiegend in Indonesien und Malaysia angebaut.

## Grüner Pfeffer

Dieser Pfeffer kam 20. Jh. in Mode und kommt fast ausschließlich aus Brasilien. Die Früchte werden ca. zwei Monate vor der Reife geerntet und eingelegt oder vakuumgetrocknet. Dabei entsteht ein naturgrüner, beißend scharfer Pfeffer mit krautigem Aroma, der nur in Europa und Nordamerika verkauft wird.

## Rotbrauner (oder Roter) Pfeffer

Dieser exotische Pfeffer ist erst wenigen Jahren auf dem Markt. Er wird wie Grüner Pfeffer produziert, allerdings aus den reifen, roten Beeren. Beim Trocknen lässt sich ein Nachdunkeln kaum vermeiden; eine andere Schwierigkeit liegt darin, dass der Abrieb des nur lose am Kern haftenden Fruchtfleisches vermieden werden muss. Einfacher ist die Produktion von eingelegten roten Pfefferkörnern.

## Chemie

Pfeffer enthält außer dem ätherischen Öl, das für das flüchtige Aroma verantwortlich ist, eine Reihe von Scharfstoffen, die chemisch zu den Amiden zählen. Sein Amid liegt typischerweise um die 5 Prozent. Für die Schärfe ist das Piperin hauptverantwortlich. Das geschmacklose Isopiperin kommt im frischen Pfeffer nicht vor, bildet sich aber beim gemahlenen Pfeffer durch Lichteinwirkung aus. Deshalb sollte Pfeffer möglichst im Dunkeln gelagert werden.

## Pfeffer im antiken Rom

Im Rom der Kaiserzeit wurde Pfeffer ähnlich universell verwendet wie in vielen heutigen Küchen. Ein charakteristisches Element waren Soßen, die aus der stechend riechenden Fischsoße *garum*, verschiedenen Kräutern und fast immer mit Pfeffer hergestellt und über gekochtes Fleisch oder Gemüse gegossen wurden. Die römische Küche süßte gern mit Honig und bot daher viele pikant-süß-scharfe Kombinationen, wie man sie heute nirgendwo in Europa findet (die Thai-Küche hat aber erstaunlich ähnliche Würzarrangements). Auch reine Süßspeisen wurden gern gepfeffert – anders als der deutsche Pfefferkuchen, der zwar viele Gewürze, aber nur selten Pfeffer enthält. So gibt Apicius Rezepte für Pasteten mit Nüssen und Honig an, die vor dem Backen mit Schwarzem Pfeffer bestreut werden. Ein Echo dieser Geschmacksvorliebe hat sich in einzelnen italienischen Rezepten wie dem *panforte* aus Siena erhalten.Pfeffer spielte auch in Gewürzweinen eine Rolle. Wein wurde in Rom gerne durch Zusatz von Honig und verschiedenen Gewürzen zu einem likörartigen Genussmittel veredelt. Die nach antikem Verständnis warme Wirkung der Gewürze sollte das Wohlbefinden nach einer Mahlzeit heben, da der Verdauungsvorgang als eine Art Verbrennung angesehen wurde. Gewürzweine blieben in Europa bis in die Neuzeit populär.

## Pfeffer in Asien

In den meisten asiatischen Küchen wurde der Pfeffer vom Chili verdrängt. Er ist zwar Bestandteil der meisten orientalischen und indischen Gewürzmischungen, spielt aber selten eine Hauptrolle. Lediglich in den milden Küchen Zentralasiens ist er ein Vordergrundgewürz. Im Fernen Osten kommt dem Pfeffer eine wichtigere Rolle zu. Durch die in jüngster Zeit erzielten Anbauerfolge in Thailand wurde Pfeffer äußerst populär; in der Thaiküche werden unreife Pfefferdolden sogar als Gemüse für Currys und im Wok Gebratenes verwendet. Gemahlener Schwarzer Pfeffer ist Bestandteil von kambodschanischen und vietnamesischen Tischwürzen. Die weitgehend chilifreie Küche Japans verwendet Pfeffer zum Schärfen von Marinaden für gebratenes oder gegrilltes Fleisch. In Japan bevorzugt man Weißen Pfeffer, der sonst in Asien kaum eine Rolle spielt.

| | |
|---|---|
| **Familie** | Pfeffergewächse |
| **Herkunft** | Südindien |
| **Pflanzenteil** | Reife oder unreife Früchte |
| **Verwendung** | Pfeffer ist ein Universalgewürz |
| **Eigenschaften** | Verdauungsfördernde und fiebersenkende Wirkung wird nur in der Volksmedizin genutzt |

## Pfeffer in Europa

Fast überall in Europa, mit Ausnahme mancher Mittelmeerländer, ist Pfeffer der Schärfebringer Nummer eins. Die Kombination von Salz und Pfeffer bereichert fast jede Speise: Fleischgerichte (sowohl Geschmortes als auch Gegrilltes), Würste, Käsefondue und Brühen aller Art sind ohne Pfeffer kaum vorstellbar. Pfeffer dient fast überall in Europa als unverzichtbare Tischwürze. Gemahlener Pfeffer kann seine Schärfe zwar gut erhalten, aber sein Aroma verflüchtigt sich rasch; außerdem kann er unter feuchten Bedingungen rasch ein unangenehmes Fehlaroma annehmen. Frisch gemahlener Pfeffer aus der Pfeffermühle ist daher unbedingt vorzuziehen.

## Pfefferersatz

In der Geschichte gab es immer wieder Epochen, in denen Pfeffer nicht oder nur zu unerschwinglichen Preisen erhältlich war. In Deutschland traf dies zuletzt in und nach dem Zweiten Weltkrieg zu. Deshalb gibt es eine lange Tradition von Ersatzgewürzen, die das angestrebte Pfefferaroma mehr oder weniger gut nachahmen.

## Paradieskörner (*Aframomum melegueta* – Ingwergewächse)

Dieses aus Westafrika stammende Gewürz erreichte Europa im Hochmittelalter über den Karawanenweg. Am Beginn ihrer Entdeckungsfahrten im 15. Jh. importierten die Portugiesen große Mengen davon, aber seit der Öffnung des Seeweges nach Indien haben Paradieskörner in Europa kaum noch Bedeutung. Sie haben ein mildes Aroma und einen ausgeprägt pfeffrigen Geschmack. Heute werden Paradieskörner noch in vielen Küchen West-, Nord- und Ostafrikas verwendet.

## Kubebenpfeffer (*Piper cubeba* – Pfeffergewächse)

Der aus Indonesien stammende Kubebenpfeffer wurde im 16. Jh. vom Echten Pfeffer verdrängt. Sein terpentinartiges Aroma und die deutlich bittere Schärfe machen ihn zu einem sehr charaktervollen Gewürz, das manchen mittelalterlichen Gewürzkeksen zugrunde liegt. Kubebenpfeffer wird häufig in nordafrikanischen Rezepten verwendet, kommt aber in anderen Küchen kaum vor.

## Langer Pfeffer (*Piper longum* – Pfeffergewächse)

Diese Pfefferart hat eine besondere historische Bedeutung, weil sie als erste Pfefferart nach Europa importiert wurde. Griechen und Römer schätzten den Langen Pfeffer besonders, allerdings wurde er im Lauf der Zeit fast vollständig vom Echten Pfeffer verdrängt. Langer Pfeffer stammt aus dem nordöstlichen Indien.

# Piment

**Der Pimentbaum stammt aus Mittelamerika. Das komplexe Aroma der Pimentkörner, das an Pfeffer, Gewürznelken und Muskat erinnert, hat ihnen Namen wie Allgewürz und Nelkenpfeffer beschert. Als Gewürz ist er in der Karibik, aber auch in Europa und Westasien in Verwendung.**

## Herkunft und Geschichte

Über die vorkoloniale Geschichte des Pimentbaums in der karibischen und mexikanischen Küche ist nicht viel bekannt; die Azteken verwendeten ihn jedoch als Würze für ihre Trinkschokolade. Piment wurde bei der ersten Fahrt des Kolumbus entdeckt, aber zunächst in Europa nicht viel beachtet. Das Gewürz stieg erst im 17. Jh. zu einem wichtigen Handelsartikel auf. Zu dieser Zeit kontrollierte England den Nelkenanbau in Jamaika. Im 19. Jh. wurde Pimentholz als Material für Spazierstöcke und Regenschirme populär. Die starke Nachfrage bedrohte die Pimentplantagen in Jamaika so stark, dass der Gouverneur 1882 die Produktion von Pimentstöcken verbieten ließ. Piment wird heute fast nur in Mittelamerika angebaut; 70 Prozent der Welternte stammt aus Jamaika, der Rest größtenteils aus Mexiko, Guatemala und Honduras. In der Alten Welt produziert nur La Réunion gewisse Mengen.

## Chemie

Die getrockneten Pimentfrüchte enthalten etwa 5 Prozent ätherisches Öl. Dessen Hauptbestandteil ist Eugenol, das auch für das Gewürznelkenaroma verantwortlich ist. Im besonders geschätzten Jamaikapiment macht Eugenol 80 Prozent des ätherischen Öls aus.

| | |
|---|---|
| **Familie** | Myrtengewächse |
| **Herkunft** | Karibik und Mexiko |
| **Pflanzenteil** | Unreife, getrocknete Früchte |
| **Verwendung** | Beliebt in Europa und im Vorderen Orient |

## Verwendung

**Karibik:** Piment ist ein Hauptbestandteil der *jerk*-Paste, die ein kulinarisches Markenzeichen Jamaikas ist. Mit *jerk* wird Fleisch vor dem Grillen eingerieben – auf karibische Art grillt man besonders gerne mit Pimentholz (*jerked meats*). Die *jerk*-Paste besteht aus Zwiebeln, Knoblauch, Piment und weiteren Gewürzen. Eine Schlüsselzutat sind die sehr scharfen Chilis der Sorte *Scotch Bonnet*. Nachdem alle Zutaten zu einer Paste vermengt sind, tritt eine spontane Fermentation auf. Dadurch nimmt die Paste einen etwas säuerlichen Geschmack an und bleibt lange haltbar. In Mexiko geht man mit Piment wesentlich sparsamer um. Viele Soßenrezepte, etwa für die zentralmexikanischen *moles*, verlangen nach etwas Piment zum Abrunden des Geschmacks.

**Europa:** Durch die historische Verbindung mit Jamaika ist Großbritannien der europ. Hauptverbraucher. Pimentkörner werden zu Kuchen, geschmortem Fleisch und besonders zu sauer-pikanten Gemüsekonserven (*relish*) verwendet. Auch in Deutschland verwendet man Piment zu eingelegtem Gemüse wie etwa Gewürzgurken, die meist einige Pimentkörner im Essigsud enthalten. In der Lebensmittelindustrie wird Piment, meist in Form von Pimentöl, für Würste und Schinken verwendet und ist in den meisten süß-pikanten Grillsoßen enthalten.

**Vorderer Orient:** In der Levante ist Piment eines der wichtigsten Gewürze. Es wird auf Arabisch oft nur *al-bahar*, also „das Gewürz" genannt, allerdings ist mit dieser Bezeichnung auch oft eine Gewürzmischung gemeint. Piment ist ein perfektes Gewürz zu Lamm und wird in der syr. und palästinens. Küche zu Grillfleisch (*schawarma*) und zum Würzen der Fleischbällchen *kibba* verwendet. In Palästina isst man auch mit Piment bestreutes Fladenbrot. Die Gewürzmischung *bahar* oder *baharat* kann im einfachsten Fall nur aus Piment und Pfeffer bestehen, enthält aber oft auch weitere Gewürze wie Kardamom, Koriander, Kreuzkümmel und Zimt. In den Golfländern bezeichnet *baharat* eine schärfere Mischung mit Chili und Paprika ohne Piment.

# Reisfeldpflanze

**Die Reisfeldpflanze ist ein wasserliebendes Kraut, das meist in tropischen Reisfeldern wächst. Es hat einen einzigartigen Zitrusduft und durch die sukkulenten Stängel auch eine knackige Konsistenz. In Südvietnam wird die Reisfeldpflanze als Kräutergarnitur zu Fleisch- und Fischgerichten serviert.**

## Herkunft und Geschichte

Diese bei uns relativ unbekannte Gewürzpflanze stammt aus dem tropischen Asien und wächst in einem großen Gebiet, das von Japan über Thailand bis Nordaustralien reicht. In den USA wurde die Reisfeldpflanze durch die Immigration vieler Vietnamesen während und nach dem Vietnamkrieg bekannt. Sie wird in Kalifornien industriell angebaut.

## Chemie und Aroma

Das Aroma dieses Krauts ist schwer zu beschreiben, erinnert jedoch an Kreuzkümmel und Zitronen; welke Pflanzen nehmen leicht einen seifigen Geschmack an. Im ätherischen Öl wurden Limonen und Perillaldehyd identifiziert.

## Verwendung

In Vietnam ist keine Mahlzeit ohne Kräuter komplett. Die oft mild gewürzten Speisen schmecken nur mit einer Kräutergarnitur, einer Mischung verschiedener aromatischer Kräuter wie Koriander, Minze und Basilikum mit zarten und knackigen Salatblättern. Die Zusammensetzung der Kräutergarnitur hängt von den Aromen der Hauptspeisen ab. Die Reisfeldpflanze gilt als Kraut der Wahl für Fischgerichte wie die fruchtigen, süß-sauren Fischsuppen Südvietnams (*canh chua*), wo sich ihr zitronenartiger Duft mit der Knackigkeit des Fisches vorteilhaft ergänzt. In Kambodscha gibt es eine ähnliche Suppe (*samlor manchu trey*) aus Süßwasserfisch und reifer Ananas, die ebenfalls mit Reisfeldpflanze serviert wird.

| | |
|---|---|
| **Familie** | Rachenblütengewächse, nach manchen Systematiken Wegerichgewächse |
| **Herkunft** | Tropisches Asien |
| **Pflanzenteil** | Frische Zweige |

Schinus terebinthifolius (Brasilianischer Pfeffer)
Schinus molle (Peruanischer Pfeffer)

# Rosa Pfefferbeeren

**Die rosa Beeren kamen in den 1970er-Jahren als Gewürz der Nouvelle Cuisine in Mode und werden meist in Kombination mit Schwarzem Pfeffer verwendet, den sie optisch und geschmacklich ergänzen sollen.**

## Herkunft

Der Rosa Pfeffer des Handels stammt heute vollständig vom Brasilianischen Pfefferbaum, der in Südbrasilien und Paraguay heimisch ist. Der Peruanische Pfeffer wurde im Nachkriegsdeutschland als Pfefferverfälschung verkauft, ist aber mittlerweile vom Markt verschwunden.

## Chemie

Die getrockneten Beeren enthalten 5–10 Prozent ätherisches Öl, das aus Monoterpenen besteht; daneben ist viel Zucker enthalten.

Sowohl ihr Aroma als auch ihr süßer Geschmack erinnern an Wacholderbeeren. Gelegentlich werden Bedenken über eine magenreizende oder allergieauslösende Wirkung der Pfefferbeeren geäußert. Die Beeren allein scheinen diesbezüglich jedoch harmlos zu sein, während Allergien gegen andere Teile der Pflanze häufig beschrieben werden.

## Verwendung

In Südamerika spielt Rosa Pfeffer als Gewürz überhaupt keine Rolle; er dient dort als Heilpflanze und selten zum Aromatisieren von Schnäpsen.

Die kulinarische Verwendung des Rosa Pfeffers ist eine Besonderheit der europäischen Küche. Es wird zu mediterran oder asiatisch inspirierten Gerichten und Suppen verwendet und würzt Steaks, Fisch oder Gemüse. Besonders beliebt sind Rosa Pfefferkörner als Komponente in „buntem Pfeffer" zusammen mit Weißem, Schwarzem und Grünem Pfeffer. Die Mischung wird meist in transparenten Plexiglasmühlen eingesetzt. Rosa Pfeffer sollte nicht mit Rotem Pfeffer verwechselt werden, der ein echter Pfeffer ist und durch Trocknen reifer Pfefferfrüchten gewonnen wird.

| | |
|---|---|
| **Familie** | Sumachgewächse |
| **Herkunft** | Südamerika |
| **Pflanzenteil** | Getrocknete reife Früchte |
| **Verwendung** | Gewürz der Nouvelle Cuisine in Europa und den USA |

Rosa damascena (Damaszener Rose, Ölrose);
Rosa centifolia (Hundertblättrige Rose); Rosa gallica (Essigrose)

# Rose

**Rosenblüten liefern einen der edelsten und teuersten Blütendüfte. Rosenaroma spielt in vielen orientalischen Süßigkeiten eine Rolle, aber auch im deutschen Marzipan.**

## Herkunft und Geschichte

Die Systematik der Rosenarten ist wegen der langen Rosenzucht und vielen, teilweise natürlichen Hybriden nicht mehr klar zu rekonstruieren. Die meisten Rosenarten gibt es in Zentralasien. Die berühmte Damaszener Rose entstand wahrscheinlich bereits in der Bronzezeit als Hybrid der europäischen Essigrose mit einer kleinasiatischen Art; sie ist seit der Antike bekannt und trat wahrscheinlich zuerst in Anatolien auf. Heute wird sie vom Balkan bis zum Iran kultiviert. Die Hundertblättrige Rose ist vor allem in der Provence beliebt und hat eine komplexe Abstammung; in ihrem Genpool lassen sich die Essigrose und die Damaszener Rose identifizieren. In der Antike wurde Rosenduft zu Parfümen verarbeitet, fand jedoch in der Küche kaum Verwendung: Lediglich im römischen Apicius-Kochbuch gibt es ein Rezept für mit Rosenblüten gewürzten Wein.

## Ernte und Verarbeitung

Das meiste Rosenöl im Handel stammt von der Damaszener Rose, die in Bulgarien, der Türkei und dem Iran großflächig angebaut wird. Die taufrischen Blüten werden vor Ort der Wasserdampfdestillation unterzogen, wobei man im ersten Arbeitsgang nur 0,01 Prozent Rosenöl erhält; als Nebenprodukt fällt Rosenwasser an, das nachträglich zu Rosenöl aufgearbeitet werden kann. Wegen der geringen Ausbeute wurde die Lösungsmittelextraktion zunehmend populär. Damit erzielt man etwa 0,1 Prozent Ausbeute, allerdings enthält der Extrakt außer den Geruchsstoffen auch noch die wertlosen Blütenwachse. Rosenöl aus Extraktion heißt Absolue und wird in den französischen Anbaugebieten hergestellt.

| | |
|---|---|
| **Familie** | Rosengewächse |
| **Herkunft** | Klein- bis Zentralasien |
| **Pflanzenteil** | Blüten |
| **Verwendung** | Zu orientalischen Süßspeisen |

## Verwendung

**Orient und Indien:** In vielen orientalischen Ländern ist Rosenduft für Konfekt und Süßigkeiten beliebt: Das gummiartige, oft blass rosarot gefärbte türkische Konfekt *locoum* begleitet traditionell den türkischen Kaffee und kann auch in diesem aufgelöst werden. Im Iran wird Speiseeis mit Rosengeschmack hergestellt. Verschiedene Desserts oder süße Snacks der indischen Küche werden mit Rosenwasser aromatisiert, beispielsweise *barfi*, ein marzipanähnliches Konfekt aus Mandeln, Zucker, Gewürzen und Rosenwasser. Rosenwasser (oder andere Blütenwässer) werden über in Sirup gekochte Frischkäsebällchen (*ras gulla*) geträufelt oder verfeinern das Joghurtgetränk *lassi*. Manche orientalalischen Reisspeisen verlangen ebenfalls nach Rosenwasser, das man dann kurz vor dem Servieren über den gekochten Reis träufelt. Die komplexen, sehr milden *biriyani*-Rezepte aus Indien lassen sich ebenso mit Rosenwasser perfektionieren wie der robuster gewürzte *makhbus* aus Kuwait.

**Europa:** Rosenwasser ist kein typisches Würzmittel Europas, aber es ist in vielen Arten von Marzipan enthalten.

# Rosmarin

–

**Der holzige, zähe und durchdringend aromatische Rosmarin ist eine charakteristische Würze des westlichen Mittelmeerraums. Erst seit einigen Jahren gibt es frostharte Kultursorten, die das wunderbare Aroma frischer Rosmarinblätter auch den Köchen Mittel- und Nordeuropas zugänglich machen.**

## Botanik und Chemie

Rosmarin ist ein langsam wachsender, im Alter oft knorriger Strauch typisch mediterraner Landschaften. Als Anpassung an die wasserarmen Standorte hat er nadelförmige, am Rand eingerollte Blätter entwickelt. Seine meerblauen Blüten werden im katholischen Volksglauben mit der Gottesmutter assoziiert. Rosmarinblätter enthalten 1–2 Prozent ätherisches Öl, das komplex zusammengesetzt ist und sowohl in Zusammensetzung als auch im Aroma den Ölen aus Pinien, Fichten oder anderen Nadelbäumen ähnelt. Speziell die älteren Blätter enthalten Gerbstoffe und entwickeln deshalb einen bitteren Nachgeschmack, der sich beim Trocknen verstärkt.

## Rosmarin in der Küche

In den Mittelmeerländern verwendet man Rosmarin möglichst frisch. Er passt zu fast allen mediterranen Fleischgerichten und lässt sich mit einer Vielzahl anderer Aromen kombinieren: Mit Knoblauch zu gegrilltem Lamm, mit Zitrone zu Fisch und mit Pfeffer und Rotwein zu geschmortem Rindfleisch. Rosmarinaroma ist relativ kochfest. Gegrilltes Lamm oder Geflügel werden besonders gern mit Rosmarin zubereitet. Rosmarinblätter können dabei Bestandteil der Marinade sein – oder sie werden während des Grillens auf die Glut gestreut. Eine andere Möglichkeit: kleineres Geflügel kann mit Rosmarinzweigen umwickelt und gegrillt werden.

| | |
|---|---|
| **Familie** | Lippenblütengewächse |
| **Herkunft** | Mittelmeer |
| **Pflanzenteil** | Frische oder getrocknete Blätter |
| **Verwendung** | Rosmarin würzt Fleisch, besonders Gegrilltes, größere Bratenstücke und Kartoffeln |

# Safran

**Safran ist das teuerste und daher wohl exklusivste aller Gewürze. Durch seine enorme Färbekraft und sein unvergleichliches Aroma bestimmt es den Charakter jeder Speise.**

## Herkunft und Geschichte

Sein Ursprung war lange Zeit umstritten. Bis in die 1970er-Jahre galt eine Herkunft aus Vorder- oder Zentralasien als wahrscheinlich. Safran bildet keine Samen. Er kann nur über Knollen vermehrt werden und ist zu seiner Erhaltung und Verbreitung auf den Menschen angewiesen. Die botanische Forschung hat jedoch ergeben, dass Safran am engsten mit dem Cartwright-Krokus verwandt ist, der heute nur auf Kreta vorkommt. Daher nimmt man an, dass Safran als zufällige Mutation des Cartwright-Krokus (*Crocus sativus ssp. cartwrightianus*) entstand und wegen seiner langen Narben von Menschen in Kultur genommen wurde.Bereits in der Antike hatte Safran einen hohen Wert. Die minoischen Fresken von Akrotiri auf der Insel Santorin zeigen Szenen von der Safranernte. Die Pflanzen sind naturnah abgebildet, und man kann gut erkennen, wie die Safranpflückerinnen die Narben entnehmen. Die minoische Kultur fand mit dem Ausbruch des Vulkans auf Santorin im 16. oder 17. Jh. ein Ende. Der Safrananbau überlebte aber, und aus den mykenischen Tontafeln des Palastarchivs von Knossos geht hervor, dass Safran auch im 13. Jh. ein begehrtes Handelsgut war. Im klassischen Griechenland wurde Safran zum Färben und Heilen, aber nicht in der Küche verwendet; außerdem wurde daraus Parfüm hergestellt. Lediglich aus der Römerzeit sind einige wenige Safranrezepte erhalten. In der Küche wurde Safran erst im Mittelalter durch arabische Vermittlung populär. Im maurisch besiedelten Spanien wurde Safran angebaut und auch kulinarisch genutzt; die Anbaugebiete um La Mancha bestehen seit dem 8. Jh. und sind bis heute produktiv. Die mittelalterliche Küche verwendete Safran großzügig. Würzpasten aus getrockneten Gewürzen, Salz, Zucker und Safran waren für salzige Speisen beliebt, während Kuchen mit reinem Safran gefärbt und gewürzt wurden. In der Frühen Neuzeit wurde Safran nicht nur im Mittelmeergebiet, sondern auch nördlich der Alpen, in Deutschland und England, angebaut. Diese Anbaugebiete wurden allerdings im 18. Jh. wieder aufgegeben. Lediglich in den Schweizer Alpen hat sich das Safrandorf Mund erhalten. Dort, auf ca. 1200 m ü. M., produziert man pro Jahr bis zu 4 kg Safran in traditionellem Anbau.

## Chemie der Safranfarbe

Safran enthält sogenannte Diterpencarotiniode (z. B. Crocin), das sind Farbstoffe, die in ihrem Aufbau an Carotine erinnern, aber nur die halbe Molekülgröße haben. Im Unterschied zu den fettlöslichen echten Carotinoiden sind diese Farbstoffe in Wasser löslich. Die Wasserlöslichkeit der Safranfarbstoffe ist in der Küche sehr wichtig. In vielen Rezepten werden zerstoßene Safranfäden in Wasser oder Milch eingeweicht, bis sie ihre Farbe gut abgegeben haben. Für das unvergleichliche Safranaroma sind verschiedene Monoterpenaldehyde und Ketone verantwortlich, z. B. Safranal. Sie bilden sich erst beim Welken der Narbe. Das Safrangewürz ist ziemlich giftig. Bereits Mengen von wenigen Gramm führen zu Blutungen, Lähmungen und schließlich zum Tod. Wegen der überaus starken Würzkraft kann diese Menge in der Küche allerdings unmöglich erreicht werden.

## Anbau

Safran stellt sehr geringe Ansprüche an Klima und Boden, allerdings verträgt er wenig Nässe. Während der Sommermonate und besonders zur Blütezeit im Herbst wird Niederschlag nur schlecht vertragen. Safran blüht im September und Oktober. In der kurzen Blühphase, die nur zwei Wochen dauert, müssen die Felder täglich beerntet werden. Das ist nur in Handarbeit möglich. Vormittags werden die neu geöffneten Blüten geerntet und zu einem Sammelplatz gebracht. Dort trennt man in einem zweiten Arbeitsgang die Narben von den unbrauchbaren Blütenblättern und Staubgefäßen ab. Die Narben werden bei erhöhter Temperatur getrocknet. Der hohe Preis von Safran erklärt sich aus der geringen Masse der Narben und der aufwendigen Arbeit: Für 1 kg Safran benötigt man etwa 150 000 Blüten oder 2000 $m^2$ Anbaufläche. Ein geübter Pflücker kann pro Tag höchstens 100 g ernten. Die wichtigsten Safrananbaugebiete der Welt liegen im Iran. Der Iran liefert mehr als drei Viertel der weltweiten Jahresproduktion von etwa 200 t getrocknetem Safran.

## Verwendung

**Europa:** Einige Mittelmeerspezialitäten verlangen nach Safran, z. B. die span. *paella valenciana*, eine Reispfanne mit Hühnerfleisch, Fisch und Meeresfrüchten. In Frankreich gilt die Fischsuppe *bouillabaisse* als Spezialität der Region um Marseille. Eine weitere südfranzösische

Spezialität ist *rouille*, eine pikante Knoblauch-Safran-Mayonnaise. Die italienische Küche verwendet Safran im *risotto alla milanese*, das aus Rundkornreis, Knochenmark und Kalbfleischbouillon besteht. Auch das Schweizer Safrandorf Mund hat ein eigenes Risottorezept mit Safran, Kalbfleisch und Schinken. Für Kuchen und Süßspeisen wird Safran nur selten verwendet.

**Orient:** Die persische Küche verwendet Safran in großem Umfang. Grillspieße werden in Safran und Zitronensaft mariniert. Gekochter Reis wird entweder mit einer wässrigen Safranlösung beträufelt oder man mischt unter den weißen gekochten Reis einige zuvor mit Safran gefärbte, goldgelbe Körner. Im Iran kennt man auch safranhaltige Desserts; besonders beliebt ist das dottergelbe Speiseeis mit Safrangeschmack.

**Indien:** Am Kaiserhof der Mogulen entwickelte sich ab dem 16. Jh. eine höfische Küche, die persische Elemente mit indischen Traditionen verknüpfte. Ein Resultat dieser Synthese ist *biriyani*, ein komplexes Reisgericht, das nach persischem Vorbild oft Safran enthält. Im indischen Lehmofen (*tandur*) gegrilltes Fleisch ist ebenfalls eine Errungenschaft der mogulischen Küche. Ursprünglich wurde dieses Fleisch ebenso wie das pers. Vorbild mit Safran mariniert, aber heute wird fast überall rote Lebensmittelfarbe benutzt. Safran wird auch in vielen indischen Desserts verwendet. Zu den bekanntesten gehört *khir badami*, ein Pudding aus Gries, Milch und Mandeln mit intensivem Safranaroma.

| | |
|---|---|
| **Familie** | Schwertliliengewächse |
| **Herkunft** | Mittelmeer, wahrscheinlich Kreta |
| **Pflanzenteil** | Narben |
| **Verwendung** | Zu vielen orientalischen Süßspeisen und Reisgerichten |
| **Eigenschaften** | Safran wurde in der Antike als Textilfarbstoff verwendet |

# Salbei

–

**Salbei gehört vor allem in die norditalienische Küche, wo er Kalbfleisch, Geflügel und Bohnen würzt. Fast einzigartig ist, dass die Blätter fast ohne weitere Zutaten schon ein vollständiges Gericht ergeben: In Butter geschwenkt, ergibt er eine einfache *pasta*-Soße, und in Backteig getaucht und frittiert isst man ihn als Vorspeise.**

–

## Verwendung

Die italienische Küche verwendet den stark duftenden Salbei gern als Würze zu mildem Kalb- oder Geflügelfleisch; das berühmteste Beispiel dafür ist die *saltimbocca alla romana*, ein Leckerbissen aus einem dünnen Kalbsschnitzel, das mit einer Scheibe luftgetrocknetem Schinken und einem Salbeiblatt belegt und in der Pfanne gebraten wird. *Fagioli al fiasco*, „Bohnen in der Flasche", sind eine besondere Spezialität der Toskana. Weiße Bohnen, Tomaten und Knoblauch werden gemeinsam gedünstet und ziehen danach zusammen mit Salbei einige Stunden in einer leeren Chianti-Flasche, bis sich das Aroma optimal entwickelt hat.

–

## Mittelamerikanische Salbeiarten

Im tropischen Mittelamerika wächst eine große Vielfalt von Salbeisorten mit zumeist großen, farbenprächtigen Blüten. Viele davon haben süßlich oder fruchtig duftende Blätter und sind nach dem Obst benannt, an das ihr Duft erinnert. Diese Pflanzen sind allerdings noch nicht für die Küche entdeckt worden.

| | |
|---|---|
| **Familie** | Lippenblütengewächse |
| **Herkunft** | Mittelmeer |
| **Pflanzenteil** | Frische oder getrocknete Blätter |
| **Verwendung** | Für Tees und Salbeibonbons bei Erkältungskrankheiten |
| **Eigenschaften** | Die Volksmedizin macht sich die schweißhemmende Wirkung von Salbei zunutze |

# Sassafras

**Sassafras ist ein traditionelles Gewürz in der Küche des US-Bundesstaates Louisiana und wird besonders mit der Jazz-Metropole New Orleans assoziiert. Sassafras verleiht dem lokalen Eintopfgericht *gumbo* sowohl seine Konsistenz als auch sein Aroma.**

## Herkunft und Geschichte

Der Sassafrasbaum wächst in den westlichen Bundesstaaten der USA und wird wegen seiner aromatischen Wurzel zur Herstellung von Erfrischungsgetränken verwendet. Sogenanntes *root beer* wurde bereits im 19. Jh. industriell hergestellt und ist in der heutigen Form ein Softdrink mit Zucker, Kohlensäure und Pflanzenextrakten, insbesondere einer Essenz aus Sassafraswurzeln.

## Verwendung

Die Küche von New Orleans ist in den USA einzigartig. Sie kombiniert französische, karibische und lokale Elemente. Das bekannteste Gericht ist *gumbo*, ein vermutlich ursprünglich mediterranes Suppenrezept, das sich zu einem dickflüssigen, mit Reis gereichten Eintopf entwickelt hat. Die dicke Konsistenz stammt von Okras, einem afrikanischen Gemüse, und gepulverten Sassafrasblättern, die kurz vor dem Servieren in den *gumbo* eingerührt werden.

## Chemie

Sassafraswurzeln enthalten vor allem in der Rinde ein ätherisches Öl mit dem Hauptbestandteil Safrol (80 Prozent). Es darf erst nach dem Entfernen des giftigen Safrols von der Getränkeindustrie verwendet werden. Auch das ätherische Öl aus den Blättern enthält 40 Prozent Safrol; allerdings ist der Ölgehalt so niedrig, dass auf eine Abtrennung des Safrols verzichtet werden kann.

| | |
|---|---|
| **Familie** | Lorbeergewächse |
| **Herkunft** | Östliches Nordamerika |
| **Pflanzenteil** | Getrocknete Blätter |
| **Verwendung** | Als Tischwürze und Verdickungsmittel in der Küche Louisianas |

# Schabziegerklee

**Das in der Schweiz Schabziegerklee und in Südtirol Brotklee genannte Gewürz wird in ganz geringem Umfang produziert und überwiegend von Betrieben vor Ort verbraucht.**
**Die Blätter erinnern im Aroma an den eng verwandten Bockshornklee und würzen in Südtirol Roggengebäck und in der Schweiz Hartkäse.**

## Südtiroler Brotklee

Der Brotklee wird auf 1200 m Seehöhe im Pustertal (Südalpen) von wenigen Bauern auf traditionelle Weise angebaut. Nach dem Mähen trocknen die Pflanzen langsam, wobei sie eine Fermentierung durchlaufen und ein volles Aroma ausbilden. Die Höhenlage und die Trocknungsmethode führen zu einem anderen Geschmack als beim Schabziegerklee. Der getrocknete Brotklee wird zum Würzen von Broten und Kleingebäck verwendet, z.B. für Vinschgauer Fladenbrötchen aus Roggen-Weizen-Sauerteig oder für die Pusterer Brötchen.

## Schweizer Schabziegerklee

Der Schabziegerklee wird im Kanton Glarus (Westalpen) angebaut. Zur Blüte wird der Klee von Hand gemäht und ohne Fermentation getrocknet. Die jährliche Erntemenge liegt bei etwa einer Tonne. Schabziegerklee wird zum Würzen einiger regionaler Käsespezialitäten wie Schabziger gebraucht, einem doppelt gereiften, sehr mageren Hartkäse. Daneben wird Schabziegerklee zum Würzen von Kartoffelgerichten (Rösti) und Brotaufstrichen verwendet. Alle Schabziegerfelder sind im Besitz der einzigen Firma, die Schabziger herstellt. Nur die Überschüsse gelangen in den Einzelhandel.

| | |
|---|---|
| **Familie** | Schmetterlingsblütengewächse |
| **Herkunft** | Alpen, Kaukasus |
| **Pflanzenteil** | Getrocknete Blätter |
| **Verwendung** | Für regionale alpine Brot- und Käsespezialitäten |

# Schnittlauch

| | |
|---|---|
| **Familie** | Lauchgewächse |
| **Herkunft** | Europa, ursprünglich Zentralasien |
| **Pflanzenteil** | Frische Blätter |
| **Verwendung** | Universell als Streuwürze in Europa |

## Herkunft und Geschichte

Schnittlauch wächst als Wildpflanze in fast ganz Europa, stammt aber wahrscheinlich ursprünglich – wie alle Lauchgewächse – aus Zentralasien. Trotz seiner weiten Verbreitung wird er in Europa erst ab dem Mittelalter erwähnt.

## Chemie

Schnittlauch enthält die für die Gattung typischen Alkylcysteine, aus denen bei Verletzung des Gewebes stark riechende und aggressive Schwefelverbindungen gebildet werden. Obwohl der Mechanismus der gleiche wie bei Knoblauch und der Zwiebel ist, wurden in seinem Bouquet etwas abweichende Schwefelverbindungen gefunden. Als Hauptverbindung gilt Dipropyldisulfid. Im Chinesischen Schnittlauch finden sich hingegen vorwiegend Dimethyldisulfid und Dimethyltrisulfid.

## Verwendung

Schnittlauch ist ein beliebtes Grüngewürz Mitteleuropas und hat in vielen europäischen Küchen eine ähnliche Funktion wie Petersilie im Orient oder Koriander in Südoastasien. In der Küche Deutschlands und seiner östlichen Nachbarländer werden die Blätter des Schnittlauchs zu kleinen Röllchen geschnitten und über Suppen, Eintöpfe, Käseaufläufe, Knödel, Salate oder einfach auf das Butter- oder Käsebrot gestreut. In Frankreich verwendet man häufig eine Mischung aus vier frischen Kräutern, die *fines herbes* heißt und aus Schnittlauch, Petersilie, Kerbel und Estragon besteht. In Deutschland wird Schnittlauch oft mit Kartoffeln gegessen: Im Sommer isst man oft gekochte oder gedämpfte junge Kartoffeln mit einer Quark-Schnittlauch-Soße. Schnittlauch ist auch eines der Kräuter für Frankfurter Grüne Soße. In China gibt es mit dem Chinesischen Schnittlauch oder Schnittknoblauch ein verwandtes Küchengewürz mit flachen Blättern und etwas knoblauchartigem Geschmack. Viele milde Gerichte der Guangdong-Küche aus dem Südosten Chinas werden mit fein geschnittenem Chinesischem Schnittlauch bestreut, zum Beispiel die als Zwischenmahlzeit gereichten gedämpften Teigtaschen (*dím sām*).

# Schwarzer Kardamom

**Der Schwarze Kardamom ist ein Gewürz aus Indien und China. Die pikant-rauchige indische Variante wird zu vielen deftigen nordindischen Currys verwendet und ist zu Unrecht als Falscher Kardamom verschrien; die chinesische Art hat ein kampferartiges Aroma, das gut zum Würzensemble des Fünfgewürzepulvers passt.**

## Herkunft und Geschichte

Die beiden Arten von Schwarzem Kardamom sind im subtropischen Gebirge heimisch. Die nepalesische Art ist im Osthimalaja heimisch und die chinesische Art in der Provinz Yunnan vertreten. In der Antike erreichten verschiedene kardamomartige Gewürze Europa, darunter eines oder mehrere mit dem Namen *amomom*. Diese aromatische Pflanze diente in Rom vornehmlich zur Herstellung parfümierter Haaröle für Männer und wurde nicht in der Küche verwendet.

## Chemie und Ernte

Die Kardamomfrüchte wachsen in Bodennähe und werden kurz vor der Vollreife geerntet und getrocknet. Die großen Früchte trocknen nur bei künstlicher Beheizung zufriedenstellend. Wegen der feuchten Witterung im Himalaja wird traditionell nasses Holz zum Heizen verwendet, dessen heißer Rauch die Kapseln trocknet und ihnen zugleich einen rauchiges Aroma verleiht. Chinesischer Schwarzer Kardamom wird hingegen rauchfrei getrocknet.Beide Arten von Schwarzem Kardamom enthalten ein ätherisches Öl mit dem Hauptbestandteil 1,8-Cineol, dessen Duft an Eukalyptus erinnert. Bei der indischen Art wird dieser Eukalyptusduft durch das starke Raucharoma überlagert.

| | |
|---|---|
| **Familie** | Ingwergewächse |
| **Herkunft** | Osthimalaja, Südwestchina |
| **Pflanzenteil** | Getrocknete Früchte |
| **Verwendung** | In Indien für Schmorgerichte, in China zu Brühen |

## Verwendung in Indien

Schwarzer Kardamom wird in Kochbüchern oft als Falscher Kardamom oder Bastardkardamom bezeichnet, der nur ein minderwertiger Ersatz des echten Grünen Kardamoms sei. Tatsächlich sind die beiden Gewürze sehr verschieden und dienen unterschiedlichen Zwecken. Schwarzer Kardamom wird in Nordindien und Nepal weithin zum Würzen von Schmorgerichten verwendet, z. B. für Lammfleisch in Spinatsoße (*sag gosht*) oder Hühnercurry in Tomatensoße (*murgh masala*). Sein grober Rauch- und Eukalyptusgeschmack passt gut zu den rustikalen Aromen von Ingwer, Knoblauch und Chili. Die Kapseln werden stets ungemahlen verwendet. Das würzige Aroma vieler indischer Speisen lässt sich verstärken, indem man sie nach der Zubereitung einige Stunden ruhen lässt. Dieser Effekt ist bei Verwendung von Schwarzem Kardamom besondert deutlich, weil dessen Aroma nur langsam aus der dickschaligen Kapsel in die Speise dringt.

## Verwendung in China

Der Chinesische Schwarze Kardamom wird vorwiegend in seiner Herkunftsregion gegessen, da die Gebirgsprovinzen eine große Anzahl von Schmorgerichten hervorgebracht haben, die sich gut für Gewürze mit langsamer Aromaentfaltung eignen. Für im Wok kurz gebratene Speisen eignet sich Schwarzer Kardamom nicht. Schwarzer Kardamom ist jedoch häufig Bestandteil von Gewürzmischungen für Brühen, Meistersoßen und Rotschmormischungen, da deren lange Kochzeiten den harten Kapseln entgegenkommen. Die gemahlenen Samen sind auch manchmal im Fünfgewürzepulver enthalten.

# Schwarzer Kreuzkümmel

**Der Schwarze Kreuzkümmel ist eine wenig bekannte Pflanze, die nur in unzugänglichen Gebirgsregionen Zentralasiens wächst. Die schwarzen, schlanken Früchte haben ein erdiges Aroma und werden in der Küche der Mogulen dem gewöhnlichen Kreuzkümmel vorgezogen.**

## Herkunft

Schwarzer Kreuzkümmel ist eine Gebirgspflanze, die in Zentralasien bis zum westlichen Himalaja wild wächst. Weil er schwierig zu kultivieren ist, stammt ein Teil der Ernte aus Wildbeständen.

## Verwechslungen

Schwarzer Kreuzkümmel wird in vielen Büchern mit Kreuzkümmel, Kümmel und Nigella verwechselt.

## Verwendung

Schwarzer Kreuzkümmel wird nur in Nordindien verwendet. Die sogenannte mogulische Küche ist keine Regionalküche, sondern beruft sich auf die Tradition der muslimischen Mogulen, die von 1556 bis 1707 ganz Nordindien regierten. Am mogulischen Kaiserhof wurde eine Mischküche aus persischen, zentralasiatischen und indischen Elementen perfektioniert, die besondere Geschmackserlebnisse versprach. Viele mogulische Erfindungen wie das Reisgericht *biriyani* oder das in Joghurt geschmorte Lammfleisch *rogan josh* sind Bestandteil der nordindischen Volksküchen geworden. Umgekehrt sind viele mogulische Gerichte nur Varianten älterer Rezepte, die dem Geschmack der Mogule angepasst wurden. Mogulische Gerichte sind mild, häufig chilifrei und komplex gewürzt; oft werden sie sehr langsam gekocht, um die Aromen perfekt zu verschmelzen. Nach persischem Vorbild kommen oft Trockenobst und Nüsse zum Einsatz. Die Mogulen hatten auch eine Vorliebe für Schwarzen Kreuzkümmel und Muskatnüsse. Anders als fast alle indischen Gewürze wird Schwarzer Kreuzkümmel nie in heißem Fett geröstet, sondern nur gekocht.

| | |
|---|---|
| **Familie** | Doldenblütengewächse |
| **Herkunft** | Iran, Tadschikistan, Pakistan, Kaschmir |
| **Pflanzenteil** | Getrocknete Früchte |
| **Verwendung** | Als Alternative zu Kreuzkümmel in mogulischen Speisen |

# Senf

**Pasten aus Senfpulver sind in Europa und Teilen Asiens als Tischwürze sehr verbreitet und werden auch gelegentlich zum Kochen verwendet. Das rauchige Aroma gerösteter Senfsamen ist für südindische Speisen charakteristisch; außerdem ist Senf in Indien eine wichtige Ölpflanze.**

## Herkunft und Botanik

Alle drei Senfarten stammen aus dem östlichen Mittelmeerraum oder aus Westasien und sind eng untereinander sowie mit Raps und Kohl verwandt. Sie bilden schlanke, zarte Kräuter mit leuchtend gelben Blüten, deren Samen in Schoten heranwachsen. Schwarzer Senf und Brauner Senf (Sareptasenf) sind einander sehr ähnlich. Beim Schwarzen Senf platzen die Schoten bei der Reife auf, was zu Verlusten führt und eine mechanische Ernte ausschließt; deshalb wird er heute fast überall durch Braunen Senf ersetzt.

## Senf in Europa

**Dijon-Typ:** Dijon-Senf wird seit dem Mittelalter aus Schwarzem Senf hergestellt. Die Senfkörner werden aufgebrochen, von den schwarzen Schalen befreit und mit Granitmühlen staubfein gemahlen. Wegen der fehlenden Samenschale ist Dijon-Senf blassgelb. Das Senfpulver wird mit verschiedenen säuerlichen Flüssigkeiten wie Wein oder Fruchtsäften zu einer Paste verrührt. Dijon-Senf ist sehr scharf und passt gut zu gegrilltem Fleisch. Auch Düsseldorfer Löwensenf wird nach dem Dijon-Verfahren hergestellt.

**Bordeaux-Typ:** Der Bordeaux-Senf besteht aus Weißem Senf und schmeckt daher sehr mild. Er ist dunkler gefärbt als Dijon-Senf, weil die Körner gröber vermahlen sind und die Samenschalen nicht entfernt werden. Bordeaux-Senf wird oft mit Kräuterextrakten (vor allem Estragon) gewürzt oder mit Honig gesüßt. Bei Tisch verwendet man ihn eher zu milden Speisen; wichtiger ist seine Verwendung in der französischen Soßenküche.

**Deutscher Senf**: In Bayern gibt es sehr milde, süße Senfpasten aus sehr grob vermahlenem Weißem Senf, der wie Bordeaux-Senf verwendet wird, beispielsweise für Weißwürste. Den meisten deutschen Senfsorten liegen Mischungen aus Schwarzem und Weißem Senf zugrunde (Delikatesssenf, scharfer Senf), die zusätzlich oft mit Kräutern, Zwiebeln oder Knoblauch gewürzt sind. Diese Senfsorten werden überwiegend in der kalten Küche verwendet.

## Senf in Indien

**Senfsamen:** Besonders im Süden Indiens werden Schwarze Senfsamen gern trocken oder in Fett geröstet, wobei sie eine aschgraue Farbe und einen etwas brenzligen, rauchigen Geschmack annehmen. Geröstete Senfsamen sind nicht mehr scharf. Sie verleihen vielen südindischen Spezialitäten, etwa dem Schweinefleischcurry *vindalu*, einen typischen Geschmack. Mit ihnen werden in Südindien Joghurt-Salate (*raita*) gewürzt, und zusammen mit Curryblättern liegen sie den meisten südindischen Currys zugrunde.

**Senföl:** In weiten Teilen Nord- und Westindiens ist das goldgelbe Senföl ein bevorzugtes Mittel zum Braten. Es hat einen charakteristischen Geschmack, der sich auf die Currygerichte überträgt. Senföl ist jedoch in der EU nicht als Nahrungsmittel zugelassen, was vor allem mit dem hohen Gehalt an Erucasäure begründet wird. Diese Fettsäure steht im Verdacht, koronare Herzerkrankungen zu begünstigen. Deshalb darf indisches Senföl nicht als Nahrungsmittel verkauft werden. Manche Sorten Senföl enthalten auch kleine Mengen Scharfstoffe. Sie werden als Würzöl verwendet, das man vor dem Servieren über Speisen träufelt. Die größten Senfliebhaber in Indien sind die Bengalen, die fast immer mit Senföl kochen und scharfes Senföl oder scharfe Senfpaste zum Würzen verwenden. Die bengalische Gewürzmischung *panch phoron* wird vor der Verwendung in etwas Senföl geröstet.

| | |
|---|---|
| **Familie** | Kreuzblütengewächse |
| **Herkunft** | Wahrscheinlich östliches Mittelmeer |
| **Pflanzenteil** | Getrocknete Samen |
| **Verwendung** | Speisesenf ist eine verbreitete Tischwürze in Europa |

# Sesam

| | |
|---|---|
| **Familie** | Sesamgewächse (Pedaliaceae) |
| **Herkunft** | Wahrscheinlich Indien |
| **Pflanzenteil** | Samen |
| **Verwendung** | Streuwürze im Orient, Ölfrucht |

## Herkunft und Geschichte

Die Herkunft des Sesams ist bis heute umstritten; wahrscheinlich stammt er aus Indien und verbreitete sich bereits in vorhistorischer Zeit in den Mittelmeerraum. Auch Ostafrika ist als Ursprungsregion in Betracht gezogen worden. Sesam war allen alten Hochkulturen bekannt. Der Name „Sesam" stammt aus dem Babylonischen, wo er wahrscheinlich „Ölpflanze" bedeutete. Überreste von Sesamsamen wurden in den Ruinen der Industalkultur und in ägyptischen Gräbern gefunden. Sesam gelangte noch in mykenischer Zeit nach Griechenland. Rezepte für mit Sesam gewürztes Backwerk sind seit der Antike bekannt und ähneln den heute im östl. Mittelmeergebiet üblichen Rezepten.

**Sesam ist eine der ältesten Ölpflanzen der Menschheit. Es gibt verschiedene Sorten von Sesamöl mit unterschiedlichem Geschmack, und ihre Verwendung prägt verschiedene Kochstile zwischen Indien und Japan. Im Nahen Osten würzen geröstete Sesamsamen Brote, Desserts und Gegrilltes.**

## Inhaltsstoffe

Sesamsamen enthalten etwa 50 Prozent Öl, das überwiegend aus einfach und doppelt ungesättigten Fettsäuren besteht. Durch einen natürlichen Gehalt an Antioxidantien ist Sesamöl sehr gut haltbar. Sesamsamen haben wenig Eigengeschmack, entwickeln jedoch beim Backen oder Rösten ein starkes, nussiges Aroma. Dieses Aroma geht auf Röstprodukte zurück, von denen einige auch im Aroma von gerösteten Kaffeebohnen gefunden wurden. Manche Sorten von Sesam enthalten Anthocyaninfarbstoffe, die die Samen tiefschwarz färben. Diese schwarzen Sesamsamen werden manchmal mit Nigellasamen verwechselt, denn Nigella und Schwarzer Sesam sehen einander sehr ähnlich und werden gelegentlich auch mit demselben Namen bezeichnet.

## Sesamsamen in der Küche

**Orient:** In den arabischen Ländern verwendet man Sesamsamen als Zutat zu süßem Backwerk wie türkischem *simit*, das sind Ringe aus Hefeteig, die vor dem Backen mit Sesamsamen bestreut werden. Viele kalte Speisen der Levante werden mit der Sesampaste *tahini* zubereitet, die einen leicht nussigen Geschmack und eine cremige Konsistenz beisteuert. Eine Mischung aus *tahini* und Joghurt wird oft zu gegrilltem Fleisch (*schawarma*) serviert. Auch das Kichererbsenpüree *hummus* enthält meist Sesampaste. Sesamsamen sind – zusammen mit Sumach und Majoran oder Thymian – ein Bestandteil der jordanischen *zatar*-Gewürzmischung. In der ägyptischen Variante *duqqah* werden sie oft durch Haselnüsse ersetzt.

**China:** Chin. Sesammus (*zhī má jiàng*) besteht aus gerösteten Sesamsamen und hat ein sehr starkes, nussiges Aroma. Es wird vorwiegend in der kalten Küche verwendet. In der Sichuanküche ist Sesampaste die geschmackliche Grundlage für Salatdressing, z.B. zu Salaten aus gekochtem Hühnerfleisch. Das sogenannte „seltsam schmeckende Hühnerfleisch" (*guài wèi jī sī*) besteht aus feinen Streifen von Hühnerfleisch mit einem dicken, süß-sauren Dressing und ist mit Chili und Sichuanpfeffer gewürzt. Viele Salate und auch warme Speisen der Sichuanküche werden mit Sesamsamen bestreut serviert.

**Japan:** In Japan dienen geröstete oder ungeröstete Sesamsamen als Streuwürze zu Suppen oder Nudelspeisen. Häufig verwendet man dazu *gomashio*, eine Sesam-Salz-Mischung, oder man mischt Sojasoße mit Sesamsamen zu einem einfachen Dip. Sesamsamen sind außerdem ein Bestandteil der Tischwürze *shichimi tōgarashi*. Manche Variationen des Reisbissens *sushi* sind auf der Außenseite mit Sesam bedeckt. Diese sogenannten *inside-out-sushi* enthalten das Algenblatt im Inneren der Reisrolle und sind in den USA beliebt.

**Mexiko:** In Zentralmexiko werden Soßen aus getrockneten Chilis zubereitet, die eingeweicht, püriert und mit viel Schweineschmalz langsam gekocht werden. Solche Soßen sind als *moles* bekannt, und die komplexesten bestehen aus vielen verschiedenen Zutaten. Gemahlene Sesamsamen dienen häufig zum Andicken. Durch die lange Kochzeit in dem heißen Schmalz entwickeln sie ein deutliches Röstaroma.

## Sesamöle

In Europa wird neutral schmeckendes Sesamöl zum Braten und zum Frittieren verwendet oder zu Margarine weiterverarbeitet. In Süd- und Ostasien gibt es hingegen geschmacksintensive Sesamöle, die Speisen einen nussigen Geschmack verleihen und nur tropfenweise als Würzöl verwendet werden.

**China:** Dunkelbraunes chinesisches Sesamöl heißt *xiāng yóu* oder „aromatisches Öl". Es hat einen sehr starken, durchdringend nussigen Geruch und Geschmack und kann nur stark verdünnt zum Kochen verwendet werden. Chinesisches Sesamöl wird meist als Würzöl verwendet und erst bei Tisch über die Speisen geträufelt. Man verwendet es für „sauer-scharfe Suppe" (*suānlà tāng*) und viele Wokgerichte aus allen chinesischen Regionen. In Sichuan lässt man gestoßene rote Chilis in Sesamöl ziehen und verwendet das orangerote, scharfe Öl als Tischwürze.

Zanthoxylum bungeanum (China), Zanthoxylum piperitum (China, Japan, Korea)
Zanthoxylum simulans (China, Taiwan), Zanthoxylum schinifolium (Korea)
Zanthoxylum acanthopodium (Indonesien), Zanthoxylum rhetsa (Indien), Zanthoxylum alatum (Nepal, Tibet)

# Sichuanpfeffer

**Es gibt viele verschiedene Arten von Sichuanpfeffer, die einander zum Teil ersetzen können. In China und Japan sind die lokalen Sichuanpfefferarten wichtige und charakterbestimmende Gewürze.**

## Botanik

Die Gattung *Zanthoxylum* besteht aus vielen, schwer voneinander abzugrenzenden Arten, die über Asien, Afrika und Nordamerika verbreitet sind. Chinesischer Sichuanpfeffer besteht meist aus der Art *Z. bungeanum*, die in Sichuan wild vorkommt. Diese Pflanze wird seit dem 1. Jt. v. Chr. als Parfüm und Gewürz verwendet und in anderen Regionen oft durch verwandte Arten ersetzt. Der Japanische Sichuanpfeffer stammt ursprünglich ebenfalls aus China und wird nun in Japan kultiviert. Die Art ist so variabel, dass man in Japan oft sagt, jeder Baum weise ein charakteristisches Aroma auf. In Korea kennt man zwei Arten Sichuanpfeffer, die sich in ihrem Aroma unterscheiden und die in der Küche daher nicht austauschbar sind. Der Indonesische Sichuanpfeffer wächst zwar in einem weiten Bereich von Südostasien bis zum Himalaja, wird aber nur von einigen wenigen Volksgruppen in Sumatra als Gewürz benutzt. Der Indische Sichuanpfeffer ist eine Wildpflanze aus dem bergigen Hinterland der indischen Westküste. Er findet nur in westindischen Bundesstaaten Verwendung. Der Nepalesische Sichuanpfeffer gedeiht im Himalaja und wird in Nepal und Tibet zum Kochen verwendet.

## Chemie und Aroma

Die Sichuanpfeffer sind einerseits durch ein starkes Aroma und andererseits durch einen prickelnd-scharfen Geschmack charakterisiert. Für den aromatischen Duft ist ein ätherisches Öl aus Monoterpenen verantwortlich, das bei den meisten Arten frisch, holzartig oder zitronig riecht. Die nepalesische Art duftet nach Zimt und die koreanische nach Anis. Der scharfe

| | |
|---|---|
| **Familie** | Rautengewächse |
| **Herkunft** | Asien |
| **Pflanzenteil** | Getrocknete Früchte |
| **Verwendung** | Zu verschiedenen Speisen und als Streuwürze |

Geschmack erinnert nicht an die Schärfe von Pfeffer oder Chili, sondern erzeugt ein prickelndes Gefühl auf der Zunge, dem eine leichte Taubheit folgt. Die Schärfe geht auf ungesättigte Säureamide zurück, die als *Sanshoole* bezeichnet werden und in keinem anderen Gewürz vorkommen; lediglich die Parakresse enthält ähnliche Inhaltsstoffe und schmeckt daher vergleichbar prickelnd-scharf.

## Der Geschmack *má*

Die chinesische Küche erkennt vier grundlegende Geschmacksnoten an: salzig, süß, sauer und scharf. Jede Speise soll eine harmonische Mischung dieser vier Typen sein. In Sichuan unterscheidet man jedoch einen fünften Geschmack *má*, der genau der prickelnden Schärfe von Sichuanpfeffer entspricht und von der gewöhnlichen Schärfe der Chilis (*là*) streng getrennt wird. In der Sichuanküche bemüht man sich also um eine harmonische Balance von fünf Geschmackstypen, wobei *má* und *là* in vielen Speisen dominieren. Speisen, die sowohl mit Chili als auch mit Sichuanpfeffer geschärft sind, tragen of die Bezeichnung *málà* im Namen, z.B. *málà jī dīng*, scharfes klein geschnittenes Hühnerfleisch, das mit wenig Soße im Wok gebraten wird. In anderen Regionen ist *má* nicht so beliebt. Dort wird Sichuanpfeffer in geringerem Umfang verwendet, vor allem im Fünfgewürzepulver und manchmal in Fleischmarinaden.

## Die Sichuan-Küche

Sichuanpfeffer wird in der Sichuanküche sehr freizügig verwendet und sehr häufig, aber nicht immer, mit Chili kombiniert. Scharfe Brühe (*hóng tānglú*) enthält große Mengen von Chili und Sichuanpfeffer und ist ziegelrot gefärbt. Sie wird als Basis zum Kochen verwendet, zum Beispiel für den Feuertopf (*huó guō*), einem Freundschaftsessen, bei dem dünne Fleischscheiben und Gemüse bei Tisch in einem Topf mit simmernder Suppe gegart werden. Als Tischwürze wird in Sichuan gern trocken gerösteter und gemahlener Sichuanpfeffer, pur oder gemischt mit Salz, in kleinen Schälchen gereicht. Dieses Pulver kann man als Streuwürze verwenden oder jeden Bissen kurz darin dippen, um das *má*-Aroma zu erhöhen. Ein besonders bekanntes Gericht der Sichuanküche ist das „in Wasser gekochte Rindfleisch" (*shuízhú niúròu*), für das dünne Scheiben Rindfleisch in einer mit Chili und Sichuanpfeffer feurig gewürzten Brühe rasch gegart werden. Vor dem Servieren bestreut man es nochmals mit geröstetem Chili und Sichuanpfeffer – eine Anekdote berichtet, dass viele Chinesen, denen die Sichuanküche zu scharf ist, dieses Gericht bestellen, weil „in Wasser gekocht" verhältnismäßig mild klinge.

**Japan:** In Japan ist Sichuanpfeffer Bestandteil der Streugewürzmischung *shichimi tōgarashi*, die zum Abschmecken von Suppen und Nudelgerichten verwendet wird.

**Korea:** Die koreanische Küche nutzt zwei verschiedene Arten von Sichuanpfeffer: Eine Art entspricht der japanischen und wird zum Schärfen von Speisen am Tisch und für eingelegtes Gemüse (*kimchi*) verwendet. Die andere Art hat einen milden Anisgeruch und kaum merkbare Schärfe; sie wird für süßsaure Soßen und milde Pickles verwendet.

**Indien:** Sichuanpfeffer taucht in einigen Rezepten aus der Region Bombay und Goa auf. Er wird besonders gern zu Fisch verwendet und nicht mit anderen Gewürzen kombiniert, da sein Aroma als empfindlich gilt und sich leicht verliert. Aus diesem Grund ist Sichuanpfeffer auch nicht in indischen Gewürzmischungen enthalten. Allerdings werden die frischen, aggressiv scharfen Früchte manchmal in mit Kokosmilch gebundenen Currys verwendet.

**Nepal und Tibet:** Der einheimische Sichuanpfeffer ist die traditionelle scharfe Würze in der tibetischen Küche und wird zu Brühen und Eintöpfen verwendet. Das Nationalgericht Tibets sind mit gehacktem Rinder- oder Yakfleisch gefüllte Nudeln (*momos*), die in Brühe gekocht oder gedämpft werden. Die Füllung wird mit Ingwer und Sichuanpfeffer gewürzt. Die nepalesische Variante des Sichuanpfeffers wird zum Würzen von Pickles verwendet.

**Indonesien:** In Indonesien wird Sichuanpfeffer nur von einigen Volksgruppen auf der Insel Sumatra verwendet. Die ungemahlenen Früchte werden Eintöpfen mit langer Kochzeit zugesetzt, z.B. *sangsang*, einem mit Blut gebundenen Innereien-Fleisch-Eintopf des Stammes der Batak.

# Silphion

–

**Niemand weiß, wie das meistgepriesene Gewürz des antiken Mittelmeerraumes geschmeckt haben könnte, denn die Silphionpflanze, die einst dem nordafrikanischen Kyrene ein ständiges Einkommen garantiert hatte, starb im 1. Jh. n. Chr. endgültig aus. Heute zeugen nur noch antike Pflanzenbeschreibungen, Rezepte und bildliche Darstellungen auf kyrenischen Münzen von diesem Gewürz.**

–

## Aussehen und Herkunft

Das Silphiongewürz stammt von einer nordafrikanischen Pflanze, die seit dem 1. Jt. v. Chr. im ganzen Mittelmeerraum gehandelt wurde. Ihre Heimat liegt in der Umgebung der nordafrikanischen Stadt Kyrene.

–

## Der Geschmack von Silphion

Im antiken Schrifttum über Silphion findet sich keine nachvollziehbare Beschreibung, wie dieses Gewürz geschmeckt haben könnte. Der einzige Hinweis ist indirekter Natur: Bereits vor dem endgültigen Aussterben wurde Silphion durch den zentralasiatischen Asant ersetzt. Asant hat ein lauchartiges Aroma, daher kann man annehmen, dass auch das antike Silphion einen ähnlichen Geschmack hatte.

–

## Geschichte

Silphion diente in Griechenland als Gewürz und Heilmittel. Die Ernte stammte aus Wildbeständen, die nur nach einem bestimmten System beerntet werden durften, da die Pflanze nicht kultiviert werden konnte. Silphionstängel und -blätter konnten als Gemüse gegessen werden, besonders wichtig war der Milchsaft, der durch Anritzen der Wurzel gewonnen und zu einer harzartigen Substanz getrocknet wurde. Der Silphionhandel bescherte der griechischen Kolonie Kyrene großen Wohlstand. Durch den Asienfeldzug von Alexanders des Großen wurde die zentralasiatische Pflanze Asant (*Ferula assa-foetida*) als billiger Silphionersatz entdeckt. Dieses sogenannte Persische Silphion wurde zunächst als minderwertig angesehen, gewann allerdings infolge der Knappheit des echten Silphion langsam an Bedeutung. Cato der Ältere erwähnt in seinem Landwirtschaftshandbuch *De agri cultura* mit Essig und Silphion eingelegte Linsen – offenbar war Silphion im 2. Jh. v. Chr. noch leicht erhältlich und dem Budget eines römischen Bauern angemessen. Drei Jh. später war Silphion ausgestorben: Plinius berichtet, dass man die letzte gefundene Silphionwurzel Kaiser Nero geschickt habe. Die Gründe, die zum Verschwinden der Silphionpflanze geführt haben, sind nicht genau bekannt. Die angespannte wirtschaftliche Lage nach den Punischen Kriegen führte möglicherweise zu einer Übernutzung der Silphionbestände, die daraufhin zurückgingen. Plinius führt das endgültige Ende auf die Schafzucht zurück, da Silphion als Wildpflanze in Kulturlandschaften nicht bestehen konnte.

–

## Die Küche im antiken Rom

Anders als die eher bodenständigen Griechen verwendeten die Römer der Kaiserzeit eine große Anzahl von Gewürzen und Geschmacksmitteln. Einheimische Kräuter (Minze, Liebstöckel, Koriander, Lorbeer, Petersilie, Weinraute) konnten frisch oder getrocknet verwendet werden und wurden durch den intensiveren Geschmack getrockneter Gewürze (Kreuzkümmel, Koriander, Fenchel, Sellerie und Kümmel) ergänzt. Von den importierten Gewürzen waren Schwarzer und Langer Pfeffer am wichtigsten, aber auch Zimt, Lorbeerblätter, Ingwer und Safran spielten eine Rolle. Pro Rezept werden etwa acht verschiedene Gewürze verwendet. Römische Speisen schmeckten meist pikant süß-sauer. Gesüßt wurde mit Honig oder Trockenfrüchten, gesäuert mit Essig. Eine typische Würze der römischen Küche war *liquamen* oder *garum*, eine salzige, fermentierte Fischsoße, deren Aroma wahrscheinlich an heutige Sardellenpaste oder eingelegte Sardellen (*acciughe*) erinnerte.

–

## Das Kochbuch des Apicius

Die umfangreichste Sammlung altrömischer Rezepte trägt den Namen des Marcus Gavius Apicius, eines berühmten Gourmets aus dem 1. Jh. n. Chr. Die uns vorliegende Form des Kochbuches ist allerdings wesentlich jünger und stammt wahrscheinlich aus dem 3. Jh.; es besteht aus zehn Kapiteln, die sich jeweils einer bestimmten Hauptzutat widmen. Da es sich an professionelle Köche wendet, sind die Rezepte sehr kurz formuliert und enthalten keine Mengenangaben oder Kochzeiten. Manche bestehen nur aus einer Aufzählung der Zutaten: **„Rüben oder Kohlrüben:** Presse sie nach dem Kochen aus, dann zerstoße viel Kreuzkümmel, weniger Weinraute, Asant, Honig, Essig, Fischsoße, eingekochten Traubensaft und etwas Öl. Laß es kochen und serviere. **Rohe Soße für Huhn:** Gib in einen Mörser Dillfrüchte, trockene Minze und Silphionwurzel, gieße Essig dazu, füge Datteln bei und gieße Fischsoße dazu und ein wenig Senf und Öl; schmecke mit eingekochtem Traubensaft ab und serviere es so.

**Hase in Soße:** Er wird in Wasser etwas vorgekocht, danach in eine Pfanne gelegt und muss mit Öl im Ofen gebraten werden; wenn er fast gar ist, wechsle das Öl. Begieße ihn mit der unten beschriebenen Soße: Stoße Pfeffer, Bohnenkraut, Zwiebel, Weinraute, Selleriefrüchte, Fischsoße, Silphion, Wein und etwas Öl. Er wird einige Male darin gewendet und in dieser Soße gargekocht."

# Sternanis

**Der achtzackige Sternanis wird fast nur in der chinesischen Küche verwendet. Sein süßer Anis-Lakritz-Geschmack ergänzt die Salzigkeit von Sojasoße und wird in allen chinesischen Regionalküchen geschätzt.**

## Herkunft und Geschichte

Sternanis ist im Grenzgebirge zwischen Südchina und Nordvietnam heimisch und wird auch nur dort und auf den Philippinen angebaut. Nach chinesischen Maßstäben ist er ein sehr junges Gewürz, das sich in den letzten 400 Jahren in den Würzkanon integrieren konnte. Sternanis wurde auch nie in großem Umfang nach Europa exportiert, außer im 18. Jh.. Damals war er als Gewürz für Fruchtmarmeladen in England in Mode. Neuerdings steigt der Bedarf für Sternanis extrem an, weil sich die Früchte für die Gewinnung von Shikimisäure eignen, die wiederum als Ausgangssubstanz des gegen Grippeviren wirksamen Medikaments Oseltamivir (Handelsname: *Tamiflu*) dient.

## Chemie

Die getrockneten Früchte enthalten in ihrer Fruchtwand bis zu 8 Prozent ätherisches Öl, das wie bei Anis und Fenchel hauptsächlich aus Anethol besteht. Wegen der sehr ähnlichen Zusammensetzung der beiden Öle darf Sternanisöl ohne Kennzeichnung das teurere Anisöl ersetzen; deshalb werden heute viele Anisschnäpse nur noch mit Sternanisöl aromatisiert.

## Verwendung in China

Die chinesische Küche verwendet Sternanis in zwei Formen: als Bestandteil des Fünfgewürzepulvers sowie separat in Form ganzer Sterne. Das Fünfgewürzepulver (*wú xiāng fěn*) besteht in seiner einfachsten Form aus Gewürznelken, Sternanis, Fenchel, Zimt und Sichuanpfeffer; hinzu können noch zusätzliche Gewürze wie Süßholz, Galgant und Schwarzer Kardamom kommen. Fünfgewürzepulver dient als Bestandteil von Marinaden, als universelles Gewürz zum Abschmecken von Wokgerichten und als Zusatz zu Ausbackteigen, mit denen Fleisch- oder Gemüsestücke überzogen werden. Ungemahlener Sternanis gibt sein Aroma nur langsam ab und eignet sich daher nur für Gerichte mit langer Garzeit. Das betrifft manche Schmorgerichte aus den Gebirgsprovinzen Yunnan und Sichuan, und vor allem solche Speisen, die in Brühe gegart werden. Beim Kochen in Meistersoße (*shuí lú*) wird eine gewürzte, konzentrierte Fleischbrühe als Basis zum Kochen verwendet, in der man Fleisch oder Gemüse butterweich kocht. Die Brühe kann regelmäßig verdünnt und daher unbeschränkt oft verwendet werden. Als Gewürze verwendet man, wie für alle Brühen, Frühlingszwiebeln und Ingwer, aber auch Sternanis, Zimt und Sichuanpfeffer. Eine verwandte Technik ist das sogenannte Rotschmoren (*hóng shāo*), bei dem eine Mischung aus Brühe, Sojasoße und Reiswein als Basis dient. Die Rotschmorflüssigkeit wird sehr intensiv mit Sternanis, Zimt, Sichuanpfeffer, Süßholz, Kardamom und Nelken gewürzt. Der Alkoholgehalt bewirkt eine äußerst effiziente Vermengung der Aromen, und die Sojasoße färbt die Speisen dunkel rotbraun.

## Verwendung in Südostasien und Indien

Die Thaiküche verwendet Sternanis in Form von Fünfgewürzepulver in chinesisch beeinflussten Speisen und zu langsam geschmorten Eintöpfen, Ragouts und Currys aus dem gebirgigen Norden. In Südthailand kennt man Sternanis hingegen vom Eistee (*cha dam yen*). Dieser besteht aus starkem grünen Tee, der mit Sternanispulver gewürzt und mit Eis und gesüßter Kondensmilch serviert wird. In Indien wird Sternanis ebenfalls nur selten verwendet. Er ist in manchen Versionen der *garam-masala*-Gewürzmischung enthalten und wird im Nordwesten zum Aromatisieren von Schwarztee verwendet.

| | |
|---|---|
| **Familie** | Sternanisgewächse |
| **Herkunft** | Südchina, Vietnam |
| **Pflanzenteil** | Getrocknete Früchte |
| **Verwendung** | In China für Brühen, Soßen und Marinaden |

# Sumach

**Das rotviolette Sumachpulver ist ein nur im Orient verwendetes Gewürz. Es dient als Säuerungsmittel in einfachen Salaten und als Streugewürz für Grillfleisch und Reis.**

## Herkunft, Geschichte und Botanik

Der zierliche Sumachbaum wächst im östlichen Mittelmeergebiet und ist seit der Antike bekannt. Im Altertum war Sumach eines der wenigen Säuerungsmittel und wurde meist in Form eines wässrigen Extrakts verwendet. Sumach ist mit dem bei uns häufig gepflanzten Essigbaum oder Hirschkolbensumach (*Rhus typhina*) aus Nordamerika verwandt. Die Früchte des Essigbaums schmecken zwar auch sauer, sind aber borstig behaart und daher zum Verzehr nicht geeignet. Nordamerikanische Indianer wie die Mikmak oder die Anishinabe bereiteten aus Sumachfrüchten erfrischende, säuerliche Getränke. Sumachhaltige Softdrinks werden in den USA heute industriell hergestellt.

## Sumach in der Küche

**Westasien:** In der westasiatischen Küche wird Sumach als Streuwürze für kalte Vorspeisen (*meze*) verwendet. Mit Sumachpulver bestreut man in Olivenöl gebratenes Gemüse und gefüllte Weinblätter. Mit Sumach gesäuerte Zwiebelringe sind eine beliebte Beilage zu südtürkischem Grillfleisch (*döner*). An der Levanteküste wird eine Mischung aus Zwiebeln, Sumach und Petersilie zum Würzen von Grillspießen verwendet.

**Iran:** In der persischen Küche ist Sumach ein Reisgewürz. Körnig gekochter Langkornreis wird bei Tisch mit Eigelb und Sumachpulver vermengt und als Beilage zu gegrillten Fleischspießen (*kubideh*) gegessen.

| | |
|---|---|
| **Familie** | Sumachgewächse |
| **Herkunft** | Östliches Mittelmeer |
| **Pflanzenteil** | Samen, üblicherweise gemahlen |
| **Verwendung** | Streuwürze im Orient und im Iran |
| **Eigenschaften** | Rinde und Wurzel sind sehr gerbstoffreich und wurden in der Lederherstellung genutzt |

# Thymian

**Fast überall in Europa ist Thymian als Gewürzkraut in Verwendung. Sein Geschmack passt zu fast allen pikanten Gerichten. Frischer Thymian hat ein viel subtileres und leichteres Aroma als getrockneter und gewinnt in den letzten Jahren immer mehr an Beliebtheit.**

| | |
|---|---|
| **Familie** | Lippenblütengewächse |
| **Herkunft** | Mittelmeer |
| **Pflanzenteil** | Frische oder getrocknete Blätter |
| **Verwendung** | Streuwürze im Orient und im Iran, Mittelmeerküche, Mitteleuropäische Küche |
| **Eigenschaften** | Thymian wirkt schleimlösend und entkrampfend |

## Herkunft und Geschichte

Rund ums Mittelmeer gibt es viele verschiedene Thymianarten mit aromatischen Blättern. Nicht alle davon sind für den kulinarischen Gebrauch geeignet, aber einige werden seit dem Altertum als Gewürz verwendet. Im antiken Griechenland mit seiner Vorliebe für mild gewürzte Speisen war Thymian eines der beliebtesten Gewürzkräuter. Bereits die Römer führten Thymian nach Britannien ein, wo er seither einen Spitzenplatz bei den Würzkräutern einnimmt. In Mitteleuropa wurde er durch die mittelalterlichen Kräutergärten bekannt.

## Sorten

Wie bei vielen verwandten Gewürzpflanzen hängt auch beim Thymian das Aroma von Klima, Standort und genetischen Faktoren ab. Durch Auswahl und Kreuzung mit wilden Thymianarten wurde eine große Anzahl verschieden riechender Thymiansorten gezüchtet, manche davon mit Zitronen- oder Kümmelgeruch.

## Chemie

Das Aroma von Thymian schwankt sehr stark, da die Pflanzen im heißen mediterranen Sommer viel mehr ätherisches Öl enthalten (7 Prozent) als im Winter (4 Prozent). Außerdem ist das Öl im Sommer und Winter unterschiedlich zusammengesetzt. Ätherisches Öl aus Sommerthymian enthält etwa 60 Prozent Thymol und 20 Prozent Carvacrol; beide Stoffe, vor allem Letzterer, bedingen einen starken, etwas reizenden Geschmack. Im Winterthymian fehlt Carvacrol, und der Thymolgehalt reduziert sich auf maximal 40 Prozent, dafür wird das Bouquet durch Terpenverbindungen bereichert. Thymian gehört zu den wenigen Kräutern, deren Würzkraft sich beim Trocknen noch verstärkt.In speziellen Thymianarten bedingen Citral (Zitrusduft) oder Carvon (Kümmelaroma) ein abweichendes Geschmacksprofil.

## Thymian in der Küche

**Europa:** Die meisten Mittelmeerküchen verwenden Thymian. So würzt er in Italien Tomatensoßen und *risotti*, und französische Köche verfeinern damit Schmor- und Grillgerichte. Er ist in der Kräutermischung *herbes de Provence* enthalten. In der deutschen Küche ist Thymian ebenfalls heimisch und gilt als typisches Fleischgewürz; auch viele Wurstrezepte enthalten Thymian, meist kombiniert mit Majoran. Viele Köche bevorzugen Thymian frisch; das gilt besonders für den Zitronenthymian, der in den letzten Jahren als Fischgewürz populär wurde.

**Orient:** Thymianaroma ist in der Levante sehr beliebt. Je nach Region und Vorliebe verwendet man Thymian, Bohnenkraut oder eine spezielle, thymianduftende Majoranart (Syrischer Majoran). In vielen arabischen Ländern werden diese Gewürze unterschiedslos *zatar* genannt. In Jordanien meint man mit *zatar* jedoch eine Gewürzmischung aus Thymian oder Majoran, Sumach und Sesamsamen, die als Streuwürze auf dem Tisch steht oder mit etwas Olivenöl einen aromatischen Brotaufstrich ergibt. Eine ähnliche Rezeptur aus Ägypten heißt *duqqah* und enthält auch oft Haselnüsse oder gehackte Mandeln.

# Tonkabohnen

–

**Der Tonkabaum aus den südamerikanischen Tropen liefert ein vanilleähnliches Gewürz mit süßem Geruch nach Waldmeister. Tonkabohnen gelten als potenziell leberschädlich und dürfen in der EU nicht als Nahrungsmittel verkauft werden.**

| | |
|---|---|
| **Familie** | Schmetterlingsblütengewächse |
| **Herkunft** | Venezuela |
| **Pflanzenteil** | Getrocknete und fermentierte Samen |
| **Verwendung** | Statt Vanille zu europäischem Gebäck und Desserts |
| **Eigenschaften** | Tonkabohnen enthalten Cumarin und sind potenziell gesundheitsschädlich |

## Herkunft und Anbau

Der Tonkabaum ist in den tropischen Regenwäldern im nördlichen Südamerika heimisch. Er wird oft als Schattenbaum in Kakaoplantagen angebaut. Die Handelsware stammt hauptsächlich von Wildbeständen in Venezuela. Zur Ernte werden die reifen Früchte entkernt. Die geruchlosen Kerne entwickeln ihr Aroma erst nach einem Fermentationsprozess Dazu werden sie einige Tage in starken Rum eingelegt und danach getrocknet.

## Chemie und Giftigkeit

Tonkabohnen haben einen betörend süßen Duft, der auf das in den fermentierten Früchten enthaltene Cumarin zurückgeht. Dessen Gehalt liegt typischerweise um die 4 Prozent. Cumarin ist giftig und führt zu Leberschäden. Die Empfindlichkeit für Cumarin ist individuell sehr verschieden; in der EU ist ein sehr niedriger Grenzwert von maximal 2 mg/kg Lebensmittel festgelegt. Parallel gilt die Empfehlung, pro Tag und Kilogramm Körpermasse im langfristigen Mittel nicht mehr als 0,1 mg Cumarin zu sich zu nehmen. Mit Tonkabohnen gewürzte Speisen überschreiten die Grenzwerte fast zwangsläufig. Tonkabohnen spielen daher in der Lebensmittelindustrie überhaupt keine Rolle.

## Verwendung

Tonkabohnen werden in einigen Kuchenrezepten aus dem 19. Jh. als Alternative zur Vanille eingesetzt. In den letzten Jahren ist das Interesse an diesem Gewürz wieder gestiegen, und es wird zur Variation bekannter Rezepte wie *panna cotta* und *crème brûlée* oder für Speiseeis verwendet. Tonkabohnen dienten in der Vergangenheit auch zum Aromatisieren von Tabak; heute sind sie aber nur noch in sehr wenigen Pfeifentabaken enthalten.

# Vanille

**Vanille wird in ihrem Preis nur von Safran übertroffen. Sie wird zu Kuchen, Gebäck, Cremes und Fruchtsalaten verwendet; im letzten Jahrhundert errang sie weltweite Beliebtheit, wozu auch der Preisverfall durch synthetisches Vanillin und die Anbauerfolge in den asiatischen Tropen beitrugen.**

## Herkunft und Geschichte

Vanille ist eine Schlingpflanze aus dem südmexikanischen Dschungel. Sie wurde von den Mayas kultiviert und bereits im präkolumbischen Amerika gehandelt. Bei den Azteken waren Vanilleschoten Bestandteil des sehr exklusiven und der Herrscherfamilie vorbehaltenen Kakaogetränks. In Europa entwickelte sich Vanille zusammen mit Schokolade im 17. Jh. zu einem beliebten Gewürz. Trinkschokolade war eine ursprünglich spanische Spezialität, die wegen ihres hohen Preises auf die europäischen Adelshäuser beschränkt blieb. Barocke Trinkschokoladen enthielten eine Vielzahl exotischer Gewürze – darunter auch tierische Aromatika wie Moschus und Amber.

## Chemie und Verarbeitung

Vanillefrüchte sind botanisch gesehen dreifächrige Kapseln, werden aber im Handel üblicherweise als Schoten bezeichnet. Sie enthalten Vanillinglucosid, das unter bestimmten Bedingungen in Zucker und das angenehm riechende Vanillin gespalten werden kann. Diese Glycosidspaltung erfordert eine aufwendige Verarbeitung nach der Ernte. Dabei gibt es in Mexiko und den afrikanischen bzw. asiatischen Anbaugebieten unterschiedliche Verfahren; gemeinsam ist jedoch, dass die frisch geernteten Kapseln zunächst hitzebehandelt werden und danach einer Folge von Schwitz- und Trockenschritten unterzogen werden, wobei sie ihr Aroma entwickeln. Im Anschluss daran müssen sie ruhen, um das Aroma voll entfalten zu können. In gut verarbeiteten Vanilleschoten beträgt der Vanillingehalt ungefähr 2 Prozent. Das Vanillin ist in der klebrigen Samenmasse konzentriert und wandert infolge der Fermentierung auch in die harte Außenschale. Die besten Vanilleschoten haben an der Außenseite einen ganz feinen Belag von Vanillinkristallen (*givree*, d. h. Raureif). Neben Vanillin finden sich in Vanilleschoten noch weitere Aromastoffe, von denen bisher einige Hundert identifiziert wurden. Sie sind für die Komplexität des Vanilleduftes verantwortlich.

## Synthetisches Vanillearoma

1874 gelang dem deutschen Chemiker Wilhelm Haarmann zusammen mit Ferdinand Tiemann die erste Synthese von Vanillin. In den Folgejahren wurde das Verfahren verfeinert und wirtschaftlich nutzbar gemacht. Billiges Vanillin überschwemmte den europäischen Markt und förderte den Ausbau der Schokoladenindustrie. Zugleich erlebte Naturvanille einen Preisverfall. Das heute überwiegend angewendete Verfahren nutzt als Ausgangsstoff Lignin, ein Abfallprodukt bei der Herstellung von Papier aus Holz. Die Bildung von Vanillin aus Holz beobachtet man auch bei der Lagerung von Wein in Holzfässern (*barrique*-Ausbau), wobei je nach Holzart und Reaktionsbedingungen vanille- oder beerenartige Aromen entstehen. Synthetisches Vanillin kommt für den Verbraucher meist in Form von Vanillinzucker in den Handel, der nicht mit Vanillezucker verwechselt werden sollte; Letzterer ist eine Mischung der Vanillesamenmasse mit Zucker und kann an den Samen erkannt werden, die als kleine schwarze Punkte erscheinen.

Die Verfügbarkeit billigen Vanillins beförderte die Verwendung von Vanillearoma in vielen Küchen, was teilweise zu einer Verdrängung nativer Gewürze führte. So werden in der Levante die traditionell mit Felsenkirsche aromatisierten Gebäcke heute mit Vanille gewürzt, und die südostasiatischen Pandanusblätter erleiden oft ein ähnliches Schicksal.

## Verwendung

Vanille ist ein Gewürz der europäischen Süßspeisenküche. Sie wird zu einer Unzahl von Kuchen, Keksen, Cremes und Puddings verwendet. Bei flüssigen Zubereitungen lässt man meist eine aufgeschlitzte Vanilleschote mitziehen oder kratzt die Samenmasse (Mark) heraus; Teig wird dagegen mit gemahlener Vanille, Vanillezucker oder Vanilleextrakten versetzt. Beispiele für Dessertzubereitungen mit Vanille sind die italienische *panna cotta* oder die französische *crème brûlée*. Schokoladen werden oft mit Vanille gewürzt. Aus Kostengründen enthält Massenware meistens syn-

| | |
|---|---|
| **Familie** | Orchideengewächse |
| **Herkunft** | Mexiko |
| **Pflanzenteil** | Getrocknete und fermentierte Früchte |
| **Verwendung** | Zu Gebäck und zu Desserts |
| **Eigenschaften** | Vanilleextrakt wird auch bei der Parfümherstellung verwendet |

thetisches Vanillin. Das ökonomisch bedeutendste Vanilleprodukt ist das Vanilleeis Nur die besten Qualitäten enthalten Naturvanille, was man meist an den winzigen schwarzen Samen in der elfenbeinfarbenen Masse erkennen kann. Vanille wird nur sehr selten für salzige Speisen verwendet. Allerdings sind in den letzten Jahren wiederholt Rezepte publiziert worden, bei denen Geflügel oder Meeresfrüchte von mildwürzigen Rahm-Vanille-Soßen begleitet werden.

## Andere Vanillearten

Zwei verwandte Vanillearten, die *Guadeloupe*-Vanille und die *Tahiti*-Vanille, werden als Lieferanten von Essenzen bei der Parfumherstellung genutzt. Die Tahiti-Vanille erlebt seit einigen Jahren auch eine wachsende Beliebtheit in der gehobenen Küche. Tahiti-Vanille ist möglicherweise eine Kreuzung aus der gewöhnlichen Vanille und der *Guadeloupe*-Vanille. Sie wird nur in Ozeanien angebaut und bedarf ebenfalls einer Fermentierung nach der Ernte. Im Aromaprofil von Tahiti-Vanille findet man neben Vanillin einige weitere Aromastoffe wie Anissäure und Anisylalkohol, die ihr einen blumigeren und leichteren Duft verleihen. Tahiti-Vanille wird wie gewöhnliche Vanille verwendet, verleiht jedoch den damit zubereiteten Speisen ein etwas fremdes, überraschendes Aroma.

# Wacholder

**Wacholder, ein vermeintlich mächtiges Zauberkraut des Mittelalters, gehört zu den aromatischsten Gewürzen des nördlichen Europa. Er wird in fast allen europäischen Küchen verwendet, und zwar fast überall zu dunklem Fleisch, vor allem zu Wild und Wildgeflügel.**

## Herkunft und Geschichte

Der Wacholderbaum kommt in zahlreichen Arten und Unterarten in ganz Europa vor, vor allem in Gebirgslagen von den Pyrenäen bis Skandinavien. Die einzelnen Arten unterscheiden sich in ihrer Wuchshöhe und in der Form der Nadeln, liefern aber alle vergleichbar aromatische Früchte. Die antiken Ärzte erkannten die harntreibende Kraft der Wacholderbeeren und setzten sie medizinisch ein, aber es sind kaum Rezepte für mit Wacholder gewürzte Speisen erhalten. Die Mesopotamier und Römer verwendeten häufiger Zypressenzapfen, die ein ähnliches Aroma aufweisen. Erst seit der Frühen Neuzeit wird Wacholder in Kochbüchern regelmäßig erwähnt.

## Botanik

Wacholder ist als Nadelbaum eine nacktsamige Pflanze, deren Samen nicht in einen Fruchtknoten eingeschlossen sind. Daher kann Wacholder streng genommen auch keine Früchte bilden. Die sogenannten Wacholderbeeren oder Wacholderfrüchte sind kurze Zapfen aus drei Schuppenblättern, die zur Blütezeit die Samenanlagen tragen. Im Verlauf der Reifung, die beim Wacholder zwei Jahre dauert, nehmen diese Schuppenblätter fleischigen Charakter an und hüllen die reifenden Samenanlagen ein.

## Wacholder in der Küche

Sein harziger, an sonnendurchflutete Nadelwälder erinnernder Duft macht den Wacholder zu einem idealen Begleiter für Wildgerichte, da sie den rustikalen Charakter dieser Fleischsorten betonen. Wacholder wird zu Wildbraten und Wildragout, aber auch zu Räucher- und Trockenfleisch verwendet. Er lässt sich sehr gut mit Pfeffer, Lorbeer, Majoran und Knoblauch kombinieren, ist aber nur selten in Gewürzmischungen enthalten. In Deutschland, Nordfrankreich und Österreich ist Sauerkraut ohne Wacholder (und Kümmel) fast undenkbar. Sauerkraut besteht aus milchsauer fermentiertem Kohl, der meist erst nach der Fermentation gewürzt wird; es wird gekocht, gedünstet oder als Füllung für Knödel gegessen.

## Gin

Branntwein mit Wacholdergeschmack (*jenever*) wurde im 17. Jh. in den Niederlanden erfunden. Seine größte Popularität erlangte er jedoch als *gin* in England, wo die Produktion steuerlich begünstigt wurde. Verfälschungen, z.B. mit Terpentinöl, kamen sehr häufig vor, bis dann in der Mitte des 18. Jh. gesetzliche Qualitätsstandards geschaffen wurden. Verbesserte Destillationsmethoden erlaubten ab dem 19. Jh. die Herstellung von *dry gin*. Außerdem wurden weitere pflanzliche Aromatika wie Anis, Zitrusfrüchte oder Zimt zugesetzt.

| | |
|---|---|
| **Familie** | Zypressengewächse |
| **Herkunft** | Europa |
| **Pflanzenteil** | Reife Fruchtzapfen |
| **Verwendung** | In Mittel- und Osteuropa zu Fleisch und Sauerkraut |
| **Eigenschaften** | Wacholder ist stark harntreibend, greift dabei aber die Niere an |

# Wasabi

Wasabi ist eine früher nur in Japan gebräuchliche Pflanze mit stark meerrettichähnlichem Geschmack. Die Wurzel wird zu einer blassgrünen Paste zerrieben, die man zu verschiedenen Speisen mit rohem Fisch serviert.

## Botanik und Anbau

Wasabi kommt in Ostasien wild vor, gedeiht jedoch nur unter spezifischen Bedingungen: Die Pflanze braucht fließendes Wasser und entwickelt sich am besten in schattigen Gebirgsbächen und in kleinen Flüssen in Ufernähe. Obwohl Wasabi auch in Teichen oder sogar Feldern kultiviert werden kann, gelten die Pflanzen aus fließenden Gewässern als die besten. Der Anbau in Flüssen ist schwierig und arbeitsintensiv, und die Pflanze wächst so langsam, dass sie erst nach zwei oder drei Jahren geerntet werden kann. Der essbare Teil der Wasabipflanze ist – botanisch betrachtet – ein beblätterter Wurzelstock, der durch die Narben alter Blätter an der Oberfläche rau erscheint. Im Handel wird er als „Wurzel" bezeichnet. Wasabi ist auch in getrockneter Form erhältlich; das blassgrüne Pulver wird mit lauwarmem Wasser zu einer Paste angerührt. Aus Kostengründen wird aber oft Ersatzwasabi angeboten, der aus Senf und Meerrettich und grüner Lebensmittelfarbe besteht.

## Chemie

Wasabi enthält, ähnlich wie Senf und Meerrettich, Glucosinolate. Beim Zerreiben reagieren diese zu stechend riechenden und scharf schmeckenden Isothiocyanaten. Die Hauptverbindung ist Allylisothiocyanat, aber daneben wurden auch omega-Methylthio-alkylisotiocyanate identifiziert. Die grüne Farbe geht auf Chlorophyll zurück.

## Verwendung

Wasabi wird traditionell in Japan verwendet. Er ist ein Begleiter zu Speisen aus rohem Fisch – durch seine desinfizierenden Inhaltsstoffe hilft Wasabi, den Verderb des rohen Fischs hinauszuzögern. Die einfachste Form von rohem Fisch in Japan ist *sashimi*. Darunter versteht man dünne Scheiben von Fischfilet, die mit Sojasoße und Wasabi gegessen werden. Sushi sind Häppchen aus leicht süßsauer gekochtem Reis, die mit speziellen Zutaten belegt oder gefüllt werden – eine Version des Sandwichs also, wobei Reis das Brot ersetzt. Sushi kann mit rohem oder eingelegtem Gemüse, mit Eierstich oder sogar mit Fleisch zubereitet werden, aber die bekanntesten Versionen enthalten rohen Fisch. Die Grundform von *sushi* ist ein Reisbällchen, das mit einer geeigneten Zutat belegt wird (*nigiri*). Etwas aufwendiger sind die Röllchen (*maki*), die mit Seetangblättern (*nori*) umwickelt und in Form gehalten werden. In jedem Fall kommt zwischen Reis und Fisch ein Hauch Wasabipaste. In den letzten Jahrzehnten wurde *sushi* weltweit populär und vielfach mit lokalen Zutaten abgewandelt. Heute bekommt man *sushi* sogar mit Tomaten und Basilikum oder auch mit Frischkäse. *Inside-out-sushi* enthalten die Seetangblätter im Inneren, zwischen Reis und Füllung, und sind an der Außenseite in Sesamsamen oder Fischrogen gewälzt. Die beliebtesten Fischsorten für *sushi* sind Thunfisch, Butterfisch und Lachs, es gibt jedoch auch Sorten mit Garnelen, Tintenfisch und Aal. Man serviert *sushi* mit etwas zusätzlichem Wasabi, einem Schälchen mit Sojasoße und eingelegtem Ingwer, der immer gegessen wird, wenn man von einer *sushi*-Sorte zur nächsten wechselt.

| | |
|---|---|
| **Familie** | Kreuzblütengewächse |
| **Herkunft** | Japan, Korea und Sibirien |
| **Pflanzenteil** | Frischer Wurzelstock (Rhizom) |
| **Verwendung** | In Japan zu rohem Fisch |
| **Eigenschaften** | Das in Wasabi enthaltene Senföl wirkt antibakteriell |

# Weinraute

**Die hocharomatische, aber bittere Weinraute war im antiken Rom eines der beliebtesten Gewürzkräuter und wurde für Soßen auf der Basis von *garum* verwendet. Heute findet sie nur noch in der ostafrikanischen Küche Verwendung.**

## Geschichte

Die mediterrane Weinraute gehörte zu den beliebtesten Kräutern der antiken römischen Küche. Ihre charakteristisch geformten, blaugrünen Blätter wurden roh zur Käse-Knoblauch-Paste *moretum* verwendet und finden sich in einer Vielzahl von Rezepten aus dem Kochbuch des Apicius. Nach römischer Vorstellung vertrug sich das Rautenaroma besonders mit dem stechenden, salzigen Geschmack von Fischsoße. Fischsoße mit Raute, anderen Kräutern und Honig wurde auch als Digestiv getrunken. Außer den Blättern wurden auch die Früchte verwendet, die ihr Aroma beim Trocknen besser bewahren.

## Chemie

Der intensiv fruchtig aber auch stechende Geruch von Weinraute geht auf ein ätherisches Öl zurück, das fast ausschließlich aus den beiden langkettigen Ketonen 2-Undecanon und 2-Nonanon besteht. Weinraute enthält eine Reihe von sehr bedenklichen Inhaltsstoffen; deshalb wird vor ihrem Verzehr gewarnt. Selbst eine Berührung der Blätter ist nicht ungefährlich, da diese an der Oberfläche Furanocumarine (Bergapten und Psoralen) ablagern, die im Zusammenhang mit Sonnenlicht schmerzhafte Allergien auslösen können. Weinrautenblätter, und noch viel mehr die Wurzeln, enthalten eine Anzahl problematischer Alkaloide mit verschiedenen Grundstrukturen: Chinolin- und Chinazolinalkaloide gelten als Leber- und Nierengifte, und die davon abgeleiteten Acridinalkaloide haben mutagenes und krebserregendes Potenzial. Das Acridinalkaloid Arborinin ist ein wirksames Abortivum und begründete die Verwendung von Weinraute als illegales und durchaus gefährliches Abtreibungsmittel.

| | |
|---|---|
| **Familie** | Rautengewächse |
| **Herkunft** | Mittelmeer |
| **Pflanzenteil** | Frische Blätter; selten reife Früchte |
| **Verwendung** | Heute nur in der äthiopischen Küche gebräuchlich |
| **Eigenschaften** | Wegen vielfältiger Nebenwirkungen ist Weinraute als Hausmedizin ungeeignet |

## Weinraute in der mediterranen Küche

Von der ehemaligen Beliebtheit der Raute haben sich in der modernen italienischen Küche nur Spuren erhalten. Als Gewürzkraut wird sie nur sehr selten verwendet, obwohl sich ihr Aroma sehr gut in säuerliche Speisen wie Tomatensoßen einfügt. Der Tresterschnaps *grappa* wird in Italien oft mit einem Blättchen Raute aromatisiert; von einem solchen *grappa con ruta* trinkt man nach einem ausgiebigen Mal ein Gläschen zur Verdauungsförderung.

## Weinraute in der äthiopischen Küche

In Äthiopien wird Weinraute häufig zum Würzen verwendet. Oft lässt man einige gehackte Rautenblätter in einem langsam geschmorten Eintopf (*wat*) mitkochen oder man nutzt sie zur Dekoration der Speisen. Kaffee wird oft mit einem an der Oberfläche schwimmenden Rautenblatt serviert. Zur Herstellung der Gewürzmischung *berbere* verwendet man sowohl getrocknete Gewürze als auch frische Kräuter. Die getrockneten Gewürze, z.B. Chilis, werden einzeln dunkel geröstet und zu einem Pulver vermahlen, das man mit Wein oder Wasser zu einer Paste vermengt. Diese Paste wird zu groben Brocken getrocknet, erneut geröstet und vermahlen. Der ganze Vorgang wird einige Male wiederholt, und beim letzten Schritt werden noch frische Kräuter wie Weinraute und Basilikum in die Paste eingearbeitet.

# Zimt

**Die aromatischen Zimtstangen aus dem tropischen Asien sind ein jahrtausendealtes Handelsgut und bereichern fast jede Küche zwischen Marokko und China. Seit der Antike dienten sie im Mittelmeergebiet als Mumifizierungszutat, als Räucher- und Heilmittel und als Gewürz. Es gibt verschiedene Zimtarten mit verschiedenen Geschmacksprofilen.**

## Herkunft und Inhaltsstoffe

Die verschiedenen Zimtbäume stammen aus dem tropischen Asien. Es handelt sich um schlanke, immergrüne, bis zu 20 m hohe Bäume mit kleinen weißen Blüten. Die ganze Pflanze ist aromatisch, aber als Gewürz dient vor allem die Rinde. Alle Zimtarten enthalten ein ätherisches Öl mit dem Hauptbestandteil Zimtaldehyd; im Sri-Lanka-Zimt trägt auch das stechend nelkenähnlich riechende Eugenol zum Aroma bei. Die Blätter enthalten beim Sri-Lanka-Zimt fast reines Eugenol und riechen nach Gewürznelken. Chinesischer Zimt enthält Cumarin in Mengen von 1–3 g/kg. Dieser Stoff riecht sehr angenehm, kann aber bei empfindlichen Personen zu Leberschäden führen. In der EU laufen Bestrebungen, bevorzugt cumarinarme Zimtsorten zu verwenden; so enthält Sri-Lanka-Zimt nur ein Zehntel der Cumarinmenge von Chinesischem Zimt.

## Geschichte

Sowohl Zimt als auch Cassia (Chinesischer Zimt) waren bedeutende Aromatika der Antike, die hauptsächlich in Form von Räucherwerk verbraucht wurden. Beide Gewürze werden mehrfach im Alten Testament erwähnt. Die Herkunft von Zimt war nicht bekannt und wurde in Arabien vermutet, das in Wirklichkeit jedoch nur ein Zwischenhandelsplatz war. Aristoteles berichtet von einer eigenartigen Legende: *„Die Menschen, die dort leben, sagen, es gebe einen Zimtvogel, der die Zimtstangen von unbekannten Orten heranbringe und seine Nester daraus fertige; er errichte sie in den schlanken Kronen hoher Bäume. Sie sagen auch, daß die Bewohner die Nester herabschießen, indem sie ihre Pfeile mit Blei beschweren, und danach die Zimtstangen sammeln."*

Auch die Römer führten große Mengen ein und nahmen ebenfalls an, das Gewürz stamme aus Arabien (*arabia felix*, das wegen seines vermuteten Gewürzreichtums „glückliche" Arabien). Beim Begräbnis seiner von ihm selbst getöteten Frau Poppaea verbrannte Nero aus Kummer mehr als eine Jahresimportmenge Zimt. In der altrömischen Küche tauchen Zimtstangen dagegen nur sehr selten auf, zumal es mit den Indischen Lorbeerblättern ein verbreiteteres Gewürz mit ähnlichem Aroma gab.

## Srilankischer Zimt oder Ceylon-Zimt

Der Sri-Lanka-Zimtbaum wächst wild in Sri Lanka und Südindien. Zimt wurde bis zum Mittelalter von wild wachsenden Bäumen geerntet und gelangte über arabische Händler nach Europa; erst die Holländer legten im 17. Jahrhundert Plantagen (Zimtgärten) an, um das Gewürz in großem Umfang zu produzieren. Zimtrinde wird in Sri Lanka von zweijährigen Zweigen geerntet und sorgfältig von der Korkschicht befreit; die Stangen bestehen aus papierdünnen, brüchigen, ineinander geschobenen Rindenstücken. Dieser Zimt hat ein starkes, anregendes Aroma und gilt als die beste Sorte. Sri-Lanka-Zimt wird meist in Stangenform verkauft und ist vor allem für den europäischen Markt bestimmt.

## Indonesischer Zimt

Der Zimtanbau in Indonesien geht auf die holländische Kolonialverwaltung zurück. Diese Zimtsorte kommt im Aroma dem Sri-Lanka-Zimt nahe und wird in die USA und nach Europa exportiert.

## Vietnamesischer Zimt

Diese Zimtart wächst in Nordvietnam, nahe der chinesischen Grenze. Er kommt oft ungeschält in den Handel. Vietnamesischer Zimt hat ein herbes, leicht bitteres Aroma und erzielt daher geringere Preise als die anderen Zimtarten.

## Chinesischer Zimt oder Cassia

Chinesischer Zimt wächst im südchinesischen Bergland. Die Handelsware besteht aus der Rinde älterer Zweige oder der Stammrinde und ist gewöhnlich 1–3 mm dick; die Stangen rollen sich spontan beidseitig auf. Sie haben einen süßeren, aber dafür weniger lebhaften Duft als die srilankanische Ware. In China und Nordindien verwendet man auch unreif getrocknete Zimtfrüchte, die als Zimtblüten bezeichnet werden. Sie haben einen sehr leichten, süßen Zimtduft und sind in Europa für Feingebäck beliebt.

## Verwendung

Zimt gehört zu den Gewürzen, die Speisen aus dem Orient und aus Indien ihren besonderen Charakter verleihen. Er wird auch in fast allen Gewürzmischungen dieser Regionen verwendet. Der Orient verwendet Zimt meist als Pulver, mit dem man Fleisch vor dem Grillen mariniert (beispielsweise für am Drehspieß gegrilltes *schawarma*) oder Fleisch- und Gemüseschmortöpfen (etwa nordafrikanische *tagine*) würzt. Zimt lässt sich sehr gut mit anderen Gewürzen wie Piment und Pfeffer kombinieren und ist in fast allen arabischen Gewürzmischungen enthalten. In Indien verwendet man Zimt meist in ganzen Stangen. Sie werden vor der Verwendung in heißem Öl oder Butterschmalz gebraten, bis sie beginnen, sich zu entrollen, und danach mitgeschmort. Diese Technik entlockt ihnen Aroma, ohne dass die bitteren Gerbstoffe in die Speise gelangen. Pulverisierter Zimt ist Bestandteil der nordindischen Gewürzmischung *garam masala*. In China und Vietnam werden Zimtstangen zu langsam geschmorten Speisen und ganz besonders für Brühen verwendet. Außerdem trägt es zum charakteristischen Geschmack des Fünfgewürzepulvers bei, das häufig zu Fleischmarinaden und Ausbackteigen genommen wird oder zum Abschmecken dient.

| | |
|---|---|
| **Familie** | Lorbeergewächse |
| **Herkunft** | Indien, Südostasien |
| **Pflanzenteil** | Getrocknete Rinde und unreife Früchte (Zimtknospen) |
| **Verwendung** | Zimt wird in Indien und dem Orient zu Fleisch, Gemüse und Desserts verwendet, in Europa hingegen vorwiegend für Süßgebäck und Kompotte |
| **Eigenschaften** | Die anregende Wirkung des Zimts wird seit der Antike in Räucherwerk genutzt |

# Zitronengras

**Zitronengras ist ein Charaktergewürz des tropischen Südostasiens. Sein milder Zitrusgeschmack erlaubt die universelle Verwendung zu Fleisch und Gemüse. In Indonesien ist Zitronengras die häufigste Quelle von Zitrusduft, während es in Thailand in Konkurrenz zur Kaffernlimette steht.**

## Herkunft, Sorten und Geschichte

Die Zitronengräser sind die einzigen Grasarten mit ätherischem Öl, wobei nicht alle Arten nach Zitrone riechen. Die Gattung umfasst mehr als 50 verschiedene Arten in Asien und Australien, aber nur zwei davon werden kultiviert. Das Westindische Zitronengras stammt eigentlich aus Südostasien und ist die in der Küche meistverwendete Art. Hingegen ist das Ostindische Zitronengras weiter westlich, in Indien, heimisch und wird nur selten kulinarisch genutzt. Es ist umstritten, ob Zitronengras bereits in der Antike nach Indien kam. Die antiken Autoren erwähnen gras- oder schilfartige aromatische Pflanzen, womit vielleicht Zitronengras gemeint war. Auch das im Alten Testament erwähnte Würzrohr könnte Zitronengras gewesen sein. Gegen Ende des Mittelalters wurde Zitronengras in großen Mengen über den Landweg nach Europa importiert und diente als Parfümstoff und Gewürz in der Bierbrauerei.

## Chemie

Der Gehalt an ätherischem Öl ist mit 0,5 Prozent zwar recht gering, aber das Öl besteht zu 80 Prozent aus den beiden Monoterpenaldehyden Neral und Geranial, die für ein reines, erfrischendes Zitrusaroma verantwortlich sind. In kleinen Mengen treten auch Monoterpenalkohole auf, die einen süßen Rosenduft beitragen. Westindisches Zitronengrasöl unterscheidet sich vom Ostindischen hauptsächlich in der Spurenkomponente Myrcen. Diese Substanz verharzt sehr leicht und bedingt die schlechte Lagerfähigkeit von Westindischem Zitronengrasöl; deshalb wird in der Parfümherstellung trotz des fast ununterscheidbaren Geruchs die ostindische Art vorgezogen.

| | |
|---|---|
| **Familie** | Süßgrasgewächse |
| **Herkunft** | Indien, Südostasien |
| **Pflanzenteil** | Die frischen Stängel und Blätter werden in vielen südostasiatischen Küchen verwendet. |
| **Verwendung** | Zitronengrasöl wird bei Parfümherstellung und Kosmetika vielfältig eingesetzt |

## Verwendung

Von Zitronengras werden die Stängel mit den daran eng anliegenden Blattscheiden verkauft. Die zähen und stabilen Blattscheiden verströmen kaum Aroma und geben ihr ätherisches Öl erst nach Verletzung ab. Daher werden sie meist in dünne Ringe geschnitten, gehackt oder püriert; wenn man ganze Zitronengrasstängel verwendet, müssen sie mit einem Hammer gequetscht werden, oder man löst die einzelnen Blätter und verbiegt oder verknotet sie, um das Öl freizusetzen.

**Thailand:** Die Thaiküche verwendet Zitronengras gern zu Suppen und Brühen, in denen kurze Stücke Zitronengras mitgekocht werden, etwa in der sauer-scharfen *tom gai*-Suppe. Viele Rezepte für thailändische Currys verlangen nach Zitronengras; da diese Speisen aber meist mit den sehr stark zitrusduftenden Kaffernlimettenblättern gewürzt werden, kann sich das subtilere Aroma von Zitronengras dabei nur schlecht entfalten.

**Vietnam:** Der milde Duft von Zitronengras kommt den Prinzipien der vietnamesischen Küche sehr entgegen. Sie kennt viele fondueähnliche Freundschaftsgerichte, zu denen bei Tisch in einem großen Topf Fleisch in Brühe gegart wird. Am bekanntesten ist das *bo nhung dam* oder Essigfondue, bei dem die Kochbrühe mit Essig gesäuert und mit Zitronengrasringen gewürzt wird. Gegrilltes oder in der Pfanne gebratenes Hühner- oder Schweine-

fleisch wird oft mit einer Mischung aus feinst gehacktem Zitronengras, Chili, Zucker und Fischsoße mariniert. Beim Braten in der Pfanne entwickelt sich aus der Marinade ein überraschend aromatischer Bratensaft (*sucn nuon xa ot*).

**Indonesien:** In Indonesien ist Zitronengras fast überall anzutreffen. Es ist Bestandteil der meisten Gewürzpasten (*bumbu*), mit denen man Fleisch mariniert und Suppen und Currys aromatisiert. Einzelne verknotete Blattscheiden werden oft unter den Reis gemischt, um sein Aroma zu verbessern. Die Hühnersuppe *soto ayam* ist im ganzen Land beliebt und wird in vielen Versionen zubereitet; mit einigen Beilagen ergibt sie eine sättigende Komplettmahlzeit. Das Huhn wird in einem ersten Schritt zusammen mit gequetschten Zitronengrasstängeln gekocht, und dann bereitet man die Suppe aus der Kochbrühe, einem in Öl sautierten *bumbu* und chinesischen Nudeln. Dazu reicht man scharfen *sambal* und Limettenspalten. Über Holzkohle gegrillte Fleischspieße (*sate*) sind überall in Indonesien zu haben. Auf Bali kennt man jedoch eine ganz besondere, exotische Variante, bei der Zitronengrasstängel die Rolle der Spieße übernehmen und das Grillgut mit ihrem Aroma bereichern.

**Indien:** Obwohl Ostindisches Zitronengras im südlichen Indien großflächig angebaut wird und in vielen traditionellen Parfümzubereitungen vertreten ist, wird Zitronengras in der indischen Küche nicht verwendet – man kennt lediglich Zitronengrastee als erfrischendes Getränk. Die benachbarte Insel Sri Lanka ist ebenfalls Anbaugebiet für Zitronengras und verwendet das Gewürz in der Küche in Form von kurzen Stängelsegmenten, die in Currys mitgekocht werden.

# Zitronenmelisse

**Trotz ihrer mediterranen Herkunft ist die Zitronenmelisse heute vor allem ein mitteleuropäisches Heil- und Gewürzkraut, das wieder in Mode gekommen ist.**

## Geschichte

Zitronenmelisse stammt aus dem westlichen Mittelmeerraum und dem Iran. Sie war bereits in der Antike bekannt und wurde als Heilpflanze und Bienentracht geschätzt. Durch die mittelalterlichen Klostergärten verbreitete sich die Melisse auch nach Mitteleuropa; in Spanien wurde sie durch maurische Vermittlung bekannt. Destillate aus Melissenblättern (Melissengeist) gehen auf klösterliche Rezepte zurück und sind bis heute als Hausmittel beliebt.

## Chemie

Melissenblätter enthalten ein ätherisches Öl mit dem Hauptbestandteil Citral, der auch den Duft von Zitronen bestimmt. Dieser Inhaltsstoff geht beim Trocknen größtenteils verloren. Wegen des hohen Preises von echtem Melissenöl kommt es häufig zu Verfälschung mit anderen zitronenartig riechenden Pflanzenölen wie Zitronengrasöl.

## Verwendung

Zitronenmelisse wird in den Mittelmeerküchen nur wenig verwendet. Manchmal findet man die frischen Blätter als Bestandteil von Salaten oder in der Grüngarnitur von Fischsuppen. In Mitteleuropa findet man sie dagegen häufiger in Fruchtsalaten, da ihr Aroma gut zu Obstaromen passt; besonders Äpfel harmonieren sehr gut mit ihrer sanften Zitrusnote. Auch süße Cremes oder Speiseeis lassen sich mit Melissenaroma verfeinern. Seltener findet man sie als Beilage zu salzigen Speisen. In England werden Fruchtkonfitüren sehr oft mit Gewürzen zubereitet. Zitronenmelisse eignet sich am besten für milde, wenig saure Früchte wie Erdbeeren.

| | |
|---|---|
| **Familie** | Lippenblütengewächse |
| **Herkunft** | Mittelmeer |
| **Pflanzenteil** | Frische Blätter |
| **Verwendung** | Zitronengras wird für die Herstellung von Parfüm und Kosmetika vielfältig eingesetzt |
| **Eigenschaften** | Zitronenmelisse wirkt beruhigend und hilft gegen nervös bedingte Störungen |

# Zwiebel

**Die tränentreibend scharfe Zwiebel nimmt durch verschiedene Zubereitungsformen gänzlich unterschiedlichen Charakter an und ist eines der vielseitigsten Würzmittel der Küche.**

## Chemie

Zwiebeln enthalten ein Verteidigungssystem, das weitgehend dem des Knoblauchs entspricht. Aus der Speicherform S-1-Propenylcystein-S-oxid bildet sich primär das tränenreizende Thio-propanol-S-oxid, das je nach Zubereitungsart zu einer Vielzahl anderer Schwefelverbindungen weiterreagiert.

## Geschichte

Die Wildformen der kultivierten Zwiebelarten sind nicht genau bekannt, aber die nächsten Verwandten der Zwiebel stammen aus Sibirien und der Mongolei. Ihre Domestikation liegt offenbar bereits Jahrtausende zurück, da Zwiebeln den Ägyptern seit dem 3. Jt. bekannt sind. Seit der Frühgeschichte tauchen Knoblauch und Zwiebel gemeinsam auf – beide Pflanzen genossen in Mesopotamien und Ägypten hohes Ansehen. In Ägypten standen sie sogar in göttlichen Ehren. Plinius berichtet, dass die Ägypter bei feierlichen Schwüren nicht nur die Namen der Götter, sondern auch Zwiebel und Knoblauch anriefen. Auch im Alten Testament werden Zwiebel und Knoblauch in einem Atemzug genannt. Bei Griechen und Römern waren hingegen Zwiebeln beliebter als der angeblich stinkende Knoblauch. In Mitteleuropa wurden Zwiebeln durch die Römer bekannt und kamen rasch zu Beliebtheit: In der germanischen Edda werden sie als Zauberpflanzen gegen Vergiftung genannt, was wohl mit ihrer desinfizierenden Wirkung zu begründen ist.

## Zwiebeln in der Küche

**Ferner Osten:** Frühlingszwiebeln sind Zwiebelpflanzen ohne den verdickten unterirdischen Teil; sie werden in Japan, Korea und China gern roh gegessen, indem man sie fein gehackt unter Salate mischt oder über warme Speisen streut. In China braucht man sie auch für die meisten Brühenrezepte. Viele chinesischen Wokgerichte basieren auf Zwiebeln, die in Öl sautiert werden; meist werden dabei noch andere Würzmittel zugesetzt, z. B. Chili, Knoblauch oder die Bohnen-Chili-Paste *dòubànjàng*. Eine interessante zwiebelreiche Kochtechnik ist *cōng shāo* oder Zwiebelkochen. Dazu werden Zwiebeln kurz anfrittiert und danach mit Brühe abgelöscht. In dieser mit Zwiebeln aromatisierten Brühe lässt man dann andere Speisen gar kochen. In Indonesien sind Zwiebeln fast immer Bestandteil der *bumbu*-Pasten, die für jedes Gericht individuell zubereitet werden. Mit *bumbu* mariniert man Fleisch oder löscht es nach kurzem Anrösten zu einer Schmorflüssigkeit ab. Ringe aus dunkelbraun gerösteten Zwiebeln sind im ganzen Land als Dekoration für gebratenen Reis (*nasi goreng*) und andere warme Gerichte üblich.

**Indien:** Vom Zwiebeltabu ist in Indien heute noch die Rede. Ganz im Gegenteil: Fettige Zubereitungen mit Zwiebeln liefern die aromatische Grundlage für die meisten Speisen. In einem ersten Schritt (*baghar*) werden trockene Gewürze, Zwiebeln, Ingwer, Knoblauch und Chilis in heißem Öl zu einer je nach Rezept hellgelben oder dunkelbraunen Masse sautiert, die das Grundaroma der ganzen Speise festlegt. Diese Prozedur ist besonders in der Küche des Nordens üblich. In der mogulischen Küche, der Küche der nordindischen, muslimischen Herrscherhöfe, erscheint dieses Prinzip perfektioniert – hier werden die Zwiebeln so langsam wie möglich sautiert, sodass sie ein extrem komplexes Aroma entwickeln. Weiter im Süden treten Zwiebeln als Pasten auf, in denen meist noch Ingwer, Chili und Knoblauch sowie Joghurt enthalten sind. Fleisch oder Gemüse wird mit den Pasten sautiert, oder man bereitet daraus mit zusätzlichem Joghurt Schmorflüssigkeiten zu.

**Orient:** Die Küchen Äthiopiens und Eritreas verwenden Zwiebeln besonders gern in gedörrter Form. Aromatische Trockenzwiebeln sind Bestandteil mancher Gewürzmischungen und geben Fleischschmorgerichten namens *wat* ein besonders volles Aroma. In Westasien und auch in Persien werden Zwiebeln gern roh gegessen. In den Levanteländern vermischt man gern gehackte oder in Ringe geschnittene Zwiebeln mit Sumach und Petersilie und isst dies zu gegrilltem Fleisch; oft lässt man auch Zwiebeln am Spieß mitgrillen.

**Europa:** Die italienische Küche benutzt Zwiebeln als Bestandteil mancher *soffritto*, jener Würzzubereitungen aus gemeinsam miteinander sautierten Knoblauchzehen, Zwiebeln und anderen Gewürzen oder aromatischen Gemüsen. Während *soffritto* für *pasta*-Soßen meist auf Knoblauch und Olivenöl basieren, verlangen die meisten *risotto*-Rezepte nach Zwiebeln und Butter. Die französische Küche kennt eine große Vielfalt an Zwiebelrezepten. Für viele Rezepte ziehen französische Köche Schalotten den Küchenzwiebeln vor. In Frankreich gibt es auch nicht wenige Gerichte, die Zwiebeln wie ein Gemüse als Hauptzutat verwenden, wie z. B. Zwiebelsuppen und Zwiebelkuchen. Gehackte Schalotten, die mit Gewürzen und Kräutern in Wein gekocht werden, bilden die aromatische Grundlage der *sauce béarnaise*, einer pikant schmeckenden Variante der *hollandaise*. Sie eignet sich als Begleitung zu Steaks und Grillfleisch. Zwiebelpüree (*purée d'oignons*) hingegen ist eine mild-aromatische Beilage zu Fischgerichten.

| | |
|---|---|
| **Familie** | Lauchgewächse |
| **Pflanzenteil** | Unterirdischer Trieb (Zwiebel) |
| **Verwendung** | Zwiebeln sind weltweit Bestandteil von Würzzubereitungen |

**Kardamom.** Abbildung in ‚Köhler's Medizinal-Pflanzen in naturgetreuen Abbildungen' (1887). Bayerische Staatsbibliothek München.

1
14
15
3a
B

# Die Autoren

**Karen Aydin,** Dr. phil., geb. 1975, Studium der Geschichte und der Evangelischen Theologie an der Carl von Ossietzky Universität Oldenburg, M.A. 1999, Promotion in Alter Geschichte, Thema der Dissertation: ‚Terentia und Tullia. Frauen der senatorischen Oberschicht', Frankfurt am Main 2003. Ergänzungsstudiengang Museum und Ausstellung an der Carl von Ossietzky Universität Oldenburg, Abschluss 2003. Von 2001 bis 2003 Mitarbeit bei Varusschlacht im Osnabrücker Land gGmbH – Museum und Park Kalkriese. Von 2005 bis 2007 wissenschaftliches Volontariat im Landesmuseum für Natur und Mensch Oldenburg. Von 2003 bis 2008 Lehrbeauftragte im Fach Alte Geschichte an den Universitäten Oldenburg und Vechta.

**Korana Deppmeyer,** Dr. phil., Studium der Klassischen Archäologie, Alten Geschichte und Ur- und Frühgeschichte von 1996 bis 2002 an der Friedrich-Schiller-Universität Jena. Promotion mit einer Arbeit über das Thema ‚Kaisergruppen von Vespasian bis Konstantin. Eine Untersuchung zu Ausstellungskontexten und Intentionen der statuarischen Präsentation kaiserlicher Familien' im Jahr 2006. Seit 2007 wissenschaftliche Mitarbeiterin am Landesmuseum für Vorgeschichte in Halle/Saale in den Bereichen Öffentlichkeitsarbeit und Sonderausstellungen.

**Ute Engelhardt,** Dr. phil., Sinologin und Lehrbeauftragte am Institut für Sinologie, Department für Asienstudien der Ludwig-Maximilians-Universität München, Vizepräsidentin der Internationalen Gesellschaft für Chinesische Medizin (Societas Medicinae Sinensis, SMS) sowie Chefredakteurin der Zeitschrift ‚Chinesische Medizin'. Zu ihren Veröffentlichungen gehören ‚Die Klassische Tradition der Qi-Übungen (Qigong)', 1987, [2]1998. ‚Chinesische Diätetik' (mit C.H. Hempen), [3]2006. ‚Leitfaden Qigong' (mit G. Hildenband und Ch. Zumfelde-Hüneburg), 2007. ‚Rezepte der Chinesischen Diätetik' (mit R. Nögel), 2008.

**Thomas Eser,** Dr. phil., geb. 1962, Studium der Kunstgeschichte, Klassischen Archäologie und Bayerischen Landesgeschichte an der Universität Augsburg. Promotion mit einer Arbeit über die süddeutsche Kleinplastik der Renaissance. Seit 1990 Kunstdenkmälerinventarisation für die Diözese Augsburg. Seit 1995 Mitarbeiter am Germanischen Nationalmuseum Nürnberg. Forschungsprojekte zur Nürnberger Goldschmiedekunst (2003-2006) und zu Frühwerk und Jugendbiographie Albrecht Dürers (seit 2007). Zahlreiche Ausstellungen und Fachpublikation zur Kunst- und Kulturgeschichte der Frühen Neuzeit, insbesondere zum historischen Kunsthandwerk.

**Jonas Fansa,** Dr. phil, geb. 1980 in Hannover, studierte Literaturwissenschaft, Kunstgeschichte, Geschichte und Bibliotheks- und Informationswissenschaft in Berlin. Von 2003 bis 2006 war er Mitarbeiter der Philologischen Bibliothek der Freien Universität Berlin und von 2005 bis 2007 Kurator der Ausstellung „Chili, Teufelsdreck und Safran. Zur Kulturgeschichte der Gewürze". Bibliotheksreferendariat von 2006 bis 2008, Promotion 2007. Seit 2008 Baureferent der Stiftung Zentral- und Landesbibliothek Berlin.

**Maria Gaida,** Dr. phil., studierte Altamerikanistik, Ethnologie und Vor- und Frühgeschichte an der Universität Hamburg. 1983 Promotion mit einer Arbeit über die Inschriften von Naranjo, Petén, Guatemala. Seit 1992 Kustodin der Sammlung Mesoamerika und seit 1998 Leiterin der Abteilung Sammlungen am Ethnologischen Museum der Staatlichen Museen zu Berlin. Wissenschaftliche Schwerpunkte: Maya-Kunst und Archäologie; Altamerikanische Schrift- und Kommunikationssysteme, Objektbiographien.

**Renate Germer,** Dr. phil., geb. 1946, ist Diplom-Biologin und habilitierte Ägyptologin. Sie arbeitet an der Universität Hamburg. Ihre Forschungsschwerpunkte sind die Pflanzen des Alten Ägypten, vor allem die Heilpflanzen, sowie die Untersuchung der altägyptischen Mumien, die sich in deutschen Museen befinden. Erschienen sind von ihr die grundlegenden Publikationen zu diesen Themen: ‚Flora des Pharaonischen Ägypten', 1985. ‚Die Pflanzenmaterialien aus dem Grab des Tutanchamun', 1989. ‚Die Heilpflanzen der Ägypter', 2002. ‚Handbuch der altägyptischen Heilpflanzen', 2008. ‚Mumien. Zeugen des Pharaonenreiches', 1991. ‚Mumien aus aller Welt', 2005, und, zusammen mit H. Kischkewitz und M. Lüning, ‚Berliner Mumiengeschichten – Ergebnisse eines multidisziplinären Forschungsprojektes', 2009.

**Renata Juliane von Hoessle,** M. A., geb. 1979 in Kuwait als Tochter eines deutschen Diplomaten. Nach mehrjährigen Auslandsaufenthalten u. a. in Algerien und Indien schloss sie 2008 ein Magisterstudium der Orientalischen Kunstgeschichte, Klassischen Archäologie und Indologie in Bonn ab. Danach absolvierte sie ein Praktikum am Haus der Kunst und am Staatlichen Museum für Völkerkunde München. Seit Januar 2010 Mitarbeiterin am Haus der Kunst München.

**Swantje Heuten,** geb. Henning, M. A., geb. 1978 in Hannover, Geographin, Kultur- und Museumswissenschaftlerin. Von 1997 bis 2003 Studium der Geographie, Geschichte und Kunst in Oldenburg. Von 2003 bis 2006 Studium „Museum und Ausstellung" in Oldenburg. Von 2003 bis 2007 Mitarbeit und Leitung von Ausstellungen im Landesmuseum für Natur und Mensch Oldenburg. 2006 wissenschaftliche Mitarbeiterin der Ostfriesischen Landschaft in Aurich. Seit 2007 wissenschaftliche Mitarbeiterin des kulturtouristischen Instituts „Routes to the Roots" in Oldenburg. Aufgabengebiete: historisch biographische Recherchen, Auswanderungsforschung, Ausstellungen und Webseite.

**Frank Holl,** Dr. phil., geb. 1956, Literaturwissenschaftler und Historiker. Promotion an der Ludwig-Maximilians-Universität München mit einer Arbeit über den Physiker Max Born. Seit 1994 Kurator einer internationalen Ausstellungsreihe zu Alexander von Humboldt. Konzeption und Durchführung von Ausstellungen in: Mexiko-Stadt (1997), Havanna (1997/98), Caracas (1999), Berlin (1999), Bonn (1999/2000), Bogotá (2001), Quito (2001), Lima (2002/03), Mexiko-Stadt (2003/04) und Madrid (2005/06). Seit 2009 leitet er die Münchner Wissenschaftstage. 1994 Preis der Georg-Agricola-Gesellschaft zur Förderung der Geschichte der Naturwissenschaften und Technik. – Preis des Spanischen Kulturministeriums für eines der bestedierten Bücher des Jahres 2002. – Auszeichnung „Historisches Buch des Jahres 2009" für ‚Alexander von Humboldt: Mein vielbewegtes Leben', [3]Frankfurt am Main 2010.

**Gernot Katzer,** Dr. rer. nat., geb. 1968, von 1987 bis 1994 Chemiestudium an der Karl-Franzens-Universität Graz, Diplomarbeit über Silicon Hydride Chemistry. Von 1994 bis 1996 Urlaub in Südost- und Südasien, 1997 Zivildienst beim Roten Kreuz, 2002 Promotion in Chemie. 2002 bis 2006 Arbeit an einem Sonderforschungsbereich der Humboldt-Universität zu Berlin. von 2005 bis 2007 Kurator der Ausstellung „Chili, Teufelsdreck und Safran. Zur Kulturgeschichte der Gewürze". Autor von „Katzers Gewürzseiten" http://www.uni-graz.at/~katzer/germ/index.html.

**Wolfgang Knabe,** Dr. Dr. phil., geb. 1950 in Düsseldorf, Promotion in Ethnologie, Köln, Habilitation in Kultursoziologie, Berlin. Universität Augsburg, Bayerische Akademie der Wissenschaften, Lehrtätigkeiten an den Universitäten Greifswald und Duisburg. Forschungsexpeditionen im Dekkan-Hochland, Indien, Nordafghanistan und Zentraliran. Von 1987 bis 1990 Bau der „Mercator", des kleinsten deutschen Forschungsschiffes. 1992 Indischer Ozean. Forschungsthema: Seehandel der Augsburger Handelshäuser im 16. Jahrhundert an der indischen Westküste. Zweiteilige BR-Dokumentation. 1995/96: Nordwestatlantik, Labradorsee. Forschungsthemen: Deutschsprachige Migration im 18. Jahrhundert; erste europäische Expeditionen in portugiesischem Auftrag, europäische Siedlungen an der Labradorküste im 18. Jahrhundert. Hierzu 1997 und 1998 ZDF-Dokumentationen. Von 2003 bis 2005 Gesellschaftsinseln und Tuamotus. Forschungsthema: Auf den Spuren einer Karavelle, ausgerüstet von Jakob Fugger und Diego de Haro, 1525. 2005 München: Ausstellung für die Bayerische Staatskanzlei: 500 Jahre deutsch-indische Handelsbeziehungen. 2008 Königsbrunn bei Augsburg: Aufbau des Mercateums, Fernhandelsmuseum. Seit 2009 mit Dr. Dieter Noli Entschlüsselung und Aufarbeitung der Ladung des von ihm wissenschaftlich entdeckten Indienseglers „Bom Jesus".

**Hansjörg Küster,** Prof. Dr. rer. nat., geb. 1956, studierte Biologie an der Universität Stuttgart-Hohenheim. Promotion 1985 in Stuttgart-Hohenheim, Habilitation 1992 in München. Seit 1998 Professor für Pflanzenökologie am Institut für Geobotanik der Leibniz Universität Hannover. Seit 2004 Präsident des Niedersächsischen Heimatbundes. Wichtige Veröffentlichungen: ‚Geschichte der Landschaft in Mitteleuropa', [3]München 1999. ‚Geschichte des Waldes', [3]München 2008. ‚Kleine Kulturgeschichte der Gewürze', [3]München 2003. ‚Die Ostsee', [2]München 2004. ‚Das ist Ökologie. Die biologischen Grundlagen unserer Existenz', München 2005. ‚Die Elbe', München 2007. ‚Schöne Aussichten. Kleine Geschichte der Landschaft', München 2009.

**Dieter Noli,** Dr. phil., ist Südafrikaner mit deutschen und Schweizer Vorfahren, der seit zwölf Jahren als Wüstenarchäologe für die Diamantenfirma „Namdeb" im namibischen Diamantensperrgebiet tätig ist. 1956 geb., besitzt er die deutsche und die südafrikanische Staatsangehörigkeit, eine ständige Aufenthaltsgenehmigung für Namibia und den an der Universität Kapstadt erworbenen Grad eines Doktors der Archäologie. Seine Südatlantiküberfahrt hat er sich auf einem Segelschiff erarbeitet, Rebhühner in Texas geschossen, Forellen in den Rockies gefangen, die ersten 1700 km des Mississippi mit einem Kanu bewältigt, Geländeritte in Arabien und auf St. Helena unternommen, einem Kamel in der Kalahari als Hebamme beigestanden, am Kap der Guten Hoffnung eine Fallschirmlandung in einen Baum überlebt und zusammen mit seiner Frau Susannah im Dezember 2009 eine Tochter namens Charlotte zur Welt gebracht. Im April 2008 war er wissenschaftlicher Entdecker und Leiter der Ausgrabung des Handelschiffes „Bom Jesus", das 1533 auf dem Weg von Portugal nach Indien verschwand und 500 Jahre später an einem mit Diamanten übersäten Wüstenstrand von dem Geologen Bob Burrell gefunden wurde. Dieter Noli interessiert sich für alte Waffen, neue Technologien und das Schlagen von Gedankenbrücken von der vergessenen Vergangenheit zur ungeahnten Zukunft. Er trinkt gerne Kaffee mit Zucker und Tee mit Zitrone oder Sahne.

**Elke Ruhnau,** Dr. phil., Promotion in Altamerikanistik an der Universität Hamburg mit einer Arbeit über die politische Organisation im vorspanischen Chalco. Edition des Werkes ‚Diferentes Historias Originales' des indigenen Chronisten Chimalpahin Quauhtlehuanitzin aus dem 17. Jahrhundert, mit einer Übersetzung aus dem Nahuatl. Lehrbeauftragte am Lateinamerika-Institut der Freien Universität Berlin. Forschungsschwerpunkt: Ethnohistorie von Zentralmexiko. Kuratorin der Ausstellungen „Neue Welten – Neue Wirklichkeiten. Amerika 1492–1992" im Martin-Gropius-Bau in Berlin und „Jaguar und Schlange. Der Kosmos der Indianer in Mittel- und Südamerika" 2000/2001 im FORUM des Niedersächsischen Landesmuseums Hannover.

**Bernhard Schnell,** Dr. phil, geb. 1942, Studium der Germanistik, Geschichte und Sozialkunde an der Ludwig-Maximilians-Universität München. Von 1974 bis 1984 wissenschaftlicher Mitarbeiter an der Würzburger Forschergruppe „Prosa des deutschen Mittelalters", von 1984 bis 1990 am Würzburger SFB „Wissensorganisierende und wissensvermittelnde Literatur im Mittelalter". 1990 Habilitation und Ernennung zum PD im Fach Geschichte der Medizin. Von 1990 bis 1994 AOR am Institut für Geschichte der Medizin in Würzburg. Von 1995 bis 2007 Leiter der Arbeitsstelle des „Mittelhochdeutschen Wörterbuches" an der Akademie der Wissenschaften zu Göttingen. Forschungsschwerpunkte: Text- und Überlieferungsgeschichte, Handschriften- und Editionskunde, Geschichte der deutschen Medizinliteratur des Mittelalters, Edition mittelalterlicher deutscher Kräuterbücher.

**Alfons Schuhbeck,** geb. 1949 in Traunstein, absolvierte seine Lehr- und Wanderjahre in Salzburg, Genf, Paris, London und München. Zu den Stationen nach der Hotelfachschule Bad Reichenhall gehören so renommierte Adressen wie Feinkost Käfer, Alois Dallmayr und das Restaurant Aubergine von Eckart Witzigmann. 1980 übernahm er das elterliche Kurhausstüberl in Waging am See und wurde 1983 für seine Kochkunst mit einem Michelin-Stern ausgezeichnet, den er seither hält. Der Gourmetführer GaultMillau ehrte Schuhbeck 1989 als „Koch des Jahres". Seit 2003 kocht Alfons Schuhbeck am Münchner Platzl. Neben dem Restaurant Schuhbecks in den Südtiroler Stuben betreibt er dort einen Eissalon, einen Schokoladenladen, den Partyservice, die Orlando Bar, seit Dezember 2007 auch das Schuhbecks Orlando, eine – vom GaultMillau als „Kochschule 2008" ausgezeichnete – Kochschule und, mit größter Leidenschaft, einen Gewürzladen auf mehreren Ebenen.

**Wolfgang Stein,** Dr. phil., geb. 1953, Studium der Völkerkunde an der Ludwig-Maximilians-Universität München. Seit 1982 Mitarbeiter am Staatlichen Museum für Völkerkunde München. Promotion 1990, verantwortlich für die Südasien-Abteilung. Mitarbeit an zahlreichen Ausstellungen, u. a.: „Indien – Reigen der Götter" (1998), „Geschenkte Welten" (2003), „Exotische Welten" (2007), „Weiter als der Horizont" (2008). Seit 2010 zusätzlich Leiter der Nordamerika-Abteilung und Stellvertreter des Direktors. Besondere Interessen: Nahrungsethnologie sowie Kultur- und Handelsbeziehungen zwischen Asien und Europa.

**Günther E. Thüry,** Dr. phil. des., Dr. phil. h. c., geb. 1950, Studium der Ur- und Frühgeschichte und der Klassischen Philologie (Latinistik und Gräzistik) in Tübingen und in Basel; Lizenziat, Doktorat und Ehrendoktorat der Universität Basel; Lehraufträge an den Universitäten Salzburg, Wien und Leipzig. Altertumswissenschaftler mit den Forschungsschwerpunkten Provinzialarchäologie, römische Kulturgeschichte, Archäobiologie, Epigraphik und Numismatik. Homepage: www.gethuery.at.

**Elisabeth Vaupel,** Diplom-Chemikerin, Dr. rer. nat., wurde 1956 in Luxemburg geboren. Sie studierte Chemie, Biologie und Geschichte in Mainz, Freiburg und München. Von 1989 bis 2004 leitete sie die Abteilung Chemie des Deutschen Museums. 2003 habilitierte sie sich im Fach Chemiegeschichte an der Universität Stuttgart, wo sie als außerplanmäßige Professorin Chemiegeschichte lehrt. 2002 kuratierte sie die Gewürz-Ausstellung im Deutschen Museum und verfasste das aus diesem Anlass erschienene Begleitbuch. Seit 2004 widmet sie sich im Forschungsinstitut des Deutschen Museums chemiehistorischer Forschung. Ihr Schwerpunkt ist die Kulturgeschichte der Chemie im 19. und 20. Jahrhundert.

# Gesamtbibliographie


**Academia das Ciências de Lisboa (Hrsg.) 1979**
Academia das Ciências de Lisboa (Hrsg.), Livro das Armadas, Lissabon 1979.

**Achaya 1998**
Achaya, K. T., Indian Food. A Historical Companion, New Delhi 1998.

**Ammann 1970**
Ammann, H., Die wirtschaftliche Stellung der Reichsstadt Nürnberg im Spätmittelalter, Nürnberg 1970.

**André 1985**
André, J., Les noms de plantes dans la Rome antique, Paris 1985.

**André 1998**
André, J., Essen und Trinken im alten Rom, Stuttgart 1998.

**Andrews 1995**
Andrews, J., Peppers: The Domesticated Capsicums, Austin 1995.

**[Anonym] 1918**
[Anonym], Gewürzhandel der Niederlande, Der Tropenpflanzer. Zeitschrift für tropische Landwirtschaft 21, 1918, 27.

**[Anonym] 1940**
[Anonym], Künstlicher Zimt, Die chemische Industrie, Gemeinschaftsausgabe 63, 1940, 156-157.

**Archibald u. a. 2005**
Archibald, Z. H. u. a., Making, Moving and Managing, Oxford 2005.

**Baales 2002**
Baales, M. u. a., Impact of the Late Glacial Eruption of the Laacher See Volcano, Central Rhineland, Germany, Quaternary Research 58, 2002, 273-288.

**Bakels 1991**
Bakels, C. C., Western Continental Europe, in: W. van Zeist u. a. (Hrsg.), Progress in Old World Palaeoethnobotany, Rotterdam, Brookfield 1991, 279-298.

**Bard - Fattovich (Hrsg.) 2007**
Bard, K. A. - R. Fattovich (Hrsg.), Harbor of the Pharaos to the Land of Punt. Archaeological Investigations at Mersa/Wadi Gawasis, Egypt, 2001-2005, Napoli 2007.

**Barros - Buenrostro 2002**
Barros, C. - M. Buenrostro, La Cocina Prehispánica Y Colonial. Recetario, Arqueología Mexicana 12, Edición Especial, México, D. F. 2002.

**Belgiorno 2007**
Belgiorno, M. R., Profumi di Afrodite e il segreto dell'olio: scoperte archeologiche a Cipro, Rom 2007.

**Berdowski 2003**
Berdowski, P., *Tituli picti* und die antike Werbesprache für Fischprodukte, Münstersche Beiträge zur antiken Handelsgeschichte 22, 2003, 18-55.

**Berendes (Hrsg.) 1902**
Berendes, J. (Hrsg.), Des Pedanios Dioskurides aus Anazarbos Arzneimittellehre in fünf Büchern übersetzt und erläutert, Stuttgart 1902, Nachdruck Wiesbaden 1970.

**Bergdolt - Keil 1991**
Bergdolt, K. - G. Keil, Humoralpathologie, in: LMA, Bd. 5, München, Zürich 1991, 211 f.

**Berry 2008**
Berry, J., Pompeji, Frankfurt am Main 2008.

**Beythien 1919**
Beythien, A., Gewürze und Gewürz-Ersatz im Kriege, Zeitschrift für Untersuchung der Nahrungs- und Genußmittel 38, 1919, 24-33.

**Bottéro 1995**
Bottéro, J., Textes culinaires Mésopotamiens / Mesopotamian Culinary Texts, Winona Lake 1995.

**Brun 1998**
Brun, J.-P., Une parfumerie romain sur le Forum de Paestum, MEFRA 110, 1998, 419-472.

**Brun 2000**
Brun, J.-P., The Production of Perfumes in Antiquity: The Cases of Delos and Paestum, AJA 104, 2000, 277-308.

**Cappers 1998**
Cappers, R., Perziken en pepers in de woestijn: voedsel an handel in Romeins Berenike, Paleo-Aktueel 9, 1998, 51-55.

**Cappers 2006**
Cappers, R., Roman Foodprints at Berenike: Archaeobotanical Evidence of Subsistence and Trade in the Eastern Desert of Egypt, Los Angeles 2006.

**Castro 2005**
Castro, F. V. de, The Pepper Wreck. A Portuguese Indiaman at the Mouth of the Tagus River, Texas 2005.

**Ceramics in Context 2001**
Ceramics in Context. Proceedings of the Internordic Colloquium on Ancient Pottery, Stockholm 13-15 June 1997, Stockholm 2001.

**Chang (Hrsg.) 1977**
Chang, K. C. (Hrsg.), Food in Chinese Culture, New Haven, London 1977.

**Chroust - Proesler 1934**
Chroust, A. - H. Proesler, Das Handlungsbuch der Holzschuher in Nürnberg, Erlangen 1934.

**Cibi e sapori 2005**
Cibi e sapori a Pompei: e dintorni, Soprintendenza archeologica di Pompei, Pompei 2005.

**Coe - Coe 1997**
Coe, S. D. - M. D. Coe, Die wahre Geschichte der Schokolade, Frankfurt am Main 1997.

**Curtis 1984-1986**
Curtis, R. J., Product Identification and Advertising on Roman Commercial Amphorae, Ancient Society 15-17, 1984-1986, 209-228.

**Dalby 1998**
Dalby, A., Essen und Trinken im alten Griechenland, Ditzingen 1998.

**Dalby 2000**
Dalby, A., Dangerous Tastes. The Story of Spices, Berkeley, Los Angeles 2000.

**Davies - Faulkner 1947**
Davies, N. - R. O. Faulkner, A Syrian Trading Venture to Egypt, JEA 33, 1947, 40-46.

**Davis (Hrsg.) 1972**
Davis, P. H. (Hrsg.), Flora of Turkey and the East Aegean Islands, Bd. 4, Edinburgh 1972.

**De Romanis 1996**
De Romanis, F., Cassia, Cinnamomo, Ossidiana: uomini e merci tra Oceano indiano e Mediterraneo, Roma 1996.

**Detienne 2000**
Detienne, M., Die Adonis-Gärten. Gewürze und Düfte in der griechischen Mythologie, Darmstadt 2000.

**DeWitt - Bosland 1997**
DeWitt, D. - P. W. Bosland, Peppers of the World: An Identification Guide, Berkeley 1997.

**Díaz del Castillo 1980**
Díaz del Castillo, B., 'Historia Verdadera de la Conquista de la Nueva España', México D.F 1980.

**Diels 1918**
Diels, L., Ersatzstoffe aus dem Pflanzenreich. Erkennen und Verwerten der heimischen Pflanzen für Zwecke der Ernährung und Industrie, Stuttgart 1918.

**Dilg - Keil 1991**
Dilg, P. - G. Keil, Kräuterbücher, in: LMA, Bd. 5, München, Zürich 1991, 1476-1480.

**Diller 1986**
Diller, A., The Tradition of the Minor Greek Geographers, Amsterdam 1986.

**Dollmayr (Hrsg.) 1932**
Dollmayr, P. (Hrsg.), Die altdeutsche Genesis nach der Wiener Handschrift, Halle 1932.

**Dominguez 1997**
Dominguez, O., Der Gewürznelkenhandel in den Nord- und Zentralmolukken. Kulturelle Auswirkungen des Fremdeinflusses auf Ternate, Ambon und den Lease-Inseln, Pfaffenweiler 1997.

**Drenkhahn - Germer (Hrsg.) 1991**
Drenkhahn, R. - R. Germer (Hrsg.), Mumie und Computer, Hannover 1991.

**Drexhage 1993**
Drexhage, H.-J., Kýminon und sein Vertrieb im griechisch-römischen Ägypten, Münstersche Beiträge zur antiken Handelsgeschichte 12, 1993, 27-32.

**Driessen 1996**
Driessen, C., Die kritischen Beobachter der Ostindischen Companie. Das Unternehmen der „Pfeffersäcke" im Spiegel der niederländischen Presse und Reiseliteratur des 17. Jahrhunderts, Bochum 1996.

**Ehmig 2007**
Ehmig, U., *Tituli Picti* auf Amphoren in Köln, Kölner Jahrbuch 40, 2007, 215-322.

**Eigler - Wöhrle 1993**
Eigler, U. - G. Wöhrle, Theophrast, ‚De odoribus'. Edition, Übersetzung, Kommentar, Stuttgart 1993.

**Engelhardt 2001**
Engelhardt, U., Dietetics in Tang China and the First Extant Works of Materia Dietetica, in: E. Hsu (Hrsg.): Innovation in Chinese Medicine, Cambridge 2001, 173-192.

**Engelhardt - Hempen 2006**
Engelhardt, U. - C. H., Hempen, Chinesische Diätetik, Wien, Baltimore 2006.

**Fischer 2003**
Fischer, J., Nahrungsmittel in den Linear B-Texten, Chiron 33, 2003, 175-194.

**Fleischmann 2008**
Fleischmann, P., Rat und Patriziat in Nürnberg. Die Herrschaft der Ratsgeschlechter vom 13. bis zum 18. Jahrhundert, 3 Bde, Nürnberg 2008.

**Follan (Hrsg.) 1963**
Follan, J. (Hrsg.), Das Arzneibuch Ortolfs von Baierland, Stuttgart 1963.

**Frohne - Jensen 1992**
Frohne, D.- U. Jensen, Systematik des Pflanzenreichs, 4Stuttgart, Jena, New York 1992.

**Gamer 1987**
Gamer, G., Antike Anlagen zur Fischverarbeitung in Hispanien und Mauretanien, Antike Welt 18, 1987, 19-28.

**Geffcken 2002**
Geffcken, P., Die Welser und ihr Handel 1246-1496, in: M. Häberlein - J. Burkhardt (Hrsg.): Die Welser. Neue Forschungen zur Geschichte und Kultur des oberdeutschen Handelshauses, Berlin 2002, 27-167.

**Georges 1879/1880**
Georges, K. E., Ausführliches lateinisch-deutsches Handwörterbuch, 2 Bde, 7Leipzig 1879 und 1880.

**Gerlach 2001**
Gerlach, G., Zu Tisch bei den alten Römern. Eine Kulturgeschichte des Essens und Trinkens, Stuttgart 2001.

**Germanisches Nationalmuseum (Hrsg.) 2002**
Germanisches Nationalmuseum (Hrsg.), Quasi Centrum Europae. Europa kauft in Nürnberg 1400-1800, Nürnberg 2002.

**Germer 2008**
Germer, R., Handbuch der altägyptischen Heilpflanzen, Wiesbaden 2008.

**Ghillany 1853**
Ghillany, F[riedrich] W[ilhelm], Geschichte des Seefahrers Ritter Martin Behaim, Nürnberg 1853.

**Giordano u. a. 2007**
Giordano, C. u. a., Perfumes, Unguents and Hairstyles in Pompeii, Rome 2007.

**Gollmer 1985**
Gollmer, R., Das Apicius-Kochbuch aus der römischen Kaiserzeit, Neudruck Rostock 1985.

**Goltz 1992**
Goltz, D., Säfte, Säftelehre, in: HWPh, Bd. 8, Basel 1992, 1119-1126.

**Gozzini Giacosa 1986**
Gozzini Giacosa, I., A cena da Lucullo, Casale Monferrato 1986.

**Griebel 1923**
Griebel, C., Über derzeitige Mißstände im Gewürzhandel, Zeitschrift für Untersuchung der Nahrungs- und Genußmittel 45, 1923, 52-60.

**Griebel 1948**
Griebel, C., Über Aschantipfeffer (Piper Clusii Cas. DC.), Zeitschrift für Lebensmittel-Untersuchung und -Forschung 88, 1948, 483-486.

**Grube - Gaida 2006**
Grube, N. - M. Gaida, Die Maya. Schrift und Kunst, Köln 2006.

**Grubmüller 1981**
Grubmüller, K., Johannes Hartlieb, in: VL, Bd. 3, Berlin, New York 1981, 480-496.

**Hack 2007**
Hack, N., Der Gewürzhandel im Nürnberg des 14. bis 16. Jahrhunderts, Hamburg 2007.

**Händel 1985**
Händel, A., Der Handel mit Drogen und Spezereien im Rom der Prinzipatszeit in Auswertung der Inschriften (Salz und Honig, Gewürze, Medikamente, Duftstoffe, Toilettengegenstände, Farben), Münstersche Beiträge zur antiken Handelsgeschichte 4, 1985, 30-48.

**Haeser - Middeldorpf (Hrsg.) 1868**
Haeser, H. - A. Middeldorpf (Hrsg.), Buch der Bündth-Ertznei. Von Heinrich von Pfolsprundt, Bruder des deutschen Ordens, 1460, Berlin 1868.

**Harper 1998**
Harper, D., Early Chinese Medical Manuscripts: The Mawangdui Medical Manuscripts, London 1998.

**Hehn 1911**
Hehn, V., Kulturpflanzen und Haustiere in ihrem Übergang aus Asien nach Griechenland und Italien sowie in das übrige Europa, 8Berlin 1911.

**Hegi o. J.**
Hegi, G. , Illustrierte Flora von Mitteleuropa, Bd. 5,2, München o. J.

**Hennig 1956**
Hennig, R., Terrae Incognitae. Eine Zusammenstellung und kritische Bewertung der wichtigsten vorcolumbischen Entdeckungsreisen an Hand der darüber vorliegenden Originalberichte, 4 Bde. Bd. 4, 2Leiden 1956.

**Herzhoff 1993**
Herzhoff, B., Index der Pflanzen und ihrer Erzeugnisse, in: Eigler - Wöhrle 1993, 78-95.

**Hommel 1978**
Hommel, H., Bocksbeutel und Aryballos: Philologischer Beitrag zur Urgeschichte einer Gefäßform, Heidelberg 1978.

**Humboldt 1852**
Humboldt, A. v., Kritische Untersuchungen über die historische Entwickelung der geographischen Kenntnisse von der Neuen Welt und die Fortschritte der nautischen Astronomie in dem 15ten und 16ten Jahrhundert. Aus dem Französischen übersetzt von J. L. Ideler, Berlin 1852.

**Imhoff 1986**
Imhoff, C. Frh. von, Nürnbergs Indienpioniere. Reiseberichte von der ersten oberdeutschen Handelsfahrt nach Indien (1505/06), Pirckheimer-Jb. 2, 1986, 11-44.

**Jacomet 2002**
Jacomet, S. (unter Mitarbeit von A. Schlumbaum, M. Klee, P. Vandorpe), Les investigations Archéobotaniques, in: M. Reddé (Hrsg.), Rapport Triennal (2000-2002) sur les Fouilles Franco-Germano-Suisses à Oedenburg (Haut-Rhin), Paris 2002, 283-307.

**Jacomet 2003**
Jacomet, S., Und zum Dessert Granatapfel - Ergebnisse der archäobotanischen Untersuchungen, in: A. Hagendorn u. a. (Hrsg.), Zur Frühzeit von Vindonissa. Auswertungen der Holzbauten der Grabung Windisch-Breite 1996-1998, Veröffentlichungen der Gesellschaft Pro Vindonissa 18, 2003, 173-229.

**Jacomet - Kreuz 1999**
Jacomet, S. - A. Kreuz, Archäobotanik. Aufgaben, Methoden und Ergebnisse vegetations- und agrargeschichtlicher Forschung, Stuttgart 1999.

**Jacomet - Wagner 1994**
Jacomet, S. - C. Wagner, Mineralisierte Pflanzenreste aus einer römischen Latrine des Kastell-Vicus in Zurzach, in: R. Hänggi u .a. (Hrsg.), Die frühen römischen Kastelle und der Kastell-Vicus von Tenedo-Zurzach, Veröffentlichungen der Gesellschaft Pro Vindonissa 11, 1994, 321-343.

**Junkelmann 2006**
Junkelmann, M., Panis militaris, 3Mainz 2006.

**Kandeler 1998**
Kandeler, R., Das Silphion als Emblem der Aphrodite, Antike Welt 29, 1998, 297-300.

**Katzer 2007**
Gernot Katzers Gewürzseiten: http://www.uni-graz.at/~katzer/germ/index.html und die darin angegebenen Online-Quellen (März 2010).

**Kaufmann 1955**
Kaufmann, H. P., Prof. Dr. Hans Schmalfuß, Fette, Seifen, Anstrichmittel 57, 1955, 322-323.

**Keil 1978**
Keil, G., ‚Bartholomäus', in: VL, Bd. 1, Berlin, New York 1978, 609-615.

**Keil 1980**
Keil, G., Arzneibücher, in: LMA, Bd. 1, München, Zürich, 1980, 1091-1094.

**Kellenbenz 1990**
Kellenbenz, H., Die Fugger in Spanien und Portugal bis 1560, 2 Bde, München 1990.

**Keller 1988**
Keller, A., Die Abortiva in der römischen Kaiserzeit, Stuttgart 1988.

**Knabe 1993**
Knabe, W., Auf den Spuren der ersten deutschen Kaufleute in Indien, Anhausen 1993.

**Knabe - Noli 2010**
Knabe, W. - D. Noli, Das Schatzschiff im Sandmeer, Hamburg 2010 (im Druck).

**Knörzer 1967**
Knörzer, K.-H., Untersuchungen subfossiler pflanzlicher Großreste im Rheinland, Köln, Graz 1967.

**Knörzer 1971**
Knörzer, K.-H., Römerzeitliche Getreideunkräuter von kalkreichen Böden, Rheinische Ausgrabungen 10, 1971, 467-481.

**Knörzer 1981**
Knörzer, K.-H., Römerzeitliche Pflanzenfunde aus Xanten, Köln 1981.

**Knörzer 1987**
Knörzer, K.-H., Geschichte der synanthropen Vegetation von Köln, Kölner Jb. für Vor- und Frühgeschichte 20, 1987, 271-388.

**Knörzer 1999**
Knörzer, K.-H. u. a., PflanzenSpuren. Archäobotanik im Rheinland. Agrarlandschaft und Nutzpflanzen im Wandel der Zeiten, Köln 1999.

**Kolumbus 2006**
Kolumbus, C., Bordbuch. Aufzeichnungen seiner ersten Entdeckungsfahrt nach Amerika 1492-93. Aus dem Italienischen von Anton Zahorsky, Kreuzlingen, München 2006.

**König - Winkler (Hrsg.) 1985**
König, R. - G. Winkler (Hrsg.), Plinius der Ältere, Naturkunde, lateinisch-deutsch, Bücher XXI/XXII. Medizin und Pharmakologie: Heilmittel aus dem Pflanzenbereich, München 1985.

**Kreuz 1994/95**
Kreuz, A., Landwirtschaft und ihre ökologischen Grundlagen in den Jahrhunderten um Christi Geburt: Zum Stand der naturwissenschaftlichen Untersuchungen in Hessen, Berichte der Kommission für Archäologische Landesforschung Hessen 3, 1994/95, 59-91.

**Krug 1993**
Krug, A., Heilkunst und Heilkult in der Antike, München 1993.

**Ku⊠an 1992**
Ku⊠an, D., Die Pflanzenreste aus dem römischen Militärlager Oberaden, in: J. S. Kühlborn (Hrsg.), Das Römerlager in Oberaden III, Münster 1992, 237-265.

**Külz - Külz-Trosse (Hrsg.) 1908**
Külz, C. - E. Külz-Trosse (Hrsg.), Das Breslauer Arzneibuch R. 291 der Stadtbibliothek. 1. Teil: Text, Dresden 1908.

**Künzl 1986**
Künzl, E., Zum Verbreitungsgebiet der Okulistenstempel. Eine Bemerkung zu ZPE 64, 1986, 217, Zeitschrift für Papyrologie und Epigraphik 65, 1986, 200-202.

**Künzl 2002**
Künzl, E., Medizin in der Antike. Aus einer Welt ohne Narkose und Aspirin, Stuttgart 2002.

**Küster 1987**
Küster, H., Wo der Pfeffer wächst. Ein Lexikon zur Kulturgeschichte der Gewürze, München 1987.

**Küster 1992**
Küster, H., Kulturpflanzenanbau in Südbayern seit der Jungsteinzeit, in: Bauern in Bayern. Von den Anfängen bis in die Römerzeit, Ausstellungskatalog Gäubodenmuseum Straubing, Regensburg 1992, 137-155.

**Küster 1995a**
Küster, H., Postglaziale Vegetationsgeschichte Südbayerns. Geobotanische Studien zur prähistorischen Landschaftskunde, Stuttgart 1995.

**Küster 1995b**
Küster, H., Weizen, Pfeffer, Tannenholz. Botanische Untersuchungen zur Verbreitung von Handelsgütern in römischer Zeit, Münstersche Beiträge zur antiken Handelsgeschichte 14, 1995, 1-26.

**Küster 2003**
Küster, H., Kleine Kulturgeschichte der Gewürze, 2München 2003.

**Lane 2000**
Lane, E. W., An Account of the Manners and Customs of the Modern Egyptians, Bd. 1, Kairo 2000.

**Lanz 2008**
Lanz, H., Münzen der Antike, München 2008.

**Lindner 2009**
Lindner, S. H., Wissenschaftler und Manager im „Dritten Reich". Carl Ludwig Lautenschläger, Vorstandsmitglied der I.G. Farben, in: T. Bauer u. a. (Hrsg.): Gesichter der Zeitgeschichte. Deutsche Lebensläufe im 20. Jahrhundert, München 2009, 53-68.

**Long-Solís 1986**
Long-Solís, J. Capsicum Y Cultura: La Historia de Chilli, México D.F. 1986.

**Luchtenberg 2003**
Luchtenberg, S., Griechische Tonalabastra: Untersuchungen zu ihrer Formentwicklung, Verbreitung und zu ihrem Ursprung, Münster 2003.

**Ly-Tio-Fane 1970**
Ly-Tio-Fane, M., Mauritius and the Spice Trade. Bd. 2, The Triumph of Jean Nicolas Céré and His Isle Bourbon Collaborators, Paris 1970.

**Lo - Barrett 2005**
Lo, V. - P. Barrett, Cooking up Fine Remedies: On the Culinary Aesthetic in a Sixteenth-Century Chinese Materia Medica, Medical History 49, 2005, 395-422.

**Lockner 1981**
Lockner, H. P., Die Merkzeichen der Nürnberger Rotschmiede. München 1981.

**Lohmeier (Hrsg.) 1980**
Lohmeier, D. (Hrsg.), Orientalische Reise-Beschreibungen. Jürgen Andersen und Volquard Iversen. In der Bearb. v. Adam Olearius, Schleswig 1669, Nachdruck Tübingen 1980.

**MacLeod 1990**
MacLeod, B., Deciphering the Primary Standard Sequence, Austin 1990.

**Mahn 2001**
Mahn, M., Gewürze. Geschichte - Handel - Küche, Stuttgart 2001.

**Marquardt 1886**
Marquardt, J., Das Privatleben der Römer, Bd. 2, Leipzig 1886.

**Martini - Ziethen 2000**
Martini, S. - G. Ziethen, Gewürze aus der Sicht des antiken Christentums - Wider die Laster des „Bauchdämons", in: „Wo der Pfeffer wächst". Ein Festival der Kräuter und Gewürze. Ausstellungskatalog. Frankfurt am Main 2000, 76-79.

**Mathew 1997**
Mathew, K. S.. Indo-Portuguese Trade and the Fugger's of Germany, New Delhi 1997.

**Mattingly 1990**
Mattingly, D. J., Paintings, Presses and Perfume Production at Pompeji, Oxford Journal of Archaeology 9, 1990, 71-90.

**Mayer 2009**
Mayer, K. H., Traditional Maya Beekeepers at Kiuic, Yucatán, Mexico, Mexicon 31, Nr. 5, 2009, 98-101.

**McGee 1997**
McGee, H., On Food and Cooking: The Science and Lore of the Kitchen, New York 1997.

**Melchior - Kastner 1974**
Melchior, H. - H. Kastner, Gewürze. Botanische und chemische Untersuchungen, Berlin 1974.

**Métailié 2001**
Métailié, G., The Bencao gangmu of Li Shizhen: An Innovation in Natural History?, in: E. Hsu (Hrsg.): Innovation in Chinese Medicine, Cambridge 2001, 221-261.

**Miller 1969**
Miller, J., The Spice Trade of the Roman Empire, Oxford 1969.

**Miller 1991**
Miller, M., The Great Chile Book, Berkeley 1991.

**Moule - Pelliot 1938**
Moule, A. C. - P. Pelliot (Übers.), Marco Polo: The Description of the World, 2 Bde, London 1938.

**Müller 1962**
Müller, K. O., Welthandelsbräuche (1480-1540), Wiesbaden 1962.

**Müller u. a. (Hrsg.) 2004**
Müller, I. u. a. (Hrsg.), Anholter-Moyländer Kräuterbuch. Das Kräuterbuch von Johannes Hartlieb in einer um 1470 entstandenen Abschrift aus der Fürstlich Salm-Salm'schen Bibliothek der Wasserburg Anhalt (Ms. 46). Wissenschaftlicher Begleitband zur Faksimile-Ausgabe, Bedburg-Hau 2004.

**Neeft - Strietman 1987**
Neeft C. W. - G. Strietman, Protocorinthian Subgeometric Aryballoi, Amsterdam 1987.

**Noli 2009**
Noli, D., Archäologischer Ausgrabungsbericht (unveröff.), Oranjemund 2009.

**Norica 2007**
Martin Behaim (1459-1507). Nürnberg im Zeitalter der Entdeckungen, in: Norica. Berichte und Themen aus dem Stadtarchiv Nürnberg, H. 3, Juli 2007.

**Opsomer 1989**
Opsomer, C., Index de la pharmacopée du Ier au Xe siècle, 2 Bde. Bd. 1, Hildesheim, Zürich, New York 1989.

**Osterhammel (Hrsg.) 1997**
Osterhammel, J. (Hrsg.), Pierre Poivre: Reisen eines Philosophen 1768, Sigmaringen 1997.

**Parker 1996**
Parker, A. J., Ancient Shipwrecks of the Mediterranean and the Roman Provinces, Oxford 1996.

**Parko 2001**
Parko, H., Small Corinthian Oil-Containers. Evidence of the Archaic Perfume Trade, in: Ceramics in Context 2001, 55-60.

**Parsons 2008**
Parsons, J. R., Environment and Rural Economy, in: E. M. Brumfiel - G. M. Feinman (Hrsg.), The Aztec World, Ausstellungskatalog, New York 2008, 23-52.

**Paszthory 1992**
Paszthory, E., Salben, Schminken und Parfüme im Altertum, Mainz 1992.

**Peschke - Feldmann 1995**
Peschke, H.-P. von - W. Feldmann, Kochen wie die alten Römer, Zürich 1995.

**Pfander 2002**
Pfander, B., Nelken. Karafuu ni uhai wa chi - Gewürznelken sind das Leben der Nation, in: C. Beck u. a. (Hrsg.), Pfefferland. Geschichten aus der Welt der Gewürze, Wuppertal 2002, 175-187.

**Pignatti (Hrsg.) 1982**
Pignatti, S. (Hrsg.), Flora d'Italia. Bd. 2, Bologna 1982.

**Prosea Handbook 1999**
Plant Resources of South-East-Asia, Bd. 12: Medical and Poisonous Plants. Bd. 13: Spices. Bd. 19: Essential Oil Plants, Leiden 1999.

**Ptak 2007**
Ptak, R., Die maritime Seidenstraße, München 2007.

**Ptak 2008**
Ptak, R., Zheng He i la importacio de productes i animals exocics cap a Xina, in: D. Folch, (Hrsg.): Els Grans Viatges de Zheng He, Ausstellungskatalog Museu Maritim de Barcelona, Barcelona 2008.

**Ravenstein 1908**
Ravenstein, E. G., Martin Behaim. His Life and His Globe, London 1908.

**Reger 2005**
Reger, G., The Manufacture and Distribution of Perfume, in: Archibald u. a. 2005, 253-297.

**Richter 2004**
Richter, C., Phytopharmaka und Pharmazeutika in Heinrichs von Pfalzpaint ‚Wündärznei' (1460): Untersuchungen zur traumatologischen Pharmakobotanik des Mittelalters, Würzburg 2004.

**Riha 1992**
Riha, O., Ortolf von Baierland und seine lateinischen Quellen, Wiesbaden 1992.

**Riha 2005**
Riha, O., Medizin und Magie im Mittelalter, in: Heilkunde im Mittelalter, Zeitschrift des Mediävistenverbandes 10, 2005, 64-72.

**Rosenberger 1994**
Rosenberger, V., Trügerische Gerüche - Verfälschungen von Gewürzen und Duftstoffen bei dem älteren Plinius, Münstersche Beiträge zur antiken Handelsgeschichte 13, 1994, 40-54.

**Rosengarten 1973**
Rosengarten, F., The Book of Spices, New York 1973.

**Rothschuh 1978**
Rothschuh, K., Iatromagie: Begriff, Merkmale, Motive, Systematik, Opladen 1978.

**Ruhnau 2000**
Ruhnau, E., Die Maya, in: C. Deimel - E. Ruhnau (Hrsg.), Jaguar und Schlange. Der Kosmos der Indianer in Mittel- und Südamerika, Ausstellungskatalog, Berlin, Hannover 2000, 39-49.

**Rzihacek-Bed[illegible] 2005**
Rzihacek-Bed[illegible], A., Medizinische Wissenschaftspflege im Benediktinerkloster Admont bis 1500, Wien 2005.

**Sahagún 1954**
Sahagún, B. de, ‚Historia General de las Cosas de Nueva España', in: A. J. O. Anderson - Ch. E. Dibble (Hrsg.), The Florentine Codex, Book 8, Santa Fe 1954.

**Sahagún 1961**
Sahagún, B. de, ‚Historia General de las Cosas de Nueva España', in: A. J. O.Anderson - Ch. E. Dibble (Hrsg.), The Florentine Codex, Book 10, Santa Fe 1961.

**Salentiny 1991**
Salentiny, F., Die Gewürzroute. Die Entdeckung des Seewegs nach Asien: Portugals Aufstieg zur ersten europäischen See- und Handelsmacht, Köln 1991.

**Salmon - Ptak (Hrsg.) 2005**
Salmon, C. - R. Ptak (Hrsg.), Zheng He - Images and Perceptions,Wiesbaden 2005.

**Schaps 2004**
Schaps, D. M., The Invention of Coinage and the Monetization of Ancient Greece, Ann Arbor 2004.

**Schareika 2007**
Schareika, H., Weizenbrei und Pfauenzunge. Die alten Römer bitten zu Tisch, Stuttgart 2007.

**Scheuermann 1929**
Scheuermann, L., Die Fugger als Montanindustrielle in Tirol und Kärnten, München, Leipzig 1929.

**Schivelbusch 1990**
Schivelbusch, W., Das Paradies, der Geschmack und die Vernunft. Eine Geschichte der Genussmittel, Frankfurt am Main 1990.

**Schlegelmilch (Hrsg.) 1995**
Schlegelmilch, U. (Hrsg.), Die Gewürznelke von den Molukken bis nach Sansibar, Übersee-Magazin 8, München 1995.

**Schmidt 1924**
Schmidt, A., Drogen und Drogenhandel im Altertum, Leipzig 1924.

**Schmitt 1999**
Schmitt, E., Europäischer Pfefferhandel und Pfefferkonsum im Ersten Kolonialzeitalter, in: M. A. Denzel (Hrsg.), Gewürze: Produktion, Handel und Konsum in der Frühen Neuzeit, St. Katharinen 1999, 15-26.

**Schmitt u.a. (Hrsg.) 1988**
Schmitt, E. u. a. (Hrsg.), Kaufleute als Kolonialherren: Die Handelswelt der Niederländer vom Kap der Guten Hoffnung bis Nagasaki 1600-1800, Bamberg 1988.

**Schnekenburger 2005**
Schnekenburger, G., Mittelmeerküche im Norden. Zu Tisch bei Caesars, in: Imperium Romanum: Roms Provinzen an Neckar, Rhein und Donau, Ausstellungskatalog Archäologisches Landesmuseum Stuttgart, Stuttgart 2005, 314-317.

**Schnell 2005**
Schnell, B., Die deutschen Kräuterbücher des Mittelalters, in: Heilkunde des Mittelalters, Zeitschrift des Mediävistenverbandes 10, 2005, 116-131.

**Schnell 2008**
Schnell, B., Heinrich von Pfalzpaint. Ein Ahnherr der Plastischen Chirurgie auf der Marienburg, in: J. Wenta u.a. (Hrsg.), Mittelalterliche Kultur und Literatur im Deutschordensstaat in Preußen, Toruń 2008, 231-244.

**Schnell 2009**
Schnell, B., Die Pflanzenabbildungen in den deutschsprachigen Handschriften des Mittelalters. Ein Werkstattbericht, in: Ch. Friedrich - J. Telle (Hrsg.), Pharmazie in Geschichte und Gegenwart. Festgabe für W.-D. Müller-Jahncke, Stuttgart 2009, 395-423.

**Schnell - Crossgrove (Hrsg.) 2003**
Schnell, B. - W. Crossgrove (Hrsg.), Der deutsche ‚Macer'. Vulgatfassung. Mit einem Abdruck des lateinischen Macer Floribus ‚De viribus herbarum'. Kritisch hrsg., Tübingen 2003.

**Schnyder 1973**
Schnyder, W., Handel und Verkehr über die Bündner Pässe im Mittelalter zwischen Deutschland, der Schweiz und Oberitalien, 2 Bde., Zürich 1973.

**Scholl 2002**
Scholl, R., Der Papyrus Ebers. Die größte Buchrolle zur Heilkunde Ägyptens, Leipzig 2002.

**Schulz 2003**
Schulz, G., Zimtzicken, Canehlpuper und andere Merkwürzigkeiten. Norderstedt 2003.

**Schwinden 1983**
Schwinden, L., Handel mit Pfeffer und anderen Gewürzen im römischen Trier, Kurtrierisches Jb. 23, 1983, 20-26.

**Seidemann 1991**
Seidemann, J., Würzmittel-Lexikon - ein alphabetisches Nachschlagewerk von Abelmoschussamen bis Zwiebeln, Hamburg 1991.

**Siewek 1990**
Siewek, F., Exotische Gewürze. Herkunft, Verwendung, Inhaltsstoffe, Basel 1990.

**Small 1997**
Small, E., Culinary Herbs, Ottawa 1997.

**Solin 1982**
Solin, H., Die griechischen Personennamen in Rom. Ein Namenbuch, 2 Bde. Bd. 1, Berlin, New York 1982.

**Soyer 1853**
Soyer, A., The Panthropheon, or A History of Food and its Preparation in Ancient Times, London 1853.

**Spufford 2002**
Spufford, P., Power and Profit. The Merchant in Medieval Europe, London 2002.

**Steglich u.a. (Hrsg.) 1997**
Steglich, W. u. a. (Hrsg.) Römpp Lexikon: Naturstoffe. Stuttgart 1997.

**Stika 1996**
Stika, H.-P., Römerzeitliche Pflanzenreste aus Baden-Württemberg, Stuttgart 1996.

**Stimson 1988**
Stimson, A., The Mariner Astrolabe, Utrecht 1988.

**Stobart 1998**
Stobart, T., Herbs, Spices and Flavourings, London 1998.

**Stoll (Hrsg.) 1992**
Stoll, U. (Hrsg.), Das ‚Lorscher Arzneibuch'. Ein medizinisches Kompendium des 8. Jahrhunderts. Text, Übersetzung und Fachglossar, Stuttgart 1992.

**Stöllner 2003**
Stöllner, T., The Economy of Dürrnberg-bei-Hallein: An Iron-Age Salt-Mining Centre in the Austrian Alps, The Antiquaries Journal 83, 2003, 123-194.

**Stromer 1970**
Stromer, W. von, Oberdeutsche Hochfinanz. 1350-1450, Wiesbaden 1970.

**Tessmer 1984**
Tessmer, R., Beiträge aus der Thesaurus-Arbeit XXII.: ‚Oxycominum', Museum Helveticum 41, 1984, 31-33.

**Thüry 1996**
Thüry, G. E., Bauern, Gift und Parasiten. Zur Hygiene römischer Landwirtschaftsprodukte, Historicum Linz 1996, 34-38.

**Thüry - Walter 1997** bzw. **2001**
Thüry, G. E. - J. Walter, Condimenta. Gewürzpflanzen in Koch- und Backrezepten aus der römischen Antike, Wien 1997, 4Herrsching 2001.

**Turner 2005**
Turner, J., Spice - The History of a Temptation, London 2005.

**Unschuld 1986**
Unschuld, P.U., Medicine in China - A History of Pharmaceutics, Berkeley 1986.

**Urbán 1995**
Urbán, A., Concordantia Apiciana. A Concordance to Apicius' ‚De re coquinaria' and ‚Excerpta a vinidario'. With an Analysis of the Lexicon, Hildesheim, Zürich, New York 1995.

**Van Oordt - de Vries 2006**
Van Oordt, I. - G. de Vries, 16th Century Bronze Portuguese Cannon, Journal of the Ordnance Society 18, 2006.

**Vaupel 2002**
Vaupel, E., Vanille und Vanillin. Seit 500 Jahren als Gewürz begehrt, Pharmazeutische Zeitung 38, 2002, 24-31.

**Vaupel 2002a**
Vaupel, E., Gewürze. Acht kulturhistorische Porträts, München 2002.

**Vaupel 2006**
Vaupel, E., Hochkonjunktur der Ersatzstoffe. Napoleons Kontinentalsperre und ihre Folgen, Chemie in unserer Zeit 40, 2006, 306-315.

**Veit 1960**
Veit, L., Handel und Wandel mit aller Welt. Aus Nürnbergs großer Zeit, München 1960.

**Veit 1982**
Veit, L., Die Imhoff. Handelsherren und Mäzene des ausgehenden Mittelalters und der beginnenden Neuzeit, in: R. Pörtner (Hrsg.), Das Schatzhaus deutscher Geschichte, Düsseldorf, Wien 1982, 503-531.

**Weeber 2003**
Weeber, K.-W., Die Schwelgerei, das süße Gift ... Luxus im alten Rom, Darmstadt 2003.

**Weiner 1978**
Weiner, P., Zinngiessermarken in Ungarn 16.-19. Jahrhundert, Budapest 1978.

**Weitzel 1937**
Weitzel, W., Sei sparsam im Gebrauch von ausländischen Gewürzen, aber verschwenderisch mit unseren alten guten deutschen Küchengewürzkräutern!, Zeitschrift für Volksernährung 12, 1937, 373-374.

**Westendorf 1999**
Westendorf, W. (Hrsg.), Handbuch der altägyptischen Medizin, Leiden, Boston, Köln 1999.

**Wiethold 2000**
Wiethold, J., Kontinuität und Wandel in der landwirtschaftlichen Produktion und Nahrungsmittelversorgung zwischen Spätlatènezeit und gallo-römischer Epoche. Archäobotanische Analysen in der römischen Großvillenanlage von Borg, Kr. Merzig-Wadern, in: A. Haffner - S. von Schnurbein (Hrsg.): Kelten, Germanen und Römer im Mittelgebirgsraum zwischen Luxemburg und Thüringen. Bonn 2000, 147-160.

**Willers u. a. (Hrsg.) 1992**
Willers, J. K.W. u. a. (Hrsg.), Focus Behaim-Globus. Ausstellungskatalog Germanisches Nationalmuseum Nürnberg, 2 Bde, Nürnberg 1992.

**Wittfogel 1977**
Wittfogel, K. A., Die orientalische Despotie. Eine vergleichende Untersuchung totaler Macht, Frankfurt am Main 1977.

**Wyvern 1891**
Wyvern, Culinary Jottings. A Treatise in Thirty Chapters on Reformed Cookery for Anglo-Indian Tribes, 6Madras 1891, 299-327.

**Wood 1995**
Wood, F., Marco Polo kam nicht bis China, München 1995.

## Abkürzungen

**AE**
L'Année Epigraphique, Paris 1889 ff.

**DNP**
Cancik, H. u. a. (Hrsg.), Der Neue Pauly. Enzyklopädie der Antike, Stuttgart 1996-2007.

**GGM**
C. Müller (Hrsg.), Geographi Graeci Minores, Paris 1861, Nachdruck Hildesheim 1965.

**HWPh**
Ritter, J. u. a. (Hrsg.), Historisches Wörterbuch der Philosophie, 12 Bde, Basel 1975-2005.

**ID**
Inscriptions de Délos, 7 Bde, Paris 1926-1972.

**LMA**
Auty, R. u. a. (Hrsg.), Lexikon des Mittelalters, 10 Bde, München, Zürich, Stuttgart 1980-1999.

**RE**
Wissowa, G. u. a. (Hrsg.), Paulys Realencyclopädie der classischen Altertumswissenschaft, Stuttgart 1894-1972.

**VL**
Ruh, K. u. a. (Hrsg.), Die deutsche Literatur des Mittelalters. Verfasserlexikon, 14 Bde, 2Berlin, New York 1978-2008.

## Abkürzungen antiker Autoren und Werktitel

Apic.
Apicius, De re coquinaria

Athen.
Athenaios, Deipnosophistai

Cels. de med.
Aulus Cornelius Celsus, De medicina

Colum.
Columella, De re rustica

Demosth. Arist.
Demosthenes, Aristogeiton

Demosth. or.
Demosthenes, Oratores

Diosc. mat. med.
Dioskurides, Materia medica

Garg. Martial.
Gargilius Martialis

Geop.
Geoponica

Hdt.
Herodot, Historiae

Hes. theog.
Hesiod, Theogonia

Hippokr. de morb.
Hippokrates, De morbis libri

Hippokr. morb. mul.
Hippokrates, De morbis mulierum

Hom. Il.
Homer, Ilias

Hor. epist.
Horaz, Epistulae

Isid. orig.
Isidor von Sevilla, Origines

Liv.
Livius, Ab urbe condita

Plaut. Pseud.
Plautus, Pseudolus

Plin. nat.
Plinius, Naturalis historia

Plut. Phoc.
Plutarch, Phocion

Strab. geogr.
Strabon, Geographia

Tac. germ.
Tacitus, Germania

Theophr. c. plant.
Theophrast, De causis plantarum

Theophr. od.
Theophrast, De odoribus

Theophr. h. plant.
Theophrast, Historia plantarum

Xen. an.
Xenophon, Anabasis

Xen. symp.
Xenophon, Symposion